高职高专人才培养公共课精品教材

大学语文

主　编◎刘兴星　祁　甜

副主编◎余　悦　廖　慧

参　编◎温春燕　邱　宁　易楒橦　钟培榕

电子工业出版社·

Publishing House of Electronics Industry

北京·BEIJING

内 容 简 介

本书是专为高职院校学生及专升本考生设计的大学语文教材,内容共分为三个部分,每个部分围绕多个单元展开,包括基础知识、阅读鉴赏、写作等内容。课文内容的选择上,本书注重经典性与时代性的结合,既选取了能够代表中华民族优秀文化的经典篇目,又注重反映当代社会的新思想、新观念。注释部分对文中的难点、重点进行了解释和梳理,以帮助学生更好地理解课文。练习部分则设计了多种题型,旨在检验学生对知识点的掌握情况,并提升其实际应用能力。

本书可以作为高职院校各专业语文教学用书,也可作为专升本培训教材和参考资料。

图书在版编目(CIP)数据

大学语文 / 刘兴星,祁甜主编. -- 北京:电子工业出版社,2025. 5 (2025. 8 重印). -- ISBN 978-7-121-50258-3

Ⅰ. H19

中国国家版本馆 CIP 数据核字第 2025JX4837 号

责任编辑:寻翠政

印　　刷:三河市良远印务有限公司
装　　订:三河市良远印务有限公司
出版发行:电子工业出版社
　　　　　北京市海淀区万寿路 173 信箱　邮编　100036
开　　本:787×1 092　1/16　印张:18.75　字数:480 千字
版　　次:2025 年 5 月第 1 版
印　　次:2025 年 8 月第 2 次印刷
定　　价:69.80 元

凡所购买电子工业出版社图书有缺损问题,请向购买书店调换。若书店售缺,请与本社发行部联系,联系及邮购电话:(010) 88254888,88258888。

质量投诉请发邮件至 zlts@phei.com.cn,盗版侵权举报请发邮件至 dbqq@phei.com.cn。

本书咨询联系方式:(010) 88254591,xcz@phei.com.cn。

前言

随着社会的快速发展和教育改革的不断深入，高等教育体系不断完善，专升本教育成为许多在职人员提升学历、增强综合素质的重要途径。为了满足广大专升本学生对语文学习的需求，我们编写了这本大学语文专升本教材。本书立足于专升本学生的实际情况，紧密结合专升本语文教学的特点，力求为学生提供一本既符合教学要求又贴近实际应用的教材。

本书内容丰富，结构严谨，内容共分为三个部分，每个部分围绕多个单元展开，包括基础知识、阅读鉴赏、写作等内容。每个部分均按照由浅入深、循序渐进的原则编排，既有理论阐述，又有实例分析，旨在帮助学生构建系统的知识体系，并能在实际生活中灵活运用。为了帮助学生高效复习，我们提出以下建议：一是制订合理的学习计划，分阶段、有目标地进行复习；二是注重基础知识的巩固，理解并记忆重要概念、作家作品及文学流派；三是加强阅读，广泛涉猎不同体裁、不同风格的文学作品，提升阅读理解能力；四是进行模拟练习，特别是历年专升本真题，以检验学习成效，查漏补缺；五是参与课堂讨论，与同学交流心得，促进思维的碰撞与融合。本书的重点在于文学史的脉络梳理、经典作品的深度解读及文学理论基本概念的理解；难点则在于对复杂文学现象的分析评价、古代文学作品的现代解读以及应用写作的实际操作。针对这些重点和难点，本书设有专门章节进行详尽讲解，并配以习题演练，帮助学生攻克难关。

本书特色鲜明，主要体现在以下几个方面。

1. 强调经典性与时代性的结合，既收录古今中外的文学精品，又融入当代社会文化热点；

2. 注重实践与应用，通过案例分析、写作训练等形式，增强学生的实际应用能力；

3. 融合人文教育与审美教育，培养学生的审美情趣与批判性思维。

在教学方法上，我们提倡启发式、讨论式、案例式等多种教学方式相结合，以激发学生的学习兴趣，培养其独立思考和解决问题的能力。同时，我们也建议教师在教学过程中注重与学生的互动，及时了解学生的学习情况，调整教学策略。

我们期待本书能够助力每一位专升本学生在语文学习上取得优异成绩，同时也为他们的人生旅途增添一抹亮丽的文化色彩。

编　者

目录

第三部分　写作

第一部分

基础知识

第一章
汉语基础知识

第一节 文字

一、造字法

汉字的造字法指汉字的构造方式，一般来说，有象形、指事、会意和形声四种。

（一）象形

象形就是造字时用描摹事物的外形来表达字义的一种造字方法。用象形法造字，一般都是有形可象的指物名词。日、月、水、山、牛、羊、伞、凹、凸等均为象形字。

（二）指事

指事就是用象征性符号或在象形字上加提示符号来表示字义的造字法。指事与象形的主要区别是，指事字含有绘画中较抽象的东西。

例如，"刃"字是在"刀"的锋利处加上一点，以作标示；"凶"字则是在陷阱处加上交叉符号；"上""下"二字则是在主体"一"的上方或下方画上标示符号；"三"则由三横来表示。这些字的勾画，都有较抽象的部分。本、末、朱、甘、刃、寸、乒、乓等均为指事字。

（三）会意

由两个或两个以上部件合成一个字，把这些部件的意义合成新字的意义，这种造字法叫会意。例如"酒"字，以酿酒的瓦瓶"酉"和液体"水"合起来，表达字义；"鸣"指鸟的叫声，于是用"口"和"鸟"组合而成。"武、休、取、明、涉、从、森"等均为会意字。

（四）形声

由表示字义类属的部件和表示字音的部件组成新字，这种造字法就是形声。现行汉字大部分是形声字。形声字中形旁和声旁的部位大体有六类。

1. 左形右声

河、蝴、铜、洋、硝、烤、吐、杆、虾、种、渔、材等。

2. 右形左声

功、战、郊、和、期、放、鸭、飘、歌等。

3. 上形下声

管、露、爸、芳、宵、界、翠、字、震、荡等。

4. 下形上声

架、案、慈、斧、贡、膏、凳、赏、勇等。

5. 外形内声

固、病、庭、阀、园、匾、裹、衷等。

6. 内形外声

闷、问、闻、辫等。

除以上四种造字法外，还有转注和假借两种用字法，合称为"六书"。

转注字是指那些同一部首，意义相同，可以互相注释的字。转注字必须是一对或一组，不能是一个。

如"老"和"考"两个字，都隶属于"老"部，意义也相同。《说文解字》中说："老，考也。"又说："考，老也。"说明它们之间是可以互相注释的。

假借字是指假借已有的音同或音近的字来代表所想表达的字或意。如"自"是个象形字，本义是鼻子，借用来表示自己。

二、通假字

通假字是中国古书的用字现象之一，"通假"就是"通用、借代"的意思，即用读音或字形相同或相近的字代替本字。

"四川省普通高校专升本《大学语文》考试要求"（以下简称"考试要求"）中常见的通假字如下。

(一)《氓》

1. 氓之蚩蚩

蚩蚩，通"嗤嗤"，笑嘻嘻的样子。一说是忠厚的样子。

2. 于嗟鸠兮

于，通"吁"，叹词，表感慨。

3. 将子无怒

无，通"毋"，不要。

4. 犹可说也

说，通"脱"，解脱。

5. 隰则有泮

泮，通"畔"，边。

（二）《齐桓晋文之事》

1. 是罔民也

罔，通"网"，张开罗网捕捉，引申为陷害。

2. 颁白者不负戴于道路矣

颁，通"斑"，头发花白，常比喻老人。

3. 放辟邪侈，无不为已

已，通"矣"，表确定语气。

（三）《逍遥游》

1. 北冥有鱼

冥，通"溟"，海色深黑。

2. 适莽苍者，三餐而反

反，通"返"，返回。

3. 小知不及大知

知，通"智"，智慧。

4. 旬有五日而后反

有，通"又"，用于连接整数与零数。反，通"返"，返回。

5. 而御六气之辩

辩，通"变"，变化。

6. 此小大之辩也

辩，通"辨"，区别。

7. 而征一国

而，通"能"，才能。

8. 知效一官

知，通"智"，智慧。

9. 犹然笑之

犹，通"繇"，喜。

（四）《始得西山宴游记》

1. 自余为僇人

僇，通"戮"，这里是遭贬谪的意思。

2. 意有所极，梦亦同趣

趣，通"趋"，往，到。

三、古今字

（一）古今字的含义

古今字是指不同时代下用来记录相同字义的一组字形不同的字。一组古今字中先出现的字为古字，后出现的字为今字。

例如，"莫"的本意是太阳落在草丛中，表示日暮、傍晚，后来"莫"字被假借作否定性无定代词和否定副词，为了在书面语中不至于混淆，就又在"莫"字上再加形符"日"成"暮"字来表示"傍晚"的意思，"莫"和"暮"就成了一对古今字。

（二）古今字产生的原因

（1）早期（如先秦时代）汉字数量并不多，随着社会的发展，原有的汉字无法满足使用需要，因此便产生了新的汉字。

（2）随着时代的发展，某些汉字被赋予了多种意义，于是不断分化出新的字形，以便更好地区分不同意义，如"辟"分化出了"避""僻""壁"等多个字形。

（三）古今字的分类

1. 完全等义

完全等义即古字与今字字义无差异，如"埜"和"野"。

2. 不完全等义

不完全等义即古字与今字字义只有部分相同，如"莫"和"暮"。

（四）通假字与古今字的差别

1. 产生的原因不同

通假字产生的原因是古人出于某种原因临时用音同或音近的字替代了本字；而古今字产生的主要原因是不同时代采用了不同的字形。

2. 产生的时间不同

通假字与本字并存于同一时期；而古字与今字产生于不同时期，先前只有古字，今字产生以后，表示该意义的字形便由古字变为今字。

3. 相互联系的方式不同

通假字通常与本字在字音上相同或相近，在字义、字形上一般无联系；而古今字之间在意义上有明确的联系，在字形上通常也有一定的相似性。

（五）常见古今字

今字绝大多数都是利用古字原有的形体，或另增偏旁，或改换偏旁而成的。例如：

奉——捧　益——溢　原——源　采——採　止——趾　州——洲　莫——暮
禽——擒　章——彰　景——影　见——现　戒——诫　属——嘱　虚——墟
其——箕　亨——烹　列——裂　敛——殓　没——殁　徇——殉　振——赈
唱——倡　隔——膈　张——胀　被——披　距——拒

多数情况下，一个古字和一个今字对应，也有一对二或一对多的情况，例如：

厉——励、砺　　　敝——蔽、弊
共——供、拱、恭　辟——避、辟、僻、嬖、譬

第二节　词汇

语言的发展变化，不仅表现在词的数量的增减和形式上的变化上，还表现在词义的发展变化上。"古今异义词"主要指那些古今字形相同而意义用法已经不同的词。

一、古今异义词的几种类型

（一）词义扩大

一个词的今义范围比古义大就是词义扩大，词义扩大的特点：今义大于古义，古义又包括在今义之中。

菜——古义：蔬菜。今义：与"饭"相对。
脸——古义：目下颊上。今义：面部。
皮——古义：带毛的兽皮。今义：物体表层。
江——古义：长江。今义：河流。
河——古义：黄河。今义：河流。

（二）词义缩小

一个词的今义范围比古义小就是词义缩小。词义缩小的特点：今义小于古义，今义是古义的一部分。

宫——古义：房屋。今义：某些文化娱乐场所。
瓦——古义：陶器。今义：盖屋顶的建筑材料。
臭——古义：气味。今义：臭味。
丈人——古义：老人。今义：岳父。

（三）词义转移

一个词的词义由原来的范围转移到新的范围叫作词义转移。词义转移的特点：今义产生之后，古义就不存在了，但古今义之间又有一定的联系。

币——古义：礼物。今义：钱。
走——古义：跑。今义：步行

慢——古义：怠慢。今义：速度缓慢。

（四）感情色彩变化

1. 古代是褒义，现在是贬义

爪牙——古义：在先秦两汉时期指国之重臣或君主得力的武臣猛将，褒义。今义：坏人的党羽、走狗、帮凶，贬义。

2. 古代是贬义，现在是褒义

锻炼——古义：冶炼；罗织罪名，诬陷别人，贬义。今义：冶炼；比喻通过身体的活动，增强体质；也指通过实践活动提高自身水平，褒义。

3. 古代无所谓褒贬，后来具有了感情色彩

赂——古义：赠送的财物，也指将财物赠送别人。今义：贿赂，贬义。

二、必背篇目中的古今异义词

（一）《氓》

1. 至于顿丘

至于——古义：到。今义：到达某种程度。

2. 无与士耽/士之耽兮/女之耽兮

耽——古义：沉溺。今义：耽误。

3. 秋以为期

以为——古义：把……当作。今义：认为。

4. 泣涕涟涟

涕——古义：眼泪。今义：眼泪和鼻涕。

5. 总角之宴

宴——古义：快乐。今义：宴会。

6. 三岁食贫/三岁为妇

三岁——古义：多年。今义：指年龄。

（二）《季氏将伐颛臾》

1. 昔者先王以为东蒙主

以为——古义：把……当作。今义：认为。

2. 是谁之过与

是——古义：指示代词，这。今义：判断动词，是。

3. 丘也闻有国有家者

国家——古义：诸侯的封地叫国，卿大夫的封地叫家。今义：国家，家庭。

4. 陈力就列

就列——古义：就，担任，充任；列，职位。今义：到队列里去。

（三）《齐桓晋文之事》

1. 俯足以畜妻子

妻子——古义：妻子和儿女。今义：配偶。

2. 然后从而刑之

从而——古义：接着就。今义：因此。

（四）《逍遥游》

1. 虽然，犹有未树也

虽然——古义：虽然这样。今义：转折连词，用于上一个分句。今多用于"虽然……但是……"结构。

2. 众人匹之

众人——古义：一般人。今义：多数人，大家。

3. 腹犹果然

果然——古义：食饱之状。今义：副词，表示事实与所说或所料相符；连词，假设事实与所说或所料相符。

4. 之二虫又何知

虫——古义：泛指动物。今义：虫子。

5. 穷发之北

发——古义：毛，草木。今义：头发。

6. 小年不及大年

小年——古义：寿命短的。今义：节日，农历腊月二十三或二十四日，旧俗就在这天祭灶。

大年——古义：寿命长的。今义：丰收年；农历腊月有 30 天的年份；春节。

7. 而征一国者

征——古义：取信。今义：远行或用武力制裁。

8. 海运则将徙于南冥

海运——古义：海动。今义：泛指海上运输。

9. 南冥者，天池也

天池——古义：天然形成的水池。今义：高山湖泊名。

10. 神人无功

无功——古义：无功利。今义：无功劳。

（五）《始得西山宴游记》

1. 而未始知西山之怪特

未始——古义：未尝，从来没有。今义：没开始。

2. 攒蹙累积

累积——古义：重叠，积压。今义：积累。

3. 然后知吾向之未始游

然后——古义：这样以后。今义：连词，表示接着某种动作或情况之后。

4. 游于是乎始

于是——古义：从此，从这时。今义：连词，表示后事紧接着前一事。

5. 醉则更相枕以卧

更——古义：动词，更换交替。今义：程度副词，更加。

6. 到则披草而坐

披——古义：拨，拨开。今义：覆盖在肩背上。

7. 颓然就醉

就——古义：接近。今义：就是。

8. 然后知吾向之未始游

向——古义：从前。今义：朝。

9. 故为之文以志

志——古义：记。今义：志气、志向。

10. 是岁，元和四年也

是——古义：代词，这。今义：判断动词。

第三节　一词多义

一词多义词是指一个词拥有两个或两个以上的意义，这些意义通常有联系，并且可以归属于一个基本意义或本义。多义词的使用在不同的语境中可能只表示其中的一个意义，这种现象在语言中非常普遍。例如，词语"播报"可以作为动词，意为"广播报道"，也可以作为名词，指"广播的内容"。

多义词的几个意义中，有的是最初的或常用的意义，称为基本义；有的是从基本义引申出来的意义，称为引申义；有的是通过用基本义比喻另外的事物而固定下来的意义，称为比喻义。在使用时，多义词在一定的语境中一般只表示其中的一个意义。

例如，"算账"的基本义是"计算账目"，引申义是"吃亏或失败后与人较量"；"包袱"的基本义是"用布包起来的包儿"，比喻义是"某种负担"；"水分"的基本义是"物体内所含的水"，比喻义是"某一情况中夹杂的不真实的成分"。

此外，有些词看似多义，实际上是语音相同而意义之间并无联系的一组词，这种现象称为同音词。例如，"别"有"别离""绷住或卡住""不要、不用"等意义，这些意义之间没有联系，因此可以视为同音词。

"考试要求"必背篇目中常见的一词多义如下。

一、《逍遥游》

（一）辩

1. 此小大之辩也

通"辨"，区别。

2. 而御六气之辩

通"变"，变化。

（二）知

1. 之二虫又何知

动词，知道。

2. 小知不及大知

名词，智慧。

（三）名

1. 北冥有鱼，其名为鲲

名词，名称。

2. 圣人无名

名词，声名。

（四）息

1. 去以六月息者也

名词，代指风。

2. 生物之以息相吹也

名词，气息。

（五）其

1. 则其负大翼也无力

代词，代指风。

2. 其正色邪？其远而无所至极邪

连词，表选择。

3. 其自视也，亦若此矣

代词，他们。

（六）以

1. 去以六月息者也

介词，凭借。

2. 生物之以息相吹也

介词，用。

3. 以八千岁为春

介词，把。

4. 奚以知其然也

介词，凭。

5. 而彭祖乃今以久特闻

介词，因为。

二、《始得西山宴游记》

（一）异

1. 始指异之

称奇。

2. 以为凡是州之山水有异态者

独特。

（二）特

1. 而未始知西山之怪特

特别。

2．然后知是山之特立

超出一般。

（三）为

1．自余为僇人

成为。

2．故为之文以志

作，写。

（四）与

1．外与天际

动词，连接。

2．悠悠乎与颢气俱

介词，和。

（五）其

1．日与其徒上高山

代词，我的。

2．其高下之势

代词，那些。

3．而莫得其涯

代词，它的。

（六）而

1．则施施而行

连词，表修饰。

2．至无所见，而犹不欲归

连词，表转折。

3．卧而梦

连词，表承接。

4．穷山之高而止

连词，才。

三、《季氏将伐颛臾》

（一）过

1. 是谁之过与

过错。

2. 无乃尔是过与

责备。

3. 且尔言过矣

错误。

（二）安

1. 不患贫而患不安

安定。

2. 既来之，则安之

使……生活安定。

（三）相

1. 则将焉用彼相矣

辅助盲人走路的人。

2. 相夫子

辅佐。

（四）于

1. 冉有、季路见于孔子

引出对象。

2. 季氏将有事于颛臾

对，在。

3. 虎兕出于柙

从。

4. 而谋动干戈于邦内

在。

四、《齐桓晋文之事》

之

1．然后从而刑之

代词，民众。

2．五亩之宅

的。

五、常见的文言虚词

在古代汉语中，文言虚词通常具有较强的语法功能，主要作用在于连接、组合实词以构成完整的句子，同时辅助表达不同的意思和语气，从而抒发感情。其中，之、其、于、以、而、则、乃、者、所、焉、且、何、乎、若、为、因、与等是重点考查的对象。

（一）之

1．代词

（1）第三人称代词，他、她、它（们）。有时灵活运用于第一人称或第二人称。

①太后盛气而揖之。（《触龙说赵太后》）

②不知将军宽之至此也。（《廉颇蔺相如列传》）

③臣乃市井鼓刀屠者，而公子亲数存之。（《信陵君窃符救赵》）

④且公子纵轻胜，弃之降秦，独不怜公子姊邪？（《信陵君窃符救赵》）

⑤然语之，又恐汝日日为吾担忧。（《与妻书》）

（2）指示代词，这，此。

①夫子欲之，吾二臣者皆不欲也。（《季氏将伐颛臾》）

②君子疾夫舍曰欲之而必为之辞（《季氏将伐颛臾》）

③之二虫又何知。（《逍遥游》）

④均之二策，宁许以负秦曲。（《廉颇蔺相如列传》）

2．助词

（1）相当于现代汉语的"的"，放在定语和中心语之间。

①虎兕出于柙，龟玉毁于椟中，是谁之过与？（《季氏将伐颛臾》）

②子而思报父母之仇，臣而思报君之仇。（《勾践灭吴》）

（2）放在主语和谓语之间，取消句子的独立性。

①臣之壮也，犹不如人；今老矣，无能为也已。（《烛之武退秦师》）

②客之美我者，欲有求于我也。（《邹忌讽齐王纳谏》）

③不患其众之不足也，而患其志行之少耻也。（《勾践灭吴》）

④王无异于百姓之以王为爱也。（《齐桓晋文之事》）

（3）放在倒置的动（介）宾短语之间，作为宾语提前的标志。

①句读之不知，惑之不解，或师焉，或不焉。（《师说》）

②譬若以肉投馁虎，何功之有哉？（《信陵君窃符救赵》）

③诗云："他人有心，予忖度之。"夫子之谓也。（《齐桓晋文之事》）

（4）放在倒置的定语与中心语之间，作为定语后置的标志。

①蚓无爪牙之利，筋骨之强。（《劝学》）

②人又谁能以身之察察，受物之汶汶者乎？（《屈原列传》）

（5）用在时间词或动词（多为不及物动词）后面，凑足音节，没有实在意义。

①填然鼓之，兵刃既接，弃甲曳兵而走。（《寡人之于国也》）

②余扃牖而居，久之，能以足音辨人。（《项脊轩志》）

③顷之，烟炎张天。（《赤壁之战》）

3. 动词

到……去。

①胡为乎遑遑欲何之？（《归去来兮辞》）

②奚以之九万里而南为？（《逍遥游》）

③有牵牛而过堂下者，王见之，曰："牛何之？"（《齐桓晋文之事》）

（二）其

1. 代词

（1）第三人称代词，作领属性定语，可译为"他的""它的"（包括复数）。

臣从其计，大王亦幸赦臣。（《廉颇蔺相如列传》）

（2）第三人称代词，作主谓短语中的小主语，可译为"他""它"（包括复数）。

①秦王恐其破壁。（《廉颇蔺相如列传》）

②其闻道也固先乎吾。（《师说》）

（3）活用为第一人称或第二人称，可译为"我的""我（自己）"或"你的""你"。

①今肃迎操，操当以肃还付乡党，品其名位，犹不失下曹从事。（《赤壁之战》）

②而余亦悔其随之，而不得极夫游之乐也。（《游褒禅山记》）

③老臣以媪为长安君计短也，故以为其爱不若燕后（《触龙说赵太后》）

（4）指示代词，表示远指，可译为"那""那个""那些""那里"。

①既其出，则或咎其欲出者。（《游褒禅山记》）

②今操得荆州，奄有其地。（《赤壁之战》）

③不嫁义郎体，其往欲何云？（《孔雀东南飞》）

（5）指示代词，表示近指，可译为"这""这个""这些"。

①有蒋氏者，专其利三世矣。（《捕蛇者说》）

②今存其本不忍废。（《〈指南录〉后序》）

（6）指示代词，可译为"其中的"，后面多为数词。

于乱石间择其一二扣之。（《石钟山记》）

2. 副词

（1）加强祈使语气，可译为"可""还是"。

①寡人欲以五百里之地易安陵，安陵君其许寡人！（《唐雎不辱使命》）
②攻之不克，围之不继，吾其还也。（《秦晋崤之战》）
③与尔三矢，尔其无忘乃父之志！（《伶官传序》）
（2）加强揣测语气，可译为"恐怕""或许""大概""可能"。
①圣人之所以为圣，愚人之所以为愚，其皆出于此乎？（《师说》）
②王之好乐甚，则齐国其庶几乎？（《庄暴见孟子》）
（3）加强反问语气，可译为"难道""怎么"。
①以残年余力，曾不能毁山之一毛，其如土石何？（《愚公移山》）
②尽吾志也而不能至者，可以无悔矣，其孰能讥之乎？（《游褒禅山记》）
③且行千里，其谁不知？（《蹇叔哭师》）

3. 连词

（1）表示选择关系，可译为"是……还是……"。
①其真无马邪？其真不知马也？（《马说》）
②呜呼！其信然邪？其梦邪？其传之非其真邪？（《祭十二郎文》）
（2）表示假设关系，可译为"如果"。
①其业有不精，德有不成者，非天质之卑，则心不若余之专耳。（《送东阳马生序》）
②沛然下雨，则苗浡然兴之矣。其若是，孰能御之？（《孟子见梁襄王》）

4. 助词

起调节音节的作用，可不译。
①路曼曼其修远兮，吾将上下而求索。（《离骚》）
②佩缤纷其繁饰兮，芳菲菲其弥章。（《离骚》）

（三）于

1. 在，从，到

①乃设九宾礼于廷。（《廉颇蔺相如列传》）
②缙绅、大夫、士萃于左丞相府，莫知计所出。（《〈指南录〉后序》）
③青，取之于蓝，而青于蓝。（《劝学》）
④从径道亡，归璧于赵。《廉颇蔺相如列传》

2. "在……方面""从……中"

①荆国有余地于，而不足于民。（《公输》）
②于人为可讥，而在己为有悔。（《游褒禅山记》）

3. 由于

业精于勤，荒于嬉。（《进学解》）

4. 向，对，对于

①请奉命求救于孙将军。（《赤壁之战》）
②鲁肃闻刘表卒，言于孙权曰……（《赤壁之战》）

③爱其子，择师而教之，于其身也，则耻师焉。（《师说》）

5. 被

①君幸于赵王。（《廉颇蔺相如列传》）

②故内惑于郑袖，外欺于张仪。（《屈原列传》）

6. 与，跟，同

①身长八尺，每自比于管仲、乐毅。（《隆中对》）

②燕王欲结于君。（《廉颇蔺相如列传》）

③莫若遣腹心自结于东，以共济世业。（《赤壁之战》）

7. 比

①孔子曰："苛政猛于虎也。"（《捕蛇者说》）

②青，取之于蓝，而青于蓝。（《劝学》）

（四）以

1. 介词

（1）表示工具，可译为"拿""用""凭着"。

①愿以十五城请易璧。（《廉颇蔺相如列传》）

②士大夫终不肯以小舟夜泊绝壁之下。（《石钟山记》）

（2）表示凭借，可译为"凭""靠"。

①以勇气闻于诸侯。（《廉颇蔺相如列传》）

②久之，能以足音辨人。（《项脊轩志》）

③皆好辞而以赋见称。（《屈原列传》）

（3）表示所处置的对象，可译为"把"。

操当以肃还付乡党。（《赤壁之战》）

（4）表示时间、处所，可译为"于""在""从"。

①以八月十三斩于市。（《谭嗣同传》）

②以崇祯十七年夏，自京师徒步入华山为黄冠。（《复庵记》）

③果予以未时还家，而汝以辰时气绝。（《祭妹文》）

（5）表示原因，可译为"因为""由于"。

①赵王岂以一璧之故欺秦邪？（《廉颇蔺相如列传》）

②卒以吾郡发愤一击，不敢复有株治。（《五人墓碑记》）

③怀王以不知忠臣之分，故内惑于郑袖，外欺于张仪。（《屈原列传》）

（6）表示依据，可译为"按照""依照""根据"。

①今以实校之。（《赤壁之战》）

②余船以次俱进。（《赤壁之战》）

"以"字的宾语有时可以前置，有时可以省略。

①以一当十。（成语）

②夜以继日。（成语）

③秋以为期。（《氓》）

2．连词

（1）表示并列或递进关系，可译为"而""又""而且""并且"等，或者省去。

①夫夷以近，则游者众。（《游褒禅山记》）

②忽魂悸以魄动。（《梦游天姥吟留别》）

（2）表示承接关系，前一动作行为往往是后一动作行为的手段或方式，可译为"而"，或者省去。

①余与四人拥火以入。（《石钟山记》）

②樊哙侧其盾以撞。（《鸿门宴》）

③各各竦立以听。（《促织》）

（3）表示目的关系，后一动作行为往往是前一动作行为的目的或结果，可译为"而""来""用来""以致"等。

①请立太子为王，以绝秦望。（《廉颇蔺相如列传》）

②当求数顷之田，于伊、颍之上，以待余年，教吾子与汝子。（《祭十二郎文》）

③为秦人积威之所劫，日削月割，以趋于亡。（《六国论》）

（4）表示因果关系，常用在表原因的分句前，可译为"因为"。

①不赂者以赂者丧。（《六国论》）

②所谓华山洞者，以其乃华山之阳名之也。（《游褒禅山记》）

③诸侯以公子贤，多客，不敢加兵谋魏十余年。（《信陵君窃符救赵》）

（5）表示修饰关系，连接状语和中心语，可译为"而"，或者省去。

木欣欣以向荣，泉涓涓而始流。（《归去来兮辞》）

（五）而

1．连词

（1）表示并列关系，一般不译，有时可译为"又"。

①蟹六跪而二螯，非蛇鳝之穴无可寄托者。（《劝学》）

②剑阁峥嵘而崔嵬，一夫当关，万夫莫开。（《蜀道难》）

③北救赵而西却秦，此五霸之伐也。（《信陵君窃符救赵》）

（2）表示递进关系，可译为"并且""而且"。

①君子博学而日参省乎己。（《劝学》）

②楚怀王贪而信张仪，遂绝齐。（《屈原列传》）

③回视日观以西峰，或得日，或否，绛皓驳色，而皆若偻。（《登泰山记》）

④以其求思之深而无不在也。（《游褒禅山记》）

（3）表示承接关系，可译为"就""接着"，或者不译。

①故舍汝而旅食京师，以求斗斛之禄。（《祭妹文》）

②置之地，拔剑撞而破之。（《鸿门宴》）

③人非生而知之者，孰能无惑？（《师说》）

（4）表示转折关系，可译为"但是""却"。

①青，取之于蓝，而青于蓝。（《劝学》）

②有如此之势，而为秦人积威之所劫。（《六国论》）

③信也，吾兄之盛德而夭其嗣乎。（《祭十二郎文》）

（5）表示假设关系，可译为"如果""假如"。

①诸君而有意，瞻予马首可也。（《冯婉贞》）

②死而有知，其几何离。（《祭十二郎文》）

（6）表示修饰关系，即连接状语，可不译。

①吾尝跂而望矣，不如登高之博见也。（《劝学》）

②填然鼓之，兵刃既接，弃甲曳兵而走。（《寡人之于国也》）

③项王按剑而跽曰："客何为者？"（《鸿门宴》）

（7）表示因果关系，可译为"因此""因而"。

①余亦悔其随之，而不得极夫游之乐也。（《游褒禅山记》）

②表恶其能而不能用也。（《赤壁之战》）

（8）表示目的关系，可译为"来"。

①缦立远视，而望幸焉。（《阿房宫赋》）

②籍吏民，封府库，而待将军。（《鸿门宴》）

2. 代词

通"尔"，用作代词，第二人称，可译为"你的"；偶尔也作主语，可译为"你"。

①而翁归，自与汝复算耳。（《促织》）

②妪每谓余曰："某所，而母立于兹。"（《项脊轩志》）

（六）则

1. 连词

（1）表示承接关系，可译为"就""便"，或者译为"原来是""已经是"。

①项王曰："壮士！赐之卮酒。"则与斗卮酒。（《鸿门宴》）

②故木受绳则直，金就砺则利。（《劝学》）

③徐而察之，则山下皆石穴罅。（《石钟山记》）

④临视，则虫集冠上。（《促织》）

（2）表示条件、假设关系，可译为"如果……"。

①入则无法家拂士，出则无敌国外患者，国恒亡。（《生于忧患，死于安乐》）

②向吾不为斯役，则久已病矣。（《捕蛇者说》）

③非其身之所种则不食。（《勾践灭吴》）

（3）表示并列关系，这种用法都是两个或两个以上的"则"字连用，每个"则"字都用在意思相对、结构相似的一个分句里，表示分句之间是并列关系，可译为"就"，或者不译。

①位卑则足羞，官盛则近谀。（《师说》）

②入则孝，出则弟。（《论语·学而》）

③小则获邑，大则得城。（《六国论》）

（4）表示转折、让步关系，表示转折时，用在后一分句，可译为"可是""却"；表示让步时，用在前一分句，可译为"虽然""但是"。

①于其身也，则耻师焉，惑矣。（《师说》）

②手裁举，则又超忽而跃。（《促织》）

③其室则迩，其人甚远。(《诗经》)

(5) 表示选择关系，常和"非""不"呼应着用，可译为"就是""不是……就是"。

非死则徙尔。(《捕蛇者说》)

2．副词

用在判断句中，起强调和确认作用，可译为"是""就是"。

此则岳阳楼之大观也。(《岳阳楼记》)

（七）乃

1．副词

(1) 表示前后两件事在情理上的顺承或时间上的紧接，可译为"才""这才""就"等。

①设九宾于廷，臣乃敢上璧。(《廉颇蔺相如列传》)

②悉使羸兵负草填之，骑乃得过。(《赤壁之战》)

③度我至军中，公乃入。(《鸿门宴》)

(2) 强调某一行为出乎意料或违背常理，可译为"却""竟（然）""反而"等。

①问今是何世，乃不知有汉。(《桃花源记》)

②今其智乃反不能及。(《师说》)

③而陋者乃以斧斤考击而求之。(《石钟山记》)

④夫赵强而燕弱，而君幸于赵王，故燕王欲结于君。今君乃亡赵走燕。(《廉颇蔺相如列传》)

(3) 可表示对事物范围的一种限制，可译为"只""仅"等。

项王乃复引兵而东，至东城，乃有二十八骑。(《项羽本纪》)

(4) 用在判断句中，起确认作用，可译为"是""就是"等。

①若事之不济，此乃天也。(《赤壁之战》)

②嬴乃夷门抱关者也。(《信陵君窃符救赵》)

③无伤也，是乃仁术也，见牛未见羊也。(《齐桓晋文之事》)

2．代词

(1) 用作第二人称，常作定语，可译为"你的"；也作主语，可译为"你"；不能作宾语。

王师北定中原日，家祭无忘告乃翁。(《示儿》)

(2) 用作指示代词，可译为"这样"。

夫我乃行之，反而求之，不得吾心。(《齐桓晋文之事》)

（八）者

1．代词

(1) 指人、物、事、时、地等，可译为"……的""……的（人、东西、事情）"。

①有复言令长安君为质者，老妇必唾其面！(《触龙说赵太后》)

②秦自缪公以来二十余君，未尝有坚明约束者也。(《廉颇蔺相如列传》)

(2) 用在数词后面，可译为"……个方面""……样东西""……件事情"。

①此数者，用兵之患也。(《赤壁之战》)

②或异二者之为，何哉？（《岳阳楼记》）

2．语气词

放在疑问句的句末，表示疑问语气等。

①何者？严大国之威以修敬也。（《廉颇蔺相如列传》）

②谁为大王为此计者？（《鸿门宴》）

（九）所

1．代词

（1）放在动词前同动词组成"所"字结构，可译为"……的人""……的事物""……的情况"等。

①会征促织，成不敢敛户口，而又无所赔偿。（《促织》）

②道之所存，师之所存也。（《师说》）

③过蒙拔擢，宠命优渥，岂敢盘桓，有所希冀。（《陈情表》）

（2）"所"和动词结合，后面再有名词性结构，则"所"字结构起定语的作用。

①夜则以兵围所寓舍。（《〈指南录〉后序》）

②臣所过屠者朱亥。（《信陵君窃符救赵》）

2．表被动

"为"和"所"呼应，组成"为……所……"的结构，表示被动。

①嬴闻如姬父为人所杀。（《信陵君窃符救赵》）

②仆以口语遇遭此祸，重为乡党所笑，以污辱先人。（《报任安书》）

（十）焉

1．兼词

（1）相当于"于之""于此""于彼"。

①三人行，必有我师焉。（《论语》）

②积土成山，风雨兴焉。（《劝学》）

③五人者，盖当蓼洲周公子之被逮，激于义而死焉者也。（《五人墓碑记》）

（2）相当于"于何"，可译为"在哪里""从哪里"等。

①且焉置土石？（《愚公移山》）

②非再至，焉知其奇若此？（《游天都》）

③焉有仁人在位，罔民而可为也？（《齐桓晋文之事》）

2．代词

（1）相当于"之"。

①惟俟夫观人风者得焉。（《捕蛇者说》）

②犹且从师而问焉。（《师说》）

③去今之墓而葬焉，其为时止十有一月耳。（《五人墓碑记》）

（2）哪里，怎么。

①未知生，焉知死。（《论语》）
②割鸡焉用牛刀。（《论语》）

3．语气词

（1）句末语气词，可译为"了""啊""呢"。
①至丹以荆卿为计，始速祸焉。（《六国论》）
②一羽之不举，为不用力焉。（《齐桓晋文之事》）
③则牛羊何择焉？（《齐桓晋文之事》）
（2）句中语气词，表示停顿，相当于"也"。
①句读之不知，惑之不解，或师焉，或不焉，小学而大遗。（《师说》）
②少焉，月出于东山之上，徘徊于斗牛之间。（《赤壁赋》）
（3）作词尾，相当于"然"，可译为"……的样子""……地"。
①盘盘焉，囷囷焉，蜂房水涡，矗不知其几千万落。（《阿房宫赋》）
②于乱石间择其一二扣之，硿硿焉。（《石钟山记》）

（十一）且

1．连词

（1）递进关系，可译为"而且""并且"。
①且立石于其墓之门。（《五人墓碑记》）
②肃宣权旨，论天下事势，致殷勤之意，且问备曰。（《赤壁之战》）
③彼所将中国人不过十五六万，且已久疲。（《赤壁之战》）
（2）递进关系，可译为"况且""再说"。
①且壮士不死即已，死即举大名耳。（《陈涉世家》）
②且将军大势可以拒操者，长江也。（《赤壁之战》）
③且燕赵处秦革灭殆尽之际。（《六国论》）
（3）让步关系，可译为"尚且""还"。
①臣死且不避，卮酒安足辞！（《鸿门宴》）
②古之圣人，其出人也远矣，犹且从师而问焉。（《师说》）
（4）并列关系，可译为"又""又……又……""一面……一面……"。
①示赵弱且怯也。（《廉颇蔺相如列传》）
②命如南山石，四体康且直。（《孔雀东南飞》）
③又有若老人咳且笑于山谷中者。（《石钟山记》）
④凡四方之士无有不过而拜且泣者。（《五人墓碑记》）

2．副词

可译为"将""将要"。
①有怠而欲出者，曰："不出，火且尽。"（《游褒禅山记》）
②且为之奈何。（《鸿门宴》）
③若属皆且为所虏。（《鸿门宴》）
④卿但暂还家，吾今且报府。（《孔雀东南飞》）

（十二）何

1. 疑问代词

（1）单独作谓语，后面常有语气助词"哉""也"，可译为"为什么""什么原因"。

①何者？严大国之威以修敬也。（《廉颇蔺相如列传》）

②予尝求古仁人之心，或异二者之为，何哉？（《岳阳楼记》）

③齐人未尝赂秦，终继五国迁灭，何哉？（《六国论》）

（2）作动词或介词的宾语，可译为"哪里""什么"。译时，"何"要后置。

①豫州今欲何至？（《赤壁之战》）

②大王来何操？（《鸿门宴》）

③一旦山陵崩，长安君何以自托于赵？（《触龙说赵太后》）

（3）作定语，可译为"什么""哪"。

①其间旦暮闻何物，杜鹃啼血猿哀鸣。（《琵琶行》）

②然则何时而乐耶？（《岳阳楼记》）

2. 疑问副词

（1）用在句首或动词前，常表示反问，可译为"为什么""怎么"。

①何不按兵束甲，北面而事之？（《赤壁之战》）

②徐公何能及君也？（《邹忌讽齐王纳谏》）

（2）用在形容词前，表示程度深，可译为"怎么""多么""怎么这样"。

至于誓天断发，泣下沾襟，何其衰也！（《伶官传序》）

（十三）乎

1. 表疑问语气

主要用作语气助词。可译为"吗""呢"。

①儿寒乎？欲食乎？（《项脊轩志》）

②技盖至此乎？（《庖丁解牛》）

③欲安所归乎？（《赤壁之战》）

2. 表反问语气

可译为"吗""呢"。

①布衣之交尚不相欺，况在国乎？（《鸿门宴》）

②吾师道也，夫庸知其年之先后生于吾乎？（《师说》）

③然豫州新败之后，安能抗此难乎？（《赤壁之战》）

3. 表测度或商量语气

可译为"吧"。（其用法同"其"）

①王之好乐甚，则齐其庶几乎。（《庄暴见孟子》）

②圣人之所以为圣，愚人之所以为愚，其皆出于此乎？（《师说》）

③日食饮得无衰乎？（《触龙说赵太后》）

④今亡亦死，举大计亦死，等死，死国可乎？（《陈涉世家》）
⑤无以，则王乎？《齐桓晋文之事》

4．用于感叹句或祈使句

可译为"啊""呀"等。
①宜乎百姓之谓我爱也。（《齐桓晋文之事》）
②悔相道之不察兮，延伫乎吾将反。（《离骚》）
③西望夏口，东望武昌，山川相缪，郁乎苍苍。（《赤壁赋》）

5．用在句中的停顿处

于是乎书。（《相州昼锦堂记》）

（十四）若

1．代词

（1）人称代词，可译为"你""你们"；作定语时则译为"你的"。
①若入前为寿，寿毕，请以剑舞。（《鸿门宴》）
②不者，若属皆且为所虏。（《鸿门宴》）
③更若役，复若赋。（《捕蛇者说》）
（2）指示代词，可译为"这""这样""如此"。
以若所为，求若所欲，犹缘木而求鱼也（《齐桓晋文之事》）

2．连词

（1）表假设，可译为"如果""假设"等。
①若据而有之，此帝王之资也。（《赤壁之战》）
②若备与彼协心，上下齐同，则宜抚安，与结盟好。（《赤壁之战》）
③若不能，何不按兵束甲，北面而事之！（《赤壁之战》）
（2）表选择，可译为"或""或者"。
以万人若一郡降者，封万户。（《高帝纪》）
（3）至，至于。
若民，则无恒产，因无恒心。（《齐桓晋文之事》）

（十五）为

1．介词

（1）表被动，有时跟"所"结合，构成"为所"或"为……所"，可译为"被"。
①吾属今为之虏矣。（《鸿门宴》）
②遂为猾胥报充里正役。（《促织》）
③身死国灭，为天下笑。（《伶官传序》）
④不者，若属皆且为所虏。（《鸿门宴》）
⑤赢兵为人马所蹈藉，陷泥中，死者甚众。（《赤壁之战》）
（2）介绍原因或目的，可译为"为了""因为"。

①慎勿为妇死，贵贱轻何薄！（《孔雀东南飞》）

②为宫室之美，妻妾之奉，所识穷乏者得我与？（《鱼我所欲也》）

③今为宫室之美为之。（《鱼我所欲也》）

（3）介绍涉及的对象，可译为"给""替"。

①于是秦王不怿，为一击缶。（《廉颇蔺相如列传》）

②请以赵十五城为秦王寿。（《廉颇蔺相如列传》）

③臣请为王言乐。（《庄暴见孟子》）

（4）对，向。

①为之奈何？（《鸿门宴》）

②如姬为公子泣。（《信陵君窃符救赵》）

（5）表示动作、行为的时间。可译为"当""等到"等。

为其来也，臣请缚一人，过王而行。（《晏子使楚》）

2. 句末语气词

表示疑问或反诘，可译为"呢"。

①如今人方为刀俎，我为鱼肉，何辞为？（《鸿门宴》）

②是社稷之臣也。何以伐为？（《季氏将伐颛臾》）

（十六）因

1. 介词

（1）依照，根据。

①罔不因势象形。（《核舟记》）

②变法者因时而化。（《察今》）

③善战者因其势而利导之。（《孙子吴起列传》）

（2）依靠，凭借。

①因利乘便，宰割天下，分裂山河。（《过秦论》）

②因人之力而敝之，不仁。（《烛之武退秦师》）

③又因厚币用事者臣靳尚。（《屈原列传》）

（3）趁着，趁此。

①不如因而厚遇之。（《鸿门宴》）

②因击沛公于坐。（《鸿门宴》）

（4）通过，经由。

因宾客至蔺相如门谢罪。（《廉颇蔺相如列传》）

（5）因为，由于。

①因造玉清宫，伐山取材，方有人见之。（《雁荡山》）

②恩所加则思无因喜以谬赏。（《谏太宗十思疏》）

2. 副词

（1）于是，就；因而。

①因拔刀斫前奏案。（《赤壁之战》）

②相如因持璧却立。(《廉颇蔺相如列传》)
(2)原因,缘由,机缘。
于今无会因。(《孔雀东南飞》)

3．动词

(1)根据。
故事因于世,而备适于事。(《五蠹》)
(2)沿袭,继续。
①蒙故业,因遗策。(《过秦论》)
②加之以师旅,因之以饥馑。(《子路、曾皙、冉有、公西华侍坐》)

(十七)与

1．介词

和,跟,同。
①沛公军霸上,未得与项羽相见。(《鸿门宴》)
②而翁归,自与汝复算耳!(《促织》)
(2)给,替。
①陈涉少时,尝与人佣耕。(《陈涉世家》)
②与尔三矢,尔其无忘乃父之志!(《伶官传序》)
(3)比,和……比较。
①吾孰与徐公美。(《邹忌讽齐王纳谏》)
②较秦之所得,与战胜而得者,其实百倍。(《六国论》)

2．连词

(1)和,跟,同。
①然谋臣与爪牙之士,不可不养而择也。(《勾践灭吴》)
②勾践载稻与脂于舟以行。(《勾践灭吴》)

3．动词

(1)给予,授予。
①生三人,公与之母;生二子,公与之饩。(《勾践灭吴》)
②则与一生彘肩。(《鸿门宴》)
③与尔三矢,尔其无忘乃父之志。(《伶官传序》)
(2)结交,亲附。
①因人之力而敝之,不仁;失其所与,不知。(《烛之武退秦师》)
②合从缔交,相与为一。(《过秦论》)
③与嬴而不助五国也。(《六国论》)
(3)对付。
庞煖易与耳。(《秦纪》)
(4)参加,参与。
蹇叔之子与师。(《蹇叔哭师》)

（5）赞许，同意。

①吾与点也。（《子路、曾皙、冉有、公西华侍坐》）

②朝过夕改，君子与之。（《翟方进传》）

4．通假

通"欤"，句末语气词，表示感叹或疑问。

①无乃尔是过与？（《季氏将伐颛臾》）

②虎兕出于柙，龟玉毁于椟中，是谁之过与？（《季氏将伐颛臾》）

第四节　语法

一、词类活用

词类活用，就是一个词本来属于一个基本固定的词类，只是在某个语言环境中，临时具备了另一个词类的语法功能，而前后两种用法在词语意义上又有密切的关联。词类活用一般指实词的活用。

成语中保存了较多的词类活用现象，如衣冠禽兽（穿衣服，戴帽子。名作动）；狼吞虎咽（像……一样，名词作状语）；赏心悦目（使……欢畅，使……舒服，使动）等。

（一）名词的活用

1．名词活用作一般动词

这种情况比较普遍，活用后的意义仍和这个名词的意义密切相关，只是动作化了。此时，名词后面可以直接接宾语。

①遂王天下。（《五蠹》）

于是在天下称王（或于是统一了天下）。王：名词用作动词，称王。

②沛公军霸上。（《鸿门宴》）

沛公（的军队）驻扎在霸上。军：名词用作动词，在……驻扎军队

③秦师遂东。（《崤之战》）

秦国的军队于是向东进发。东：方位名词用作动词，向东。

④左右欲刃相如。（《廉颇蔺相如列传》）

（秦王）的侍从想用刀杀蔺相如。刃：名词用作动词，用刀杀。

2．名词的使动用法

名词的使动用法指的就是名词做动词后，使名词后接的宾语成为该名词所表示的人或事物。它可构成"主语—使—宾语—为—名词"的结构。

齐威王欲将孙膑。（《孙子吴起列传》）

齐威王想使孙膑为将。将：名词用作使动动词，使……为将。将孙膑：使孙膑为将。

3．名词的意动用法

名词用作意动动词，就是主语把宾语看作这个名词所表示的人或事物。它可构成"主语—以—宾语—为—名词"或"主语—把—宾语—当—名词"。

①吾从而师之。(《师说》)

我跟从他把他当作我的老师。师：以……为老师或把……当作老师。师之：以之为师。"之"作"师"的宾语。

②孟尝君客我。(《冯谖客孟尝君》)

孟尝君以我为客。客：名词用作意动动词，以……为客。客我：以我为客。

③侣鱼虾而友麋鹿。(《赤壁赋》)

把鱼虾当伴侣，把麋鹿当朋友。侣鱼虾：以鱼虾为侣。友麋鹿：以麋鹿为友。

4．名词作状语

（1）普通名词作状语。

①表示比喻，可译为"像……一样"。

A．天下云集响应。(《过秦论》)

天下的义兵像云彩一样地汇合，像声响一样地回应。云、响：名词用作状语，像云一样、像声响一样。

B．一狼径去，其一犬坐于前。(《聊斋志异·狼》)

一条狼径直地走了，另一条狼像狗一样蹲在屠户的前面。犬：名词用作状语，像犬一样。

②表示态度，可译为"像对待……一样"。

A．吾得兄事之。(《鸿门宴》)

我要像对待兄长一样侍奉他。吾：指代刘邦。之：指代项伯。兄：名词用作状词，像对待兄长一样。

B．齐将田忌善而客待之。(《孙子吴起列传》)

齐国的将领田忌认为孙膑很有才能，于是就像对待客人一样对待他。之：指代孙膑。客：名词用作状语，像对待客一样。

③表示工具或方式，可译为"用……"

狼速去，不然，将杖杀汝。(《中山狼传》)

狼快点离去，不然的话，我将用木杖打死你。杖：名词用作状语，表示工具，用杖。

④表示凭借或处所，可译为"按……"或"在……"。

A．失期，法皆斩。(《陈涉世家》)

延误了期限，按照法律都要杀头。法：名词用作状语，表示凭借，按法。

B．相如廷叱之。(《廉颇蔺相如列传》)

蔺相如在朝廷上叱责他。之：指代秦王。廷：名词用作状语，表示处所，在朝廷上。

（2）方位名词用作状语。

古代汉语方位名词常常用作状语。方位名词用作状语时，表示动作的趋向或动作行为发生的处所，可译为"在……""向……""到……"等。

①南取汉中，西举巴蜀。(《过秦论》)

在南边取得了汉中，在西边拿下了巴蜀。南、西：方位名词用作状语，在南、在西。

②二十九年，始皇东游。(《秦始皇本纪》)

（秦始皇）二十九年，始皇向东巡游。东：方位名词用作状语，向东。

③河渭不足，北饮大泽。（《夸父逐日》）

黄河渭河的水不够饮，（夸父）到北边去饮大泽的水。北：方位名词用作状语，到北方。

（3）时间名词用作状语。

①表示时点，即在什么时候，可译为"在……"。

朝闻道，夕死可矣。（《里仁》）

在早晨听到道理，在晚上死去也值得。朝、夕：时间名词用作状语，在朝、在夕。

②表示时段，即在这段时间。可译为"在……"。

十一月，（沛公）召诸县豪杰。（《高帝纪》）

在十一月，刘邦召集各县的豪杰。十一月：时间名词用作状语，在十一月。

③表示频率，时间名词"日""月""岁"用作状语，表示动作行为的频率，可译为"每……"。

吾日三省吾身。（《学而》）

我每天多次反省自己。日：时间名词用作状语，每日。

④表示变化，时间名词"日""月"用作状语，表示动作行为逐渐发展变化，可译为"一天天地""一月月地"。

A．乡邻之生日蹙。（《捕蛇者说》）

乡邻们的生活一天天地困窘。日：时间名词用作状语，一天天地。

B．日削月割，以趋于亡。（《六国论》）

天天地削，一月月地割，而至于灭亡。日、月：时间名词用作状语，一天天地、一月月地。

⑤表示时限，时间名词"日""岁"用作状语表示时限，可译为"按……"。

今吾日计之不足，岁计之而有余。（《庚桑楚》）

现在我按天计算它不够用，按年计算它却用不完。日、岁：时间名词用作状语，按日、按岁。

（二）动词的活用

动词是表示人或事物的动作、行为或变化的词类。古今汉语的动词大致包括七类：①表示有形活动，如伐、攻、保卫、打扫；②表示心理活动，如忧、惧、想念、回忆；③表示发展变化，如生、死、发生、演变；④表示存在消失，如无、存、在、出现；⑤表示联系，如为、是、犹、像；⑥表示始终，如始、止、继续、停止；⑦表示能愿，如得、能、应该、必须。动词的语法特点是通常在句中作谓语，大多数能带宾语，这是古今汉语语法相同之处。但是，古今汉语动词的语法特点仍有一些差异。

动词的活用主要分为以下三类。

1. 动词活用作名词

古代汉语里，有些动词不表示动作行为，而是表示与这个动词的动作行为有关的人或事。

①男女同姓，其生不蕃。（《僖公二十三年》）

男女同姓结婚，他们生育的后代不会繁盛。生：动词用作名词，生育的后代。

②赵王之子孙侯者，其继有在者乎？（《触龙说赵太后》）

赵王的子孙中被封侯爵的人，他们的继承人还有存在的吗？继：动词用作名词，继承的人。

③政通人和，百废具兴。（《岳阳楼记》）

政务通达，人事和顺，各种废弛的事业都兴办起来。废：动词作主语，废弛的事业。

2．动词的使动用法

一般来说，凡是不及物动词带宾语的，多属使动用法。

①庄公寤生，惊姜氏。（《郑伯克段于鄢》）

庄公逆生，使姜氏受到惊吓。寤：通"牾"，倒着。寤生：胎儿脚先出来。惊：动词用作使动动词，使……惊。惊姜氏：使姜氏惊。

②项伯杀人，臣活之。（《鸿门宴》）

项伯曾杀过人，我使他活了下来。臣：指代张良。之：指代项伯。活：动词用作使动动词，使……活。活之：使之活。

3．动词的为动用法

简单来说，"为动"的意思就是"为宾语动"。

①夫人将启之。（《郑伯克段于鄢》）

启：为……开门。

②等死，死国可乎。（《陈涉世家》）

死：为……而死。

（三）形容词的活用

形容词是表示人或事物的性态和模拟自然声音的词类。古今汉语的形容词可分为三类：①表示性质，如愚、强、真、假等；②表示形状，如大、厚、高、低等；③模拟声音，如坎坎、关关、哗啦、轰隆等。形容词的语法功能是经常作谓语、定语、状语或补语，这是古今汉语的共同特点。但古代汉语里形容词还有一些特殊用法，现代汉语里不具有或不完全相同。

在古代汉语中，形容词的活用主要有以下几类。

1．形容词用作名词

形容词用作名词是指形容词不再表示人或事物的性质或特征，而是成为具有这种性质或特征的人、事物，在古代汉语中，如果一个形容词在句中充当了主语或宾语，即成为动作行为的支配者或承受者，那么该形容词一般活用为名词。

①以天下之美为尽在已。（《秋水》）

美：美景。

②民扶老携幼。（《冯谖客孟尝君》）

老：老人。幼：孩子。

2．形容词用作动词

形容词用作动词是指形容词不再表示人或事物的性质或特征，而是表示相应的动作行为或变化。此时，形容词活用为动词，在句中一般充当谓语。

①陈涉首难。（《项羽本纪赞》）

难：发难。

②秋毫不敢有所近。(《鸿门宴》)

近：接近，沾染。

3. 形容词的使动用法

形容词的使动用法是指形容词用作动词后，使宾语具有该形容词所表示的性质或特征，具有"使（宾语）……"的意义。

①既来之，则安之。(《季氏将伐颛臾》)

安：使……安定。

②劳师以袭远，非所闻也。(《蹇叔哭师》)

劳：……疲劳，……辛苦。

4. 形容词的意动用法

形容词的意动用法是指形容词用作动词后，主语主观上认为宾语具有该形容词所表示的性质或特征，具有"以（宾语）为……"或"认为（宾语）……"的意义。

①左右以君贱之也。(《冯谖客孟尝君》)

贱：认为……贱。

②盖马伶耻出李伶下。(《马伶传》)

耻：以……为耻。

③单于壮其节。(《苏武传》)

壮：认为……豪壮。

（四）数词的活用

古汉语中数词主要活用为动词，即指基数词在一定条件下活用为动词。数词动化后，经常带有宾语，也有不带宾语的。

①人一能之，己百之；人十能之，己千之。(《博学之》)

别人一次能做好的，自己一百次地做；别人十次能做好的，自己一千次地做。百：一百次地做；千：一千次地做。"之"分别为"百""千"的宾语。

②六王毕，四海一。(《阿房宫赋》)

六国完结了，国家统一了。一：统一。不带宾语。

二、文言特殊句式

（一）判断句

判断句最显著的特点是基本不用判断词"是"或"非"来表示，而往往让名词或名词性短语直接充当谓语，对主语进行判断。文言文判断句可分为两类：一类是有判断标志词语的判断句；另一类是没有判断标志词语的判断句。

1. 有判断标志词语的判断句

（1）用"……者，……也"表判断。

①廉颇者，赵之良将也。(《廉颇蔺相如列传》)

②师者，所以传道授业解惑也。(《师说》)

（2）用"……者……"表判断。

生我者父母。（《管鲍之交》）

（3）用"……也"表判断。

是社稷之臣也。（《季氏将伐颛臾》）

（4）用"……，……者也"表判断。

莲，花之君子者也。（《爱莲说》）

（5）用判断副词"乃、则、为、即、皆、诚、亦"等表肯定判断，用"非"等表否定判断。

①今公子有急，此乃臣效命之秋也。（《信陵君窃符救赵》）

②此则寡人之罪也。（《勾践灭吴》）

③此诚危急存亡之秋也。（《出师表》）

④六国破灭，非兵不利，战不善。（《六国论》）

2．没有判断标志词语的判断句

燕王，吾所立。（《伶官传序》）

（二）被动句

文言文被动句中的主语是谓语动词所表示的动作、行为的被动者、受事者，而不是主动者、实施者。文言文被动句可分为两类，一类是有被动标志词语的被动句；另一类是没有被动标志词语的被动句。其中，第一类为考试重点。

1．有被动标志词语的被动句

有标志的被动句中往往借助一些介词来表被动，大体有以下几种形式。

（1）"为……所……""……为……""……为所……"。

①行将为人所并。（《赤壁之战》）

②身死人手，为天下笑者，何也？（《过秦论》）

③其射猛兽亦为所伤云。（《李将军列传》）

（2）"见……于……""……见……""……于……"。

①吾长见笑于大方之家。（《秋水》）

②秦城恐不可得，徒见欺。（《廉颇蔺相如列传》）

③劳心者治人，劳力者治于人。（《滕文公上》）

2．没有被动标志词语的被动句

没有标志的被动句没有表示被动的标志词，因此看起来和主动句相似，考生只能从语义上判断主语的被动性质。因此，没有标志的被动句也叫作语义上的被动句或意念被动句。例如，《郑伯克段于鄢》中的"蔓草犹不可除"，从主语与谓语的语义关系来看，"蔓草"是被"除"的，因此，这里的"除"是"被除去"，含有被动的意思。

（三）倒装句

在古代汉语中，有一些句子的语序与现代汉语不同，这些句子统称为倒装句。倒装句主要有以下四类。

1. 宾语前置句

在文言文中，把宾语放在动词或介词前面，叫宾语前置。

现代汉语中的语序：动词/介词+宾语。

文言文中的语序：宾语+动词/介词。

宾语前置句为考试重点，分为以下几种情况。

（1）疑问句中疑问代词作动词或介词的宾语时，宾语要前置。其中常见的疑问代词有谁、孰（指人），何、胡、奚、曷（hé）（指物），恶（wū）、安、焉（指处所）。

①大王来何操？——大王来操何？

②沛公安在？——沛公在安？

③何以战？——以何战？

（2）否定句中代词作宾语时，宾语要前置。其中常见的否定词有不、弗、未、非、否、毋、无、莫等。常见的代词有余、吾、己、自、汝、尔、之等。

①忌不自信。——忌不信自。

②未之有也。——未有之也。

②古之人不余欺也。——古之人不欺余也。

（3）用"是"或"之"为标志的宾语前置。用"之""是"把宾语提到动词前，以强调宾语。这时的"之""是"只是宾语前置的标志，不译。

①何陋之有哉？——有何陋哉？

②句读之不知，惑之不解。——不知句读，不解惑。

③唯利是图。——唯图利。

（4）介宾短语中的宾语前置。疑问代词、方位名词、数量词、时间词等常置于介词前。其中介词"以"比较常见。

①项王项伯东向坐。——项王项伯向东坐。

②一言以蔽之。——以一言蔽之。

2. 状语后置句

状语后置句是指在文言文中，某些状语成分被置于谓语之后，这种语序与现代汉语不同。在现代汉语中，状语通常位于谓语之前，但在文言文中，由于受到单音节词和双音节词的影响，状语可能会被放在谓语之后，形成状语后置的情况。这种句式在译成现代汉语时，通常需要将后置的状语成分移到谓语前作状语。

（1）用介词"于"组成的介宾短语在文言文中大都处在补语的位置，译成现代汉语时，除少数仍作补语外，大多数都要移到动词前作状语。

①青，取之于蓝，而青于蓝。——青，于蓝取之，而于蓝青。

②颁白者不负戴于道路矣。——颁白者不于道路负戴矣。

（2）介词"以"组成的介宾短语，译成现代汉语时，一般都作状语。

①具告以事。——以事具告。

②树之以桑。——以桑树之。

（3）还有一种介词"乎"组成的介宾短语在补语位置时，译成现代汉语时，可视情况定其成分。

生乎吾前，其闻道也固先乎吾。——乎吾前生。

3. 主谓倒装句

在古代汉语中，有时为了加强感叹语气，会将谓语提到主语之前，形成主谓倒装句。

渺渺兮于怀。——予怀渺渺兮。

4. 定语后置句

定语是用来修饰、限制名词的成分，一般放在名词前。但在古代汉语中，有时为了突出和强调定语，会将定语放在名词之后，这种现象就叫作定语后置。

①举地千里。——举千里地。

②以为凡是州之山水有异态者。——以为凡是州之有异态山水者。

第五节　修辞

辞格也称"修辞格"，"修辞方式"和"修辞格式"，是在语境里巧妙地运用语言而构成特有模式以提高表达效果的方法。常见的修辞格有比喻、比拟、借代、双关、夸张、对偶、排比、层递、反复、设问、反问等。

一、比喻

比喻就是打比方，是用本质不同又有相似点的甲事物来描绘乙事物或说明道理的辞格，也叫"譬喻"。比喻里被比方的事物叫"本体"，用来打比方的事物叫"喻体"，联系二者的词语叫"喻词"。本体和喻体必须是性质不同的两种事物，利用它们之间某些相似点来打比方，就构成了比喻。比喻的作用有三：一是使深奥的道理浅显化，帮人加深体味；二是使抽象的事物具体化，叫人便于接受；三是使概括的东西形象化，给人鲜明的印象。

根据比喻的构成要素（本体、喻体、喻词）的不同，比喻可分为明喻、暗喻、借喻三大类。

（一）明喻

明喻的构成方式是本体、喻体都出现，中间常用"像、如、似、仿佛、犹如、有如、一般、似的"等喻词。

①他的智慧像璀璨的明珠一样熠熠生辉，无论在何时何地都能给周围的人带来灵感和启示。

②她们跳起舞来，简直像一阵风一样。

喻词"一样、似的、一般、般"等有时单独放在喻体后面，有时与前面的"像、如"等结合成"像……似的""如……一般"等格式。

（二）暗喻

暗喻又叫"隐喻"，本体和喻体也都出现，其中用"是、变成、成为、等于"等喻词。

①那河畔的金柳是夕阳中的新娘。

②理性的东西所以靠得住，正是由于它来源于感性。否则理性的东西就成了无源之水，无本之木，而只是主观自生的靠不住的东西了。

暗喻虽然不用"像、如"一类的喻词，实际上比起明喻来，本体和喻体的关系更为紧密。这种比喻直接指出本体就是（或成为）喻体，所以相似点也得到了更多的强调。

（三）借喻

借喻不出现本体，或不在本句出现，而是借用喻体直接代替本体。

①鲁迅在一篇文章中主张打落水狗。他说，如果不打落水狗，它一旦跳起来，就要咬你，最低限度也要溅你一身的污泥。

②我们应当禁绝一切空话。但是主要的和首先的任务，是把那些又长又臭的懒婆娘的裹脚，赶快扔到垃圾桶里去。

例①用喻体"落水狗"来比喻挨了打的敌人，例②用喻体"又长又臭的懒婆娘的裹脚"来比喻长而空的文章。这种比喻以喻体代替本体，有突出本体的某种特性的作用。

二、比拟

根据想象把物当作人写或把人当作物写或把甲物当作乙物来写，这种辞格叫比拟。被比拟的事物称为"本体"，用来比拟的事物称为"拟体"。

比拟是物的人化或人的物化或把甲物拟作乙物，具有思想的跳跃性，能使读者展开想象的翅膀，捕捉它的意境体味它的深意。正确地运用比拟，可以使读者不仅对所表达的事物产生鲜明的印象，而且可以感受到作者对该事物的强烈的感情，从而引起共鸣。运用比拟表现喜爱的事物，可以把它写得栩栩如生，使人倍感亲切；表现憎恨的事物，可以把它写得丑态毕露，给人以强烈的厌恶感。

比拟可分为拟人和拟物两大类。

（一）拟人

把物当作人来写，赋予"物"以人的言行或思想感情。

①海睡热了。大小的鸟拥抱着，依偎着，也静静地恍惚入了梦乡。星星在头上眨着慵懒的眼睑，也像要睡了。

②矮小而年高的垂柳，用苍绿的叶子抚摸着快熟的庄稼；密集的芦苇，细心地护卫着脚下偷偷开放的野花。

例①中把"海""岛""星星"人格化，使它们具有人的思想感情、动作情态，借以表现大海由动到静的相关情态。例②中的"垂柳"也会抚摸"庄稼"；"芦苇"也会护卫"野花"。这都是拟人写法、借物抒情。

抽象概念也可以拟人化。

③真理总是悄悄地走进勇敢者的心间，向他昭示智慧的魔力。

"真理"是抽象概念，赋予它以人的动作后，生动活泼，形象鲜明。

（二）拟物

把"人"当作"物"来写，也就是使人具有物的情态或动作，或者把甲物当作乙物写，把人当物写。

①那肥大的荷叶下面，有一个人的脸，下半截身子长在水里。那不是水生吗？（孙犁《荷花淀》）

作者把人当作植物来写，使人的下半截身子"长在水里面"，跟荷梗一样，给人以壮美的形象。

②时雨点红桃千树，春风吹绿柳万枝。

把"时雨"这种自然景物当作染色的颜料，因此可以点红桃树，形象具体感人。

三、借代

借代又叫"换名"。它是不直接说出所要表达的人或事物的名称，而是借用同它密切相关的人或事物的名称来代替的一种修辞方法。被代替的人或事物叫"本体"，用来代替的人或事物叫"借体"。

（一）借代的基本类型

1. 特征或标志代本体

用人或事物的特征、标志来代替本体事物的名称。
①其中往来种作，男女衣着，悉如外人。黄发垂髫，并怡然自乐。
②此去泉台招旧部，旌旗十万斩阎罗。
③按一按衣袋，硬硬的还在。

2. 工具材料代本体

用工具或材料的名称来代替本体事物。
①浔阳地僻无音乐，终岁不闻丝竹声。
②日夜的辩论，激烈的争吵。行动胜于语言，拳头代替了舌头。

3. 具体事物代抽象事物或概念

①搞好菜园子，丰富菜篮子。
②四十年的炮火硝烟，练就了他一双锐利的眼睛。

4. 部分代整体或整体代部分

用具有代表性的部分代替它的整体，或者用整体事物的名称代替其部分的名称。
①孤帆远影碧空尽，唯见长江天际流。
②江山如此多娇。

5. 专名代泛称

①你们杀死一个李公朴，会有千万个李公朴站起来。
②中国人民中间，实在有成千上万的"诸葛亮"，每个乡村，每个市镇，都有那里的"诸葛亮"。

6. 结果代原因

用某事情所产生的结果代替本体事物。

①孔乙己一到店，所有喝酒的人便都看着他笑。有的叫道，"孔乙己，你脸上又添上新伤疤了！"

②林先生早已汗透棉袍。虽然累得那么着，林先生心里却很愉快。

借代的方式还有很多，诸如以作者代作品、以数字代本体等。

（二）借代的作用

（1）可以突出事物的特征，引起人们的联想，加深印象，也就是增加了语言的信息量。

（2）可以使文笔洗练。

（3）可以使叙述有变化，不呆板。

（4）便于表达书写者的爱憎感情。

（三）借代和借喻的区别

1. 构成的基础不同

借代构成的基础是事物的相关性，而相关性多是固定的。

2. 作用不同

借代的作用是称代，用借体去代替本体，只代不喻，也可以说只是换一个艺术的名称；借喻的作用是比喻，是以此事物来喻彼事物，它是喻中有代。

3. 借喻可以转换成明喻，借代一般则不能转换成明喻

例如，陈毅的《梅岭三章》中的"此去泉台招旧部，旌旗十万斩阎罗。"

四、双关

双关指的是利用词语同音或多义等条件，有意使一个语句在特定的语言环境中同时兼顾表面和内里两种意思，言在此而意在彼。双关包括谐音双关和语义双关两种。

（一）谐音双关

谐音双关即利用词语的同音或近音条件构成的双关。

①杨柳青青江水平，闻郎江上唱歌声。东边日出西边雨，道是无晴却有晴。

②外边树梢头的蝉儿却在枝头唱高调："要死哟！要死哟！"

例①利用"晴""情"同音构成双关，例②利用音近表面模拟蝉儿的叫声，实际是用雷雨前闷热得要死来诅咒反动黑暗的统治已到了末日。

此外，汉语中的许多歇后语就是利用谐音双关构成的。

③老虎拉车——谁赶（敢）？

④孔夫子搬家——净是书（输）。

⑤窗户眼吹喇叭——鸣（名）声在外。

（二）语义双关

语义双关即利用词语或句子的多义性构成的语义双关。

①他（指陈毅）却笑着说："没关系！吃点墨水好哇，我肚子里的'墨水'还太少呢！"

②可是匪徒们走上几十里的大山背，他们没想到包马脚的麻袋片全烂掉在马路上，露出了他们的马脚。

例①用"墨水"的多义性，表面用的是本义，实际指的却是比喻义：学问或知识。例②中的"马脚"实际用的是比喻义：破绽。

五、夸张

故意言过其实，对客观的人、事物作扩大或缩小或超前的描述，这种辞格叫作夸张。夸张运用了丰富的想象力，它对事物的某些方面的特征加以合情合理的渲染，使人感到虽不真实，却胜似真实。

夸张的作用是用言过其实的方法，突出事物的本质，或加强作者的某种感情，烘托气氛，引起读者的联想。在文学中，夸张是运用想象与变形，夸大事物的某些特征，写出不寻常之语。

夸张可分为三类，即扩大夸张、缩小夸张和超前夸张。

（一）扩大夸张

扩大夸张即故意把客观事物说得"大、多、高、强、深……"的夸张形式。
蜀道之难，难于上青天。

（二）缩小夸张

缩小夸张即故意把客观事物说得"小、少、低、弱、浅……"的夸张形式。
一个浑身黑色的人，站在老栓面前，眼光正像两把刀，刺得老栓缩小了一半。

（三）超前夸张

超前夸张即在时间上把后出现的事物提前一步的夸张形式。
农民们都说："看见这样鲜绿的麦苗，就嗅出白面包子的香味来了。"

六、对偶

对偶是用字数相等意义密切相关、结构形式相同或基本相同的两个短语或句子，对称地排列的辞格。

根据上句和下句在意义上的联系，对偶可大致分为正对、反对、串对三类。

（一）正对

正对即上下句意思相似、相近、相补、相衬的对偶形式。
①墙上芦苇，头重脚轻根底浅；山间竹笋，嘴尖皮厚腹中空。
②宝剑锋从磨砺出，梅花香自苦寒来。

（二）反对

反对即上下句意思相反或相对的对偶形式。
①横眉冷对千夫指，俯首甘为孺子牛。
②斧头劈翻旧世界，镰刀开出新乾坤。

（三）串对（流水对）

串对即上下句的意思具有承接、递进、因果、假设、条件等关系的对偶形式。
①才饮长沙水，又食武昌鱼。
②野火烧不尽，春风吹又生。

七、排比

排比是把结构相同或相似、语气一致、意思密切关联的句子或句法成分排列起来，以加强语势强调内容，加重感情的修辞方式。
排比一般分为成分排比和句子排比两类。

（一）成分排比

成分排比即一个句子中的一些成分组成排比。
①山朗润起来了，水涨起来了，太阳的脸红起来了。
②延安的歌声，它是黑夜的火把，雪天的煤炭，大旱的甘霖。

（二）句子排比

从句子结构看，单句和复句（其中包括分句）都可以构成排比。
（1）分句排比。
分句排比即一个复句的各个分句构成排比。
①菊，花之隐逸者也；牡丹，花之富贵者也；莲，花之君子者也。
②他们的品质是那样的纯洁和高尚，他们的意志是那样的坚韧和刚强，他们的气质是那样的淳朴和谦逊，他们的胸怀是那样的美丽和宽广！
（2）单句排比。
单句排比即几个单句构成排比。
他勇敢如狮，智慧如星，善良如鸽，坚定如山。
（3）复句排比。
复句排比即几个复句构成排比。
如果我们能够研制出一种类似鹰眼的搜索、观测技术系统，就能够扩大飞行员的视野，提高他们的视敏度。如果能研制出具有鹰眼视觉原理的"电子鹰眼"，就有可能用于控制远程激光制导武器的发射。如果能给导弹装上小巧的"鹰眼系统"，那么它就可以像雄鹰一样，自动寻找、识别、追踪目标，做到百发百中。

八、层递

层递是根据事物的逻辑关系，连用结构相似、内容递升或递降的语句，表达层层递进的事理的一种修辞方法。

（一）层递的基本类型

层递主要分为递升和递降两类。

1. 递升

递升即按照事物的发展，由小到大，由少到多，由低到高排列。

①保卫家乡！保卫黄河！保卫华北！保卫全中国！

②一根火柴，它自己熄灭了，却把别人点燃起来，引起了比自己大十倍、百倍、千倍以至数万倍的熊熊大火。

2. 递降

递降即按照事物的变化，由大到小，由多到少，由高到低排列。

老师又说，自然科学的皇后是数学，数学的皇冠是数论，哥德巴赫猜想是皇冠上的明珠。

（二）层递的作用

借步步推进，使人们的认识层层深化，对表达的事理产生深刻的印象。

（三）层递与排比的区别

（1）层递着眼于内容上具有等次性（级差性），构成层递的几个语句在内容上必须是递升或递降的。

（2）排比主要着眼于内容上的平列性，构成排比的内容是一个问题的几个方面，或者相关的几个问题。

（3）层递在结构上不强调相同或相似，往往不用相同的词语；排比在结构上必须相同或相似，往往要用相同的词语。

九、反复

（一）反复的基本类型

为了突出某个意思、强调某种感情，特意重复某个词语或句子，这种辞格叫反复。

反复可以分为连续反复和间隔反复两类。

1. 连续反复（中间无其他词语）

①山谷回音，他刚离去，他刚离去。

②行路难，行路难，多歧路，今安在？

2. 间隔反复（中间有其他词语）

大堰河，为了生活，

在她流尽了她的乳液之后，
她就开始用抱过我的双臂劳动了；
她含着笑，洗着我们的衣服，
她含着笑，提着菜篮到村边的结冰的池塘去，
她含着笑，切着冰屑悉索的萝卜……

（二）反复的作用

反复修辞格主要运用在诗文中，起到反复咏叹，表达强烈的情感的作用。同时，反复的修辞手法还可以使诗文的格式整齐有序，而又回环起伏，充满语言美。

（三）反复与排比的区别

反复和排比两种修辞手法都含有相同的词语，形式上相似，容易混淆，两者的区别关键在于其表达的侧重点不同。

反复是为了强调某个意思或突出某种情感而重复使用某些词语或句子，所要表达的侧重点在于重复的词语或句子上；排比则是把结构相同或相似、内容相关、语气一致的三个或三个以上的短语或句子排列起来使用，侧重点不在相同的词语上。

终于自由啦！终于自由啦！感谢全能的上帝，我们终于自由啦！（马丁·路德·金《我有一个梦想》）

此句三次咏叹"终于自由啦"，表达对自由的期盼和渴望，侧重点就是"终于自由啦"，所以此句的修辞手法为反复。

十、设问

无疑而问，自问自答，以引导读者注意和思考问题，这种辞格叫设问，常用于表示强调作用。正确地运用设问，能引人注意，启发思考；有助于层次分明，结构紧凑；可以更好地描写人物的思想活动；突出某些内容，使文章起波澜，有变化。

（1）句先提出问题，然后加以断定，比平铺直叙醒目得多。

我们是否废除讽刺？不是的，讽刺是永远需要的。

（2）句先设问，再作含蓄的回答，意味无穷。

志若黄河奔沧海，形似珠峰刺青天。借问英灵今何在？花潮诗海震人间。

上面两例都是问后即答。个别设问也有不立即回答，而是在下文中逐步回答。例如：

谁是我们的敌人？谁是我们的朋友？这个问题是革命的首要问题。

这个问题设在文章开头，是全文中心论题，经过详尽的分析之后，文章结尾才作了结论。设问能够引起人的注意，启发思考，加深理解，并使论点突出，增加文章的说服力。

十一、反问

反问也是无疑而问，明知故问，又叫"激问"。但它只问不答，把要表达的确定意思包含在问句里。否定句用反问语气说出来，就表达肯定的内容；肯定句用反问语气说出来，就表

达否定的内容。

①啊，黄继光，刘胡兰……不都是党亲手培育的，共产主义甘霖灌溉出来的吗？人间还有什么花朵能同他们争妍呢？

两个反问句连用。前句是用否定句反问，表达肯定的意思，它说明英雄是党培育的、共产主义甘霖灌溉的。后句是用肯定句反问，表达否定的意思，它说明花朵不能同英雄比美。

从上例可以看出，虽是反问，可意思是确定的。同平铺直叙的表达比较起来，反问这种说法语气强烈，加重了语言的力量，能激发读者的感情，给读者造成深刻的印象。

反问有连用的形式，表达的思想内容更深厚，语气更强烈。

②在旧社会，多少从事科学文化事业的人们，向往着国家昌盛，民族复兴，科学文化繁荣。但是在那黑暗的岁月里哪里有科学的地位，又哪里有科学家的出路！

设问和反问都是无疑而问，但是有明显的区别。设问是有问有答或自问自答或问而让对方思考答案；反问明确地表示肯定或否定的内容寓答于问，有问无答。设问主要是提出问题，引起注意，启发思考；反问则主要是加强语气，用确定的语气表明作者的思想。这些区别，我们从下边的例子里可以清楚地看出来。

③朋友们，当你听到这段英雄事迹的时候，你的感想如何呢？你不觉得我们的战士是可爱的吗？你不以我们的祖国有着这样的英雄而自豪吗？

设问和反问连用。首先使用设问：感想如何？引人注意，提请思考；接着连用两个反问句暗示出答案：战士可爱，战士是英雄。文意有起有伏，语势更加强劲。

第二章 文学常识

第一节 中国古代文学

一、先秦时期

先秦文学是中国古代文学发生发展的最早阶段，这一阶段由天下统一的分封到诸侯异政的分裂，再到中央集权的统一。文学作品的思想性和艺术性大部分也都体现了华夏范围内由分裂而寻求统一的基本时代特征。这一阶段产生了很多优秀作品，有成为我国古代文学先导的古代神话和古代歌谣，有标志着我国文学光辉起点的《诗经》，有作为后代史传体文学和小说、戏剧滥觞的历史散文，有体现战国时代百家争鸣之局的诸子散文，有我国寓言文学鼻祖的先秦寓言，有光耀千古的浪漫主义杰作《楚辞》等。丰富多彩的先秦文学奠定了我国两千几百年文学发展的坚实基础。

（一）《诗经》

《诗经》就整体而言，是周王朝由盛而衰五百年间中国社会生活面貌的形象反映。《诗经》关注现实、抒发现实生活触发的真情实感，是中国现实主义诗歌的源头。共 305 篇，其中主要分《风》《雅》《颂》三部分。

《诗经》六义：风、雅、颂、赋、比、兴。风、雅、颂是诗的分类和内容题材，赋、比、兴是诗的表现手法。

《风》包括了 15 个地方的民歌，是《诗经》中的精华，既有对爱情、劳动等美好事物的吟唱，也有怀故土、思征人及反压迫、反欺凌的怨叹与愤怒。

《雅》分《大雅》《小雅》。《大雅》作者大都是贵族，主要歌颂周王室祖先乃至武王、宣王等之功绩，《小雅》创作于西周初年至末年，最突出的是关于战争和劳役的作品。

《颂》则为宗庙祭祀之诗歌。《颂》中的诗歌对于考察早期历史、宗教与社会有很大价值。

赋：平铺直叙，铺陈、排比。如《秦风·无衣》：岂曰无衣？与子同袍。王于兴师，修我戈矛。与子同仇！

比：类比，比喻之意。如《卫风·硕人》：手如柔荑，肤如凝脂。

兴：托物起兴，先言他物，然后借以联想，引出诗人所要表达的事物、思想、感情。如《关雎》：关关雎鸠，在河之洲，窈窕淑女，君子好逑。

《诗经》的特点：复沓的章法，以四言句式为主，间或杂言；朴素自然的艺术风格；现实主义创作方法；双声叠韵使声调优美。

（二）《楚辞》

《楚辞》是中国文学史上第一部浪漫主义诗歌总集，全书以屈原作品为主，其余各篇也是承袭屈赋的形式。其运用楚地的文学样式、方言声韵和风土物产等，具有浓厚的地方色彩，故名《楚辞》，对后世诗歌产生深远影响。

《楚辞》多用比、兴手法于政治讽谏上，同时也较偏重宗教政治、个人抒怀。《楚辞》讲述了知识分子的独善情怀、高洁品格或是展示了楚地的山川人物、历史风情，具有浓厚的地域文化色彩。

屈原，芈姓，屈氏，名平，字原，又自云名正则，字灵均，出生于楚国丹阳秭归（今湖北省宜昌市），战国时期楚国诗人、政治家。提倡"美政"，主张对内举贤任能，修明法度，对外联齐抗秦。因遭贵族排挤诽谤，被先后流放至汉北和沅湘流域。公元前 278 年，楚国郢都被秦军攻破后，自沉于汨罗江，以身殉楚国。

屈原是中国历史上一位伟大的爱国诗人，中国浪漫主义文学的奠基人，"楚辞"的创立者和代表作家，开辟了"香草美人"的传统，被誉为"楚辞之祖"，楚国有名的辞赋家宋玉、唐勒、景差都受到屈原的影响。

屈原的主要作品有《离骚》《九歌》《九章》《天问》等。"路漫漫其修远兮，吾将上下而求索"，屈原的"求索"精神，成为后世仁人志士所信奉和追求的一种高尚精神。从屈原之后，中国诗歌开始了从集体歌唱到个人独立创作的新时代。

（三）诸子百家

儒　　家

《论语》

《论语》是春秋时期思想家、教育家孔子的弟子及再传弟子记录孔子及其弟子言行而编成的语录文集，成书于战国前期。全书共 20 篇 492 章，以语录体为主，叙事体为辅，较为集中地体现了孔子及儒家学派的政治主张、伦理思想、道德观念、教育原则等，其主要特点是语言简练而用意深远，有一种雍容和顺、纡徐含蓄的风格，能在简单的对话和行动中展示人物形象，如表 2.1 所示。

表 2.1

序号	篇目	内容概要
1	学而第一	讲"务本"的道理，引导初学者进入"道德之门"
2	为政第二	讲治理国家的道理和方法
3	八佾第三	记录孔子谈论礼乐
4	里仁第四	讲仁德的道理
5	公冶长第五	讲评价古今人物及其得失

序号	篇目	内容概要
6	雍也第六	记录孔子和弟子们的言行
7	述而第七	记录孔子的容貌和言行
8	泰伯第八	记孔子和曾子的言论及其对古人的评论
9	子罕第九	记录孔子的道德教育思想和孔子弟子对其师的议论；此外，还记述了孔子的某些活动。重点为孔子的行事风格，提倡和不提倡做的事
10	乡党第十	记录孔子的言谈举止、衣食住行和生活习惯
11	先进第十一	记录孔子的教育言论和对弟子的评论
12	颜渊第十二	记录孔子教育弟子如何实行仁德，如何为政和处世
13	子路第十三	记录孔子论述为人和为政的道理
14	宪问第十四	记录孔子和其弟子论修身为人之道，以及对古人的评价
15	卫灵公第十五	记录孔子及其弟子在周游列国时关于仁德治国方面的言论
16	季氏第十六	记孔子论君子修身，以及如何用礼法治国
17	阳货第十七	记录孔子论述仁德，阐发礼乐治国之道
18	微子第十八	记录古代圣贤事迹、孔子等人周游列国中的言行及周游途中世人对于乱世的看法
19	子张第十九	记录孔子和弟子们探讨求学为道的言论，弟子们对于孔子的敬仰赞颂
20	尧曰第二十	记录古代圣贤的言论和孔子对于为政的论述

《论语》是儒家经典之一。自汉武帝"罢黜百家，独尊儒术"之后，《论语》被尊为"五经之辖辖，六艺之喉衿"，是研究孔子及儒家思想尤其是原始儒家思想的第一手资料。一直到清朝末年推行洋务运动，废除科举之前，《论语》都是学子士人推施奉行的金科玉律。

代表人物

孔子，鲁国昌平乡陬邑人。孔子名丘，字仲尼，我国历史上伟大的思想家、教育家，儒家学派的创始人。孔子幼年丧父，家道贫寒，但"志于学"，学无常师，好学不厌。相传孔子曾问礼于老聃，学乐于苌宏，学琴于师襄。孔子年轻时做过"委吏"（管仓库）和"乘田"（管畜牧）等几任小官。五十岁时由鲁国中都宰升任大司寇，摄行相事。后罢官，曾带领弟子周游列国14年，终不再仕。孔子晚年一边开课讲学，一边致力于整理古代文献。相传孔子有弟子三千，贤弟子七十二人。

孔子学识渊博，品德高尚；发愤忘食，安贫乐道；学而不厌，诲人不倦；与人为善，直道而行。后世对孔子有非常崇高的赞誉，所谓"天不生仲尼，万古如长夜"（《朱子语类》卷九十三）。孔子去世后，历代帝王为彰显对孔子的尊崇，不断对孔子进行追封追谥，诸如"文圣尼父""至圣文宣王""大成至圣文宣先师"等。中国各地都有孔庙祭祀。举世闻名的"三孔"——孔庙、孔府、孔林，位于山东曲阜城的中央，被联合国教科文组织列为世界文化遗产。

主要思想

《论语》的思想主要有三个。伦理道德范畴——仁，社会政治范畴——礼，认识方法论范畴——中庸。"仁"是《论语》的思想核心。

背诵篇目

（1）孔子曰：君子有三畏，畏天命，畏大人，畏圣人之言。小人不知天命而不畏也，狎大人，侮圣人之言。

（2）季路问事鬼神。子曰："未能事人，焉能事鬼？"

曰："敢问死。"

曰："未知生，焉知死？"

（3）司马牛忧曰："人皆有兄弟，我独亡。"

子夏曰："商闻之矣：'死生有命，富贵在天。'君子敬而无失，与人恭而有礼，四海之内皆兄弟也。君子何患乎无兄弟也？"

（4）樊迟请学稼，子曰："吾不如老农。"

请学为圃，曰："吾不如老圃。"

樊迟出。子曰："小人哉，樊须也！上好礼，则民莫敢不敬；上好义，则民莫敢不服；上好信，则民莫敢不用情。夫如是，则四方之民襁负其子而至矣，焉用稼？"

（5）子贡曰："贫而无谄，富而无骄，何如？"

子曰："可也。未若贫而乐，富而好礼者也。"

子贡曰："《诗》云：'如切如磋，如琢如磨'，其斯之谓与？"

子曰："赐也，始可与言《诗》已矣，告诸往而知来者。"

（6）季氏将伐颛臾。

冉有、季路见于孔子曰："季氏将有事于颛臾。"

孔子曰："求！无乃尔是过与？夫颛臾，昔者先王以为东蒙主，且在邦域之中矣，是社稷之臣也。何以伐为？"

冉有曰："夫子欲之，吾二臣者皆不欲也。"

孔子曰："求！周任有言曰，'陈力就列，不能者止。'危而不持，颠而不扶，则将焉用彼相矣？且尔言过矣。虎兕出于柙，龟玉毁于椟中，是谁之过与？"冉有曰："今夫颛臾，固而近于费。今不取，后世必为子孙忧。"孔子曰："求！君子疾夫舍曰欲之而必为之辞。丘也闻有国有家者，不患寡而患不均，不患贫而患不安。盖均无贫，和无寡，安无倾。夫如是，故远人不服，则修文德以来之。既来之，则安之。今由与求也，相夫子，远人不服，而不能来也；邦分崩离析，而不能守也：而谋动干戈于邦内。吾恐季孙之忧，不在颛臾，而在萧墙之内也。"

《礼记》

《礼记》，据传为孔子的七十二弟子及其学生们所作，西汉戴圣所编。书中记述个人修身、教育、教学之法、学制、政治、以教化政、大同社会、礼制与刑律等。《礼记》与《仪礼》《周礼》合称"三礼"。

《礼记》按照所述内容可分为四类：

（1）记礼节条文，补他书所不备。

（2）阐述周礼的意义。

（3）解释《仪礼》之专篇。

（4）专记某项制度和政令。

《礼记》是中国古代文化传承和发展的重要组成部分。无论是在官方场合还是日常生活中，许多中国的传统礼仪依然保留着，体现着相互尊重和社会秩序的重要价值观。同时，《礼记》也是研究中国古代社会的重要资料，对后世的历史学、哲学、文化研究产生了深远影响。

《孟子》

《孟子》是儒家的经典著作，战国中期由孟子及其弟子万章、公孙丑等著，书中记载了孟子及其弟子的政治、教育、哲学、伦理等思想观点和政治活动。《孟子》作为中国古代儒家经典之一，对后世产生了深远的影响。

代表人物

孟子，姬姓，孟氏，名轲，字子舆（待考，一说字子车、子居），与孔子并称"孔孟"，邹国（今山东省邹城市）人。战国时期儒家思想代表人物之一，中国古代思想家、哲学家、政治家、教育家。孟子不仅在哲学理论上发展了孔子的思想，而且建立了以"民本"为基础的政治思想体系。

主要思想

（1）教育思想：《孟子》强调教育的重要性，提倡"教无定法"的思想。

（2）仁爱之道：《孟子》强调仁爱之道，主张以仁爱之心对待他人，倡导仁爱、仁政。

（3）政治思想：《孟子》提出了"王道"思想，提倡"民为贵，社稷次之，君为轻"的思想，强调民众的重要性，主张君主应当以仁义之心治理国家，为民众谋福祉。

（4）性善说是孟子思想的基石。

背诵篇目

无恒产而有恒心者，惟士为能。若民，则无恒产，因无恒心。苟无恒心，放辟邪侈，无不为已。及陷于罪，然后从而刑之，是罔民也。焉有仁人在位，罔民而可为也！是故明君制民之产，必使仰足以事父母，俯足以畜妻子，乐岁终身饱，凶年免于死亡；然后驱而之善，故民之从之也轻。今也制民之产，仰不足以事父母，俯不足以畜妻子，乐岁终身苦，凶年不免于死亡；此惟救死而恐不赡，奚暇治礼义哉！王欲行之，则盍反其本矣！五亩之宅，树之以桑，五十者可以衣帛矣；鸡豚狗彘之畜，无失其时，七十者可以食肉矣；百亩之田，勿夺其时，八口之家，可以无饥矣；谨庠序之教，申之以孝悌之义，颁白者不负戴于道路矣。老者衣帛食肉，黎民不饥不寒，然而不王者，未之有也。

《荀子》

《荀子》是战国时期荀子和弟子们整理或记录他人言行的哲学著作，全书一共32篇。

代表人物

荀子，名况，字卿，两汉时因避汉宣帝询名讳称孙卿。战国晚期赵国人，思想家、哲学家、教育家，儒家学派的代表人物，先秦时代百家争鸣的集大成者。荀子早年游学于齐国，因学问博大，曾三次担任当时齐国"稷下学宫"的"祭酒"。荀子对重新整理儒家典籍有着相当显著的贡献，所著《荀子》一书，又名《荀卿子》，集中体现了其学术主张和理论思想。

主要思想

（1）"性恶论"是其最主要的思想主张之一。

（2）荀子的"天人论"主张"天行有常""人可制天命而用之"。这是荀子思想中最具积极进步意义的思想之一。

（3）隆礼重法、人而能群、分等级而治是荀子的又一重要思想主张，其中，"隆礼"最为突出。

道　家

《老子》

《老子》是春秋时期老子所著的哲学作品，又称《道德经》，是道家哲学思想的重要来源。《道德经》文本以哲学意义之"道德"为纲宗，论述修身、治国、用兵、养生之道，而多以政治为旨归，乃所谓"内圣外王"之学，文义深奥，包涵广博，对传统哲学、科学、政治、宗教等产生了深刻影响，被誉为"中华文化之源""万经之王"。

代表人物

老子，生卒年不详。中国古代伟大的思想家、哲学家、文学家和史学家，道家学派创始人和主要代表人物，姓李，名耳，字伯阳，谥曰聃，故又称老聃。做过周朝守藏室史官（管理藏书的史官），孔子曾向他问礼。

主要思想

朴素的辩证法，在政治上，主张无为而治、不言之教；在权术上，讲究物极必反之理；在修身方面，讲究虚心实腹、不与人争的修持，是道家性命双修的始祖。

《庄子》

《庄子》是战国中后期庄子及其后学所著道家学说汇总，到了汉代以后，庄子被尊为南华真人，因此《庄子》亦称《南华经》。其书与《老子》《周易》合称"三玄"。《庄子》一书主要反映了庄子的批判哲学、艺术、美学、审美观等。其内容丰富，博大精深，涉及哲学、人生、政治、社会、艺术、宇宙生成论等诸多方面。

庄子的文章，想象奇幻，构思巧妙，具有浪漫主义的艺术风格。庄子之语看似夸言万里，想象漫无边际，然皆有根基，重于史料义理。鲁迅先生说："其文则汪洋辟阖，仪态万方，晚周诸子之作，莫能先也。"被誉为"钳揵九流，括囊百氏"。

代表人物

庄子名周，战国中期思想家、哲学家、文学家，道家学派代表人物，与老子并称"老庄"。

主要思想

《庄子》的核心思想包括道的观念、自由与逍遥、齐物论、养生之道及道的境界等方面。这些思想不仅对中国古代哲学产生了深远的影响，也对现代人的生活和思想产生了重要的启示作用。它教导我们要用开放的心态去接纳和理解不同的观点和文化，从而促进社会的和谐与进步。

1. 道的观念

《庄子》认为，道是宇宙万物的本源和本质，是超越一切事物的存在。

2. 自由与逍遥

《庄子》提倡自由和逍遥的人生观。他认为，人生应该追求自由和无拘无束的状态，摆脱一切束缚和限制，追求内心的平静和宁静。

3. 齐物论

《庄子》提出了"齐物论"，即万物平等、无差别的观点。

4. 养生之道

《庄子》注重养生之道，主张通过调节饮食、呼吸、运动、静心等方面来保持身体健康。

5．道的境界

《庄子》认为，道的境界是一种超越世俗、超脱凡尘的境界。它不依赖任何外在的事物，只依赖内心的修炼和超越。

墨家

《墨子》

《墨子》是战国时期的哲学著作，由墨子自著和弟子记述墨子言论两部分组成，大部分是墨子的弟子或再传弟子对墨子言行记录的汇集。它是研究墨子思想的直接材料。

《墨子》重口述，不重著述；重内容，不重文采，但不能因此就认为其没有文采。实际上，《墨子》全书文章质朴且逻辑性很强，并善于用具体的事例进行说理，从具体问题的争论过渡为概括性的辩论，是说理文的一大进展。《墨子》一书在中国文学史上不仅发名学之首端，且开论辩文之先河，对后来文学的发展影响颇深。

代表人物

墨子，名翟，春秋末期战国初期思想家、教育家、科学家、军事家，墨家学派创始人和主要代表人物。墨子是中国历史上唯一一个农民出身的哲学家。

主要思想

反对剥削，崇尚劳动；反对以强欺弱，主张兼爱、非攻；反对儒家礼乐，主张节葬、节用；反对世卿世禄，主张尚贤、尚同。于是，在墨子晚年，儒墨齐名。他去世后，墨家弟子仍"充满天下""不可胜数"，故战国时期虽有诸子百家，但"儒墨显学"则是百家之首。

法家

《韩非子》

《韩非子》是法家学派的代表著作，共二十卷。其学说的核心是以君主专制为基础的法、术、势结合思想，秉持进化论的历史观，认为人与人之间主要是利害关系而仁爱教化辅之，强调以法治国，以利用人，对秦汉以后中国封建社会制度的建立产生了重大影响。该书在先秦诸子中具有独特的风格，思想犀利，文字峭刻，逻辑严密，善用寓言。

代表人物

代表人物有管仲、李悝、吴起、商鞅、申不害、韩非等，其中韩非是法家的主要代表人物和集大成者，后世尊称其为"韩非子"或"韩子"。韩非师从儒家学派代表人物荀子，但观念与其不同，没有承袭儒家思想。他"喜刑名法术之学""归本于黄老"，继承并发展了法家思想，成为战国末年法家之集大成者。

主要思想

（1）主张以法治国，反对礼制。
（2）强调明刑尚法，信赏必罚。
（3）提倡以农致富，以战强国。
（4）主张建立统一的君主国家，尊主卑臣

（四）史传文

《左传》

《左传》，传为春秋时期左丘明所著，是一部编年体史书。原名《左氏春秋》，汉代称《春秋左氏传》《春秋内传》《左氏》，汉朝以后多称《左传》。与《公羊传》《谷梁传》合称"春秋三传"。

《左传》是一部编年体著作，记载了鲁隐公元年（前 722）到鲁哀公二十七年（前 468）共 255 年间周王朝及诸侯各国的重大历史事件，是儒家经籍之一，是历代儒学子研习史书。

作者介绍

左丘明，生卒年不详，与孔子同时或略早于孔子，因其父任左史官，故称左丘明，鲁国人。他双目失明，故后人亦称盲左。相传他著有《左氏春秋》（又称《左传》）和《国语》。

主要思想

（1）民本思想：在民与天的关系上，淡漠天而注重民；在民与神的关系上，把民置于主位，而把神移到了从位；在民与君的关系上，注重强调民的作用和利益。

（2）人与自然：

①历史变化论，认为朝代更替和君位易主是一个永恒的规律。

②礼治不变论，认为无论历史怎样变迁，都是万变不离其"礼"，礼治将与天地并存。

③天人作用论，认为天与人共同决定人类社会。

（3）战争观念：《左传》把战争的性质区分为"义"与"不义"两种，即正义的战争和非正义的战争。讨伐不讲仁义、不施王道的国家或君主就是正义战争；而不讲信义、妄用暴力的战争则是非正义战争。对正义战争持支持态度，对非正义战争持反对态度。

《战国策》

《战国策》，又称《国策》，为西汉刘向编订的国别体史书，原作者不明，内容以战国时期策士的游说活动为中心，详细地记录了当时纵横家的言论和事迹，展示了这些人的精神风貌和思想才干，另外也记录了一些义勇志士的人生风采，反映了战国时期的一些历史特点、社会风貌和当时士人的精神风采，主要反映了纵横家的思想，是部典型的"战国纵横家书"，是研究战国历史的重要典籍。

《战国策》善于述事明理，描写人物形象逼真，大量运用寓言、譬喻，语言生动，富于文采。标志着中国古代散文发展的一个新时期，是一部优秀的散文集，对中国两汉以来史传文政论文的发展有相当影响。

南宋时朱熹将《大学》《中庸》《论语》《孟子》合为"四书"。

二、秦汉时期

秦汉时期的文学，以散文、赋和诗歌为主。

散文以《史记》为代表，许多篇传记具体生动地记述或刻画了社会各个方面的事件或人物，形象曲折地表达了作者的爱和憎。两汉时期有很多文字生动、说理深刻的政论文章，其中以贾谊的《过秦论》《治安策》，晁错的《论贵粟疏》《徙民实边策》最有代表性。

赋是两汉时期的一种新的文学体裁。西汉的赋起初尚以表达作者的思想感情为主。西汉中期以后，赋成为最高统治者歌功颂德的工具。篇幅很长的赋，叫作大赋，如司马相如的《子虚赋》《上林赋》等。

（一）贾谊

贾谊，世称贾太傅、贾长沙、贾生，洛阳（今河南洛阳东）人。西汉初期的政论家、文学家。年少即以育诗属文闻于世人。贾谊的主要文学成就是政论文，著有《新书》十卷。代表作有《过秦论》、《陈政事疏》（又名《治安策》）、《论积贮疏》等。其中《陈政事疏》和《论积贮疏》是批评时政之作，对后世散文影响很大。鲁迅曾说，贾谊的文章"为西汉鸿文，沾溉后人，其泽甚远"。

《过秦论》是一篇政论，其主旨在于分析"秦之过"。上篇通过对秦国兴盛历史的回顾，指出秦国变法图强而得天下，"仁义不施"而不能守天下。而在中篇和下篇，作者则具体地论述了秦统一之后的种种过失。

文章总论了秦的兴起、灭亡及其原因，鲜明地提出了本文的中心论点"仁义不施而攻守之势异也。"其目的是提供给汉文帝作为改革政治的借鉴。

（二）司马迁

司马迁，字子长，夏阳（今陕西韩城南）人。西汉史学家、散文家。司马谈之子，任太史令，因替李陵败降之事辩解而被迫害，后任中书令。发奋继续完成所著史籍，被后世尊称为史迁、太史公、历史之父。司马迁以"究天人之际，通古今之变，成一家之言"的史识创作了中国第一部纪传体通史《史记》。

《史记》是西汉史学家司马迁撰写的纪传体史书，是中国历史上第一部纪传体通史，记载了上至上古传说中的黄帝时代，下至汉武帝太初四年间共三千多年的历史。

《史记》全书包括十二本纪（记历代帝王政绩）、三十世家（记诸侯国和汉代诸侯、勋贵兴亡）、七十列传（记重要人物的言行事迹，主要叙人臣，其中最后一篇为自序）、十表（大事年表）、八书（记各种典章制度，包括礼、乐、音律、历法、天文、封禅、水利、财用）。

《史记》被列为"二十四史"之首，对后世史学和文学的发展都产生了深远影响，其首创的纪传体编史方法为后来历代"正史"所传承。《史记》还被认为是一部优秀的文学著作，在中国文学史上有重要地位，被鲁迅誉为"史家之绝唱，无韵之《离骚》"，有很高的文学价值。《史记》与《汉书》《东观汉记》并称"三史"，又与《汉书》《后汉书》《三国志》合称"前四史"。

（三）司马相如

司马相如，字长卿。"汉赋四大家"（司马相如、扬雄、班固、张衡四人）之一，第二批四川历史名人，被誉为"赋圣""辞宗"。其赋作辞藻赡丽，气象宏大，想象丰富。代表作有《子虚赋》《上林赋》等。

《子虚赋》是汉代辞赋家司马相如早期游梁时的赋作。此赋写楚国之子虚先生出使齐国，子虚向乌有先生讲述随齐王出猎，齐王问及楚国，极力铺排楚国之广大丰饶，以至云梦不过是其后花园之小小一角。乌有不服，便以齐国之大海名山、异方殊类，傲视子虚。其主要意义是通过这种夸张声势的描写，表现汉朝的强大声势和雄伟气魄。此赋极铺张扬厉之能事，辞藻丰富，描写工丽，散韵相间，标志着汉大赋的完全成熟。

《上林赋》是《子虚赋》的姊妹篇。此赋先写子虚、乌有二人之论不确来引出天子上林之事，再依次夸饰天子上林苑中的水势、水产、草木、走兽、台观、树木、猿类之胜，然后写天子猎余庆功，最后写天子悔过反思。全赋规模宏大，辞汇丰富，描绘尽致，渲染淋漓。

三、魏晋南北朝时期

魏晋南北朝是中国文学发展史上一个充满活力的创新期，诗、赋、小说等体裁，在这一时期都出现了新的时代特点，并奠定了它们在此后的发展方向。

（一）三曹

"三曹"指汉魏时期曹操与其子曹丕、曹植。因他们父子兄弟在政治上的地位和文学上的成就，都对当时的文坛很有影响，是建安文学的代表，所以后人合称之为"三曹"。"三曹"与也是父子兄弟以文学见称的"三苏"（苏洵、苏轼、苏辙）齐名。

曹操是建安时期杰出的文学家和建安文学新局面的开创者，开创了建安文学的新风气，风格清俊通脱，主要诗作有《短歌行》《观沧海》等。

曹丕擅长诗文及辞赋，其名作有《燕歌行》《与吴质书》等，其中《燕歌行》全诗均用七言，句句押韵，在中国七言诗的发展史上占有重要地位。

曹植是第一个大力创作五言诗的作家，为文人五言诗的成熟作出了重要贡献，他的散文和辞赋也表现出了很高的思想性和艺术性，代表作有《洛神赋》，《与吴季重书》和《与杨德祖书》是两篇有名的散文诗札。

（二）建安风骨

建安风骨也称汉魏风骨，是汉魏之际的文学风格，具有慷慨悲凉、雄健深沉等特点。建安时期的作品真实地反映了现实的动乱和人民的苦难，抒发了作者建功立业的理想和积极进取的精神。同时也流露出人生短暂、壮志难酬的悲凉幽怨，意境宏大，笔调朗畅，具有鲜明的时代特征和个性特征，其雄健深沉、慷慨悲凉的艺术风格，文学史上称之为"建安风骨"或"汉魏风骨"。

代表人物有"三曹"（曹操、曹丕、曹植）、"七子"（孔融、陈琳、王粲、徐干、阮瑀、应玚、刘桢）和女诗人蔡琰。

（三）诸葛亮

诸葛亮，字孔明，三国时期杰出的政治家和军事家。早年避乱于荆州，隐居陇亩，藏器待时。建安十二年（207年）十月，刘备三顾茅庐，始出。诸葛亮对刘备纵谈天下形势，并建议他联合孙权，抗拒曹操，以益州为基地，兴复汉室，此后辅佐刘备。建安十三年（208年），刘备联合孙权，在赤壁打败曹操，取得荆州，西取益州，建立蜀汉，拜诸葛亮丞相。建兴元年（223年）刘备病死，后主刘禅袭位，诸葛亮尽心托孤，被封为武乡侯，主持朝政。诸葛亮志在北伐，于是东连孙吴，南收孟获，频年出征，与曹魏交战，最后因病卒于五丈原。著有《诸葛武侯集》。

《出师表》是诸葛亮在决定北上伐魏、克复中原之前给后主刘禅上书的表文。这篇表文以议论为主，兼用记叙和抒情。全文以恳切委婉的言辞劝勉后主要广开言路、严明赏罚、亲贤远佞，以此兴复汉室，还于旧都（洛阳）；同时表达了自己以身许国、忠贞不二的思想。文章既不借助华丽的辞藻，又不引用古老的典故，多以四字句行文，每句话既不失臣子的身份，也切合长辈的口吻。此文语言最显著的特点是率直质朴，表现恳切忠贞的感情。上半部分，分析当时不容懈怠的政治形势，阐述开张圣听、内外同法、亲信贤良的必要性和迫切性，希望后主励精图治，迅速改变龟缩于西南一隅的被动局面；下半部分，回顾自己的一生经历，缅怀先帝"三顾茅庐"的知遇之恩，表明此次北伐务求成功的雄心壮志。

（四）王羲之

王羲之，字逸少，号澹斋，因曾任右将军，世称"王右军""王会稽"。他兼善隶、草、楷、行各体，精研体势，心摹手追，广采众长，备精诸体，冶于一炉，摆脱了汉魏笔风，自成一家，影响深远，创造出"天质自然，丰神盖代"的行书，代表作有楷书《乐毅论》《黄庭经》、草书《十七帖》、行书《姨母帖》《快雪时晴帖》《丧乱帖》、行楷书《兰亭集序》等。王羲之是东晋的书法家，被后人尊为"书圣"，与其子王献之合称"二王"。

东晋穆帝永和九年（353年）三月三日，王羲之与谢安、孙绰等四十一位军政高官，在山阴（今浙江绍兴）兰亭"修禊"，会上各人作诗，王羲之为他们的诗写的序文手稿即《兰亭集序》。《兰亭集序》中记叙兰亭周围山水之美和聚会的欢乐之情，抒发作者对于生死无常的感慨。

文中描绘了兰亭的景致和集会的乐趣，抒发了作者盛事不常，"修短随化，终期于尽"的感叹。作者时喜时悲，喜极而悲，文章也随其感情的变化由平静而激荡，再由激荡而平静，极尽波澜起伏、抑扬顿挫之美，所以《兰亭集序》才成为名篇佳作。

《兰亭集序》全文28行、324字，通篇遒媚飘逸，字字精妙，点画犹如舞蹈，有如神人相助而成，被历代书界奉为极品。宋代书法大家米芾称其为"中国行书第一帖"。

（五）陶渊明

陶渊明，名潜，字元亮，别号五柳先生，私谥靖节，世称靖节先生，浔阳柴桑（今江西省九江市）人。东晋末到刘宋初杰出的诗人、辞赋家、散文家。他是中国第一位田园诗人，被誉为"古今隐逸诗人之宗""田园诗派之鼻祖"。代表作有《饮酒》《桃花源记》《归去来兮辞》《五柳先生传》等。

陶渊明曾任江州祭酒、建威参军、镇军参军、彭泽县令等职，最后一次出仕为彭泽县令，八十多天便弃职而去，从此归隐田园。当他在漫长的隐居生活中陷入饥寒交迫的困境时，尽管也彷徨过，动摇过，但最终还是没有向现实屈服，宁固穷终生也要坚守清节。据说郡官派督邮来见他，县吏就叫他穿好衣冠迎接。他叹息说："我岂能为五斗米，向乡里小儿折腰！"从此，不为五斗米折腰传为佳谈。

陶渊明是中国文学史上第一个大量写饮酒诗的诗人。他以"醉人"的语态或指责是非颠倒、毁誉雷同的上流社会；或反映仕途的险恶；或表现诗人退出官场后怡然陶醉的心情；或表现诗人在困顿中的牢骚不平。陶渊明的田园诗数量最多，成就最高。这类诗充分表现了诗人守志不阿的高尚节操，诗人对淳朴的田园生活的热爱，对劳动的认识和对劳动人民的友好感情，充分表现了诗人对理想世界的追求和向往。

（六）刘义庆

刘义庆，南朝宋文学家。宋宗室，袭封临川王赠任荆州刺史等官职，在政8年，政绩颇佳。后任江州刺史，到任一年，因同情贬官刘义康而触怒文帝，责调回京，改任南京州刺史。不久，以病告退，元嘉二十一年（444年）死于建康（今南京）。自幼才华出众，爱好文学，性简素，寡嗜欲，爱好文史。

《世说新语》是由南朝宋临川王刘义庆组织一批文人编写的文言志人小说集。其内容主要是记载东汉后期到魏晋间一些名士的言行与轶事。书中所载均属历史上实有的人物，但他们的言论或故事则有一部分出于传闻，不尽符合史实。《世说新语》是中国魏晋南北朝时期玄学"笔记小说"的代表作，为言谈、轶事的笔记体短篇小说。从《世说新语》及相关材料中魏晋士人的言行故事可以看到，魏晋时期谈玄成为风尚，对魏晋士人的思维方式和生活状况，乃至整个社会风气都产生了重要影响。鲁迅把《世说新语》看作一部"名士教科书"；冯友兰直接把《世说新语》誉为"风流宝鉴"；《世说新语》还被看作"枕中秘宝"。

（七）刘勰

刘勰（约532年），字彦和。南朝梁时期大臣，文学理论家、文学批评家。早年笃志好学，家贫不婚娶，依沙门僧祐。精通佛教经论。梁武帝时，历任奉朝请、东宫通事舍人等职，深为萧统（昭明太子）所重。晚年出家为僧，改名慧地，并圆寂于定林寺。

《文心雕龙》是南朝文学理论家刘勰创作的文学理论著作。

《文心雕龙》共十卷，五十篇，分上下两编，各二十五篇，包括总论、文体论、创作论、批评论四个部分。总论含上编的《原道》至《辨骚》五篇，明确提出文学批评的根本原则，是全书的"文之枢纽"。

《文心雕龙》是中国现存最早的一部文章学论著，它既总结了先秦以来文学创作的经验，又继承和发扬了前人文学理论的丰富遗产，在文学的各个方面提出了自己精辟的见解，形成了完整的理论体系。它的产生在中国文艺理论史上具有重大的意义，对后世产生了巨大而深远的影响。鲁迅先生认为它可以和亚里士多德的《诗学》相媲美。

《文心雕龙》引论古今文体及其做法，与刘知几的《史通》、章学诚的《文史通义》，并称文史批评三大名著，奠定了在中国文学批评史上的地位。

（八）萧统

萧统，字德施，南兰陵（今江苏武进）人。萧统是梁武帝的长子，自幼聪敏过人，五岁遍读《五经》，为文下笔立就。天监元年（502年）立为太子，未继帝位即于中大通三年（531年）病死。谥号昭明，世称昭明太子。现存《昭明太子集》。

《昭明文选》又称《文选》，由南朝梁武帝的长子萧统组织文人共同编选，因此称作《昭明文选》，是中国现存最早的一部诗文总集。

从时间上看，《昭明文选》收录了自先秦至齐梁几百年间的七百余篇作品；从分类上看，它对赋、诗、骚等37类文体进行了编排，而经、史、子等思想学术类文章都没有被收入。由此可见，编者已初步意识到文学与其他类型文章在艺术形式上的区别，并通过此次编选，首次为"文学"与"非文学"之间划定了界线和范畴，对文学走上独立发展的道路起到了开创性作用，也是文学发展到一定阶段的必然结果。《昭明文选》一书及其所代表的文学风格终成古代文学的典范之一。

四、隋唐五代时期

源远流长的中国古代文学，到隋唐五代时期，发展到了一个全面繁荣的新阶段，整个文坛出现了自战国以来所未有的百花齐放、万紫千红的局面。其中诗歌的发展，更达到了高度成熟的黄金时代。唐代不到三百年的时间中，遗留下来的诗歌就将近五万首。独具风格的著名诗人约有五六十个，也大大超过战国到南北朝期间著名诗人的总和。

（一）初唐四杰

初唐四杰是唐初文学家王勃、杨炯、卢照邻、骆宾王的合称，简称为"王杨卢骆"。

他们的诗歌扭转了唐朝以前萎靡浮华的宫廷诗歌风气，使诗歌题材从亭台楼阁、风花雪月的狭小领域扩展到江河山川、边塞江漠的辽阔空间，赋予诗以新的生命力。卢、骆的七言歌行趋向辞赋化，气势稍壮；王、杨的五言律绝开始规范化，音调铿锵。骈文也在词采赡富中寓有灵活生动之气。四杰正是初唐文坛上新旧过渡时期的杰出人物。初唐四杰以王勃为代表。

当时文坛盛行以上官仪为代表的诗风，王勃主张文学要以"立言见志"为本，注重文学的经世教化作用，其创作的"壮而不虚，刚而能润，雕而不碎，按而弥坚"的诗文，对转变当时的文学风气起了很大的作用。王勃在诗歌体裁上擅长五律和五绝，代表作有《送杜少府之任蜀州》等；主要文学成就是骈文，代表作有《滕王阁序》等。

《滕王阁序》是王勃创作的一篇骈文。文章由洪都的地势、人才写到宴会，写滕王阁的壮丽，眺望的广远，扣紧秋日，景色鲜明；再从宴会娱游写到人生遇合，抒发身世之感；接着写作者的遭遇并表白要自励志节，最后以应命赋诗和自谦之辞作结。全文表露了作者的抱负和怀才不遇的愤懑心情。在艺术上，《滕王阁序》句式错落，节奏分明；骈俪藻饰，辞采华美；运用典故，简练含蓄。

（二）山水田园诗派

唐代山水田园诗派继承了东晋陶渊明的田园派诗风，代表人物有盛唐的王维、孟浩然、常建等，中唐的韦应物、柳宗元等。他们的作品以反映田园生活、描绘山水景物为主要内容，较多地反映了闲适淡泊的思想情绪，色彩雅淡，意境幽深，多采用五言古体和五言律绝的形式。唐代山水田园诗人以孟浩然和王维为代表。

孟浩然，字浩然，号孟山人，襄州襄阳（今湖北省襄阳市）人，唐代著名的山水田园派诗人，世称"孟襄阳"。

孟浩然生于盛唐，早年有志用世，在仕途困顿、痛苦失望后，尚能自重，不媚俗世，修道归隐终身，隐居鹿门山。他曾在太学赋诗，名动公卿，一座倾服，为之搁笔。孟诗绝大部分为五言短篇，多写山水田园和隐居的逸兴及羁旅行役的心情。其中虽不无愤世嫉俗之词，而更多属于诗人的自我表现。

孟浩然的诗在艺术上有独特的造诣，后人把孟浩然与盛唐另一山水诗人王维并称为"王孟"，有《孟浩然集》三卷传世，代表作有《春晓》《过故人庄》《望洞庭湖赠张丞相》等。

王维，字摩诘，号摩诘居士，河东蒲州（今山西省永济市）人，祖籍山西祁县。唐朝诗人、画家。

王维于开元十九年（731 年）状元及第，历官右拾遗、监察御史、河西节度使判官。安禄山攻陷长安时，被迫受伪职。长安收复后，王维被责授太子中允，后官至尚书右丞。

王维不仅参禅悟理，学庄信道，还精通诗、书、画、音乐等。以诗名盛于开元、天宝年间，尤长五言。其诗多咏山水田园，在描绘自然美景的同时，流露出闲居生活中闲逸萧散的情趣。与孟浩然合称"王孟"，有"诗佛"之称。其书画特臻其妙，后人推其为"南宗山水画之祖"。苏轼评之曰："味摩诘之诗，诗中有画；观摩诘之画，画中有诗。"代表作有《相思》《山居秋暝》等。著有《王右丞集》《画学秘诀》等。

（三）边塞诗派

边塞诗派是中国唐代诗歌流派。该派诗人以高适、岑参、李颀、王昌龄最为知名，而高、岑成就最高，所以也叫高岑诗派。他们的诗歌主要是描写壮阔苍凉、绚丽多彩的边塞风光，而且抒写了请缨投笔的豪情壮志及征人离妇的思想感情。对战争的态度，有歌颂、有批评，也有诅咒和谴责，思想上往往达到一定深度。其诗作情辞慷慨、气氛浓郁、意境雄浑，多采用七言歌行和七言绝句的形式，最足以表现盛唐气象。杰出作品如高适的《燕歌行》、岑参的《走马川行奉送出师西征》等。

（四）李白

李白，字太白，号青莲居士，祖籍陇西成纪（今甘肃省秦安县），出生于蜀郡绵州昌隆县（今四川省江油市青莲乡）。唐朝伟大的浪漫主义诗人。

李白为人爽朗大方，乐于交友，爱好饮酒作诗，名列"酒中八仙"（指唐朝嗜酒的八位学者名人，李白、贺知章、李适之、李琎、崔宗之、苏晋、张旭、焦遂）。曾经得到唐玄宗李隆基赏识，担任翰林供奉，赐金放还，游历全国，先后迎娶宰相许圉师、宗楚客的孙女。唐肃宗李亨即位后，卷入永王之乱，流放夜郎。上元二年（761 年），去世，时年六十二。

李白的诗歌豪迈奔放，清新飘逸，想象丰富，意境奇妙，语言奇妙，浪漫恣意，立意清晰。在诗中常将想象、夸张、比喻、拟人等手法综合运用，从而营造出神奇异彩、瑰丽动人的意境，这就是李白的浪漫主义诗作给人以豪迈奔放、飘逸若仙的原因所在。

李白的代表作有《望庐山瀑布》《行路难》《蜀道难》《将进酒》《早发白帝城》等。李白所作词赋，就其开创意义及艺术成就而言，享有极为崇高的地位，后世誉为"诗仙"，与诗圣杜甫并称"李杜"。

（五）杜甫

杜甫，字子美，自号少陵野老，唐代伟大的现实主义诗人，祖籍襄阳（今湖北省襄阳市）。与李白合称"李杜"。为了与另两位诗人李商隐与杜牧即"小李杜"区分，杜甫与李白又合称"大李杜"。后世称其杜拾遗、杜工部，也称他杜少陵、杜草堂。

杜甫青少年时因家庭环境优越，因此过着较为安定富足的生活。后官场不得志，目睹了唐朝上层社会的奢靡与社会危机。天宝十四年（755 年），安史之乱爆发，杜甫先后辗转多地。乾元二年（759 年）杜甫弃官入川，虽然躲避了战乱，生活相对安定，但仍然心系苍生，胸怀国事。

杜甫创作了《登高》《春望》《北征》，以及"三吏"（《石壕吏》《新安吏》《潼关吏》），"三别"（《新婚别》《无家别》《垂老别》）等名作。虽然杜甫是个现实主义诗人，但他也有狂放不羁的一面，从其名作《饮中八仙歌》不难看出他的豪气干云。大历五年（770年）冬，病逝，享年五十九岁。

杜甫在中国古典诗歌中的影响非常深远，被后世尊称为"诗圣"，他的诗被称为"诗史"。杜甫诗歌的风格沉郁顿挫，语言精练，格律严谨，穷绝工巧，感情真挚，平实雅淡，描写深刻，细腻感人，形象鲜明。杜甫的诗歌的内容上，大多是反映当时的社会面貌，题材广泛，寄意深远，尤其描述民间疾苦，多抒发他悲天悯人的仁民爱物、忧国忧民情怀。杜甫的思想核心是仁政思想，他有"致君尧舜上，再使风俗淳"的宏伟抱负。鲁迅称杜甫是中华民族的脊梁。

（六）韩愈

韩愈，字退之，河南河阳（今河南省孟州市）人，自称"郡望昌黎（今辽宁省义县）"，世称"韩昌黎""昌黎先生"。文学家、思想家、哲学家、政治家、教育家。

韩愈三岁而孤，随兄嫂生活。自幼攻读六经百家之书，于贞元八年（792年）登进士第。最初两任节度推官，后授四门博士，升监察御史。因论宫市之弊而被贬为阳山县令，之后遇赦，调江陵法曹参军。元和十四年（819年），因谏迎佛骨一事被贬为潮州刺史。唐穆宗即位后被召入朝，拜国子祭酒。晚年官至吏部侍郎，人称"韩吏部"。长庆四年（824年），韩愈病逝，享年五十七岁。获赠礼部尚书，谥号"文"，故称"韩文公"。

韩愈鄙六朝骈体文风，推崇古体散文，其文质朴无华，气势雄健，"文起八代之衰""集八代之成"，开古文运动之滥觞。后人尊他为"唐宋八大家"之首，亦有"文章巨公"和"百代文宗"之名；又与柳宗元并称"韩柳"，与柳宗元、欧阳修和苏轼合称"千古文章四大家"。他提出的"文道合一""气盛言宜""务去陈言""文从字顺"等散文的写作理论，对后人很有指导意义。有《韩昌黎集》传世。

（七）刘禹锡

刘禹锡，字梦得，洛阳（今河南洛阳）人。中唐文学家、哲学家，有"诗豪"之称。他长于诗文，和柳宗元交谊很深，人称"刘柳"；与白居易唱和甚多，并称"刘白"。有《刘梦得文集》传世。刘禹锡的代表作有：

《陋室铭》是刘禹锡所创作的一篇托物言志骈体铭文。全文短短八十一字，作者借赞美陋室抒写自己志行高洁，安贫乐道，不与世俗同流合污的意趣。文章层次明晰，先以山水起兴，点出"斯是陋室，惟吾德馨"的主旨，接着从室外景、室内人、室中事方面着笔，渲染陋室不陋的高雅境界，并引古代俊彦之居，古代圣人之言强化文意，以反问作结，余韵悠长。

《酬乐天扬州初逢席上见赠》是刘禹锡创作的一首诗。此诗首先对自己被贬谪、遭弃置的境遇，表达了无限辛酸和愤懑不平。然后写自己归来的感触：老友已逝，只有无尽的怀念之情，人事全非，自己恍若隔世之人。无限悲痛怅惘之情油然而生。颈联沉舟侧畔，千帆竞发；病树前头，万木争春，一洗伤感低沉情调，尽显慷慨激昂气概。末联点明酬赠题意，既是对友人关怀的感谢，也是和友人共勉，表现了诗人坚定的意志和乐观的精神。全诗感情真挚，沉郁中见豪放，不仅反映了深刻的人生哲理，也具有很强的艺术感染力。

《乌衣巷》是刘禹锡怀古组诗《金陵五题》中的第二首。此诗凭吊昔日南京秦淮河上的朱雀桥和南岸乌衣巷的繁华鼎盛，而今野草丛生，荒凉残照，感慨沧海桑田，人生多变。全诗没有一句议论，而是通过野草、夕阳的描写，以燕子作为盛衰兴亡的见证，巧妙地把历史和现实联系起来，引导人们去思考时代的发展和社会的变化，含着深刻的寓意。语虽极浅，味却无限。

（八）白居易

白居易，字乐天，号香山居士，又号醉吟先生，唐代现实主义诗人、唐代三大诗人（李白、杜甫、白居易）之一。

白居易少年时经历藩镇战乱，立志苦读。贞元进士，授秘书省校书郎。元和年间任左拾遗及左赞善大夫。后因上表请求严缉刺死宰相武元衡的凶手，得罪权贵，被贬为江州司马。

白居易是唐代最高产的诗人之一，其诗歌题材广泛，语言平易通俗，富有情味。代表作《琵琶行》《长恨歌》《卖炭翁》等对后世产生了深远的影响。在文学上，主张"文章合为时而著，歌诗合为事而作"，是新乐府运动的倡导者，强调了诗歌的"美刺"作用。其诗语言通俗，相传老妪也能听懂。与元稹常唱和，世称"元白"。

（九）柳宗元

柳宗元，字子厚，出身河东柳氏，世称柳河东、河东先生，唐代文学家、哲学家、散文家和思想家。与韩愈倡导古文运动，同被列入"唐宋八大家"，并称"韩柳"，与刘禹锡并称"刘柳"，与王维、孟浩然、韦应物并称"王孟韦柳"。其文章的成就大于诗作。骈文有近百篇，散文论说性强，笔锋犀利，讽刺辛辣。游记写景状物，多所寄托，被推为"游记之祖"。寓言笔锋犀利，诗风清峭幽远。著有《河东先生集》。因官终柳州刺史，又称柳柳州、柳愚溪。柳宗元著有《河东先生集》，代表诗作有《溪居》《江雪》《渔翁》，代表散文作品有《黔之驴》《小石潭记》《捕蛇者说》等。

《黔之驴》是柳宗元创作的寓言小品。这篇文章表明能力与形貌并不成正比，外强者往往中干；假如缺乏对付对手的本领，那就不要将自己的才技一览无余地展示出来，以免自取其辱。寓言旨在讽刺那些无能而又肆意逞志的人，影射当时统治集团中官高位显、仗势欺人而无才无德、外强中干的某些上层人物。

《小石潭记》记叙了柳宗元游玩的整个过程，以优美的语言描写了"小石潭"的景色，含蓄地抒发了作者被贬后无法排遣的忧伤凄苦的感情。全文对小石潭的整体感觉是幽深冷寂，孤凄悲凉。

《捕蛇者说》是柳宗元的散文名篇。文本抓住蛇毒与苛政之毒的联系，巧用对比，通过捕蛇者与毒蛇之毒来衬托赋税之毒，突出了社会的黑暗。文章笔锋犀利，文情并茂，堪称散文中的杰作。千百年来一直广为传颂。

（十）李商隐

李商隐，晚唐时期诗人。字义山，号玉溪生，又号樊南生。怀州河内（今河南沁阳）人。李商隐幼年丧父，随母还乡过着清贫的生活，开成进士。曾任县尉、秘书郎和东川节度使判官等职。因受牛李党争影响，被人排挤，潦倒终身。李商隐胸怀"欲回天地"，力促唐王朝中兴的志向，但身处晚唐已无实现抱负的可能。

其骈体章奏与哀诔之文因形式瑰丽、情文并茂而在当时极负盛名。所作咏史诗多托古以讽时政，无题诗很有名。擅长律绝，七言律诗的造诣更是上追杜甫而独步晚唐。其诗构思缜密，多用含蓄象征的手法，精工富丽的辞采，婉转和谐的韵调，曲折细微地去表现深厚的情感。然有用典太多，意旨隐晦之病。与温庭筠合称"温李"，与杜牧并称"小李杜"。有《李义山诗集》。代表作有《无题》系列、《锦瑟》、《夜雨寄北》等。

（十一）杜牧

杜牧，字牧之，京兆万年（今陕西省西安市）人。唐朝文学家，宰相杜佑之孙。性情刚直，不拘小节，不屑逢迎。自负经略之才，诗文均有盛名。文以《阿房宫赋》为最著，诗作明丽隽永，绝句诗尤受人称赞，世称小杜。与李商隐齐名，合称"小李杜"，以别于李白与杜甫。代表作有《泊秦淮》《江南春》《赤壁》《题乌江亭》等，脍炙人口。年轻时，好读兵书，注解曹操所定《孙子兵法》十三篇。又著《罪言》《战论》《守论》《原十六卫》等文论当代兵事。

（十二）李煜

李煜，初名从嘉，字重光，号钟隐，南唐末代君主，世称南唐后主、李后主。南唐中主李璟第六子。国破降宋。后为宋太宗毒死。李煜在政治上虽庸弩无能，但其艺术才华却卓绝非凡。工书法，善绘画，精音律，诗和文均有一定造诣，尤以词的成就最高，其词作前期大多描写宫廷享乐生活，后期则追怀故国，感叹身世，写出另一境界，语言清新洗练，感染力强，被誉为"千古词帝"，对后世影响亦大。其词主要收集在《南唐二主词》中。代表作有《虞美人·春花秋月何时了》《浪淘沙令·帘外雨潺潺》等。

《虞美人·春花秋月何时了》是李煜的词作。此词为作者绝笔，是一曲生命的哀歌，作者通过对自然永恒与人生无常的尖锐矛盾的对比，抒发了亡国后顿感生命落空的悲哀。全词语言明净、凝练、优美、清新，以问起，以答结，由问天、问人而到自问，通过凄楚中不无激越的音调和曲折回旋、流走自如的艺术结构，使作者沛然莫御的愁思贯穿始终。

《浪淘沙令·帘外雨潺潺》是李煜的词作。这首词作于李煜被囚汴京期间，抒发了由天子降为臣虏后难以排遣的失落感，以及对南唐故国故都的深切眷念。全词语言清澈自然，明白如话，情真意切，哀婉动人，深刻地表现了词人的亡国之痛和囚徒之悲，生动地刻画了一个亡国之君的艺术形象。

五、宋代文学

宋代文学是中国文学史上的一个重要时期，以其独特的风格和成就著称。这一时期的文学形式主要包括词、诗歌、散文、话本小说和戏曲剧本，其中，词的创作在宋代达到了顶峰，诗歌和散文也取得了显著的成就，而话本小说和戏曲剧本则标志着文学从"雅"向"俗"的转变，所谓"雅"，指主要流传于社会中上层的文人文学，指诗、文、词；所谓"俗"，指主要流传于社会下层的小说、戏曲。宋代文学在中国文学发展史上占有特殊的地位，它不仅继承了唐代文学的遗产，还为后世元明清时期的小说和戏曲奠定了基础。

（一）柳永

柳永，原名三变，字景庄，后改名永，字耆卿，因排行第七，又称柳七。北宋著名词人，婉约派代表人物。柳永是第一位对宋词进行全面革新的词人，他首变五代、宋初词多以小令为主的模式，专意创作长调，有的甚至是他自创的新调，故李清照称他"变旧声作新声"。柳永仕途失意，一生蹉跎困顿，自称"白衣卿相"，是一位"浪子才人"。他大力创作市井新声，常以第一人称的视角来表现内心真实炽热的情感，同时大量运用俚言俗语来作为"新声""新音"，开创了"俚俗词派"。柳永流连烟花陌巷，为人不够稳重矜持，不被帝王与上层文人领袖接受和容纳，这不仅影响了其词风，而且直接影响了他的仕途。历来认为他的词中高雅词少，俗词居多。

《雨霖铃·寒蝉凄切》是其羁旅行役词的代表作，是他离开都城汴京时所作，此词上片细腻刻画了情人离别的场景，抒发离情别绪；下片着重摹写想象中别后的凄楚情状。全词遣词造句不着痕迹，情景交融，蕴藉深沉，将情人惜别时的真情实感表达得缠绵悱恻，凄婉动人，词中"今宵酒醒何处，杨柳岸，晓风残月"被誉为古今俊句，为时人所称道，堪称抒写别情的千古名篇。

（二）范仲淹

范仲淹，字希文，北宋时期杰出的政治家、文学家。皇祐四年（1052年）在扶疾上任的途中逝世，享年六十四岁。宋仁宗亲书其碑额为"褒贤之碑"。后累赠太师、中书令兼尚书令、魏国公，谥号"文正"，世称"范文正公"。范仲淹文武兼备、智谋过人，无论在朝主政、出师戍边，均系国之安危、时之重望于一身。他领导的庆历革新运动，虽只推行一年，却开北宋改革风气之先，成为王安石"熙宁变法"的前奏。其文学成就也较为突出，他从政经验丰富，关心民事，亲历军旅生活，这使得他的作品或针砭时弊、言政感怀，抒发个人的政治抱负，或描写边塞生活，抒发将士的思乡之情和报国立功的壮志，开启了宋词贴近社会和现实的创作方向。

《岳阳楼记》是范仲淹于庆历六年九月十五日应好友巴陵郡太守滕子京之请为重修岳阳楼而创作的一篇散文。这篇文章通过写岳阳楼的景色，以及阴雨和晴朗时带给人的不同感受，揭示了"不以物喜，不以己悲"的古仁人之心，也表达了自己"先天下之忧而忧，后天下之乐而乐"的爱国爱民情怀。文章超越了单纯写山水楼观的狭境，将自然界的晦明变化、风雨阴晴和"迁客骚人"的"览物之情"结合起来写，从而将全文的重心放到了纵议政治理想方面，扩大了文章的境界。全文记叙、写景、抒情、议论融为一体，动静相生，明暗相衬，文辞简约，音节和谐，用排偶章法作景物对比，成为杂记中的创新。

（三）欧阳修

欧阳修，字永叔，号醉翁，晚号六一居士，北宋政治家、文学家、史学家。欧阳修年幼丧父，虽家贫而好学。出仕期间，主要有以下两次被贬经历：第一次是为批评时政的范仲淹申辩而被外贬夷陵，第二次是赞助推行庆历新政，新政失败后，上疏反对罢免范仲淹等事，被外放至滁州。熙宁四年（1071年）得以太子少师致仕，翌年逝世，享年六十六岁。累赠太师、楚国公，谥号"文忠"，世称"欧阳文忠"。

欧阳修是北宋诗文革新运动的领袖，为文以韩愈为宗，大力反对浮靡的时文，以文章负一代盛名，名列"唐宋八大家"和"千古文章四大家"中。

其文迂徐委曲，明白易晓，擅长抒情，说理畅达，影响了宋朝一代的文风。诗风雄健清丽，词风婉约有致。此外在经学、史学、金石学等方面都有卓著的成就，苏轼称他"事业三朝之望，文章百世之师"。曾主修《新唐书》，并独撰《新五代史》。今有诗词文集《欧阳文忠公集》《六一词》等传世。

他一生创作了大量散文，包括散文，政论文（如《朋党论》），史论文（如《五代史伶官传序》），杂记文（如《醉翁亭记》)、抒情文（如《祭苏子美文》）等。这些散文大多内容充实丰富，感情真挚动人，叙事流畅婉转，结构曲折严密，语言平易晓畅，这种散文创作风格被誉为"六一风神"。

《醉翁亭记》是欧阳修任滁州知州，在醉翁亭（因欧阳修自号"醉翁"得名）与百姓宴饮时所作。该散文描述了山林景色之美和宴游之乐，体现了欧阳修寄情山水的志趣和与民同乐的情怀，感情真挚，语言简练，有"醉翁之意不在酒，在乎山水之间也"等家喻户晓的名句。

《五代史伶官传序》是欧阳修创作的一篇史论，此文通过对五代时期的后唐盛衰过程的具体分析，推论出"忧劳可以兴国，逸豫可以亡身"和"祸患常积于忽微，而智勇多困于所溺"，说明国家兴衰败亡不由天命而取决于"人事"，借以告诫当时北宋王朝执政者要吸取历史教训，居安思危，防微杜渐，力戒骄侈纵欲。

（四）王安石

王安石，字介甫，号半山，抚州临川（今江西抚州）人，世称"临川先生"。中国北宋时期政治家、文学家、思想家、改革家。王安石于庆历二年（1042年）进士及第，曾任参知政事、宰相等职。为官期间，他意识到社会的种种弊端，主张变法，受宋神宗赏识，陆续推行了青苗法、免役法、市易法等新法，史称"王安石变法"。但新法推行频频受阻，王安石遂罢相，退居江宁（今江苏南京）。王安石积极参与欧阳修领导的古文运动，推崇经世致用的思想，注重文学创作的功用性，这一思想在他的文章和诗歌中均有所体现。王安石潜心研究经学，创"荆公新学"，促进宋代疑经变古学风的形成。他的散文雄健峭拔；其诗擅长于说理与修辞，晚年诗风含蓄深沉、深婉不迫，以丰神远韵的风格在北宋诗坛自成一家，世称"王荆公体"；其词虽不多但风格高峻。有《临川集》等著作存世。今人辑有《王安石全集》。

《游褒禅山记》是王安石在辞职回家的归途中游览了褒禅山后，以追忆形式写下的一篇游记。该篇游记因事见理，夹叙夹议，其中阐述的诸多思想，借游山的感悟，表达行事和治学的道理：行事时应"尽吾志"，不惧阻碍，在研究学问时应"深思而慎取"。不仅在当时难能可贵，在当今社会也具有极其深远的现实意义。

《伤仲永》是王安石创作的一篇散文。这篇文章讲述了一个名叫方仲永的神童因后天父亲不让他学习和被父亲当作造钱工具而沦为一个普通人的故事。文章借仲永为例，告诫人们决不可单纯依靠天资而不去学习新知识，必须注重后天的教育和学习，强调了后天教育和学习对成才的重要性。

（五）苏轼

苏轼，字子瞻，又字和仲，号铁冠道人、东坡居士，世称苏东坡、苏仙、坡仙。眉州眉山（今四川省眉山市）人，北宋文学家，书法家、画家，历史治水名人。与父苏洵、弟苏辙三人并称"三苏"。

苏轼是北宋中期文坛领袖，在诗、词、文、书、画等方面取得很高成就。其诗题材广阔，语言清新豪健，善用夸张比喻，独具风格，他与黄庭坚并称"苏黄"；其词开豪放一派，他与辛弃疾同是豪放派代表，并称"苏辛"；其文著述宏富，纵横恣肆，豪放自如，他与欧阳修并称"欧苏"，与韩愈、柳宗元、欧阳修、苏洵、苏辙、王安石、曾巩合称"唐宋八大家"；他善书法，与黄庭坚、米芾、蔡襄合称"宋四家"；擅长文人画，尤擅墨竹、怪石、枯木等。代表作有《东坡七集》《东坡易传》《东坡乐府》《寒食帖》《潇湘竹石图》《枯木怪石图》等。苏轼的文学成就如表 2.2 所示。

表 2.2

文体	特点	代表作	文学成就
诗	（1）富有哲理，内蕴深厚，题材广阔，包括写景记游、谈玄说理、咏史怀古、论诗题画等 （2）继承了杜甫诗的讽喻精神，诗风雄放，清新豪健，气势磅礴，善用夸张和比喻手法，多用典，想象丰富	《题西林壁》 《饮湖上初晴后雨》	在诗方面，苏轼与黄庭坚并称"苏黄"
词	（1）以诗为词，抒情与叙事有机统一，使词像诗一样抒情言志，抒发个人情感，表达个人抱负，表现个性 （2）意境广阔，情调激昂，大量用典，曲折婉转	《念奴娇·赤壁怀古》 《水调歌头·明月几时有》 《定风波·莫听穿林打叶声》	（1）全面改革了词体，突破词为"艳科""诗尊词卑"的传统格局，使词成为一种独立的抒情文体，从根本上改变了词的发展方向 （2）在词方面，苏轼与辛弃疾并称"苏辛"
散文	多夹叙夹议，兼带抒情，论述精辟，形式活泼，汪洋恣肆，明白畅达	《贾谊论》（史论文） 《东坡题跋·书摩诘<蓝田烟雨图>》（题跋） 《方子山传》（碑传文） 《文与可画贫谷偃竹记》（随笔） 《石钟山记》（游记） 《记承天寺夜游》（小品文）	（1）代表北宋古文运动的最高成就 （2）在散文方面，苏轼与欧阳修并称"欧苏"
辞赋	受欧阳修辞赋特点的影响，融合古文的放达不羁、流畅奔放和诗歌的抒情特点，骈散并用，情景兼备，言辞优美	《赤壁赋》 《后赤壁赋》	继承了欧阳修的传统，同时融入了古文的疏宕萧散之气，吸收了诗歌的抒情意味

（六）辛弃疾

辛弃疾，原字坦夫，后改字幼安，中年后号稼轩，山东东路济南府历城县（今山东省济南市历城区）人。南宋官员、将领、文学家，豪放派词人，有"词中之龙"之称。与苏轼合称"苏辛"，与李清照并称"济南二安"。

辛弃疾早年与党怀英齐名北方，号称"辛党"。青年时参与耿京起义，并擒杀叛徒张安国，由于他与当政的主和派政见不合，故而屡遭劾奏，数次起落，最终退隐山居。开禧三年（1207年），辛弃疾抱憾病逝，享年六十八岁。

辛弃疾一生以恢复中原为志，以功业自诩，却命运多舛，壮志难酬。但他始终没有动摇恢复中原的信念，而是把满腔激情和对国家兴亡、民族命运的关切、忧虑，全部寄寓于词作之中。其词艺术风格多样，以豪放为主，风格沉雄豪迈又不乏细腻柔媚之处，题材广阔又善化用典故入词，抒写力图恢复国家统一的爱国热情，倾诉壮志难酬的悲愤，对当时执政者的屈辱求和颇多谴责，也有不少吟咏祖国河山的作品。有《稼轩长短句》等传世。

（七）陆游

陆游，字务观，号放翁，越州山阴（今浙江省绍兴市）人。南宋时期文学家、史学家、爱国诗人。少时受家庭爱国思想熏陶，高宗时应礼部试，为秦桧所黜。孝宗时赐进士出身。中年入蜀，投身军旅生活，官至宝章阁待制。晚年退居家乡，但收复中原信念始终不渝。嘉定三年（1210 年），与世长辞，享年八十五岁，留下绝笔诗《示儿》。

他具有多方面文学才能，尤以诗的成就为最，在生前即有"小李白"之称，不仅成为南宋一代诗坛领袖，而且在中国文学史上享有崇高地位，存诗 9 300 多首，是文学史上存诗最多的诗人。陆游一生笔耕不辍，诗词文俱有很高成就，其诗语言平易晓畅、章法整饬谨严，兼具李白的雄奇奔放与杜甫的沉郁悲凉，尤以饱含爱国热情对后世影响深远。内容极为丰富，抒发政治抱负，反映人民疾苦，风格雄浑豪放；抒写日常生活，也多清新之作。词作数量不如诗篇巨大，但和诗同样贯穿了气吞残虏的爱国主义精神。

（八）李清照

李清照，号易安居士，齐州章丘（今山东省济南市章丘区）人。宋代婉约派代表词人，有"千古第一才女"之称。与辛弃疾并称为"济南二安"。

李清照出身于书香门第，早期生活优裕，其父李格非藏书甚富。她小时候就在良好的家庭环境中打下文学基础，出嫁后与丈夫赵明诚共同致力于书画金石的搜集整理。金兵入据中原时，流寓南方，境遇孤苦。绍兴二十五年（1155 年）去世。

李清照的词，前期多写悠闲生活，后期悲叹身世，情调感伤。艺术上，善用白描手法，自辟途径，语言清丽。论词强调协律，崇尚典雅，提出词"别是一家"之说，反对以作诗文之法作词。其诗留存不多，部分篇章感时咏史，情辞慷慨，与其词风不同。代表作有《一剪梅·红藕香残玉簟秋》《声声慢·寻寻觅觅》《如梦令·昨夜雨疏风骤》《乌江（夏日绝句）》等。代表作有《李易安集》《易安居士文集》《易安词》等。后人辑有《漱玉集》《漱玉词》。

（九）豪放派

豪放派，是形成于中国宋代的词学流派之一。第一个用"豪放"评词的是苏轼。豪放词的特点大体是创作视野较为广阔，气象恢宏雄放，喜用诗文的手法、句法写词，语词宏博，用事较多，不拘守音律，汪洋恣意、崇尚直率。南渡之后，由于时代巨变，悲壮慷慨的高亢之调应运发展，南宋人已明确地把苏轼、辛弃疾作为豪放派的代表，以后遂相沿用。

（十）婉约派

婉约派为中国宋词流派。婉约，即婉转含蓄。其特点主要是内容侧重儿女风情，结构深细缜密，音律婉转和谐，语言圆润清丽，有一种柔婉之美。婉约派的代表人物有柳永、晏殊、晏几道、欧阳修、秦观、贺铸、周邦彦、李清照、李煜等。

（十一）唐宋八大家

唐宋八大家，又称为"唐宋散文八大家"，是唐代和宋代八位散文家的合称，分别为唐代的韩愈、柳宗元和宋代的欧阳修、苏洵、苏轼、苏辙、王安石、曾巩八位。其中韩愈、柳宗元是唐代古文运动的领袖，欧阳修、"三苏"（苏轼、苏辙、苏洵）是宋代古文运动的核心人物，王安石、曾巩是临川文学的代表人物。他们先后掀起的古文革新浪潮，使诗文的陈旧面貌焕然一新。

（十二）江西诗派

江西诗派，是中国文学史上第一个有正式名称的诗文派别。宋徽宗政和元年（1111 年）前后，即黄庭坚逝世的第六年前后，吕本中作《江西诗社宗派图》把以黄庭坚创作理论为中心而形成的诗歌流派取名为"江西诗派"。

南宋末，方回因为诗派成员多数学习杜甫，就把杜甫称为江西诗派之祖，而把黄庭坚、陈师道、陈与义三人称为诗派之"宗"，在《瀛奎律髓》中提出了江西诗派的"一祖三宗"之说，形成了诗歌流派。该流派崇尚黄庭坚的点铁成金、夺胎换骨之说。且诗派成员大多受黄庭坚的影响，作诗风格以吟咏书斋生活为主，重视文字的推敲技巧。

六、元代文学

和前代文学相比，元代文学中最突出的成就在戏曲方面，后人常把元曲和唐诗、宋词并称。诗、词、散文等文学样式则相对衰微。

（一）关汉卿

关汉卿，元代著名戏剧大师，杂剧作家。原名不详，字汉卿，号已斋，又作一斋、已斋叟，元杂剧奠基人。

他一生的戏剧创作十分丰富。剧目有六十多个，剧本大多散佚。他的杂剧，有悲剧、有喜剧，题材广阔，深刻地揭露了元代腐朽黑暗的社会现实。他的《窦娥冤》《救风尘》《望江亭》《鲁斋郎》《单刀会》都是脍炙人口的作品。在长期的创作实践中，形成了他的主题深刻、结构严谨、形象活泼鲜明、语言泼辣质朴的杂剧特色。他是中国戏剧史上作品最多、成就最高的一位作家。

《窦娥冤》的全名为《感天动地窦娥冤》，是关汉卿的悲剧代表作，主要描写了女主人公窦娥一生的命运。窦娥 3 岁丧母，7 岁被父亲拿去抵债，在蔡婆婆家做童养媳，17 岁时成婚，丈夫当年因病去世，20 岁时被恶棍张驴儿逼婚不从，又被污蔑毒死张父，被官府屈判为死刑。临刑前，窦娥许下三桩誓愿——血溅白练、六月飞雪、大旱三年，其不屈服的精神感天动地，这三桩誓愿最终一一实现。作品运用丰富的想象和大胆的夸张，设计了三桩誓愿的超现实情节，运用了浪漫主义手法，显示了正义抗争的强大力量，寄托了作者鲜明的爱憎，反映了人民伸张正义、惩治邪恶的愿望，也反衬出社会的黑暗。

窦娥一生的遭遇充分反映了当时社会的黑暗，人民共同的不幸，尤其是妇女的不幸。这出戏展示了下层人民任人宰割，有苦无处诉的悲惨处境，控诉了贪官草菅人命的黑暗现实，生动地刻画出窦娥这个女性形象。该剧同时体现了关汉卿的语言风格，言言曲尽人情，字字当行本色。

（二）王实甫

王实甫，名德信，元代著名的杂剧作家，与关汉卿、白朴、马致远齐名，其作品全面地继承了唐诗宋词精美的语言艺术，又吸收了元代民间生动活泼的口头语言，创造了文采璀璨的元曲词汇，成为中国戏曲史上"文采派"的杰出代表。王实甫作杂剧十四种，包括《西厢记》《丽春堂》《破窑记》《贩茶船》《芙蓉亭》等，最为著名的代表作是《西厢记》，被公认为元代杂剧创作中最优秀的作品之一。

《崔莺莺待月西厢记》，简称《西厢记》，是王实甫取材于唐代元稹的《会真记》和金代董解元的《西厢记诸宫调》创作的虚构杂剧。

全剧叙写了书生张生与相国小姐崔莺莺在侍女红娘的帮助下，冲破孙飞虎、崔母、郑恒等人的重重阻挠，终成眷属的故事。该剧具有较浓的反封建礼教的色彩，作者写青年人对爱情的渴望，写情与欲的不可遏制与正当合理，写青年人自身的愿望与家长意志的冲突，表达了"愿天下有情人都成了眷属"的爱情观。该剧情节引人入胜，形象鲜明生动，文采斐然，具有诗情画意。被誉为"天下夺魁"之作。

（三）白朴

白朴，元代著名的文学家、杂剧家，原名恒，字仁甫，后改名朴，字太素，号兰谷，生于金哀宗正大三年（1226 年），至元成宗大德十年（1306 年）。代表作有《唐明皇秋夜梧桐雨》《鸳鸯间墙头马上》等。

（四）马致远

马致远，元代著名杂剧家，字千里，晚号"东篱"，以示效陶渊明之志。其作品以反映退隐山林的田园题材为多，风格兼有豪放、清逸的特点。代表作有《汉宫秋》《任风子》等。《汉宫秋》被后人称作元曲的最佳杰作。少年时，他追求功名，未能得志。明初贾仲明为他写的《凌波仙》吊词，说他是"万花丛里马神仙"。晚年，他退隐田园，过着"酒中仙、尘外客、林间友"的生活。他的逃避现实的厌世态度大大影响了他的创作成就。作品豪放中显其飘逸，沉郁中见通脱之风格。马致远的杂剧语言清丽，善于把比较朴实自然的语句锤炼得精致而富有表现力。曲文充满强烈的抒情性和主观性。

（五）郑光祖

郑光祖，字德辉，生卒年不详，为人方直，不善与官场人物相交往，一生写过 18 种杂剧剧本，全部保留至今的有《倩女幽魂周公摄政》等。他的剧目主要有两个主题，一个是青年男女的爱情故事，另一个是历史题材故事。这说明，在选择主题方面，他不像关汉卿敢于面对现实，揭露现实，他的剧目主题离现实较远。他写剧本，大多是艺术的需要，而不是政治的需要。

元曲四大家是关汉卿、白朴、郑光祖、马致远四位元代杂剧作家的合称，四者代表了元代不同时期、不同流派杂剧创作的成就。

七、明代文学

元明之际，社会的动荡掀起了人心思治、崇尚英雄的思潮，涌现了一批富有时代感和使命感且具有解放精神的文人，出现了描写英雄豪杰、表达忧患意识的文学作品，如施耐庵的《水浒传》、罗贯中的《三国演义》等。明代中后期，俗文学兴盛，市民阶层逐渐成为文学创作的主要对象，文学作品更加关注突出个性和人性。此时，戏曲发展至新的高潮，出现了汤显祖、吕天成、冯梦龙等戏曲作家。在小说方面，章回体通俗小说兴起（如吴承恩的《西游记》），白话短篇小说也发展至鼎盛时期（如冯梦龙的《喻世明言》）。在诗文方面，文学创作陷入复古与反复古的旋涡，复古派中以归有光、王慎中、唐顺之、茅坤等为代表的唐宋派声势最高，他们提倡效法唐宋散文，文风自然流畅；反复古派反对拟古，如以袁宗道、袁宏道、袁中道三兄弟为主要代表的公安派，他们主张文学语言应顺应时代，倡导"独抒性灵，不拘格套"。

（一）施耐庵

施耐庵，元末明初的文学家，本名彦端。其人博古通今，才气横溢，举凡群经诸子、词章诗歌、天文、地理、医卜、星象等，无不精通，35 岁曾中进士，后弃官归里，闭门著述，搜集、整理关于梁山泊宋江等英雄人物的故事，最终写成《水浒传》。关于其生平，因缺乏史料而众说纷纭。

《水浒传》是元末明初由施耐庵编著的长篇小说，是中国历史上第一部用白话文写成的章回体长篇小说。全书以农民起义的发生、发展过程为主线，通过各个英雄被逼上梁山的不同经历，描写出他们由个体觉醒到走上小规模联合反抗，到发展为盛大的农民起义队伍的全过程，表现了"官逼民反"这一封建时代农民起义的必然规律，塑造了农民起义领袖的群体形象，深刻反映出北宋末年的政治状况和社会矛盾。

（二）罗贯中

罗贯中，元末明初小说家。名本，字贯中，号湖海散人。罗贯中早年曾参与反元的起义斗争，明朝建立之后，专心致力于文学创作。

《三国演义》（又名《三国志演义》《三国志通俗演义》）是元末明初小说家罗贯中根据陈寿《三国志》和裴松之注解及民间三国故事传说经过艺术加工创作而成的长篇章回体历史演义小说，是中国文学史上第一部章回小说，是历史演义小说的开山之作。

《三国演义》大致分为黄巾起义、董卓之乱、群雄逐鹿、三国鼎立、三国归晋五大部分，描写了从东汉末年到西晋初年之间近百年的历史风云，以描写战争为主，描述了东汉末年群雄割据混战，魏、蜀、吴三国之间进行政治和军事斗争，最终司马炎一统三国，建立晋朝的故事。反映了三国时代各类社会斗争与矛盾的转化，并概括了这一时代的历史巨变，塑造了一群叱咤风云的三国英雄人物。

（三）吴承恩

吴承恩，字汝忠，号射阳山人，明代小说家。吴承恩自幼聪明过人，但他科考不利，至中年才补上"岁贡生"。长期寓居南京，靠卖文补贴家用。后出任过长兴县丞，但由于看不惯官场黑暗，不久就愤而辞官。晚年归居乡里，放浪诗酒，贫老以终。

《西游记》主要讲述了孙悟空出世，跟随菩提祖师学艺及大闹天宫后，遇见了唐僧、猪八戒、沙僧和白龙马，西行取经，一路上历经艰险，降妖除魔，经历了九九八十一难，终于到达西天见到如来佛祖，最终五圣成真的故事。该小说以"玄奘取经"这一历史事件为蓝本，经作者的艺术加工，深刻地描绘出明代百姓的社会生活状况，是中国古代第一部浪漫主义章回体长篇神魔小说，达到了古代长篇浪漫主义小说的巅峰。《西游记》在人物形象的塑造方面将动物的形态、神魔的法力和人的意志精神三者很好地结合了起来，以诡异的想象、极度的夸张，突破时空，突破生死，突破神、人、物的界限，创造了一个光怪陆离、神异奇幻的境界。作者歌颂上天入地、无拘无束的生活，也同时借小说寄托着挣脱束缚、追求自由的理想。

《西游记》的思想内容如下。

（1）借神魔世界反映现实社会，揭露明代社会的黑暗和腐败。

（2）歌颂了敢于向封建权威挑战的叛逆精神和英雄行为。

（3）通过孙悟空的形象来宣扬"三教合一"的心学思想。

（四）汤显祖

汤显祖，字义仍，号海若，又号若士，别署清远道人，江西临川人，明代戏曲家。早有才名，21岁中举人，34岁进士及第。因上奏《论辅臣科臣疏》，激烈抨击朝政，谪广东徐闻县典史。两年后调任浙江遂昌知县，抑制豪强，关心民生疾苦，颇多善政。49岁弃官还乡，致力戏曲创作。汤显祖深受"左派王学"影响，反对程朱理学，批判拟古主义的文学，追求个性解放。其创作成就主要在戏曲上，代表作有《牡丹亭》《紫钗记》《南柯记》《邯郸记》，合称"玉茗堂四梦"（又名"临川四梦"），诗文有《玉茗堂全集》等。

《牡丹亭》，也称《还魂梦》《牡丹亭还魂记》或《牡丹亭梦》，是明朝剧作家汤显祖创作的虚构传奇（剧本）。该剧描写了官家千金杜丽娘与梦中书生柳梦梅倾心相爱，竟伤情而死，化为魂魄寻找现实中的爱人，人鬼相恋，最后起死回生，终于与柳梦梅永结同心的故事。讴歌了两人至死不渝的爱情，反映了封建礼教对个人幸福的摧残和民众对个性解放、爱情自由的强烈追求。作者用超现实的浪漫主义表现手法，讴歌了生而死、死而生，超越生死的爱情理想，而这一爱情理想正是对其所推崇的人文精神的最佳诠释。

（五）归有光

归有光，字熙甫、开甫，号震川，又号项脊生，中国明朝中期散文家。归有光崇尚唐宋古文，以老儒身份与当时的文坛盟主王世贞相抗，斥其为"庸妄巨子"。其文上承唐宋八大家，清人将其与王慎中、唐顺之、茅坤相提并论，近人则径称他们为"唐宋派"。所作散文朴素简洁，善于叙事，能以情动人，具有生活化、亲情化、平淡化、小说化的特点。被称为"今之欧阳修"，后人称赞其散文为"明文第一"。又与唐顺之、王慎中并称为"嘉靖三大家"。亦能作诗。著有《震川先生集》《易图论》《尚书叙录》《项脊轩志》等。

八、清代文学

清代文学受到传统文学和中西文学的共同影响，受到传统思想影响，以明文学为主流，兼有清新精致的文风，以及自然而然的多样性，有别于前史时代的文学派别的特征。清文学形式多样，文种广泛，主要有小说、诗歌、散文、戏曲、杂文等文种，内容涉及历史、文化、社会、习俗、农业、军事等领域。

（一）蒲松龄

蒲松龄，字留仙，一字剑臣，别号柳泉居士，世称聊斋先生，自称异史氏。清朝文学家、短篇小说家。蒲松龄自谓"喜人谈鬼"，"雅爱搜神"。

《聊斋志异》简称《聊斋》，俗名《鬼狐传》，是中国清朝著名小说家蒲松龄创作的文言短篇小说集。《聊斋志异》的意思是在书房里记录奇异的故事，"聊斋"是他的书斋名称，"志"是指记述的意思，"异"是指奇异的故事。

《聊斋志异》或揭露封建统治的黑暗，或抨击科举制度的腐朽，或反抗封建礼教的束缚。在暴露统治阶级贪暴不仁的同时，还写出了被压迫人民的反抗斗争，对他们表示深切的同情，具有丰富深刻的思想内容。描写爱情主题的作品，在全书中数量最多，它们表现了强烈的反封建礼教的精神。其中一些作品，通过花妖狐魅和人的恋爱，表现了作者理想的爱情。

郭沫若曾评价说："写鬼写妖高人一等，刺贪刺虐入骨三分。"老舍也曾评价其："鬼狐有性格，笑骂成文章。"

《聊斋志异》的艺术特色如下。

1. 采用传奇的方法来志怪。
2. 情节委曲，叙次井然。
3. 描写丰美，形象生动。
4. 语言精练，词汇丰富，句式富于变化。

（二）吴敬梓

吴敬梓，字敏轩，号粒民，晚号文木老人，别署秦淮寓客。

《儒林外史》是清代吴敬梓创作的长篇小说。全书五十六回，以写实主义描绘各类人士对于"功名富贵"的不同表现，一方面真实地揭示人性被腐蚀的过程和原因，从而对当时吏治的腐败、科举的弊端、礼教的虚伪等进行了深刻的批判和嘲讽；一方面热情地歌颂了少数人以坚持自我的方式对于人性的守护，从而寄寓了作者的理想。《儒林外史》代表着中国古代讽刺小说的高峰，开创了以小说直接评价现实生活的范例。鲁迅认为该书思想内容"秉持公心，指摘时弊"，胡适认为其艺术特色堪称"精工提炼"。

（三）曹雪芹

曹雪芹，名霑，字梦阮，号雪芹，又号芹圃、芹溪，清朝小说家。曹雪芹少年时代经历了一段极为富贵豪华的生活。雍正五年（1727 年），其父因事株连，被革职、抄家，家族败落，随家移居北京。晚年穷困潦倒而死，年不及五十岁。《红楼梦》是曹雪芹对中国文学和中国文化的伟大贡献，是曹雪芹以自身亲历亲闻的生活为基础，以"真事隐去""假语村言"的方式，书写其人生阅历和感悟。

《红楼梦》又称《石头记》，中国古代章回体长篇小说，中国古典四大名著之首，共 120 回，一般认为前 80 回是清代作家曹雪芹所著，后 40 回为高鹗所续。《红楼梦》全面而深刻地反映了封建社会盛极而衰的时代特征，以贾、史、王、薛四大家族的兴衰为背景，描绘了上至皇宫、下及乡村的广阔历史画面，广泛而深刻地反映了封建社会末世复杂深刻的矛盾冲突，显示了封建贵族的本质特征和必然衰败的历史命运，以大荒山青埂峰下顽石幻化的通灵宝玉为视角，以贾宝玉与林黛玉、薛宝钗的爱情婚姻悲剧为主线，描绘了一些闺阁佳人的人生百态，展现了真正的人性美和悲剧美，是一部从各个角度展现中国古代社会百态的史诗性著作，是中国封建社会的百科全书、传统文化的集大成者。

（四）刘鹗

刘鹗，清末小说家。谱名震远，原名孟鹏，字云抟、公约。后更名鹗，字铁云，又字公约，号老残。署名"鸿都百炼生"。博学多才，精于考古，在数学、医术、水利等方面多有建树。终生主张以"教养"为大纲，发展经济生产，富而后教，养民为本的太谷学说。代表作为《老残游记》。

《老残游记》写一个被人称作老残的江湖医生铁英在游历中的见闻和作为。小说以一位走方郎中老残的游历为主线，对社会矛盾开掘很深，尤其是他在书中敢于直斥清官（清官中的酷吏）误国，清官害民，独具慧眼地指出清官的昏庸常常比贪官更甚。全书随着老残的足迹所至，可以清晰地看到清末山东一带社会生活的面貌。同时，小说在民族传统文化精华提炼、生活哲学及艺术、女性审美和平等、人物心理及音乐景物描写等多方面皆达到了极其高超的境界。

（五）曾朴

曾朴，中国清末民初小说家，出版家。江苏常熟人，出身于官僚地主家庭。家谱载名为朴华，初字太朴，改字孟朴（曾孟朴），又字小木、籀斋，号铭珊。

《孽海花》是清末民初金松岑、曾朴创作的长篇谴责小说。全书 35 回，该小说采用隐喻的手法，以苏州状元金沟和名妓傅彩云的经历为线索，展现了同治初年至甲午战争三十年间中国社会政治文化生活的历史变迁。书中笔墨最为集中也最成功的是对封建知识分子与官僚士大夫的刻画，批判了封建统治阶级的昏聩无能、封建士大夫的醉生梦死及封建制度的腐朽没落，表现了资产阶级民主革命的要求和思想，具有强烈的时代精神，具有一定的政治意义。另外，小说着重表现了晚清高级知识分子在"由旧到新"这一历史"大转关"时期的精神生活和文化心态，反映了同光时代各种思想文化的冲突与嬗变，反映了它的文化意义。《孽海花》也是晚清四大谴责小说之一（四大谴责小说分别是李宝嘉的《官场现形记》、吴沃尧的《二十年目睹之怪现状》、刘鹗的《老残游记》、曾朴的《孽海花》）。

（六）桐城派

桐城派是中国清代文坛上最大的散文流派，崛起于清初，亦称"桐城古文派"，世通称"桐城派"，文派以城为名，以其代表人物戴名世、方苞、刘大櫆、姚鼐的籍贯均为江南安庆府桐城得名，其四人被称为桐城派"四祖"。桐城派统领清代文坛 200 余年，这也使得素有"文章甲天下，冠盖满京华"的桐城获得了"文都"的美誉。桐城派古文具有鲜明的特色，内容上以宣扬程朱义理、封建伦理道德为主；形式上结构谨严，剪裁精当，文辞雅洁，平易畅达，声调抑扬，杂以说理，辅以考证。桐城派内容多是宣传儒家思想，尤其是程朱理学。桐城派讲究"义法"，"义"即言之有物，"法"即言之有序。桐城派与八股文是相对立的，这在当时的历史背景下其实就是一种变革。桐城派提倡文章要"雅洁"，摒弃固定形式，同时要求文章要经世致用，这与儒家提倡的知识分子要关心时政、关注国事、针砭时弊，甚至救国于危难之中的使命是一脉相承的，桐城派强调"文以载道"。

第二节 中国现当代文学

按学术界的通常标准，现代文学是指 1919 年"五四运动"前后到 1949 年的文学，当代文学是指 1949 年中华人民共和国成立以后的文学。

一、中国现代文学

中国现代文学又称为新民主主义阶段的文学，大致可以分为三个时期（三个十年）："五四"时期的文学（1917—1927 年），"左联"时期的文学（1928—1937 年），抗日战争、解放战争时期的文学（1938—1949 年）。

（一）"五四"时期的文学

1917 年初，胡适和陈独秀分别在《新青年》发表了《文学改良刍议》和《文学革命论》。这两篇文章在国内引起很大反响，成为新文学开始的标志，也是文学革命运动兴起的标志。随后，一大批新文学作家积极响应，在小说、诗歌、散文、话剧等方面取得了很大的成就。这一时期文学主题是批判封建思想，是白话文和文言文、新文化和旧文化的斗争，涌现了鲁迅、冰心、郁达夫、郭沫若、徐志摩、闻一多等一大批作家。

1. 鲁迅

鲁迅原名周树人，浙江绍兴人。1918 年发表第一篇白话小说《狂人日记》时开始用鲁迅作笔名。

鲁迅的思想核心是"立人"，他的终极理想是建立"人国"。这一思想贯穿了鲁迅的一生，他的一切言行都是以此为基础的。鲁迅相信："人立而后凡事举；若其道术，乃必尊个性而张精神。"

（1）鲁迅的文学成就。

①小说方面：鲁迅一生共创作小说 34 篇，如《呐喊》（1923 年，14 篇）、《彷徨》（1926 年，11 篇）、《故事新编》（1936 年，8 篇）。《呐喊》与《彷徨》以"表现的深切，格式的特别"成为中国现代小说的开端与成熟的标志。

②杂文方面：鲁迅创作了 10 多本杂文集，是一部不停息的批判、论战、反击的思想文化斗争的编年史。

③散文方面：散文诗集《野草》（23 篇）和散文集《朝花夕拾》（10 篇）。

鲁迅的作品还有书信集《两地书》及《中国小说史略》《汉文学史纲要》等学术专著及大量译作。

（2）经典作品。

《阿 Q 正传》于 1921 年 12 月至 1922 年 2 月在《晨报副刊》上连载，后收入小说集《呐喊》。它是最早被介绍到世界上去的中国现代小说。《阿 Q 正传》是对辛亥革命进行的反思，暴露了国民的弱点，尤其是精神胜利法。

《祝福》发表于1924年3月《东方杂志》21卷6号，收入《彷徨》作为首篇。

《孔乙己》发表于1919年4月《新青年》6卷4号，全文不到三千字，通过一个落魄知识分子的人生悲剧，揭示封建科举制度"吃人"和孔乙己灵魂深处的苦闷。

2. 冰心

冰心原名谢婉莹。"冰心"这个笔名，是她1919年9月在《晨报》上发表第一篇小说《两个家庭》时，首次使用的。1923年冰心出版了她受泰戈尔哲理诗影响的第一部诗集《繁星》，此后又出版了诗集《春水》，短篇小说散文集《超人》及小说集《往事》《姑姑》《去国》《冬儿姑娘》等。

冰心关注"五四运动"之后人们所遭遇的精神和生活的双重困境，以此创作出了反映这些困境的"问题小说"，如《斯人独憔悴》是冰心问题小说的代表。冰心秉持"爱的哲学"来治疗青年精神危机的药方，《超人》小说集中的《超人》《烦闷》《悟》构成了冰心"爱的三部曲"。

冰心小说的特点。

①格调上，淡淡的忧愁、温柔的抒情和委婉有致的叙述语气。

②结构上，不以曲折的情节见长，也没有激烈的冲突，结构单纯，常用对比的方法，耐人咀嚼回味。

③语言上，典雅秀逸、清丽淡远。

3. 郁达夫

郁达夫原名郁文，1913年9月赴日本留学。抗战爆发时，赴新加坡办《星洲日报》，新加坡沦陷后，去苏门答腊隐蔽，1945年8月29日，日本宣布投降后，他被当地日本宪兵杀害，终年49岁。

1920年郁达夫在日本留学期间写作小说处女作《银灰色的死》，1921年10月他将《银灰色的死》《沉沦》《南迁》三篇小说结集为《沉沦》，这是郁达夫自己的第一部，也是中国现代文学史上第一部短篇小说集。

（1）郁达夫小说的思想内容。

①表现了五四青年对个性解放的追求和被生活挤出轨道的"零余者"的哀怨。

②表达了爱国主义和人道主义的情怀

（2）郁达夫"自叙传"抒情小说主要特征。

①自我的写真。

②感伤的抒情。

③结构的散文化。

④流丽、清新的文笔。

⑤对性心理直率大胆的描写。

4. 郭沫若

郭沫若原名郭开贞，号尚武，四川人。沫若是他1919年开始发表新诗时用的笔名。主要作品有诗集《女神》，历史剧《屈原》《虎符》《蔡文姬》《武则天》等。

5. 徐志摩

徐志摩原名徐章垿，浙江海宁人，曾去美国、英国留学。1922年回国，1924年组建新月社。代表作有诗集：《志摩的诗》（1925 年）、《翡冷翠的一夜》（佛罗伦萨的音译 1927 年）、《猛虎集》（1931 年）和《云游》（1932 年）。

前期作品收入《志摩的诗》《翡冷翠的一夜》两集中，一方面，表现出追求光明与自由的理想，另一方面，表达爱与美的追求。收在《猛虎集》和《云游》两集中的后期诗作，在创作倾向上表现了较深的消极悲观的倾向。

徐志摩诗歌的艺术风格。

①主客体的和谐统一形成了飞动飘逸的艺术风格。

②独特的意象。

③韵律和谐，富于音乐美。

6．闻一多

闻一多族名家骅，字友三，后改名为一多。闻一多是前期新月派的重要代表和新诗格律化理论的奠基者。他的新诗创作大部分收入 1923 年出版的《红烛》和 1928 年出版的《死水》两个诗集中。

闻一多在留美期间创作了一系列的爱国、思乡的诗作。如《太阳吟》《忆菊》《七子之歌》。在回国以后以《罪过》《死水》《天安门》等为代表的诗作，表达了诗人强烈的爱憎与人道主义的情怀。闻一多的诗歌理论核心是"三美"，即"音乐美，绘画美，建筑美"。

7．文学社团

在 1921 年后，文坛上涌现了很多的文学社团，影响较大的有文学研究会、创造社、语丝社、新月派等，如表 2.3 所示。

表 2.3

社团名	成立时间地点	代表人物	主张	刊物
文学研究会	1921 年 1 月在北京成立	周作人、郑振铎、沈雁冰、叶绍钧、许地山等 12 人	文学研究会的宗旨是"研究介绍世界文学，整理中国旧文学，创造新文学"。文学研究会注重文学的社会功利性，因此被看作是"为人生而艺术"的一派，或现实主义的一派	《小说月报》
创造社	1921 年 6 月在东京成立	郭沫若、张资平、郁达夫、成仿吾、田汉、穆木天等人	他们初期主张"为艺术而艺术"，强调文学必须忠实地表现作者自己"内心的要求"，后期提倡"表同情于无产阶级"的革命文学，思想明显"左"倾，1929 年 2 月创造社被当局查封	《创造季刊》《创造周报》《创造日》《创造月刊》《洪水》
语丝社	1924 年 11 月	周作人、《语丝》的主要撰稿人有鲁迅、周作人、钱玄同、刘半农、林语堂等 16 人	《语丝》社的宗旨是"任意而谈，无所顾忌，要催促新的产生，对于有害于新的旧物，则竭力加以排击。"《语丝》多发表针砭时弊的杂感小品，以倡导一种幽默、泼辣的"语丝文体"。倡导"文明批评"与"社会批评"，实际上继承了《新青年》批判旧思想、旧文化、旧道德和鞭挞社会丑恶与黑暗的精神传统	《语丝》
新月派	1923 年在北京成立	胡适、徐志摩、闻一多、梁启超、林长民等人	提倡新格律诗，主张"理性节制情感"，反对滥情主义和诗的散文化倾向，闻一多主张戴着格律的脚镣跳舞，并提出了著名的"三美"主张，即"音乐的美"（音节）、"绘画的美"（词藻）、"建筑的美"（节的匀称和句的均齐）	《新月》

（二）"左联"时期的文学

1928—1937 年这十年的文学处于第二次国内革命战争时期，各文学团体为了声援无产阶级革命运动，提倡无产阶级革命文学。文学运动的主张由"文学革命"变为"革命文学"。这时期的文学作品反映无产阶级革命斗争，表现农民的苦难遭遇和思想的觉醒和斗争，揭露帝国主义的种种罪行，揭露残酷的封建压迫，揭露日渐加剧的阶级矛盾、民族矛盾。

1930 年 3 月，在中国共产党的促进下，中国左翼作家联盟（简称"左联"）成立，掀起了一场声势浩大、影响深远的左翼文艺运动，成为 20 世纪 30 年代文坛的主流，代表作家有蒋光慈、柔石、茅盾、张天翼、沙汀、艾芜等。除左联外，还有海派文学和京派文学。海派文学的代表作家有刘呐鸥、穆时英、施蛰存等，京派文学的代表作家有废名、沈从文、朱光潜、萧乾、林徽因等。另还有卓有成就又游离于这三派之外的自由作家，如巴金、李劼人等。

1. 艾芜

艾芜，本名汤道耕，早年曾就读于四川省立师范学校，1925 年因反抗包办婚姻弃学，在云南边境和缅甸、新加坡等地流浪做杂役。20 世纪 30 年代曾参加左联。1948 年任重庆大学教授。中华人民共和国成立后，曾任作协四川分会主席等职。代表作《南行记》将 20 世纪 20 年代滇缅边境下层民众的苦难与斗争，以及风情风光的幽秘多彩进行了充分展现，开拓了中国现代文学反映社会生活新领域所带给读者的惊喜和瞩目，也是对现代文学创作的一个重要贡献。

2. 丁玲

丁玲，原名蒋伟，字冰之，1927 年底和 1928 年春发表《梦珂》和《莎菲女士的日记》，引起文坛注目。1936 年逃离南京至陕北，毛泽东赋《临江仙》词以示欢迎："壁上红旗飘落照，西风漫卷孤城。保安人物一时新，洞中开宴会，招待出牢人。纤笔一枝谁与似？三千毛瑟精兵。阵图开向陇山东，昨日文小姐，今日武将军。"代表作为《太阳照在桑干河上》。

《太阳照在桑干河上》是一部长篇小说，描写的是 1946 年华北解放区土地改革运动初期的情况，通过暖水屯一个普通村庄的土改运动从发动到取得初步胜利的描写，真实生动地反映了农村尖锐复杂的阶级斗争，揭示出各个不同阶级不同的精神状态，展现了中国农民在中国共产党领导下已经踏上的光明大道。

3. 茅盾

茅盾，浙江人，原名沈德鸿，字雁冰，茅盾是他 1927 年发表小说处女作《幻灭》时使用的笔名。1949 年参加第一次文代会，被选为全国文联副主席和文协主席。中华人民共和国成立后，曾任新中国第一任文化部部长，主编《人民文学》杂志。此外，还曾担任过全国政协副主席等职。1981 年茅盾去世前曾将自己的稿费 25 万元捐给作协，"作为设立一个长篇小说文艺奖励基金，以奖励每年最优秀的长篇小说"。此项文学奖金后来定名为"茅盾文学奖金"，是目前为止国内长篇小说评奖中的最高大奖。

茅盾的代表作有《蚀》三部曲：《幻灭》（1927 年），《动摇》（1928 年），《追求》（1928 年），《林家铺子》（1932 年），《子夜》（1933 年），农村三部曲：《春蚕》（1932 年），《秋收》（1933 年），《残冬》（1933 年），《腐蚀》（1941 年），《霜叶红似二月花》（1942 年）；散文《白杨礼赞》（1941 年）和剧本《清明前后》（1945 年）及大型回忆录《我走过的道路》（1978 年）。

茅盾作品的艺术特点。

①在题材的选取和主题的开掘上，注意题材和主题的时代性和重大性，自觉追求"巨大的思想深度"与"广阔的历史内容"能反映时代的全貌及其发展的史诗性。

②在人物形象的塑造上，着重表现人物的社会关系与人物性格的复杂性，追求"立体化"的油画效果。

③在艺术结构上，追求宏伟而严谨的布局，人物众多，情节复杂，线索纷繁交错又严密完整，形成一种立体交叉结构

4. 老舍

老舍，原名舒庆春，字舍予。代表作有长篇小说《老张的哲学》（1926 年），《赵子曰》（1927 年），《二马》（1929 年），《猫城记》（1932 年），《离婚》（1933 年），《骆驼祥子》（1936 年），《四世同堂》（1944-1948 年）等；中篇《月牙儿》（1935 年），《我这一辈子》（1947 年）；话剧《龙须沟》（1950 年），《茶馆》（1957 年）。

《骆驼祥子》1936 年 9 月开始在《宇宙风》上连载，共 24 章，约 15 万字。它是老舍最有代表性的艺术佳构之一，也是中国现代文学史上的一座丰碑。

老舍小说的特点。

①内涵丰富、空间广阔。

②思想性、故事性、社会性深厚。

③描绘城市贫民的生活和命运。

④描绘民族矛盾和阶级搏斗在人民生活中的体现。

⑤生活气息浓厚。

⑥表现出民族觉醒、表彰民族气节。

⑦语言俗白精致，雅俗共赏。

5. 巴金

巴金，原名李尧棠，字芾甘，生于四川成都一个封建大家庭里。巴金是他 1929 年在《小说月报》上发表《灭亡》时使用的笔名。代表作有《灭亡》（1929 年），《激流三部曲》[《家》（1933 年）、《春》（1938 年）、《秋》（1940 年）]，《爱情三部曲》[《雾》（1932 年）、《雨》（1933 年）、《电》（1935 年）]，《抗战三部曲》[《火》的第一部（1940 年）、《火》的第二部（1942 年）、《火》的第三部（1945 年）]，《憩园》（1944 年），《第四病室》（1946 年），《寒夜》（1947 年）、《随想录》（合订本 1987 年），《巴金全集》（26 卷，1994 年由人民文学出版社出版），《巴金译文全集》（10 卷，1997 年由人民文学出版社出版）。

巴金作品的艺术特点。

巴金创作分为前后两期，前期为青年世界的创作，题材以社会革命和青年精神困境为主，后期以家庭伦理困扰、人性弱点为主，特别是以旧家庭制度的罪恶题材为主，具有深沉的悲剧艺术，创作特点具体如下。

①家即社会的情节典型化原则。

②注重发掘人情美和抒情化人物塑造方法。

③作家强烈的道德判断的风俗化描写。

④语言真挚、明朗，有自我感情的流露。

6. 沈从文

沈从文，原名沈岳焕，苗族，中国著名的小说家、散文家。20 世纪三四十年代主要经历为创作、办报、教书。中华人民共和国成立后，长期在中国历史博物馆、故宫博物院工作，后为中国社会科学院历史研究所研究员。代表作有《八骏图》（1935 年）；中篇小说《神巫之爱》（1929 年），《边城》（1934 年）；长篇小说《阿丽思中国游记》（1928 年），《长河》（1948 年）；《从文自传》（1934 年）；散文集《湘行散记》（1936 年）《湘西》（1939 年）。

沈从文作品的艺术特点。

①以独特的视角讴歌"湘西世界"中底层人民古朴、健康、和谐、乐天安命的生存状态和自在无为的人生形式。

②根据民间风俗和佛经的材料，尽情地讴歌带着原始性的湘西少数民族的爱情生活。

③以"湘西"为参照，表现都市绅士阶层的道德沦丧和上流社会中一些人物灵魂的卑污、低下。

7. 戴望舒

戴望舒，原名朝安，又名梦鸥。是 20 世纪 30 年代"现代派"诗歌的代表诗人，被称为现代诗派"诗坛的首领"。他的诗歌《我的记忆》成为现代派诗的起点。因《雨巷》而被称为"雨巷诗人"。

名篇有《雨巷》《乐园鸟》《狱中题壁》《我用残损的手掌》《心愿》《等待》等。

戴望舒作品的艺术特点。

①以"现代情绪（诗情）"来反映现代生活，表现现代人的精神苦闷。

②在对诗歌艺术形式的追求上，戴望舒重又举起了"诗的散文化"的旗帜。③追求"人"与"自然"的浑然一体，体现了与中国传统诗歌主流的深刻联系。

8. 曹禺

曹禺，原名万家宝，字小石。曹禺从 1933 年至 1942 年为中国话剧贡献了五部堪称经典的杰作。在这些作品中曹禺关注人的生命状态，关注人的生存困境。从这个角度来讲，曹禺的创作经历了两个时期：生命的"郁热"期和"沉静"期。从戏剧结构上看，曹禺经历了由"戏剧化的戏剧"向"生活化（散文化）的戏剧"的转变。代表作为《雷雨》。

四幕话剧《雷雨》创作于 1933 年，1934 年发表于《文学季刊》，1935 年在东京第一次公演。它共塑造了 8 个人物，是一部纠缠着复杂的血缘关系和聚集着许多的巧合但却透露着必然性的悲剧。

9. 沙汀

沙汀，原名杨朝熙，生于四川四川省安县一个破落的地主家庭。沙汀在 20 世纪 40 年代的小说创作主要内容包括：对上流社会丑陋的讽刺及对四川沉滞民风的描绘。代表作有长篇小说"三记"：《淘金记》（1943 年）、《困兽记》（1945 年）、《还乡记》（1948 年）。《淘金记》是影响最大的一部。这篇小说以一个独特的角度切入生活，解剖了北斗镇上流社会之间的野兽一般的扭斗。沙汀的小说富于沉郁冷峻的喜剧色彩，以小见大，含蓄而深沉。

10. 钱钟书

字默存，号槐聚。代表作有散文集《写在人生边上》、短篇小说集《人·兽·鬼》、长篇小说《围城》、诗论《谈艺录》、学术著作《管锥编》（5 卷）等。《围城》是钱钟书文学上的代表作,被誉为是一部新《儒林外史》。

11. 张爱玲

张爱玲,原名张瑛,出身贵族之家。1943年奇迹般出现在上海文坛,被评论者称为"废墟上的罂粟花"。代表作有小说集《传奇》,散文集《流言》,长篇小说《十八春》《半生缘》《怨女》,中篇小说《倾城之恋》《金锁记》,散文小说集《张看》,学术著作《红楼梦魇》。夏志清在1961年出版的《中国现代小说史》中为张爱玲立了专章,称张爱玲是"今日中国最优秀最重要的作家",称《金锁记》是"中国从古以来最伟大的中篇小说"。

12. 艾青

艾青,原名蒋海澄,浙江金华人。曾因《芦笛》的发表,被胡风称为"吹芦笛的诗人"。1933年创作《大堰河——我的保姆》一举成名。代表作有《大堰河——我的保姆》(1934年)、《北方》(1938年)、《向太阳》(1938年)、《雪落在中国的土地上》(1938年)、《我爱这土地》(1938年)、《火把》(1940年)、《黎明的通知》(1943年)、《雪里钻》(1944年)等。艾青诗歌的中心意象是土地与太阳。"土地"的意象里,凝聚着诗人对祖国、人民最深沉的爱;爱国、爱人民是艾青作品中永远唱不尽的主题。"太阳"的意象表现了诗人灵魂的另一面:对于光明、理想、美好生活热烈而不息的追求。

艾青作品的艺术特点。

①忧郁的诗绪。这忧郁里,浸透着诗人对祖国、人民极其深沉的爱,更表现了诗人对生活的忠实与思索。

②艾青诗歌表现世界最常用的艺术方法是从"感觉"出发的,强调主观情感与对外界客观事物的感受的融合,并在二者的融合中产生出多层次的联想。

③艾青受西方印象主义的影响,善于用色泽、光彩的渲染,以及构图、线条的安排来增加形象的鲜明性。

④单纯的意象、丰富的象征。如"大堰河"这一意象。

⑤和谐顺口,富有节奏感和音乐美。

(三)抗日战争、解放战争时期的文学

这一时期的文学,可分为沦陷区文学、国统区文学、解放区文学和孤岛文学。

沦陷区文学是指被日本侵略者占领地区的文学,有以张爱玲为代表的突出女性不幸命运的市民文学,有以周作人的散文为代表的描写怀旧、日常生活、知识学理的消闲文学,有以山丁为代表的描写东北人民苦难生活的乡土文学。

国统区文学是国民党统治区域的文学,文学作品主题多是宣传抗日主张,反压迫、争民主等。戏剧多是历史剧,如郭沫若的《虎符》《屈原》。诗歌出现了"七月"诗派和"九叶诗人"。报告文学以战地报告为主。小说方面,由歌颂性作品转为暴露讽刺性作品,如钱钟书的《围城》。

解放区文学是指共产党领导下的抗日民主根据地的文学。小说题材侧重于农村和战争,如赵树理的《小二黑结婚》、孙犁的《白洋淀纪事》。诗歌流行民歌叙事体,如李季的《王贵与李香香》。戏剧方面出现了在群众秧歌基础上发展起来的新歌剧《白毛女》。

孤岛文学是指从1937年11月上海沦陷始至1941年12月日军进入租界止被沦陷区包围的上海租界中的文学。它积极配合其他文学,反映现实,揭露敌人罪行,讽刺当时社会现实。

1. 孙犁

孙犁是"荷花淀派"的代表作家。孙犁小说被称为"诗之小说""散文化小说"。《白洋淀纪事》是孙犁的第一部比较完整的小说，散文选集，曾被评为"百年百种优秀中国文学图书"，包括作者从 1939 年到 1950 年所写的绝大部分短篇小说、散文、特写、通讯报告等，其中共收录短篇作品近 100 篇，按时间先后顺序编排，《荷花淀》与《芦花荡》是其中最负盛名的作品。

2. 赵树理

赵树理，原名树礼，小说家。代表作有短篇小说《小二黑结婚》（1943 年），中篇小说《李有才板话》（1943 年）。他的创作被称为"赵树理方向"。

《小二黑结婚》讲述了解放区新一代青年男女自由恋爱的故事，揭示了农村中旧习俗和封建残余势力对人们道德观念的束缚，以及新老两代人的意识冲突与变迁。

二、当代文学

当代文学可以分为五个阶段：新中国时期文学（1949—1965 年）、"文革"时期文学（1966—1976 年）、新时期文学（1976—1984 年）、后新时期文学（1985—1999 年）、21 世纪文学（2000年至今）。

（一）新中国时期文学

这一时期又叫"十七年文学"。这一时期的文学保持了解放区文化的传统，成为以工农兵为主体的新中国文艺。

长篇小说题材丰富，有表现革命历史题材的，如罗广斌、杨益言的《红岩》；有表现战争题材的，如杜鹏程的《保卫延安》、曲波的《林海雪原》；有表现农村题材的，如赵树理的《三里湾》、周立波的《山乡巨变》；有表现工业建设题材的，如艾芜的《百炼成钢》；有历史题材的，如姚雪垠的《李自成》。短篇小说也取得了进步，成果丰硕，如孙犁的《山地回忆》、王蒙的《组织部新来的年轻人》。

诗歌继承了民歌和解放区诗歌的特点。这时期诗歌的主流是高唱颂歌的政治抒情诗，歌唱共产党和毛主席，歌唱经济建设，歌唱抗美援朝，如郭小川的《甘蔗林——青纱帐》，贺敬之的《中国的十月》。

散文方面是以赞美、弘扬为主的"抒情散文"或"艺术散文"，以杨朔、刘白羽、秦牧为代表，他们推动了散文从朴素走向优美。通讯报告在 20 世纪 50 年代初侧重于叙事性和纪实性，如魏巍《谁是最可爱的人》。

话剧有以现实题材的剧作，如老舍的《龙须沟》。有历史题材的剧作，如郭沫若的《蔡文姬》《武则天》，曹禺的《胆剑篇》。还有以革命历史为题材的歌剧和地方戏曲，如《江姐》。

（二）"文革"时期文学

这一时期，文坛大力推行"革命样板戏"（简称"样板戏"），将"文艺为政治服务，文艺为工农兵服务"的观念直接简单化为工农兵形象"占领"舞台，强调"三突出"，极力塑造"高大全"的英雄人物。

（三）新时期文学

"文革"结束后，最先出现的创作思潮是伤痕文学，代表作家有刘心武、周克芹。接着出现的是反思小说，代表作家有王蒙、张贤亮。党的十一届三中全会后，随着全国掀起了经济和政治的改革浪潮，改革文学应运而生，代表作家有蒋子龙、高晓声、路遥等。思想解放运动促进了作家们对人的地位和价值的重新思考，由此兴起了人道主义思潮，代表作家有戴厚英、张洁、铁凝等。同时，20 世纪 80 年代初对西方现代主义的评论，促进了作家们对生活与个人的思考。

小说方面，除上述几种思潮外，还有以张辛欣、刘索拉为代表的荒诞小说，以汪曾祺、冯骥才等为代表的乡土市井小说，以韩少功、阿城为代表的寻根文学等。

诗歌方面，诗坛主要活跃两类诗人，一类是以艾青、七月派诗人、九月派诗人、公刘等为代表的老一辈诗人，他们的诗具有"新现实主义"的特点；另一类是以北岛、舒婷、顾城等为代表的一批青年诗人，他们广泛借鉴西方现代诗歌，注重表现自我，他们的诗自成一派，即"朦胧诗"派。

散文方面，以巴金、冰心、杨绛、孙犁、萧乾等一批重返文坛的老作家的散文为代表。巴金的散文侧重于表现与民族共忏悔的人格魅力和人道精神。冰心的散文侧重对知识分子的关注，对自己人生历程的回顾，对爱的讴歌。杨绛保持边缘人的写作姿态，笔触平静，感情平和，文字简略。

（四）后新时期文学

这一时期的文学既是文学启蒙的文学，也是审美的文学。一些作家重新定位自己的文化立场后，将目光转入民间文化，从中寻求自己的理性和情感寄托，促进了民间文化的发展。尤其是 1985 年寻根文学的兴起，中国文学在各个领域呈现出多元化。同时，在商品意识和市场观念的影响下，纯文学作品逐渐失去读者，文学转向娱乐消费型文学，流行性文学大量兴起。

小说创作多元化体现在题材的多样化上，有打破过去英雄模式，通过塑造描写生活、探寻个人化倾向的军旅小说，如朱苏进的《绝望中的诞生》；有掩藏作家的主观感情，冷漠地反映现实的新写实小说，如刘震云的《一地鸡毛》；有以个人化的立场来书写近代历史的新历史小说，如莫言的《红高粱》，有重视语言实验，重视对人生存状态的探索的先锋小说，如余华的《十八岁出门远行》；有因五位陕西籍作家同在 1993 年出版五部长篇小说而轰动的"陕军文学"，如陈忠实的《白鹿原》、贾平凹的《废都》；有以俗文学和商业化倾向为特点的世俗小说，如苏童的《妻妾成群》；还有表达女性意识的作品，如王安忆的《长恨歌》。

散文在原有种类（杂文、游记、小品、叙事和抒情散文）的基础上，增加了很多新种类（生活小散文、文化大散文、学者散文、文人散文、小女人散文等）。后期的新散文运动打破了散文与小说的界限，散文篇幅都很长。最为突出的有以史铁生、周涛、王小波为代表的文人散文和以余秋雨为代表的文化散文。

诗歌方面，"新生代"诗人崛起，其中主要的两个诗派。一是以海子为代表的"后朦胧"诗人；二是以于坚为代表的"第三代"诗人。20 世纪末，各种诗歌网站促进了诗歌的发展。戏剧一方面探索走向成熟，另一方面小剧场话剧复兴。

（五）21 世纪文学

这一时期的文学是传统文学、大众文学和网络文学三个板块并存，三者一定程度上又渗透融合。大众文学加剧了精英文化的边缘化，文学的消费性和娱乐性特征加强。网络文学改变了传统文学以作家为中心、作家具有绝对话语权的结构，变为读者和作家具有相等的话语权，读者甚至开始影响作家的创作思路。

小说方面有对传统文学坚守的精英文学，代表作家有莫言；有以打工者、城市平民、农民工、底层小人物为描写对象的打工文学、底层文学，如郭建勋的《天堂凹》；有对人性探讨，和影视交融的通俗小说，主要以军旅、生态、青春、婚恋、科幻等为主题；还有以网络为创作平台的网络小说，主要有玄幻、悬疑、青春、历史、社会、后宫等题材。

诗歌及时反映现实，表现对现实的深切关怀，视角倾向于平民化和大众化，出现打工诗歌。互联网的普及使诗歌具有个性化、私语化、多元化等特点。散文在发展文化散文、学者散文、传统散文的同时，网络散文兴起。网络散文自由平实，内容随心所欲无限制，语言幽默俏皮。话剧出现转机，剧本增多，演出频繁，有对现实的守望和沉思的话剧，也有对人性思考的历史剧，还有对文化反思的港台戏剧及小剧场戏剧。

（六）代表人物

1. 柳青

柳青，原名刘蕴华，中共党员。代表作有长篇小说《地雷》，《种谷记》，《铜墙铁壁》，《创业史》（第 1、2 部），《待军》；散文集《黄甫村的三年》，《误会》，《牺牲者》，《一天的伙伴》，《废物》，《被侮辱的女人》，《在故乡》，《喜事》，《土地的儿子》，《三垧地的买主》等 10 多篇小说。

《创业史》以梁生宝互助组的发展为线索，表现了中国农业社会主义改造进程中的历史风貌和农民思想情感的转变。《创业史》是中国"十七年文学"中农村题材的代表作，被誉为"经典性的史诗之作"，具有思想的"深刻性"和矛盾冲突的"尖锐性"。

2. 罗广斌

罗广斌，重庆市忠县人，中国现代作家，长篇小说《红岩》作者之一。1945 年在昆明参加中共地下党外围组织民青社，任昆明西南联大附中罢课委员会主席，重庆西南学院系联会主席，曾参加重庆中共地下党外围组织六一社，任重庆民建中学理化教师，秀山县理化教师。中华人民共和国成立后历任共青团重庆市委委员、常委、统战部部长，重庆市青联副主席，全国青联委员，重庆市文联专业作家。

3. 杨益言

杨益言，四川省广安市武胜县人，中国作家协会会员，著名小说《红岩》的作者之一。早年参加革命工作，后被捕囚禁于重庆渣滓洞，出狱后根据其亲身经历写成《红岩》一书。

《红岩》是罗广斌、杨益言所创作的一部长篇小说，1961 年 12 月首版。《红岩》描写人民解放军进军大西南的形势下，重庆的国民党当局疯狂镇压共产党领导的地下革命斗争。着重表现以齐晓轩、许云峰、江雪琴等共产党人在狱中所进行的英勇战斗，虽然最后惨遭屠杀，但充分显示了共产党人视死如归的大无畏英雄气概。结构错综复杂又富于变化，善于刻画人物心理活动和烘托气氛，语言朴实，笔调悲壮，作品一经面世，立即引起轰动。

《红岩》先后被改编成电影《烈火中永生》和豫剧《江姐》等。该书被中宣部、文化部、团中央命名为百部爱国主义教科书。

4．杨沫

杨沫，原名杨成业，湖南省湘阴人，中国当代著名女作家。她是新中国文学史上的重要人物，代表作为《青春之歌》。

《青春之歌》是一部长篇小说，1958 年首次出版。《青春之歌》是杨沫以亲身经历为素材创作的半自传体小说，小说以 20 世纪 30 年代日本侵华过程中发生的"九一八事变"到"一二·九运动"的爱国学生运动为背景，通过女主人公林道静的成长故事，构筑了革命历史的经典叙事，也揭示出知识分子成长道路的历史必然性。

5．曲波

曲波，原名曲清涛，山东省黄县（今山东省龙口市）人，中国现当代著名作家，中国作家协会常务理事。代表作《林海雪原》是中国现代文学史上的经典之作，被誉为"革命通俗小说"的典型代表。

《林海雪原》是一部长篇小说，于 1957 年出版，全书共三十八章。《林海雪原》描写的是解放战争初期东北剿匪的战斗。1946 年冬天，东北民主联军一支小分队，在团参谋长少剑波的率领下，深入林海雪原执行剿匪任务，侦察英雄杨子荣与威虎山座山雕匪帮斗智斗勇的全过程。这部作品成功地刻画了满腹智谋、浑身是胆的侦察英雄杨子荣的光辉形象，深刻地揭示了他的大智大勇的阶级根源和思想基础。他说："为人民事业生死不怕，对敌人就一定神通广大。"这光芒四射的豪言壮语是他崇高的共产主义精神的写照。《林海雪原》一直被视作"革命通俗小说"的典型代表，并被誉为"新的政治思想和传统的表现形式互相结合"的光辉典范，它更是整个"十七年文学"发展之中不可替代的重要小说作品。2019 年 9 月 23 日入选"新中国 70 年 70 部长篇小说典藏"。

6．北岛

北岛，原名赵振开，笔名有艾珊、石默等。代表作有诗集《北岛诗歌集》《太阳城札记》《北岛顾城诗选》《陌生的海滩》，散文集《失败之书》和小说《波动》等，代表诗作有《回答》《一切》。

7．舒婷

舒婷，原名龚佩瑜，代表作有诗集《双桅船》，《会唱歌的鸢尾花》，《始祖鸟》；散文集《心烟》，《秋天的情绪》，《硬骨凌霄》，《露珠里的"诗想"》，《舒婷文集》（3 卷）等。诗歌《祖国啊，我亲爱的祖国》获 1980 年全国中青年优秀诗歌作品奖，《双桅船》获全国首届新诗优秀诗集奖、1993 年庄重文文学奖。

8．顾城

顾城，被称为当代的"唯灵浪漫主义"诗人。顾城在新诗、旧体诗和寓言故事诗上都有很高的造诣，其《一代人》中的一句"黑夜给了我黑色的眼睛/我却用它寻找光明"成为中国新诗的经典名句。

朦胧诗兴起于 20 世纪 70 年代末 80 年代初，以舒婷、北岛、顾城、食指等先驱者为代表。朦胧诗以内在精神世界为主要表现对象，采用整体形象象征、逐步意向感发的艺术策略和方式来掩饰情思，从而使诗歌文本处在表现自己和隐藏自己之间，呈现为诗境模糊朦胧，诗意隐约含蓄、富含寓意，主题多解多义等一些特征。

9. 刘心武

刘心武，四川省成都市人，中国作家、红学研究家，笔名刘浏、赵壮汉等。曾任中学教师、出版社编辑、《人民文学》主编、中国作协理事、第五、六届全国青联委员等，代表作《班主任》入选"改革开放四十年最具影响力小说"。

《班主任》是篇短篇小说，发表于 1977 年《人民文学》第 11 期上。小说以北京某中学班主任张俊石接收一个小流氓插班生宋宝琦为线索展开情节，以"批判与启蒙"及对真实性的追求率先在文学作品中揭露了"四人帮"文化专制主义对青少年造成的严重后果，给青少年留下心灵创伤的社会问题。该小说获得 1978 全国优秀短篇小说奖第一名。

10. 周克芹

周克芹，本名周克勤，乡土文学作家，中国当代文学史上最重要的作家之一，被誉为是"中国新时期文学的一座丰碑"。他的小说直面人生，以农民为题材，影响了后来一批作家。

《许茂和他的女儿们》是一部长篇小说，发表于《红岩》1979 年 2 期。小说以 1975 年冬工作组来到四川农村开展整顿工作为背景，描写老农许茂和他的几个女儿悲欢离合的故事，反映"十年动乱"给农民带来的灾难及农民的抗争和追求。原是农村积极分子的许茂在是非颠倒的年代里变得孤僻自私，暴躁不安。他的四女儿许秀云的遭遇最为不幸。作品从秀云的婚姻波折中透视出这个偏僻山村所发生的政治风暴，反映出深广的时代内容。小说富有浓厚的地方色彩和乡土气息，情节曲折起伏，引人入胜，许茂、秀云、金东水等主要人物性格鲜明。该书获首届茅盾文学奖。

11. 王蒙

王蒙，1948 年加入中国共产党。1953 年创作长篇小说《青春万岁》。1956 年发表短篇小说《组织部新来的年轻人》。后任《人民文学》主编、中国作协副主席、中共中央委员、文化部部长、国际笔会中心中国分会副会长等职。

12. 铁凝

铁凝，女，中共二十届中央委员，十四届全国人大常委会副委员长，中国文学艺术界联合会主席，中国作家协会主席。代表作有长篇小说《玫瑰门》《大浴女》等 4 部，中、短篇小说《哦，香雪》《第十二夜》《没有纽扣的红衬衫》等。以一个北方偏僻的小山村台儿庄为叙述和抒情背景，通过对香雪等一群乡村少女的心理活动的生动描摹，叙写了每天只停一分钟的火车给一向宁静的山村生活带来的波澜，并由此抒发了优美而内涵丰富的情感。作品主要描写了香雪的一段小小的历险经历：她在那停车一分钟的间隙里，毅然踏进了火车，用积攒的四十个鸡蛋，换来了一个向往已久的带磁铁的泡沫塑料铅笔盒。为此，她甘愿被父母责怪，而且一个人摸黑走了三十里的山路，这对一个平时说话不多，胆子又小的山村少女来说，需要极大的勇气。作者还有意交代了香雪这一举动的心理动力，那就是对山外文明的向往，对改变山村封闭落后、摆脱贫穷的迫切心情，还有山里姑娘的自爱自尊。

13．韩少功

韩少功，中国当代作家，代表作有《爸爸爸》《马桥词典》等。他的作品具有独特的艺术风格和深刻的思想内涵。《爸爸爸》最初发表在《人民文学》1985 年第 6 期。

《爸爸爸》以白痴丙崽为主人公，通过对他的刻画，勾勒出人们对传统文化的某种畸形病态的思维方式，表达了作家对传统文化的深刻反思与批判。丙崽是一个"未老先衰"却又总也"长不大"的小老头，外形奇怪猥琐，只会反复说两个词："爸爸"和"妈妈"。但这样一个缺少理性、语言不清、思维混乱的人物却得到了鸡头寨全体村民的顶礼膜拜，被视为阴阳二卦，尊为"丙相公""丙大爷""丙仙"。缺少正常思维的丙崽正显示了村民愚昧而缺少理性的病态精神症状。在鸡头寨与鸡尾寨发生争战之后，大多数男人都死了，而丙崽却依然顽固地活了下来。这个永远长不大的形象，象征了顽固、丑恶、无理性的生命本性，而他那两句谶语般的口头禅，既包含了人类生命创造和延续的最原始最基本的形态，具有个体生命与传统文化之间息息相通的神秘意味，同时又暗含着传统文化中那种长期以来影响和制约人类文明进步的绝对"二元对立"思维方式的亘久难变。以一种象征、寓言的方式，通过描写一个原始部落鸡头寨的历史变迁，展示了一种封闭、凝滞、愚昧落后的民族文化形态。

14．汪曾祺

汪曾祺，中国当代作家、散文家、戏剧家、京派作家的代表人物。被誉为"抒情的人道主义者，中国最后一个纯粹的文人，中国最后一个士大夫。"汪曾祺在短篇小说创作上颇有成就，对戏剧与民间文艺也有深入钻研。代表作有《受戒》《大淖记事》《晚饭花集》《逝水》《晚翠文谈》等。

15．贾平凹

贾平凹，本名贾平娃，中国当代作家，第九届中国作家协会副主席，中国作家协会散文委员会主任，陕西省作家协会主席。代表作有长篇小说《废都》《秦腔》《古炉》《高兴》《带灯》，中短篇小说《黑氏》《美穴地》《五魁》及散文《丑石》《商州三录》《天气》等。

16．路遥

路遥，中国当代作家，其代表作《平凡的世界》（第一部首刊于《花城》1986 年第 6 期）以恢宏的气势和史诗般的品格，全景式地展现了改革时代中国城乡的社会生活和人们思想情感的巨大变迁。该作获得第三届茅盾文学奖。

17．陈忠实

陈忠实，中国当代著名作家，1997 年获第四届茅盾文学奖。《白鹿原》是其成名著作。

18．刘震云

刘震云，著名作家、中国人民大学文学院教授。1987 年后连续发表《新兵连》《头人》《单位》《官场》《一地鸡毛》《官人》《温故一九四二》等描写城市社会的"单位系列"和干部生活的"官场系列"，引起强烈反响。

《一地鸡毛》是刘震云的一部中篇小说。小说主要描写了主人公小林在单位和家庭的种种遭遇和心灵轨迹的演变。从菜篮子、妻子、孩子、豆腐、保姆、单位中的恩恩怨怨和是是非非里，反映了大多数中国人在 20 世纪八九十年代的日常生活和生存状态。它真实而生动地反映了大多数中国人生活的主旋律，深刻反映了改革开放的新形势给人们内心和外在带来的变化。

19．王安忆

王安忆，中国女作家，获第五届茅盾文学奖，代表作有《长恨歌》《小鲍庄》《流逝》等。

《长恨歌》是王安忆创作的长篇小说，首次出版于 1996 年。描写了"上海小姐"王琦瑶一生曲折跌宕的经历，她平凡而又坚韧，在历经爱情和婚姻的几次失败后仍顽强地活下来，但最后却落得不为人知的被杀死在家中的悲惨命运。

20．余华

余华，1960 年 4 月 3 日生于浙江杭州，中国当代作家。代表作有《活着》《许三观卖血记》《兄弟》《在细雨中呼喊》《第七天》等。

21．莫言

莫言，本名管谟业，1955 年 2 月 17 日出生于山东高密，中国当代著名作家。20 世纪 80 年代中期以乡土作品崛起，充满着"怀乡"及"怨乡"的复杂情感，被归类为"寻根文学"作家。代表作有《红高粱》《酒国》《檀香刑》《透明的红萝卜》《四十一炮》《丰乳肥臀》《生死疲劳》《蛙》等。2011 年莫言凭借作品《蛙》获得茅盾文学奖。2012 年莫言获得诺贝尔文学奖。获奖理由是通过幻觉现实主义将民间故事、历史与当代社会融合在一起。

22．史铁生

史铁生，原籍河北涿州，生于北京，当代作家。他的作品一类是对知青生活的回忆和反思，另一类是描写残疾人的心与命运，平淡质朴，意蕴深沉，有独特的风格。代表作有中短篇小说集《我的遥远的清平湾》《礼拜日》《命若琴弦》，长篇小说《务虚笔记》，长篇散文《我与论世》等。

《我与地坛》是一部长篇散文，充满哲思又极具人性化，是作者十五年来摇着轮椅在地坛思索的结晶。散文中饱含作者对人生的种种感悟，对亲情的深情讴歌。地坛只是一个载体，而文章的本质却是一个绝望的人寻求希望的过程，以及对母亲的思念。

23．阿来

阿来，藏族，1959 年生于四川省马尔康县，当代著名作家，四川文学史上首位获得茅盾文学奖、鲁迅文学奖的双冠王。阿来以新历史主义的创作态度，用现代人的思维科学评判历史，以全知全能的视角进入历史，代表作有《尘埃落定》《蘑菇圈》等。

《尘埃落定》讲述了一个声势显赫的藏族老麦其土司，在酒后和汉族太太生了一个傻瓜儿子。这个人人都认定的傻子与现实生活格格不入，然而就是这个傻子却有着超时代的预感和举止，不以常理出牌，在其余土司遍种罂粟时突然建议改种麦子，结果鸦片供过于求，无人问津，阿坝地区笼罩在饥荒和残废的阴影下。大批饥民投奔麦其麾下，麦其家族的领地和人口达到空前的规模，傻子少爷因此而娶到了美貌的妻子塔娜，也开辟了康巴地区第一个边贸集市。傻子少爷回到麦其土司官寨，受到英雄般的待遇，也遭到大少爷的嫉妒和打击，一场家庭内部关于继承权的腥风血雨悄然拉开了帷幕。最后在解放军进剿国民党残部的隆隆炮声中，麦其家的官寨坍塌了。纷争、仇杀消失了，一个旧的世界终于尘埃落定。

24．余秋雨

余秋雨，浙江余姚人。当代散文家、艺术理论家，曾获"国家级突出贡献专家"的称号，并且担任过多所大学教授。12 岁离家到上海求学，入上海晋元中学，学业成绩优秀（该校 90 周年校庆时，他与丁关根、翁史烈等一起列入该校英才榜）。后考入上海戏剧学院戏剧文学系。因成绩优秀留校执教。

他治学严谨，著述宏富，早年写有《戏剧理论史稿》65 万字，后又撰写《中国文化史述》和《艺术创造工程》，从戏剧理论研究转入人类文学的研究。20 世纪 80 年代中期，他开始了散文的写作，出版《文化苦旅》和《山居笔记》。《文化苦旅》表现了余秋雨散文独特的文化特质。评论家说他用"理性和感性相融洽的语言之舟，负载着思想的重量，把现代散文推向了一流"。

《文化苦旅》是一部散文集，于 1992 年首次出版，是余秋雨在海内外讲学和考察途中写下的作品，是他的第一部文化散文集。全书主要包括四部分，分别为如梦起点、中国之旅、世界之旅、人生之旅。全书凭借山水风物来寻求文化灵魂和人生真谛，探索中国文化的历史命运和中国文人的人格。该书获得了全国金钥匙图书二等奖、上海市优秀图书一等奖、上海市第二届文学艺术成果奖、台湾最佳读书奖。

第三节　外国文学

一、综述

从公元前 11 世纪开始至今约三千年间，外国文学群星璀璨，佳作迭出，是一座无以穷尽的宝藏。

古希腊罗马文学，是欧美文学一个辉煌的起点。它一起步就以丰富的想象力和哲理性思考，以及对人的命运的特别关注而引人注目。

中世纪是从古到近现代的过渡，这个阶段是希伯来文化和希腊文化在冲突交融中形成"基督教欧洲"的过程，是欧洲文化史乃至西方文化史上一个重要的转折点。

文艺复兴被称为"巨人的时代"。它产生了巨人式的作家，也产生了巨人式的艺术形象，形成了一个新的高峰。作为对古代的呼应和发展，人的力量得到了更充分的展示，人的本质得到了更深入的开掘。理性，成为人们挑战神学权威和揭露封建蒙昧的有力武器，人文主义的光芒，照亮了此后文学发展的道路。

17 世纪 18 世纪的文学，继续着文艺复兴的传统，进一步发挥了理性的威力，为社会大变革推波助澜。启蒙思想家们"自由、平等，博爱"的追求，更显示了对旧秩序的强大冲击力，并演绎为其后西方世界的价值理念。

19 世纪文学出现了普遍的高度繁荣。以地域论，文学大国已从西南欧扩展到东欧和北欧，甚至影响远播美洲大陆；以创作论，贯穿文学史的两大创作方法——浪漫主义和现实主义，得到了最充分的展现。

20 世纪的文坛，现实主义与现代主义的相互冲突、相互渗透，为文学的发展提供了新的活力。社会主义实践的坎坷历程，使新文学的探索同样有着喜忧参半的不平凡经历。

二、古希腊文学

古希腊文学是"人类童年"发展最完美的文学之一。它充分体现了"人类童年"时代的纯真及对欧洲数千年文化的影响。古希腊文学特征具有鲜明的人本色彩和命运观念，现实主义与浪漫主义并存，种类繁多，具有开创性。具备了后世几乎所有的文学样式。代表作有《荷马史诗》《俄狄浦斯王》。

《荷马史诗》描述了公元前 12—前 11 世纪特洛伊战争及有关海上冒险的故事，其两个部分《伊利亚特》和《奥德赛》分别记述了这两方面的内容。

《伊利亚特》全诗分 24 卷，15 693 行，主要叙述的是希腊联军围攻小亚细亚的城市特洛伊的故事，以希腊联军统帅阿伽门农和希腊英雄阿基琉斯的争吵为中心，集中描写了战争结束前五十天发生的事情。希腊英雄阿基琉斯因女俘为主帅阿伽门农所夺，盛怒之下拒绝作战，希腊联军因此受挫。后因好友帕特罗克洛斯战死，阿基琉斯再度披挂上阵，终于杀死特洛伊主将赫克托耳，使希腊联军转败为胜。

《奥德赛》全诗共 24 卷，12 110 行，叙述特洛伊战争后，希腊联军英雄、伊萨卡王奥德修斯在海上漂流十年，历经艰难险阻，终于返回故国，夫妻团圆的故事。奥德修斯勇敢机智，在特洛伊战争中献木马计，希腊联军终于获胜。回国途中历尽艰险，先后制服独眼巨神和女巫等，又被女仙卡鲁普索留居岛上 7 年，最后向先知泰瑞西阿斯问路，始得重返故乡。当时其妻裴奈罗珮正苦于无法摆脱各地求婚者的纠缠，他于是乔装成乞丐，将求婚者全部射死，最后阖家团聚。

《俄狄浦斯王》是古希腊作家索福克勒斯创作的剧本，约公元前 431 年演出。《俄狄浦斯王》取材于希腊神话传说中关于俄狄浦斯杀父娶母的故事，展示了富有典型意义的希腊悲剧冲突——人类命运的冲突。俄狄浦斯智慧超群，热爱邦国，大公无私。在命运面前，他不是俯首帖耳或苦苦哀求，而是奋起抗争，设法逃离"神示"的预言。继而，他猜破女妖的谜语，为民除了害。最后，为了解救人民的瘟疫灾难，他不顾一切地追查杀害前王的凶手，一旦真相大白，又勇于承担责任，主动请求将他放逐。

三、英国

英国文学一般分为七个时期，分别是中世纪文学（约 5 世纪—1485 年）、文艺复兴时期文学（15 世纪后期—17 世纪初）、17 世纪文学、启蒙时期文学（17 世纪后期—18 世纪中期）、浪漫主义时期文学（1798—1832 年）、现实主义时期文学（19 世纪 30 年代—1918 年）、现代主义时期文学（1918—1945 年），以及当代文学（1945 至今）。

（一）文艺复兴时期文学代表人物及作品：莎士比亚《哈姆莱特》

《哈姆莱特》剧情简介：丹麦王子哈姆莱特在德国威登堡大学就读时突然接到父亲的死讯，

回国奔丧时接连遇到了叔父克劳狄斯即位和叔父与母亲乔特鲁德在父亲葬礼后一个月匆忙结婚的一连串事变，这使哈姆莱特充满了疑惑和不满。紧接着，在霍拉旭和勃那多站岗时出现了父亲老哈姆莱特的鬼魂，说明自己是被克劳狄斯毒死并要求哈姆莱特为自己复仇。

随后，哈姆莱特利用装疯掩护自己并通过"戏中戏"证实了自己的叔父的确是杀父仇人。由于错误地杀死了心爱的奥菲莉亚的父亲波罗涅斯，克劳狄斯试图借英王手除掉哈姆莱特，但哈姆莱特趁机逃回丹麦，却得知奥菲莉亚自杀并不得不接受了与其兄雷欧提斯的决斗。

决斗中哈姆莱特的母亲乔特鲁德因误喝克劳狄斯为哈姆莱特准备的毒酒而中毒死去，哈姆莱特和雷欧提斯也双双中了毒剑，得知中毒原委的哈姆莱特在临死前杀死了克劳狄斯并嘱托朋友霍拉旭将自己的故事告诉后来人。

（二）浪漫主义时期文学代表人物及作品：雪莱《西风颂》 简·奥斯汀《傲慢与偏见》 夏洛蒂·勃朗特《简爱》

《西风颂》全诗共五节，始终围绕作为革命力量象征的西风来加以咏唱。第一诗节写西风的威力和它的作用，第14行点出破坏者和护持者，这是贯穿全诗的两个主题。第二诗节用云、雨、冰雹、闪电来衬托描写西风的威力；第三诗节写西风作用于波浪；第四诗节写诗人因西风而发生的感慨，诗人向西风说但愿自己也像枯叶被风带走，虽然不像不羁的雨风那样自由自在，也能分得它的一分猛烈的威力；在最后一诗节里，诗人请求西风帮助他扫去暮气，把他的诗句传播到四方，唤醒沉睡的大地。最末两句"如果冬天来了，春天还会远吗？"预言革命春天即将来临，给生活在黑夜及困境中的人们带来鼓舞和希望。诗篇表达了诗人对反动腐朽势力的憎恨，对革命终将胜利和光明未来的热切希望和坚定信念，深刻揭示出新事物必将战胜旧事物的客观规律。全诗气势雄阔，境界奇丽宏伟，具有浓郁的革命浪漫主义特色，通篇采用了象征、寓意手法，含蕴深远。

《傲慢与偏见》是英国女小说家简·奥斯汀创作的长篇小说。小说描写了小乡绅班纳特五个待字闺中的千金，主角是二女儿伊丽莎白。她在舞会上认识了达西，但是耳闻他为人傲慢，一直对他心生排斥，经历一番周折，伊丽莎白解除了对达西的偏见，达西也放下傲慢，有情人终成眷属。这部作品以日常生活为素材，以反映当时社会上流行的感伤小说的内容和矫揉造作的写作方法，生动地反映了18世纪末到19世纪初处于保守和闭塞状态下的英国乡镇生活和世态人情。

《简·爱》是英国女作家夏洛蒂·勃朗特创作的长篇小说，是一部具有自传色彩的作品。作品讲述一位从小变成孤儿的英国女子在各种磨难中不断追求自由与尊严，坚持自我，最终获得幸福的故事。孤女简·爱从小被收养在舅舅家，他舅母十分讨厌她，在她舅舅死后，将还是未成年孩子的她送到一家教会学校，由她自生自灭。几年后，她在大概十八岁时离开炼狱般的学校，到一家庄园做家庭教师。由此爱上了那个庄园的男主人——罗切斯特先生。正当两人举行婚礼之际，她得知了男主人居然有一个老婆，还是疯子，就被关在她每天生活的城堡里。于是，她伤心离开，被一户兄妹三人所救。

她隐姓埋名又做起了简陋临时学校的教师，而三兄妹的大哥却发现了她的秘密，原来他们竟然是表兄妹的关系，并且得到了一个死去亲人的一大笔遗产。找回亲情，拥有财富的简·爱心中挂念罗切斯特先生，悄悄回到那个庄园，却发现罗切斯特先生在疯妻放火烧屋的行径下，受伤成了盲人，城堡也成了废墟。于是简·爱回到了已经单身，没有束缚的罗切斯特先生身边，两人开始了幸福的生活。

（三）现实主义时期文学代表人物及作品：狄更斯《双城记》

《双城记》是英国作家查尔斯·狄更斯所著的一部以法国大革命为背景所写成的长篇历史小说，首次出版于1859年。故事中将巴黎、伦敦两个大城市连接起来，围绕着曼马内特医生一家和以德发日夫妇为首的圣安东尼区展开故事。小说里描写了贵族如何败坏、如何残害百姓，人民心中积压对贵族的刻骨仇恨，导致了不可避免的法国大革命。书名中的"双城"指的是巴黎与伦敦。

四、意大利文学

欧洲文艺复兴运动的曙光最先在意大利出现。第一个代表人物但丁以其代表作《神曲》成为意大利和欧洲文学史上继往开来的伟大诗人。

《神曲》由"地狱篇""炼狱篇"和"天堂篇"共一百首构成。作者通过描述自己梦中幻游地狱、炼狱和天堂的经历，揭露了现实生活中的各种弊端和丑恶，特别是揭露了教会的腐败和堕落，并表达了对于人生的感悟，对于意大利国家和民族命运的关注，以及追求真理、追求"至善"的信心。

五、法国文学

法国文学是欧洲乃至人类文学艺术领域的一块璀璨的瑰宝。《红与黑》《漂亮朋友》《巴黎圣母院》《基督山伯爵》《茶花女》《包法利夫人》《羊脂球》……不胜枚举的经典作品不仅是文学领域的传世佳作，更是法国民族文化和社会风俗的传承和记录。

《巴黎圣母院》是法国文学家维克多·雨果创作的长篇小说，1831年1月14日首次出版。《巴黎圣母院》以离奇和对比的手法写了一个发生在15世纪法国的故事：巴黎圣母院副主教克罗德道貌岸然、蛇蝎心肠，先爱后恨，迫害吉卜赛女郎埃斯梅拉达。面目丑陋、心地善良的敲钟人卡西莫多为救女郎舍身赴死。小说揭露了宗教的虚伪，宣告禁欲主义的破产，歌颂了下层劳动人民的善良、友爱、舍己为人，反映了雨果的人道主义思想。

《高老头》是法国作家巴尔扎克创作的长篇小说，成书于1834年。主人公高老头是法国大革命时期起家的面粉商人，中年丧妻，他把自己所有的爱都倾注在两个女儿身上，为了让她们挤进上流社会，从小给她们良好的教育，且出嫁时给了她们每人80万法郎的陪嫁，可他的两个女儿生活放荡，挥金如土，他的爱轻而易举就被金钱至上的原则战胜了。这部作品在展示社会生活的广度和深度方面，在反映作家世界观的进步性和局限性方面，在表现《人间喜剧》的艺术成就和不足之处方面，都具有代表意义。其艺术风格是最能代表巴尔扎克的特点的作品之一。

《红与黑》是法国作家司汤达创作的长篇小说，也是其代表作。主人公于连是小业主的儿子，在当地市长家当家庭教师时与市长夫人勾搭成奸，事情败露后逃离市长家，进了神学院。经神学院院长举荐，到巴黎给极端保王党中坚人物拉莫尔侯爵当私人秘书，很快得到侯爵的赏识和重用。与此同时，于连又与侯爵的女儿有了私情。最后在教会的策划下，市长夫人被逼写了一封告密信揭发他，使他的飞黄腾达毁于一旦。他在气愤之下，开枪击伤市长夫人，被判处死刑，上了断头台。

小说发表后，当时的社会流传"不读《红与黑》，就无法在政界混"的谚语，而该书则被许多国家列为禁书。《红与黑》在心理深度的挖掘上远远超出了同时代作家所能及的层次。它开创了后世"意识流小说""心理小说"的先河。后来者竞相仿效这种"司汤达文体"，使小说创作"向内转"，发展到重心理刻画、重情绪抒发的现代形态。人们因此称司汤达为"现代小说之父"。

《包法利夫人》是法国作家福楼拜创作的长篇小说。作品讲述的是一个受过贵族化教育的农家女爱玛的故事。她瞧不起当乡镇医生的丈夫包法利，梦想着传奇式的爱情。可是她的两度偷情非但没有给她带来幸福，却使她自己成为高利贷者盘剥的对象。最后她积债如山，走投无路，只好服毒自尽。

这里写的是一个无论在生活里还是在文学作品中都很常见的桃色事件，但是作者的笔触感知到的是旁人尚未涉及的敏感区域。爱玛的死不仅仅是她自身的悲剧，更是那个时代的悲剧。作者用细腻的笔触描写了主人公情感堕落的过程，努力地找寻着造成这种悲剧的社会根源。

《羊脂球》是法国作家莫泊桑创作的中篇小说。《羊脂球》是他的成名作，也是他的代表作之一。《羊脂球》以1870—1871年普法战争为背景。通过代表当时法国社会各阶层的10个人同乘一辆马车逃往一个港口的故事，形象地反映出资产阶级在这场战争中所表现出的卑鄙自私和出卖人民的丑恶嘴脸。

在小说中，作者把下等人和上等人作了对比，检验了他们的道德水准。羊脂球是一个有爱国心的妓女，10人当中只有羊脂球配得上称为高尚的人和有爱国心的人。她心地善良，在马车上，尽管那些贵族资产阶级老爷太太对她表示了轻视和侮辱，可是当他们饥饿难耐的时候，羊脂球慷慨地请他们分享自己的食物。她还有强烈的民族自尊心。而那些所谓上等人都是些灵魂丑恶、损人利己的败类。

六、德国文学

《浮士德》是德国作家歌德创作的一部长达12 111行的诗剧，第一部出版于1808年，共二十五场，不分幕。第二部共二十七场，分五幕。全剧没有首尾连贯的情节，而是以浮士德思想的发展变化为线索，以德国民间传说为题材，以文艺复兴以来的德国和欧洲社会为背景，写一个新兴资产阶级先进知识分子不满现实，竭力探索人生意义和社会理想的生活道路。是一部现实主义和浪漫主义结合得十分完好的诗剧。

《浮士德》构思宏伟、内容复杂、结构庞大、风格多变，融现实主义与浪漫主义于一炉，将真实的描写与奔放的想象、当代的生活与古代的神话传说杂糅一处，善于运用矛盾对比之法安排场面、配置人物，时庄时谐、有讽有颂、形式多样、色彩斑驳，达到了极高的艺术境界。

七、西班牙文学

《唐吉诃德》，或译《吉诃德大人》，是西班牙作家塞万提斯于1605年和1615年分两部分出版的反骑士小说。故事背景是个早没有骑士的年代，主角唐吉诃德幻想自己是个骑士，因而做出种种匪夷所思的行径，最终从梦幻中苏醒过来。文学评论家多称《堂吉诃德》是西方文学史上的第一部现代小说，也是世界文学的瑰宝之一。

八、匈牙利文学

《我愿意是急流》是匈牙利诗人裴多菲·山陀尔于 1847 年创作并题献给恋人的一首抒情诗。诗中用一连串的"我愿"引出构思巧妙的意象，反复咏唱对爱情的坚贞与渴望，向恋人表白着自己的爱情。该诗 20 世纪在中国引起了青年中的爱情诗热潮。

这是一首歌颂博爱精神的伟大诗篇，随着心胸的开阔，所爱的人将越来越多，我愿意为他们奉献自己的一切。

九、俄国文学

俄国文学这一概念在广义上指所有俄语国家的文学，不仅包括俄罗斯，也包括苏联诸加盟共和国的文学。在苏联解体后，这一概念的范围缩小，仅指俄罗斯一国的文学。但通常人们认为，产生于俄语文化氛围中的、以俄语写成文学都可归入"俄国文学"。

《钦差大臣》是俄国讽刺作家果戈里的代表作，作品于 1836 年发表。故事描写纨绔子弟赫列斯达可夫与人打赌输得精光，正一筹莫展之际，他从彼得堡途经外省某市，被误认为"钦差大臣"，在当地官僚中引起恐慌，闹出许多笑话。

作品改变了当时俄国剧坛上充斥着从法国移植而来的思想浅薄、手法庸俗的闹剧的局面。《钦差大臣》用喜剧这面镜子照出了当时社会达官显贵们的丑恶原形，从而揭露了农奴制俄国社会的黑暗、腐朽和荒唐反动。

《猎人笔记》是俄国作家屠格涅夫的一部通过猎人的狩猎活动，记述 19 世纪中叶俄罗斯农村生活的随笔集。作品采用见闻录的形式，真实、具体、生动、形象，体裁风格多样，语言简练优美，可谓散文化小说、诗化小说的范例。《猎人笔记》是作者成名之作，对俄罗斯文学产生了很大影响。

列夫·尼古拉耶维奇·托尔斯泰，19 世纪中期俄国批判现实主义作家、思想家，哲学家，代表作有《安娜·卡列尼娜》《战争与和平》《复活》。

《安娜·卡列尼娜》讲述了贵族妇女安娜追求爱情幸福，却在卡列宁的虚伪、渥伦斯基的冷漠和自私面前碰得头破血流，最终落得卧轨自杀、陈尸车站的下场。庄园主列文反对土地私有制，抵制资本主义制度，同情贫苦农民，却又无法摆脱贵族习气而陷入无法解脱的矛盾之中。矛盾的时期、矛盾的制度、矛盾的人物、矛盾的心理，使全书在矛盾的漩涡中颠簸。这部小说是新旧交替时期紧张惶恐的俄国社会的写照。

该书通过女主人公安娜追求爱情的悲剧和列文在农村面临危机而进行的改革与探索这两条线索，描绘了俄国从莫斯科到外省乡村广阔而丰富多彩的图景，先后描写了 150 多个人物，是一部社会百科全书式的作品。

《战争与和平》以 1812 年的卫国战争为中心，反映从 1805 年到 1820 年间的重大历史事件。以鲍尔康斯、别祖霍夫、罗斯托夫和库拉金四大贵族的经历为主线，在战争与和平的交替描写中把众多的事件和人物串联起来。

作者将"战争"与"和平"的两种生活、两条线索交叉描写，构成一部百科全书式的壮阔史诗。《战争与和平》的基本主题是肯定这次战争中俄国人民正义的抵抗行动，赞扬俄国人民在战争中表现出来的爱国热情和英雄主义。但作品的基调是宗教仁爱思想和人道主义，作家反对战争，对战争各方的受难者都给予了深切的同情。

《复活》取材于一件真实事件，主要描写男主人公聂赫留朵夫引诱姑妈家女仆玛丝洛娃，使她怀孕并被赶出家门。后来，她沦为妓女，因被指控谋财害命而受审判。男主人公以陪审员的身份出庭，见到从前被他引诱的女人，深受良心谴责。他为她奔走申冤，并请求同她结婚，以赎回自己的罪过。上诉失败后，他陪她流放西伯利亚。他的行为感动了她，使她重新爱他。但为了不损害他的名誉和地位，她最终没有和他结婚而同一个革命者结为伉俪。

《复活》是托尔斯泰最后一部长篇小说，是作家一生探索和思想的总结，被誉为俄国批判现实主义发展的高峰。小说通过玛丝洛娃的苦难遭遇和聂赫留朵夫的上诉经过，广泛而深刻地抨击了法庭、监狱、官僚机关的腐败、黑暗，揭露了封建统治阶级骄奢淫逸的生活和反动官吏的残暴昏庸、毫无人性，撕下了官办教会的伪善面纱，反映了农村的破产和农民的极端贫困，勾画了一幅已经走到崩溃边缘的农奴制俄国的社会图画。

契诃夫是俄国世界级短篇小说巨匠和俄国 19 世纪末期最后一位批判现实主义艺术大师，与莫泊桑和欧·亨利并称为"世界三大短篇小说家"。

契诃夫是一个有强烈幽默感的作家，他的小说紧凑精练，言简意赅，给读者以独立思考的余地。其剧作对 20 世纪戏剧产生了很大的影响。他坚持现实主义传统，注重描写俄国人民的日常生活，塑造具有典型性格的小人物，借此真实反映出当时俄国社会的状况。他的作品的三大特征是对丑恶现象的嘲笑与对贫苦人民的深切的同情，并且其作品无情地揭露了沙皇统治下的不合理的社会制度和社会的丑恶现象。他被认为 19 世纪末俄国现实主义文学的杰出代表。代表作有《变色龙》《小公务员之死》《套中人》等。

《变色龙》讲述了巡警奥楚蔑洛夫和随从穿过集市广场时，忽然听见有人在尖声大喊，于是他们朝喧闹的人群走去。原来，金银匠赫留金想用烟蒂去烫一只无家的小狗的鼻子，却被小狗咬了手指。见来了督警，于是便向他告状，当楚蔑洛夫以为小狗是普通人家的狗时，就扬言要弄死它并惩罚其主人。当他听说狗主人是席加洛夫将军时，一会儿额头冒汗，一会儿又全身哆嗦。通过人物如同变色龙似的不断变化态度的细节描写，有力地嘲讽了沙皇专制制度下封建卫道士的卑躬屈膝的嘴脸。

《小公务员之死》讲述了小文官伊凡·德米特里·切尔维亚科夫，在剧院里的一个小"不慎"将唾沫溅到了坐在前排的将军级文官身上，小文官唯恐大官人会将自己的不慎视为自己的经意冒犯而一而再再而三地道歉，弄得那位大官人由毫不在意到真的大发雷霆；而执着地申诉自己毫无冒犯之心实属清白无过的小文官，在遭遇大官人的不耐烦与呵斥后竟一命呜呼。小说用夸张讽刺的笔调反映了当时俄国社会的极端恐怖所造成的人们扭曲的性格及变态的心理。

《套中人》写一个小城的中学古希腊文教员别里科夫，他在晴天也穿着雨鞋、带着雨伞出门，习惯于把一切日常用具装在套子里面。他与世隔绝，好比一个装在套子里的人，却喜欢到处告密，长期危害这个小城居民的自由，小城的生活因而变得死气沉沉。他也想到结婚，但害怕"生出什么事来"，久久不敢向女方求婚，后来看见她竟骑自行车上街，认为太不体面，因此和她哥哥争吵，被从楼梯上推下来，不久即死去。

第二部分

阅读鉴赏

第三章 诗 歌

第一节　氓

知人论世

中国最早的诗歌总集是《诗经》。它收集了从西周初年（公元前 11 世纪）到春秋中叶（公元前 6 世纪）大约 500 年间的诗歌 305 篇（另有 6 篇"笙诗"只存篇名）。在先秦时期，《诗》被称为《诗三百》，到汉代，被朝廷正式奉为经典之一，出现了《诗经》的名称，并沿用至今。

《诗经》中的诗当初都是配乐的歌词，保留着古代诗歌、音乐、舞蹈三者结合的形式。只是经过春秋战国的社会变动，乐谱和舞姿失传，只剩下歌词，就成为现在所见到的一部诗集。关于《诗经》的编排分类，从体制内容上可分为风、雅、颂，从表现手法上可分为赋、比、兴。

《诗经》由于其内容丰富，思想和艺术上的高度成就，在中国以至世界文化史上都占有重要的地位。它广泛而深刻地描写现实，反映出的现实主义精神，开创了中国诗歌的优秀传统，对后代文学影响很大。

名作精选

氓

《诗经》

氓[1]之蚩蚩[2]，抱布贸[3]丝。匪[4]来贸丝，来即[5]我谋[6]。送子涉淇[7]，至于顿丘[8]。匪我愆[9]期，子无良媒。将[10]子无怒，秋以为期。

乘[11]彼垝垣[12]，以望复关[13]。不见复关，泣涕涟涟。既见复关，载笑载言。尔卜尔筮[14]，体无咎[15]言。以尔车来，以我贿[16]迁。

桑之未落，其叶沃若。于嗟[17]鸠兮，无食桑葚[18]！于嗟女兮，无与士耽[19]！士之耽兮，犹可说[20]也。女之耽兮，不可说也。

桑之落矣，其黄而陨[21]。自我徂尔[22]，三岁食贫。淇水汤汤[23]，渐车帷裳[24]。女也不爽，士贰[25]其行。士也罔[26]极[27]，二三其德。

三岁为妇，靡室劳矣[28]。夙兴夜寐，靡有朝矣。言既遂[29]矣，至于暴矣。兄弟不知，咥[30]其笑矣。静言思之，躬自悼矣。

及尔偕老，老使我怨。淇则有岸，隰[31]则有泮[32]。总角[33]之宴，言笑晏晏[34]。信誓旦旦，不思其反。反是不思，亦已焉哉！

【注释】

[1] 氓：《说文》"氓，民也。"本义为外来的百姓，这里指自彼来此之民，男子之代称。

[2] 蚩（chī）蚩：通"嗤嗤"，笑嘻嘻的样子。一说憨厚、老实的样子。

[3] 贸：交易。抱布贸丝是以物易物。

[4] 匪（fěi）：非，不是。

[5] 即：走近，靠近。

[6] 谋：商量。

[7] 淇：卫国河名。今河南淇河。

[8] 顿丘：地名。今河南清丰。

[9] 愆（qiān）：过失，过错，这里指延误。

[10] 将（qiāng）：愿，请。

[11] 乘：登上。

[12] 垝（guǐ）垣（yuán）：倒塌的墙壁。

[13] 复关：卫国地名，指"氓"所居之地。

[14] 尔卜尔筮（shì）：烧灼龟甲的裂纹以判吉凶，叫作"卜"；用蓍草占卦叫作"筮"。

[15] 咎（jiù）：不吉利，灾祸。

[16] 贿：财物，指嫁妆。

[17] 于：通"吁"（xū）本义为表示惊怪、不然、感慨等，此处与嗟皆表感慨。

[18] 无食桑葚：传说斑鸠吃桑葚过多会醉。

[19] 耽（dān）：迷恋，沉溺。

[20] 说：通"脱"，解脱。

[21] 陨（yǔn）：坠落，掉下。

[22] 徂尔：嫁到你家。徂（cú），往。

[23] 汤（shāng）汤：水势浩大的样子。

[24] "淇水"两句：女子被弃逐后渡淇水而归。渐（jiān）：浸湿。帷（wéi）裳（cháng）：车旁的布幔。

[25] 贰：不专一、有二心。

[26] 罔：无，没有。

[27] 极：标准，准则。

[28] 靡室劳矣：形容所有的家庭劳作一身担负无余。

[29] 既遂：（愿望）既然已经实现。

[30] 咥（xì）：笑的样子。

[31] 隰（xí）：漯河，黄河的支流，流经卫国境内。

[32] 泮（pàn）：通"畔"水边，边岸。

[33] 总角：古代男女未成年时把头发扎成丫髻，称总角。这里指少年时代。

[34] 晏晏（yàn）：欢乐，和悦的样子。

画龙点睛

　　这是一首弃妇自诉婚姻悲剧的长诗。诗中的女主人公以无比沉痛的口气，回忆了恋爱生活的甜蜜，以及婚后被丈夫虐待和遗弃的痛苦，读之感人心弦，催人泪下。这位女子在集市上与一位平民一见钟情，并且私订终身，后遭丈夫的休弃和兄弟的讥讽。本诗表达了女主人公悔恨的心情与决绝的态度，深刻地反映了古代社会妇女在恋爱婚姻问题上倍受压迫和摧残的情况。全诗六章，每章十句，但并不像《诗经》其他各篇采用复沓的形式，而是依照人物命运发展的顺序，自然地加以抒写。全诗赋、比、兴交替使用，加之以对比、顶真、借代、呼告等表现手法，音调铿锵自然，富有真情实感，有很强的艺术表现力。

延伸阅读

国风·王风·采葛

《诗经》

彼采葛兮，一日不见，如三月兮！
彼采萧兮，一日不见，如三秋兮！
彼采艾兮！一日不见，如三岁兮！

【解读】

　　这是一首思念情人的小诗。热恋中情人无不希望朝夕厮守，耳鬓厮磨，分离对他们是极大的痛苦，所谓"乐哉新相知，忧哉生别离"，即使是短暂的分别，在他或她的感觉中也似乎时光很漫长，以至于难以忍耐。

　　此诗三章正是抓住这一人人都能理解的最普通而又最折磨人的情感，反复吟诵，重叠中只换了几个字，就把怀念情人愈来愈强烈的情感生动地展现出来了。

国风·周南·关雎

《诗经》

关关雎鸠，在河之洲。
窈窕淑女，君子好逑。
参差荇菜，左右流之。
窈窕淑女，寤寐求之。
求之不得，寤寐思服。
悠哉悠哉，辗转反侧。

参差荇菜，左右采之。
窈窕淑女，琴瑟友之。
参差荇菜，左右芼之。
窈窕淑女，钟鼓乐之。

【解读】

《关雎》是中国古代第一部诗歌总集《诗经》中的第一首诗，通常认为是一首描写男女恋爱的情歌。此诗首章以关雎鸟相向合鸣，相依相恋，兴起淑女配君子的联想。以下各章，又以采荇菜这一形式兴起主人公对女子疯狂的相思与追求。全诗在艺术上巧妙地采用了"兴"的表现手法，语言优美，善于运用双声叠韵和重章叠词，增强了诗歌的音韵美和写人状物、拟声传情的生动性。

第二节　涉江

知人论世

屈原，芈姓，屈氏，名平，字原，又自云名正则，字灵均，出生于楚国丹阳秭归（今湖北省宜昌市），战国时期楚国诗人、政治家。提倡"美政"，主张对内举贤任能，修明法度，对外联齐抗秦。因遭贵族排挤诽谤，被先后流放至汉北和沅湘流域。公元前278年，楚国郢都被秦军攻破后，自沉于汨罗江，以身殉楚国。

屈原是中国历史上一位伟大的爱国诗人，中国浪漫主义文学的奠基人，"楚辞"的创立者和代表作家，开辟了"香草美人"的传统，被誉为"楚辞之祖"。其主要作品有《离骚》《九歌》《九章》《天问》等。"路漫漫其修远兮，吾将上下而求索"，屈原的"求索"精神，成为后世仁人志士所信奉和追求的一种高尚精神。

名作精选

涉　江
屈　原

余幼好此奇服兮，年既老而不衰。
带长铗[1]之陆离兮，冠切云[2]之崔嵬，被[3]明月兮佩宝璐[4]。
世混浊而莫余知兮，吾方高驰而不顾。
驾青虬[5]兮骖[6]白螭[7]，吾与重华[8]游兮瑶之圃[9]。
登昆仑兮食玉英，与天地兮同寿，与日月兮同光。
哀南夷[10]之莫吾知兮，旦余济乎江湘。
乘鄂渚[11]而反顾[12]兮，欸[13]秋冬之绪风。

步余马兮山皋，邸[14]余车兮方林。

乘舲船[15]余上沅兮，齐吴榜[16]以击汰[17]。

船容与[18]而不进兮，淹[19]回水而疑滞。

朝发枉渚[20]兮，夕宿辰阳[21]。

苟[22]余心其端直兮，虽僻远之何伤。

入溆浦[23]余儃徊[24]兮，迷不知吾所如。

深林杳[25]以冥冥[26]兮，乃猿狖[27]之所居。

山峻高以蔽日兮，下幽晦以多雨。

霰雪纷其无垠兮，云霏霏[28]而承宇。

哀吾生之无乐兮，幽独处乎山中。

吾不能变心而从俗兮，固将愁苦而终穷。

接舆[29]髡首[30]兮，桑扈[31]臝行[32]。

忠不必用兮，贤不必以[33]。

伍子[34]逢殃兮，比干[35]菹醢[36]。

与前世而皆然兮，吾又何怨乎今之人！

余将董道[37]而不豫兮，固将重昏而终身！

乱曰：鸾鸟凤皇[38]，日以远兮。

燕雀乌鹊，巢堂坛[39]兮。

露申辛夷[40]，死林薄[41]兮。

腥臊[42]并御，芳不得薄[43]兮。

阴阳易位，时不当兮。

怀信[44]侘傺[45]，忽[46]乎吾将行兮！

【注释】

[1] 铗（jiá）：剑柄，这里代指剑。

[2] 切云：当时一种高帽子之名。

[3] 被：同"披"，戴着。

[4] 璐：美玉名。

[5] 虬：传说中有角的龙。

[6] 骖：四马驾车，两边的马称为骖。

[7] 螭（chī）：传说中没有角的龙。

[8] 重华：帝舜的名字。

[9] 瑶之圃：产美玉的地方，这里是指昆仑，神话中认为昆仑是天帝的园圃。

[10] 南夷：指屈原流放的楚国南部的土著。

[11] 鄂渚：地名，在今湖北武昌西。

[12] 反顾：回头看。

[13] 欸（āi）：叹息声。

[14] 邸：同"抵"，抵达，到。

[15] 舲（líng）船：有窗的小船。

[16] 榜：船桨。

[17] 汰：水波。

[18] 容与：缓慢，舒缓。

[19] 淹：停留。

[20] 枉渚：地名，在今湖南常德一带。

[21] 辰阳：地名，在今湖南辰溪县西。

[22] 苟：如果。

[23] 溆浦：溆水之滨。

[24] 儃（chán）徊：徘徊。（徊一作：佪）

[25] 杳：幽暗。

[26] 冥冥：幽昧昏暗。

[27] 狖（yòu）：长尾猿。

[28] 霏霏：云气浓重的样子。

[29] 接舆：楚国的隐士。

[30] 髡（kūn）首：古代刑罚之一，即剃发。相传接舆自己剃去头发，避世不出仕。

[31] 桑扈：鲁国的隐士。

[32] 臝：同"裸"。桑扈用裸体行走来表示自己的愤世嫉俗。

[33] 以：用。这两句是说忠臣贤士未必会为世所用。

[34] 伍子：伍子胥，春秋时吴国贤臣，被吴王夫差杀害。

[35] 比干：商纣王时贤臣，一说纣王的叔伯父，一说是纣王的庶兄。

[36] 菹醢（zū hǎi）：古代的酷刑，将人剁成肉酱。

[37] 董道：坚守正道。

[38] 鸾鸟凤皇：都是祥瑞之鸟，比喻贤才。这两句是说贤者一天天远离朝廷。

[39] 堂：殿堂。坛：祭坛。此句比喻小人挤满朝廷。

[40] 露申：瑞香花。辛夷：木兰。

[41] 林薄：草木杂生的地方。

[42] 腥臊：恶臭之物，比喻谄佞之人。

[43] 薄：靠近。

[44] 怀信：怀抱忠信。

[45] 侘（chà）傺（chì）：惆怅失意。

[46] 忽：恍惚，茫然。

画龙点睛

　　《九章·涉江》是一首骚体诗，主要是自叙放逐江南的形迹，全诗情景交融，诗味腴厚。此诗可分为五段。第一段述说诗人高尚理想和现实的矛盾，阐明这次涉江远走的基本原因；第二段叙述一路走来，途中的经历和自己的感慨；第三段写进入溆浦以后，独处深山的情景；第四段从其本身经历联系历史上一些忠诚义士的遭遇，进一步表明自己的政治立场；第五段批判楚国政治黑暗，邪佞之人执掌权柄，而贤能之人却遭到迫害。

　　全诗写景、抒情有机结合，比喻、象征运用纯熟，体现了诗人高超的艺术功力。从诗中我们仿佛能够看到一位饱经沧桑，孤立无助，登上鄂渚回顾走过的道路的老年诗人形象，又仿佛看到了一叶扁舟在激流漩涡当中艰难前进，还能够读出诗人内心对时局的感受。

中国文脉（节选）

余秋雨

屈原，是整个先秦时期的文学冠军。

不仅如此，作为中国第一个大诗人，他以《离骚》和其他作品，为中国文脉输入了强健的诗魂。对于这种输入，连李白、杜甫也顶礼膜拜。因此，戴在他头上的，已不应该仅仅是先秦的桂冠。

前面说到，中国文脉是从《诗经》开始的，所以对诗已不陌生。然而，对诗人还深感陌生，何况是这么伟岸的诗人。

《诗经》中也署了一些作者的名字，但那些诗大多是朝野礼仪风俗中的集体创作，那些名字很可能只是采集者、整理者。从内容看，《诗经》还不具备强烈而孤独的主体性。按照我给北京大学学生讲述中国文化史时的说法，《诗经》是"平原小合唱"，《离骚》是"悬崖独吟曲"。

这个悬崖独吟者，出身贵族，但在文化姿态上，比庄子还要"傻"。诸子百家都在大声地宣讲各种问题，连庄子也用寓言在启迪世人，屈原却不。他不回答，不宣讲，也不启迪他人，只是提问，没完没了地提问，而且似乎永远无解。

从宣讲到提问，从解答到无解，这就是诸子与屈原的区别。说大了，也是学者和诗人的区别、教师和诗人的区别、谋士与诗人的区别。划出了这么多区别，也就有了诗人。

从此，中国文脉出现了重大变化。不再合唱，不再聚众，不再宣讲。在主脉的地位，出现了行吟在江风草泽边那个衣饰奇特的身影，孤傲而天真，凄楚而高贵，离群而悯人。他不太像执掌文脉的人，但他执掌了；他被官场放逐，却被文学请回；他似乎无处可去，却终于无处不在。

屈原自己没有想到，他给两千多年的中国历史开了一个大玩笑。玩笑的项目有这样两个方面。

一、大家都习惯于称他"爱国诗人"，但他明明把"离"国作为他的主题。他曾经为楚抗秦，但正是这个秦国，在他身后统一了中国，成了后世"爱国主义"概念中真正的"国"。

二、他写的楚辞，艰深而华赡，民众几乎都不能读懂，但他却具备了最高的普及性，每年端午节出现的全民欢庆，不分秦楚，不分雅俗。

这两大玩笑也可以说是两大误会，却对文脉意义重大。第一个误会说明，中国官场的政治权脉试图拉拢文脉，为自己加持；第二个误会说明，世俗的神祇崇拜也试图借文脉，来自我提升。总之，到了屈原，文脉已经健壮，被"政脉"和"世脉"深深觊觎，并频频拉扯。说"绑架"太重，就说"强邀"吧。

雅静的文脉，从此经常会被"政脉""世脉"频频强邀，衍生出一个个庞大的政治仪式和世俗仪式。这种"静脉扩张"，对文脉而言有利有弊，弊大利小；但在屈原身上发生的事，对文脉尚无大害，因为再扩大、再热闹，屈原的作品并无损伤。在围绕着他的繁多"政脉""世脉"中间，文脉仍然能够清晰找到，并保持着主干地位。

记得几年前有台湾大学学生问我，大陆民众在端午节划龙舟、吃粽子的游戏，是否肢解了屈原？我回答：没有。屈原本人就重视民俗巫风中的祭祀仪式，后来，民众也把他当作了祭祀对象。屈原已经不仅仅是你们书房里的那个屈原。但是如果你们要找书房里的屈原也不难，《离骚》《九章》《九歌》《招魂》《天问》自可细细去读。一动一静，一祭一读，都是屈原。

如此文脉，出入于文字内外，游弋于山河之间，已经很成气象。

第三节　行行重行行

▌知人论世

《古诗十九首》，最早见于《文选》，为南朝梁萧统从传世无名氏《古诗》中选录十九首编入，编者把这些作者已经无法考证的五言诗汇集起来，冠以此名，列在"杂诗"类之首，后世遂作为组诗看待。乐府本是汉武帝时开始设立的一个掌管音乐的官署，它除将文人歌功颂德的诗配乐演唱外，还担负采集民歌的任务。这些乐章、歌词后来统称为"乐府诗"或"乐府"。今存两汉乐府中的民歌仅四十多首，它们多出自下层人民群众之口，反映了当时某些社会矛盾，有较高的认识价值；同时，其风格质朴率真，不事雕琢，颇具独特的审美意趣。

《古诗十九首》是在汉代民歌基础上发展起来的五言诗，内容多写离愁别恨和彷徨失意，思想消极，情调低沉。但它的艺术成就却很高，长于抒情，善用事物来烘托，寓情于景，情景交融。

▌名作精选

行行重行行[1]

《古诗十九首》

行行重行行，与君生别离[2]。
相去万余里，各在天一涯[3]。
道路阻[4]且长，会面安可知[5]？
胡马依北风，越鸟巢南枝[6]。
相去日已远，衣带日已缓。
浮云蔽白日[7]，游子不顾返。
思君令人老[8]，岁月忽已晚[9]。
弃捐勿复道，努力加餐饭[10]。

【注释】

[1] 选自《古诗十九首》。《古诗十九首》习惯以句首标题，依次为《行行重行行》《青青河畔草》《青青陵上柏》《今日良宴会》《西北有高楼》《涉江采芙蓉》《明月皎夜光》《冉冉孤生竹》《庭中有奇树》《迢迢牵牛星》《回车驾言迈》《东城高且长》《驱车上东门》《去者日以疏》《生年不满百》《凛凛岁云暮》《孟冬寒气至》《客从远方来》《明月何皎皎》。

[2] 生别离：古代流行的成语，犹言"永别离"。所谓"生别离"，并非指人生一般的别离，而是有别后难以再聚的含义，所以下面说"会面安可知"。生，硬的意思。

[3] 涯：边的意思。

[4] 阻：指道路上的障碍。

[5] 知：一作"期"，义同。

[6] "胡马"两句：这两句用比喻来代替抒情，"胡马""越鸟"尚且如此，难道"游子"就不思念故乡吗？依，一作"嘶"，依恋的意思。"胡马"产于北地，"越鸟"来自南方。

[7] 浮云蔽白日：我国古代封建社会里，君臣之间的关系和夫妇之间的关系在观念上是统一的。"浮云"是设想丈夫另有新欢，象征彼此间情感的障碍。

[8] 思君令人老：这句是承前"衣带日已缓"而说的。老，并不是说年龄的老大，而是指心情的忧伤、形体的消瘦、仪容的憔悴。

[9] 岁月：指眼前的时间。忽已晚：言流转之速，当作"年关将近"理解更合适些。

[10] 弃捐勿复道：这句意思是不管自己如何申诉相思之苦，所思念的人不会因此而归来，那么说来说去有什么必要呢？"弃"和"捐"同义，犹言丢下。勿复道，不必再说。加餐饭：是当时习用的一种最亲切的安慰别人的成语。

画龙点睛

【译文】

你走啊走啊老是不停地走，就这样活生生分开了你我。
从此你我之间相距千万里，我在天这头你就在天那头。
路途那样艰险又那样遥远，要见面可知道是什么时候？
北马南来仍然依恋着北风，南鸟北飞筑巢还在南枝头。
彼此分离的时间越长越久，衣服越发宽大人越发消瘦。
飘荡游云遮住了太阳，他乡的游子不想回还。
只因为想你使我都变老了，又是一年很快地到了年关。
还有许多心里话都不说了，只愿你多保重切莫受饥寒。

【赏析】

这是一首在东汉末年动荡岁月中的相思乱离之歌。尽管在流传过程中失去了作者的名字，但"情真、景真、事真、意真"（陈绎《诗谱》），读之使人悲感无端，反复低徊，为女主人公真挚痛苦的爱情呼唤所感动。

首句五字，连叠四个"行"字，仅以一"重"字绾结。"行行"言其远，"重行行"极言其远，兼有久远之意，翻进一层，不仅指空间，也指时间。于是，复沓的声调、迟缓的节奏、疲惫的步伐，给人以沉重的压抑感，痛苦伤感的氛围，立即笼罩全诗。"与君生别离"，这是思妇"送君南浦，伤如之何"的回忆，更是相思之情再也压抑不住发出的直白的呼喊。诗中的"君"，当指女主人公的丈夫，即远行未归的游子。

与君一别，音讯茫然："相去万余里"。相隔万里，思妇以君行处为天涯；游子离家万里，以故乡与思妇为天涯，所谓"各在天一涯"也。"道路阻且长"承上句而来，"阻"承"天一涯"，指路途坎坷曲折；"长"承"万余里"，指路途遥远，关山迢递。因此，"会面安可知"！当时战争频仍，社会动乱，加上交通不便，生离犹如死别，当然也就相见无期。

然而，别离愈久，会面愈难，相思愈烈。诗人在极度思念中展开了丰富的联想：凡物都有眷恋乡土的本性："胡马依北风，越鸟巢南枝。"飞禽走兽尚且如此，何况人呢？这两句用比兴手法，突如其来，效果远比直说更强烈感人。表面上喻远行君子，说明物尚有情，人岂无思的道理，同时兼暗喻思妇对远行君子深婉的恋情和热烈的相思——胡马在北风中嘶鸣了，越鸟在朝南的枝头上筑巢了，游子啊，你还不归来啊！"相去日已远，衣带日已缓"，自别后，我容颜憔悴，首如飞蓬，自别后，我日渐消瘦，衣带宽松，游子啊，你还不归来啊！正是这种心灵上无声的呼唤，才越过千百年，赢得了人们的旷世同情和深深的惋叹。

如果稍稍留意，至此，诗中已出现了两次"相去"。第一次与"万余里"组合，指两地相距之远；第二次与"日已远"组合，指夫妻别离时间之长。相隔万里，日复一日，是忘记了当初旦旦誓约？还是为他乡女子所迷惑？正如浮云遮住了白日，使明净的心灵蒙上了一片云翳？"浮云蔽白日，游子不顾反"，这使女主人公忽然陷入深深的苦痛和彷徨之中。诗人通过由思念引起的猜测疑虑心理"反言之"，思妇的相思之情才愈显刻骨，愈显深婉、含蓄，意味不尽。

猜测、怀疑，当然毫无结果；极度相思，只能使形容枯槁。这就是"思君令人老，岁月忽已晚。""老"，并非实指年龄，而指消瘦的体貌和忧伤的心情，是说心身憔悴，有似衰老而已。"晚"，指行人未归，岁月已晚，表明春秋忽代谢，相思又一年，暗喻女主人公青春易逝，坐愁红颜老的迟暮之感。

坐愁相思了无益。与其憔悴自弃，不如努力加餐，保重身体，留得青春容光，以待来日相会。故诗最后说："弃捐勿复道，努力加餐饭。"至此，诗人以期待和聊以自慰的口吻，结束了她相思离乱的歌唱。

诗中淳朴清新的民歌风格，内在节奏上重叠反复的形式，同一相思别离用或显、或寓、或直、或曲、或托物比兴的方法层层深入，"若秀才对朋友说家常话"式单纯优美的语言，正是这首诗具有永恒艺术魅力的所在。而首叙初别之情——次叙路远会难——再叙相思之苦——末以宽慰期待作结。离合奇正，现转换变化之妙。不迫不露、句意平远的艺术风格，表现出东方女性热恋相思的心理特点。

延伸阅读

《古诗十九首》是乐府古诗文人化的显著标志。汉末文人对个体生存价值的关注，使他们与自己生活的社会环境、自然环境，建立起更为广泛而深刻的情感联系。过去与外在事功相关联的，诸如帝王、诸侯的宗庙祭祀、文治武功、畋猎游乐乃至都城宫室等，曾一度霸踞文学的题材领域，现在让位于与诗人的现实生活、精神生活息息相关的情感联系，文学的题材、风格、技巧，因之发生巨大的变化。

《古诗十九首》在五言诗的发展上有重要地位，在中国诗史上也有相当重要的意义，它的题材内容和表现手法为后人师法，几至形成模式。它的艺术风格，也影响到后世诗歌的创作与批评。就古代诗歌发展的实际情况而言，刘勰的《文心雕龙》称它为"五言之冠冕"，钟嵘的《诗品》赞颂它"天衣无缝，一字千金"，"千古五言之祖"是并不过分的。

诗史上认为《古诗十九首》为五言古诗之权舆，例如，明王世贞称"（十九首）谈理不如《三百篇》，而微词婉旨，遂足并驾，是千古五言之祖"，陆时庸则云"（十九首）谓之风余，谓之诗母"。

概括起来，《古诗十九首》在以下四个方面奠定了在我国诗歌史上的地位。

1. 它继承了《诗经》以来的优良传统，为建安诗风的出现作了准备。

2. 它是汉代诗歌由民间文学过渡到文人创作并出现繁荣局面的一个重要转折点。

3. 它将五言抒情古诗发展成为一个独立的体系。

4. 它为五言诗的进一步发展奠定了坚实的基础。它的出现，标志着文人五言诗的成熟。它崭新的诗歌形式及圆熟的艺术技巧，为五言诗的发展奠定了牢固的基石，在我国诗歌发展史上产生了深远的影响。

第四节　永遇乐·落日熔金

知人论世

李清照，号易安居士，齐州章丘（今属山东省济南市章丘区）人，宋代（南北宋之交）著名女词人，婉约词派代表人物。所作词以宋室南渡为界，分为前后两期。前期词多闺情相思之作，内容相对狭窄，词风清丽婉转；后期词多悲叹身世，情调感伤，有的也流露出对中原的怀念，具有一定的社会意义，词风沉哀凄苦。形式上善用白描手法，自辟途径，语言清丽。论词强调协律，崇尚典雅、情致，提出词"别是一家"之说，反对以作诗文之法作词。代表作有《李易安集》《易安居士文集》《易安词》等。后人辑有《漱玉集》《漱玉词》。

名作精选

永遇乐·落日熔金[1]

李清照

落日熔金[2]，暮云合璧[3]，人在何处。染柳烟浓，吹梅笛怨[4]，春意知几许。元宵佳节，融和天气，次第岂无风雨[5]。来相召、香车宝马，谢他酒朋诗侣。

中州[6]盛日，闺门多暇，记得偏重三五[7]。铺翠冠儿[8]，撚金雪柳[9]，簇带[10]争济楚[11]。如今憔悴，风鬟霜鬓，怕见夜间出去。不如向、帘儿底下，听人笑语。

【注释】

[1] 选自徐培均《李清照集笺注》，上海古籍出版社 2002 年版。这首词可能作于绍兴九年元宵节，当时李清照流落在临安（今浙江杭州）。

[2] 熔金：熔化的金子。

[3] 合璧：连成一片的璧玉。

[4] 吹梅笛怨：笛曲有《梅花落》，曲调哀怨。

[5] 次第岂无风雨：转眼间就有风雨。

[6] 中州：今河南一带，这里是北宋都城汴京（今河南开封）。

[7] 三五：阴历十五日，这里专指正月十五元宵节。

[8] 铺翠冠儿：装饰翠鸟羽毛的女士帽子。

[9] 撚（niǎn）金雪柳：用金线捻成、白绢（或白纸）包扎的柳枝。

[10] 簇带：插戴满头。

[11] 济楚：整洁。

画龙点睛

　　此词以对比手法，写了北宋京城汴京和南宋京城临安元宵节的情景，借以抒发自己的故国之思，并含蓄地表现了对南宋统治者苟且偷安的不满。上片写元宵佳节寓居异乡的悲凉心情，着重对比客观现实的欢快和词人主观心情的凄凉；下片着重用作者南渡前在汴京过元宵佳节的欢乐心情，来同当前的凄凉景象作对比。全词用语极为平易，化俗为雅，未言哀但哀情溢于言表，委婉含蓄地表达了自己心中的大悲大痛，堪称大手笔。

延伸阅读

李清照与赵明诚：恩爱夫妻的悲凉结局①

　　18岁的李清照嫁给21岁的赵明诚时，赵明诚还是一个太学生。赵明诚少时便醉心金石，得到李清照这样的才女做妻子，简直就是平添了一个同道和助手。应该说，夫妇二人的初婚生活充满志同道合的狂喜。每获一册书，夫妇俩就共同勘校；得到书画彝鼎，也少不了一同把玩。往后，赵明诚先后做了几任知州，两个人聚少离多，学术生活如常进行，但口角之争渐起。

　　书收集得差不多了，他们在归来堂建起书库，然后将书分门别类、编目排号。如要拿出来研读，得用钥匙打开房门，登记后方可取出。有时，李清照不小心折损或弄脏了书册，赵明诚会毫不客气地责备她，不再像以前那样温情脉脉了。赵明诚对金石的迷恋几近走火入魔。

　　李清照呢，她平生最大的嗜好还在诗词，但这并不妨碍她将大部分精力投注到丈夫所好上——这是古代所有做妻子的都会竭尽所能去做的事情，何况换了别人还做不了这等事。李清照这样去做了，而且做得天底下再难找到第二个女人能做得如此之好，但丈夫还是不满足，把她的地位看得连他收藏的器物都不如。赵明诚做官，换了很多地方，大多时候都是一人赴任，把李清照留在家里照管体量巨大的藏品。

　　李清照著名的《夏日绝句》被认为是借古讽今之作，暗示逃亡江南的南宋朝廷不如自刎江边的霸王项羽。问题是，李清照写这首诗还有一个背景：赵明诚在江宁任上，城中发生兵变，赵明诚的下属奋起反抗，他自己却趁暮色翻出城墙，逃之夭夭。李清照听闻丈夫的行迹，

---

① 选自《读者》杂志2018年第13期，作者：郭彦。

心潮激荡之下作此诗——是愤慨，也是告诫；是悲泣，也是怜悯。她心目中的伟丈夫是不肯过江东的项羽，不是狼狈逃窜的书呆子。

酒意诗情谁与共？独抱浓愁无好梦。

第五节　自嘲

知人论世

　　鲁迅，原名周树人。他的著作主要以小说、杂文为主，代表作有小说集《呐喊》《彷徨》《故事新编》，散文集《朝花夕拾》（原名《旧事重提》），散文诗集《野草》，杂文集《坟》《热风》《华盖集》《三闲集》《二心集》《而已集》，白话小说《狂人日记》等。鲁迅以笔代戈、奋笔疾书，战斗一生，被誉为"民族魂"。毛泽东评价他是伟大的文学家、思想家和革命家，是中华文化革命的主将。"横眉冷对千夫指，俯首甘为孺子牛"是鲁迅先生一生的写照。

　　《自嘲》作于1932年10月，这时，左联已成立两年，柔石等五烈士已牺牲一年多，而距离鲁迅逝世只有四年，鲁迅已成为成熟的马克思主义者。众所周知，鲁迅一直是"解剖自己并不比解剖别人留情面"，鲁迅在掌握了马克思主义以后，不仅用它来抨击、揭露形形色色的反动派及假马克思主义者，而且用它来解剖自己。"我的确时时解剖别人，然而更多的是更无情地解剖我自己。"《自嘲》正是一篇用马克思主义辩证法对自己过去人生观、战斗姿态的自我解剖。

名作精选

自嘲[1]
鲁　迅

运交华盖[2]欲何求，未敢翻身已碰头。
破帽[3]遮颜过闹市，漏船载酒泛中流[4]。
横眉[5]冷对千夫指，俯首甘为孺子牛[6]。
躲进小楼成一统[7]，管他冬夏与春秋[8]。

【注释】

[1] 选自《鲁迅日记》。《鲁迅日记》1932年10月12日记载："午后为柳亚子书一条幅，云'运交华盖欲何求，未敢翻身已碰头。旧帽遮颜过闹市，破船载酒泛中流。横眉冷对千夫指，俯首甘为孺子牛。躲进小楼成一统，管他冬夏与春秋。达夫赏饭，闲人打油，偷得半联，凑成一律以请'云云。"此诗后被收入《集外集》时，"旧帽"改为"破帽"，"破船"改为"漏船"，并题为《自嘲》。

[2] 华盖：星座名，共十六星，在五帝座上，今属仙后座。旧时迷信，以为人的命运中犯了华盖星，命运就欠好。

[3] 破帽：原作"旧帽"。

[4] 漏船载酒：用《晋书·毕卓传》中的典故"得酒满数百斛（hú）……浮酒船中，便足了终身矣。"漏船：原作破船。中流：河中。

[5] 横眉：侧目而视的姿态，表明愤怒和轻视。

[6] 孺子牛：春秋时齐景公跟儿子嬉戏，装牛趴在地上，让儿子骑在背上。这里比方喻公民大众服务，更指小孩子，意思是说鲁迅把期望寄托在小孩子身上，便是未来的期望。

[7] 成一统：意思是说，我躲进小楼，有个一统的小全国。

[8] 管他冬夏与春秋：即不论外在的气候、环境有怎样的改变。

画龙点睛

鲁迅《自嘲》一诗作于 1932 年 10 月 12 日，载于《鲁迅全集》第七卷第 147 页，系鲁迅最著名的七言律诗之一。这首诗是一首抒情诗，首联写当时作者所处的险恶处境；颔联写他坚持斗争的行动；颈联写他坚持斗争的内在动力，即强烈的爱和憎；尾联写他战斗到底的决心。全诗内在逻辑性强，文字风趣，内容庄肃，是作者鲁迅从自己深受虐待，四处受阻中迸发出的愤激之情，有力地揭穿和打击了其时国民党的血腥控制，形象地展示了作者的硬骨头性情和英勇坚毅的战役精神。

延伸阅读

生活中的鲁迅先生①

鲁迅先生写的文章像匕首、像投枪，充满了风暴一般的战斗气息，但生活中的鲁迅其实是一个很有情趣的人，也很懂得享受生活的清福。只是鲁迅先生享受的清福不是奢靡的感官刺激，而是心灵的愉悦和生活的乐趣。

鲁迅喜欢喝茶。年轻时，喝茶是绍兴老家的喝法：先在一把大锡壶里盛满开水，然后在茶杯里用茶叶泡出浓浓的茶汁，可以随时兑开水喝。在日本留学时，鲁迅饮用的茶叶大多是中等的绿茶。定居上海后，鲁迅喝茶就比较讲究情调了，不再用大锡茶壶，而是用小壶泡茶。如果茶水中的茶香不够，而当时又不那么忙，他就会另换一壶新茶。鲁迅在《喝茶》这篇文章中说："有好茶喝，会喝好茶，是一种'清福'。不过要享这'清福'，首先就须有工夫，其次是练习出来的特别的感觉。"鲁迅是很乐意享受喝茶这种清福的，只是平时勤于写作，享受这种清福的时间并不多。

鲁迅喜欢吃故乡的蔬菜和瓜果。在《朝花夕拾》的小引中，鲁迅这样写道，"我有一时，曾经屡次忆起儿时在故乡所吃的蔬果：菱角、罗汉豆、茭白、香瓜，凡这些，都是极其鲜美可口的，都曾是使我思乡的蛊惑。"故乡的蔬菜和瓜果是鲁迅小时候的美味，离家在异乡生活之后，这些东西成了鲁迅心中的乡愁。这种乡愁说来并不那么阳春白雪，却通俗得清新美好。

---

① 选自《领导文萃》杂志 2020 年第 16 期，作者：王昊军。

在生活这方面，鲁迅是既雅且俗的。许广平曾经说，在生命的晚期，鲁迅吃的东西很随便，不过隔夜的菜他是不大喜欢吃的，只有火腿这种食物他还爱吃，预备出来的火腿不一定一餐吃完，那么，连用几次也是可以的。鲁迅懒得吃鱼，因为鱼的细刺多，吃的时候浪费时间，鲁迅觉得把时间用在这上面是很可惜的。鲁迅在享受生活幸福的时候又不愿意浪费时间，表现出了极其珍惜时间的勤奋作风。

鲁迅喜欢抽烟，而且烟瘾很大，这一点是众所周知的。鲁迅还喜欢喝酒，他喝的酒并非高档酒，喝酒的时候也十分节制，对于酒的质量，他却异常讲究。有一次，有人见许广平亲自为鲁迅用玫瑰花浸泡一种酒。还有一次，鲁迅留一位朋友吃饭，朋友喝了鲁迅家的几杯酒，感到酒味非常醇厚。用玫瑰花泡酒喝，这是非常雅致的，可见鲁迅先生的生活情趣。

鲁迅喜欢吃零食，尤喜欢吃糖和小花生。日常生活中，鲁迅也常常拿糖和小花生这些小东西来招待客人。许广平说鲁迅"糖也喜欢吃，但是总爱买三四角钱一磅的廉价糖"。鲁迅买廉价糖的做法的确耐人寻味。其实，他买得起那些贵一点的高档糖，但是，他要自己完全像一个普通人那样融入生活，而不是远离生活。对于鲁迅来说，这也是一种清福。

鲁迅书斋里总是井然有序、一尘不染。喜欢享受清福而充满生活情趣的鲁迅，是远离邋遢、凌乱和颓废的。现代散文作家、编辑孙伏园在《哭鲁迅先生》一文中这样写道："他（鲁迅）虽然做官十几年，教书十几年，对于一般人往往无法避免的无聊游戏，如赌博，如旧戏，如妓院，他从未沾染丝毫。"这恰恰说明他真正懂得什么是清福。

鲁迅晚年很爱看电影，常常花最多的钱买最好座位的电影票。这同样是一种清福。鲁迅觉得，看电影就是要高高兴兴的，坐在最好的座位上看，才能带来最好的享受。鲁迅去看电影是为了让自己真正放松，所以他和许广平去看电影时，不坐电车和黄包车，而要坐当时很时髦而且价钱不低的小汽车。晚上，小孩子睡静了，家里也没有客人，工作也比较放得下的时候，鲁迅就像突击似的，叫一辆车子，和许广平很快溜到影院坐下来，开心地看一场电影。许广平说，看电影到了高兴处，鲁迅"高兴得好像吃到了称心的糖果的小孩子一样"。看完电影，鲁迅还会意犹未尽地给朋友写信，鼓动说电影"不可不看"。

喜欢享受生活的鲁迅，让人们看到了他身上的天然质朴，让我们感受到了一个真实、生动又令人惊喜的文化大家。

第六节　我愿意是急流

知人论世

裴多菲·山陀尔，原来译名为彼得斐，是匈牙利的爱国诗人和英雄，匈牙利伟大的革命诗人，也是匈牙利民族文学的奠基人，革命民主主义者，在瑟克什堡大血战中同沙俄军队作战时牺牲，年仅 26 岁。

我愿意是急流

裴多菲

我愿意是急流，
是山里的小河，
在崎岖的路上、
岩石上经过……
只要我的爱人
是一条小鱼，
在我的浪花中
快乐地游来游去。

我愿意是荒林，
在河流的两岸，
对一阵阵的狂风，
勇敢地作战……
只要我的爱人
是一只小鸟，
在我的稠密的
树枝间做窠，鸣叫。

我愿意是废墟，
在峻峭的山岩上，
这静默的毁灭
并不使我懊丧……
只要我的爱人
是青青的常春藤，
沿着我荒凉的额，
亲密地攀援上升。

我愿意是草屋，
在深深的山谷底，
草屋的顶上
饱受风雨的打击……
只要我的爱人
是可爱的火焰，
在我的炉子里，

愉快地缓缓闪现。

我愿意是云朵，
是灰色的破旗，
在广漠的空中，
懒懒地飘来荡去，
只要我的爱人
是珊瑚似的夕阳，
傍着我苍白的脸，
显出鲜艳的辉煌。

画龙点睛

1846 年 9 月，23 岁的裴多菲在舞会上结识了伊尔诺茨伯爵的女儿森德莱·尤丽娅。这位身材修长、有浅蓝色眼睛的美丽姑娘的清纯和率真，使年轻诗人一见倾心。但拥有大量土地庄园的伯爵却不肯把女儿嫁给裴多菲这样的穷诗人。面对阻力，裴多菲对尤丽娅的情感仍不可抑制，在半年时间里发出了一首首情诗。1847 年 6 月，诗人和尤丽亚的婚恋峰回路转、柳暗花明，于是诗人点燃起激情与真爱的火焰，发布了他爱的誓言，写下了这首诗歌。

延伸阅读

相 信 未 来

食 指

当蜘蛛网无情地查封了我的炉台，
当灰烬的余烟叹息着贫困的悲哀，
我依然固执地铺平失望的灰烬，
用美丽的雪花写下：相信未来。

当我的紫葡萄化为深秋的露水，
当我的鲜花依偎在别人的情怀，
我依然固执地用凝霜的枯藤，
在凄凉的大地上写下：相信未来。

我要用手指那涌向天边的排浪，
我要用手掌那托住太阳的大海，
摇曳着曙光那支温暖漂亮的笔杆，
用孩子的笔体写下：相信未来。

我之所以坚定地相信未来，
是我相信未来人们的眼睛，
她有拨开历史风尘的睫毛，
她有看透岁月篇章的瞳孔。

不管人们对于我们腐烂的皮肉，
那些迷途的惆怅、失败的苦痛，
是寄予感动的热泪、深切的同情，
还是给以轻蔑的微笑、辛辣的嘲讽。

我坚信人们对于我们的脊骨，
那无数次的探索、迷途、失败和成功，
一定会给予热情、客观、公正的评定，
是的，我焦急地等待着他们的评定。

朋友，坚定地相信未来吧，
相信不屈不挠的努力，
相信战胜死亡的年轻，
相信未来、热爱生命。

第七节 杂诗·其二

知人论世

陶渊明，名潜，字元亮，号五柳先生，浔阳柴桑（今江西省九江市）人，东晋末到刘宋初杰出诗人、辞赋家、散文家。曾任江州祭酒、建威参军、镇军参军、彭泽县令等职。因不满政治腐败、官场黑暗，又不肯降志辱身、迎合权贵，于41岁时弃官归田，此后一直过着"躬耕自资"的隐居生活，直至贫病而卒。卒后私谥"靖节"，世称靖节先生。代表作有《饮酒》《桃花源记》《归去来兮辞》《五柳先生传》等。

名作精选

杂诗·其二[1]
陶渊明

白日沦西河[2]，素月出东岭。
遥遥万里辉，荡荡空中景[3]。
风来入房户，夜中枕席冷。

气变悟时易[4]，不眠知夕永[5]。
欲言无予和[6]，挥杯劝孤影。
日月掷人去[7]，有志不获骋。
念此怀悲凄，终晓不能静[8]。

【注释】

[1] 选自逯钦立校注《陶渊明集》，中华书局 2018 年版。

[2] 白日沦西河：太阳落山。沦，落下。西河，一作西阿。阿，山曲。

[3] 荡荡：空旷广远的样子。景：同"影"，指月光。

[4] 气变：气候的变化。悟：意识到。时易：时节改变。时，指时令，节气。

[5] 夕永：夜长。永，长。

[6] 无予和（hè）：即"无和予"，没有人同我相交谈。挥杯，举杯。

[7] 掷：抛弃。不获骋：不得施展。骋，驰骋。这里是指大展宏图。

[8] 终晓：彻夜，通宵达旦。不能静：指心情不能平静。

画龙点睛

此诗句句精彩绝伦。首四句，两两相对，绘出月光中一片皎洁世界，且极具动感。"不眠知夕永"，非失眠者不能体会"夕永"二字。"挥杯劝孤影"，写尽寂寞孤独之状，李白《月下独酌》盖出于此。"日月掷人去，有志不获骋"，言时光流逝。屈原《离骚》："日月忽其不淹兮，春与秋其代序。"曹植《箜篌引》："惊风飘白日，光景驰西流。"此二句有异曲同工之妙。"劝"字、"掷"字，极精当极工妙，却无一点斧凿痕。

延伸阅读

五柳先生

陶渊明在《五柳先生传》中介绍自己：陶渊明不知自己到底是什么样的人，名字也不大清楚，因为房子旁边有五棵柳树，就叫自"五柳先生"。平时少言寡语，不羡慕荣华富贵。喜欢读书，但只了解个大概；有时读到会心处，快乐得连饭也忘了吃。

渊明好酒

陶渊明好酒是出了名的。《晋书·陶潜传》记载，陶渊明因为家里贫困，孩子众多，不得已才做了彭泽县的知县。他曾令人在公家的田里全部种上用于酿酒的秫谷，说："让我常常醉在酒中，我就满足了。"妻子坚持请求种些稻谷，作为全家人的口粮。陶渊明没办法，就让人种上五十亩秫谷，五十亩稻谷。沈约《宋书·陶潜传》也记载，有一年九月九日重阳节，陶渊明没酒喝，只好出门，坐在菊花丛中。恰巧江州刺史王弘派人送来了酒，陶渊明马上喝了起来，喝醉了才回家。陶渊明不论来客身份高低，只要有酒就一定会拿出来招待。自己如果先喝醉了，就会对客人说："我醉了，要睡觉了，您可以回家了。"他的性格就是如此直率。

不为五斗米折腰

陶渊明向来高洁自尊，不愿巴结上司。郡里派督邮到彭泽县视察，小吏告诉陶渊明，应当把官服穿得整整齐齐地去拜见。陶渊明叹了一口气，说："我不能为了五斗米的俸禄，向乡里的小人低头弯腰！"于是交出官印，离开县衙回家，并写下了著名的《归去来兮辞》。

第八节 摸鱼儿

知人论世

辛弃疾，字幼安，号稼轩，历城（今山东济南）人。南宋杰出的爱国词人。他 22 岁时在北方参加耿京领导的抗金义军，后渡江南归宋廷。初授江阴签判，后任湖北、湖南、江西安抚使等职。他坚持北伐，但始终不被信任。曾先后进呈《美芹十论》《九议》等奏章，陈述收复中原的大计，均未被采纳。淳熙八年（1181）落职，此后除一度出任福建提点刑狱和福建安抚使外，长期在江西农村闲居，终抱恨以殁。

辛弃疾今存词六百多首，题材广泛，意境深远，手法多样，善于用典。他把爱国抱负和满腔忧愤倾注到词作中，形成了雄奇豪壮、苍凉沉郁的风格，"慷慨纵横，有不可一世之概"（《四库全书总目提要》）；也有不少清丽明快、缠绵妩媚之作。辛弃疾是继苏轼之后著名的豪放词人，与苏轼并称"苏辛"。与李清照并称"济南二安"。有词集《稼轩长短句》。

名作精选

摸鱼儿[1]
辛弃疾

淳熙己亥[2]，自湖北漕[3]移湖南，同官王正之[4]置酒小山亭，为赋。

更能消[5]、几番风雨，匆匆春又归去。惜春长怕[6]花开早，何况落红[7]无数。春且住，见说道、天涯芳草无[8]归路。怨春不语。算只有殷勤[9]，画檐[10]蛛网，尽日惹飞絮[11]。

长门[12]事，准拟佳期又误。蛾眉[13]曾有人妒。千金纵买相如赋[14]，脉脉[15]此情谁诉？君莫舞，君[16]不见、玉环飞燕[17]皆尘土！闲愁[18]最苦！休去倚危栏[19]，斜阳正在，烟柳断肠[20]处。

【注释】

[1] 选自邓广铭《稼轩词编年笺注》，上海古籍出版社 2018 年版。摸鱼儿：词牌名。一名"摸鱼子"，又名"买陂塘""迈陂塘""双蕖怨"等。唐教坊曲，后用为词牌。宋词以晁补之《琴趣外篇》所收为最早。双调一百一十六字，前片六仄韵，后片七仄韵。双结倒数第三句第一字皆领格，宜用去声。

[2] 淳熙己亥：淳熙是宋孝宗的年号，己亥是干支之一。淳熙己亥对应公元 1179 年。

[3] 漕：漕司的简称，指转运使。

[4] 同官王正之：作者调离湖北转运副使后，由王正之接任原来职务，故称"同官"。王正之：名正己，是作者旧交。

[5] 消：经受。

[6] 怕：一作"恨"。

[7] 落红：落花。

[8] 无：一作"迷"。

[9] 算只有殷勤：想来只有檐下蛛网还殷勤地沾惹飞絮，留住春色。

[10] 画檐：有画饰的屋檐。

[11] 飞絮：飘飞的柳絮。

[12] 长门：汉代宫殿名，武帝皇后失宠后被幽闭于此，司马相如《长门赋序》："孝武皇帝陈皇后，时得幸，颇妒。别在长门宫，愁闷悲思，闻蜀郡成都司马相如天下工为文，奉黄金百万，为相如，文君取酒，因于解悲愁之辞，而相如为文以悟主上，陈皇后复得幸。"

[13] 蛾眉：借指女子容貌的美丽。

[14] 相如赋：即司马相如的《长门赋》。

[15] 脉脉：绵长深厚。

[16] 君：指那些嫉妒别人来邀宠的人。

[17] 玉环飞燕：杨玉环、赵飞燕，皆貌美善妒。皆尘土：用《赵飞燕外传》附《伶玄自叙》中的语意。伶玄妾樊通德能讲赵飞燕姊妹故事，伶玄对她说："斯人（指赵氏姊妹）俱灰灭矣，当时疲精力驰骛嗜欲蛊惑之事，宁知终归荒田野草乎！"

[18] 闲愁：指自己精神上的郁闷。

[19] 危栏：高处的栏杆。

[20] 断肠：形容极度思念或悲痛。

画龙点睛

　　这是稼轩词中的代表作。它借惜春怨春的主题，反映对抗金事业及国家、个人前途命运的忧虑。上片写在风雨摧残下春天的归去，无力反抗，写春归后蛛网飞絮的猖狂，这是作者希望破灭的象征。下片在哀伤恢复大计受挫之余，也为个人屡被排斥不受重用的遭遇而伤怀。借一名幽闭在长门宫中失意女子的哀怨，表达他的愤怒谴责和忧伤。全词以香草美人的比兴写法，寄托作者的哀思，被誉为"前无古人，后无来者"的词中绝唱。

延伸阅读

义斩义端

　　金帝完颜亮迁都燕京之后，一些长期受奴役和压迫的汉人忍无可忍，扛起了反金大旗，其中声势最浩大的是山东境内的耿京起义。为了响应义军的反金义举，时年二十二岁的辛弃疾也乘机拉起了两千人的队伍投奔耿京，被任命为掌管文书和帅印的掌书记。在此年中发生的一件事，令耿京对辛弃疾从此刮目相看。

当初和辛弃疾一块儿来投奔义军的还有一位叫义端的和尚。义端本身就是个守不了清规戒律的花和尚，因为受不了在义军里当差的苦头，竟盗走了经由辛弃疾保管的帅印，准备去金营里邀功。义端本身也是一小股义军的首领，是被辛弃疾说服一起投奔耿京帐下的，耿京盛怒之下，只得拿辛弃疾问罪。辛弃疾理屈词穷，自知交友不慎，羞愧难当，当场向耿京立下了军令状，追回帅印。

当晚，辛弃疾带了一小队人马埋伏在了去往金营必经的路上，果然，天快亮了的时候，义端真的骑马来到，辛弃疾不由分说，一刀将义端砍下马来。义端见是辛弃疾，当即求饶说："我知道您的真身是一头青兕，您力大能拔山，将来定有大造化。您饶了我的小命吧！"辛弃疾不由分说，手起刀落，义端身首异处。

第九节　长恨歌

■ 知人论世

白居易，字乐天，号香山居士，唐代杰出诗人。白居易与元稹并称"元白"，两人同是中唐时期新乐府运动的倡导者，创作了一批深刻揭露社会黑暗现实的新乐府诗。其诗今存三千多首，数量之多，为唐人之冠。在艺术上，白居易诗以平易晓畅著称，其诗在当时就流传很广。代表作有《琵琶行》《长恨歌》《卖炭翁》等。

■ 名作精选

长恨歌[1]
白居易

汉皇重色思倾国[2]，御宇[3]多年求不得。
杨家有女初长成，养在深闺人未识[4]。
天生丽质难自弃[5]，一朝选在君王侧。
回眸一笑百媚生[6]，六宫粉黛无颜色[7]。
春寒赐浴华清池[8]，温泉水滑洗凝脂[9]。
侍儿扶起娇无力，始是新承恩泽时[10]。
云鬓花颜金步摇[11]，芙蓉帐[12]暖度春宵。
春宵苦短日高起，从此君王不早朝。
承欢侍宴无闲暇，春从春游夜专夜[13]。
后宫佳丽三千人[14]，三千宠爱在一身。
金屋[15]妆成娇侍夜，玉楼宴罢醉和春。
姊妹弟兄皆列土[16]，可怜[17]光彩生门户。
遂令天下父母心，不重生男重生女[18]。
骊宫[19]高处入青云，仙乐风飘处处闻。

缓歌慢舞凝丝竹[20]，尽日君王看不足。

渔阳鼙鼓[21]动地来，惊破《霓裳羽衣曲》[22]。

九重城阙烟尘生[23]，千乘万骑西南行[24]。

翠华[25]摇摇行复止，西出都门百余里[26]。

六军不发无奈何[27]，宛转蛾眉马前死[28]。

花钿委地[29]无人收，翠翘金雀玉搔头[30]。

君王掩面救不得，回看血泪相和流。

黄埃[31]散漫风萧索，云栈萦纡登剑阁[32]。

峨嵋山[33]下少人行，旌旗无光日色薄。

蜀江水碧蜀山青，圣主[34]朝朝暮暮情。

行宫[35]见月伤心色，夜雨闻铃[36]肠断声。

天旋地转回龙驭[37]，到此踌躇[38]不能去。

马嵬坡下泥土中，不见玉颜空死处[39]。

君臣相顾尽沾衣[40]，东望都门信马归[41]。

归来池苑皆依旧，太液芙蓉未央柳[42]。

芙蓉如面柳如眉，对此如何不泪垂[43]？

春风桃李花开日，秋雨梧桐叶落时。

西宫南内[44]多秋草，落叶满阶红不扫。

梨园弟子[45]白发新，椒房阿监青娥老[46]。

夕殿萤飞思悄然[47]，孤灯挑尽未成眠[48]。

迟迟钟鼓初长夜[49]，耿耿星河欲曙天[50]。

鸳鸯瓦冷霜华重[51]，翡翠衾[52]寒谁与共？

悠悠生死别经年，魂魄[53]不曾来入梦。

临邛道士鸿都客[54]，能以精诚致魂魄[55]。

为感君王展转思[56]，遂教方士殷勤觅[57]。

排空驭气[58]奔如电，升天入地求之遍。

上穷碧落下黄泉[59]，两处茫茫皆不见。

忽闻海上有仙山，山在虚无缥缈间。

楼阁玲珑五云[60]起，其中绰约[61]多仙子。

中有一人字太真[62]，雪肤花貌参差[63]是。

金阙西厢叩玉扃[64]，转教小玉报双成[65]。

闻道汉家天子使[66]，九华帐[67]里梦魂惊。

揽衣[68]推枕起徘徊，珠箔银屏迤逦开[69]。

云鬓半偏新睡觉[70]，花冠不整下堂来。

风吹仙袂[71]飘飘举，犹似霓裳羽衣舞。

玉容寂寞泪阑干[72]，梨花一枝春带雨。

含情凝睇[73]谢君王，一别音容两渺茫。

昭阳殿[74]里恩爱绝，蓬莱宫[75]中日月长。

回头下望人寰[76]处，不见长安见尘雾。

惟将旧物表深情，钿合金钗寄将去[77]。

钗留一股合一扇[78]，钗擘黄金合分钿[79]。

但教心似金钿坚，天上人间会相见。

临别殷勤重寄词，词中有誓两心[80]知。

七月七日长生殿[81]，夜半无人私语时。

在天愿作比翼鸟[82]，在地愿为连理枝[83]。

天长地久有时尽，此恨[84]绵绵无绝期。

【注释】

[1] 选自顾学颉校点《白居易集》，中华书局 1979 年版。个别字取自别本。唐宪宗元和元年（806）冬天，当时任盩厔（今陕西周至）县尉的白居易，与友人陈鸿、王质夫到马嵬驿附近的游仙寺游览，谈及唐玄宗李隆基与贵妃杨玉环的婚姻爱情故事，极为感慨。王质夫希望既善于写诗，又极多情的诗人白居易把这件事写成诗歌，传之后世，于是，白居易写成了这篇《长恨歌》。

[2] 汉皇：指汉武帝刘彻，此处借指唐玄宗李隆基。倾国：美貌的女子。《汉书·外戚传》载，乐工李延年歌："北方有佳人，绝世而独立。一顾倾人城，再顾倾人国。宁不知倾城与倾国，佳人难再得！"后世就以"倾城""倾国"形容绝色女子。

[3] 宇：御临宇内，统治天下。

[4] 杨家有女：杨贵妃，乳名玉环，弘农华阴（今属陕西）人，徙居蒲州永乐（今山西永济）。因其父蜀州司户杨玄琰早亡，寄养于叔父杨玄珪家。唐玄宗开元二十三年（735）册封为寿王（唐玄宗之子李瑁）妃。开元二十八年（740），唐玄宗将她度为女道士，道号太真。天宝四年（745），唐玄宗召她入宫，册封为贵妃。"养在深闺人未识"，是为唐玄宗掩盖事实真相的曲笔。

[5] 丽质：美丽的姿质。难自弃：意思是难于被埋没在民间。弃，舍弃。

[6] 回眸（móu）：即回首顾盼的意思。眸，眼珠。百媚：种种媚态。

[7] "六宫"句：是说与杨贵妃的美貌相比，宫里所有的妃嫔都黯然失色。六宫，古代皇帝立六宫，为后妃居住的地方。粉黛（dài），妇女的代称。粉，指脂粉；黛，妇女画眉用的青黑色颜料。

[8] 华清池：唐玄宗所建的华清宫的温泉浴池，在今西安临潼区骊山上。

[9] 凝脂：古代形容女性皮肤白嫩滑润。《诗经·卫风·硕人》："肤如凝脂。"

[10] 承恩泽：指得到皇帝的恩宠。

[11] 云鬓：如云的鬓发，形容头发浓密。花颜：如花的容貌。金步摇：古代妇女的一种金首饰，上有金花，下有垂珠，走动时会自然摆动，所以叫作"步摇"。

[12] 芙蓉帐：绣有并蒂莲花图案的帐幔。

[13] 夜专夜：意思是每夜都得到宠爱。

[14] 佳丽：美人。此指皇后、贵妃、才人等宫中女子。三千：据说唐玄宗后宫有嫔妃数万，这里说佳丽三千，当指其中最美貌的女子。

[15] 金屋：装饰华丽的房屋。《汉武故事》载：汉武帝刘彻年幼时，他的姑母长公主问他长大后要不要娶她的女儿阿娇为妻。汉武帝回答说："若得阿娇作妇，当作金屋贮之也。"后世就以"金屋"指男人宠爱的女子居住的地方。

[16] 列土：即"裂土"。皇帝把土地分封给王侯。杨贵妃得宠后，姊妹兄弟都分封了土地。

[17] 可怜：可羡的意思。

[18] "不重"句：据唐陈鸿《长恨歌传》记载，当时谣咏有云："生女勿悲酸，生男勿喜欢。"又云："男不封侯女作妃，看女却为门上楣。"其为人羡慕如此！

[19] 骊宫：骊山上的华清宫。

[20] 缓歌：悠扬的歌声。慢舞：即曼舞，轻盈美妙的舞姿。凝丝竹：管弦乐奏出徐缓的音乐。丝，指弦乐器。竹，指管乐器。

[21] 渔阳鼙（pí）鼓：指天宝十四年（755）十一月，平卢、范阳、河东三镇节度使安禄山从范阳起兵叛唐。渔阳，郡名，治所在今天津市蓟州区，唐时为范阳节度使所辖八郡之一。此指安禄山起兵之地。诗中暗用东汉彭宠据渔阳起兵反汉的典故（事见《后汉书·彭宠传》）。鼙鼓，骑兵用的小鼓。

[22] 《霓裳羽衣曲》：唐代大型舞曲名，相传是唐玄宗游月宫时暗暗记住了这个曲子，回来谱出来的。其实这支舞曲是当时西凉节度使杨敬述所献，本名《婆罗门曲》，系由印度传入。

[23] 九重城阙：指皇帝居住的地方。宋玉《九辩》："君之门以九重。"这里指京城长安。烟尘生：指发生战事。烟尘，弥漫的战云。

[24] 西南行：天宝十五年（756）六月，安禄山破潼关，唐玄宗李隆基与贵妃杨玉环向西南方的蜀中逃避。

[25] 翠华：指皇帝仪仗中用翠鸟羽毛装饰的旗子。

[26] 百余里：指马嵬坡，在今陕西省兴平市西二十里，离西安百余里。也叫马嵬驿，今称马嵬镇。

[27] 六军：周代制度，天子有六军，这里指皇帝的护卫军。不发：不再前进。指右龙武将军陈玄礼带领的军队发生哗变，不肯前进。

[28] "宛转"句：指陈玄礼的部下要求杀死杨国忠和杨玉环。唐玄宗无奈只得先杀死杨国忠，然后命杨玉环自尽。宛转，缠绵悱恻的样子。蛾眉，美女的代称，《诗·卫风·硕人》："螓首蛾眉。"这里指杨玉环。

[29] 花钿（diàn）：古代贵族妇女戴的镶嵌珠宝的金花状首饰。委地：丢弃在地上。

[30] 翠翘：一种形状像翠鸟尾羽的首饰。金雀：雀形的金钗。玉搔头：玉簪。

[31] 埃：尘土。

[32] 云栈：高入云霄的栈道。在悬崖峭壁上凿石架木修筑的通道为栈道。萦（yíng）纡（yū）：蜿蜒曲折。剑阁：即剑门关，在今四川省剑阁县北。

[33] 峨嵋山：在四川峨眉山市境内。唐玄宗入蜀只到成都，没有经过峨嵋山，这里泛指蜀中高山。

[34] 圣主：指唐玄宗。

[35] 行宫：皇帝出行时的住处。

[36] 夜雨闻铃：传说唐玄宗去四川时，经过斜谷，遇到十多天的阴雨，在栈道上听到雨中铃声隔山相应，十分凄凉，便更想念杨贵妃，因而谱成《雨霖铃》曲以寄恨。

[37] 天旋地转：指局势有所好转，不久收复了长安。回龙驭：皇帝的车驾从蜀中返回长安。

[38] 踌蹰：徘徊不前的样子。

[39] "不见"句：唐肃宗至德二年（757）十二月，唐玄宗由蜀郡回长安，经马嵬坡派人以礼改葬杨贵妃，掘土，杨贵妃的香囊犹在，不胜悲戚。空死处，只见她死的地方。

[40] 沾衣：泪湿衣襟。

[41] 东望都门：向东望着京城长安。信马：听任马随意往前进。意即完全沉浸于悲伤之中。

[42] 太液、未央：在这里均代指唐代的池苑宫殿。太液，汉代宫廷中的池名，在建章宫北。唐代的太液池在长安城东北的大明宫内。未央，汉代的未央宫。

[43] "芙蓉"两句：写唐玄宗回到长安后，看见池中的荷花像杨贵妃的脸，宫里的柳叶像杨贵妃的眉，触景生情，禁不住伤心落泪。芙蓉，荷花。

[44] 西宫南内：指太极宫和兴庆宫。唐玄宗李隆基从四川回长安时已让位给肃宗李亨。李亨不让李隆基再过问国事，把他从兴庆宫迁至西边的太极宫。皇宫称大内。兴庆宫在南，称南内。太极宫在西，称西内。

[45] 梨园弟子：唐玄宗亲自调教的乐工声伎。据宋程大昌《雍录》载，开元二年（714），置教坊于蓬莱宫，上（指唐玄宗）自教法曲，谓之"梨园弟子"。至天宝中，即东宫置宜春北苑，命宫女数百人为梨园弟子，即是。"梨园"者，按乐之地；而预教者，名为"弟子"耳。

[46] 椒房：古代后妃居住的宫殿。因用花椒和泥涂壁以取其香暖，而且象征多子，故名椒房。阿监：唐代宫中女官。青娥：年轻美貌的女子。

[47] 悄然：忧伤愁闷的样子。

[48] "孤灯"句：古时用油灯照明，为使灯火明亮，过一会儿就要把灯草挑一挑。按，唐时宫廷夜间燃蜡烛而不点油灯，此处意在形容唐玄宗晚年生活环境的凄苦。

[49] 钟鼓：指宫中报时的钟鼓声。初长夜：指秋夜。秋天夜开始变长。

[50] 耿耿：明亮的样子。星河：银河。欲曙天：天快要亮的时候。

[51] 鸳鸯瓦：屋上一俯一仰扣合在一起的瓦片。霜华重：指积在瓦上的霜花很重。

[52] 翡翠衾（qīn）：绣有翡翠鸟图案的被子。翡翠，鸟名，雌雄双栖，形影不离。

[53] 魂魄：指杨玉环的魂魄。

[54] 临邛（qióng）：县名，唐时属剑南道。今四川邛崃。鸿都：东汉洛阳宫门名。此处借指长安。

[55] 致魂魄：把杨贵妃的亡魂招来。

[56] 展转思：反复思念。

[57] 教：使，令。方士：有法术的人，指巫师一类人。

[58] 排空驭气：即腾云驾雾。

[59] 穷：穷极，找遍。碧落：古代道家认为，东方第一层天有碧霞遍布，叫碧落。黄泉：指地下。

[60] 五云：五彩云霞。

[61] 绰约：风姿轻盈美好。

[62] 太真：即杨贵妃。

[63] 参差：这里是差不多、仿佛的意思。

[64] 金阙：指仙山上金碧辉煌的宫殿。叩：敲。玉扃（jiōng）：玉做的门户。

[65] 小玉：传说是吴王夫差的女儿，死后成仙。双成：传说中西王母的侍女，姓董。这里借指杨贵妃在仙山上的侍女。

[66] 天子使：皇帝的使者。

[67] 九华帐：图案花纹极其华丽的帐幔。

[68] 揽衣：披衣。

[69] 珠箔：即珠帘。银屏：银制的屏风。迤（yǐ）逦（lǐ）：接连不断。

[70] 新睡觉：刚睡醒。

[71] 袂（mèi）：衣袖。

[72] 阑干：指泪水纵横流淌的样子。

[73] 凝睇（dì）：凝视，注视。

[74] 昭阳殿：汉代宫殿名，在未央宫里，赵飞燕在这里住过。此处指杨贵妃生前住的寝宫。

[75] 蓬莱宫：传说中海上仙山上的宫殿。此指杨贵妃在仙境中居住的宫殿。

[76] 人寰：人间。

[77] 钿合：镶嵌有金花的盒子。合，通"盒"。寄将去：托道士捎去。

[78] "钗留"句：钗由两股结成，捎去一股，留下一股；盒由底盖合成，捎去一半，留下一半，钗和盒都分开。

[79] 擘（bò）：分剖，分裂。合分钿：钿盒上的金花图案分为两半。

[80] 两心：指唐玄宗和杨贵妃。

[81] 长生殿：唐朝宫殿名，天宝元年建，在骊山华清宫内。据陈鸿《长恨歌传》中说，唐明皇和杨贵妃天宝十年（751）七月七日曾在长生殿"密相誓心，愿世世为夫妇"。

[82] 比翼鸟：《尔雅·释地》载，南方有比翼鸟，名叫鹣鹣，一定要雌雄并排在一起才飞。

[83] 连理枝：不同根的两棵树其枝干连生在一起。

[84] 恨：遗憾。

画龙点睛

"情不知所起，一往而深。"（汤显祖《牡丹亭》）她回眸一笑，牵出你无限柔情，杨贵妃和唐玄宗的爱情就这样发生。本以为会朝朝暮暮，相爱相守，却忽生变故，安史之乱爆发，杨贵妃被赐死，唐玄宗逃往蜀地。只是那份深情无以为继，唐玄宗大概也会有"如何四纪为天子，不及卢家有莫愁"（李商隐《马嵬》）的悲叹，但更多的应该是越来越深的思念：蜀地风光无限，他却伤心断肠；回宫途中，马嵬坡边迟迟不去；宫中春花秋月，却满处都是她的影子；希望到梦中相见，她的魂魄却从未出现。好不容易在仙境中相见，简短叮咛后又要分别，爱情的誓词虽言犹在耳，可是"此恨绵绵无绝期"。

此诗围绕"长恨"二字，描写了唐明皇和杨贵妃的爱情悲剧，将叙事、写景和抒情结合一起，以精练的语言、优美的形象和婉转曲折的结构，层层深入，逐渐触及到那份感天动地的真情。诗人从"汉皇重色思倾国"说起，看似娓娓道来，却辗转腾挪，回环往复：从喜剧写到悲剧；从悲剧写到思念；从思念写到想见；从想见写到不得见；从不得见写到相见；再从相见写到分别；从分别写到回忆；从回忆又写回思念。

至于此诗的主旨，有爱情说、感伤说、政治隐喻说等诸多说法。"重色""不早朝""夜专夜""姊妹弟兄皆列土""遂令天下父母心，不重生男重生女"等，确有讽刺之意。陈鸿在《长恨歌传》中更称："乐天因为《长恨歌》。意者不但感其事，亦欲惩尤物，窒乱阶，垂于将来者也。"或许政治讽喻说比较可信。

延伸阅读

诗人在编辑诗集时言："一篇长恨有风情，十首秦吟近正声"，自许为压卷之作。据《编集拙诗成一十五卷，因题卷末，戏赠元九、李二十》编写。

白居易五六岁便学写诗，九岁便懂得辨别声韵，十五六岁便刻苦自励读书。二十岁以后，以学作赋为日课，以学书法为夜课，间或学作诗歌，没有空闲的时间，以至于口舌成疮，手肘生茧。

据白居易《与元九书》译写

白居易应举初到长安，拿着自己所写的一卷诗拜见当时的名士顾况，顾况一眼看到诗卷上白居易的姓名，便开玩笑地说："长安米贵，居也不易。"等他看到"野火烧不尽，春风吹又生"二句之后，便感叹说："能写出这样的好诗，居亦不难了！"

据王谠《唐语林》卷三《赏誉》译写

第十节 宣州谢朓楼饯别校书叔云

知人论世

　　李白（701—762），字太白，号青莲居士。他是唐代伟大的浪漫主义诗人，被后人誉为"诗仙"，与杜甫并称为"李杜"，为了与另两位诗人李商隐与杜牧即"小李杜"区别，李白与杜甫又合称"大李杜"。李白有《李太白集》传世，诗作多为醉时所写，代表作有《望庐山瀑布》《行路难》《蜀道难》《将进酒》《早发白帝城》等。

名作精选

宣州谢朓楼饯别校书叔云[1]

李　白

弃我去者，昨日之日不可留；
乱我心者，今日之日多烦忧。
长风万里送秋雁，对此可以酣高楼[2]。
蓬莱文章建安骨[3]，中间小谢又清发[4]。
俱怀逸兴壮思飞[5]，欲上青天览[6]明月。
抽刀断水水更流，举杯消[7]愁愁更愁。
人生在世不称意[8]，明朝散发弄扁舟[9]。

【注释】

[1]选自彭定求等《全唐诗（上）》，上海古籍出版社 1986 年版。唐玄宗天宝十二年（753），李白从汴州梁园（今河南省开封市）到宣州（今安徽省宣城市），本篇作于逗留宣州期间。谢朓楼：一名北楼，又称谢公楼。南齐谢朓为宣城太守时所建。唐懿宗咸通年间，改名为叠嶂楼。校书：秘书省校书郎的省称。叔云：李白的族叔李云。

[2]此：指上句所写的长风秋雁的景色。酣（hān）：畅饮。

[3]"蓬莱"句：赞美李云的文章风格刚健。汉代官家著述和藏书之所称为东观，学者又称之为"老氏藏书室，道家蓬莱山"。唐人则多以蓬山、蓬阁指秘书省，李云是秘书省的校书郎，所以这里用"蓬莱文章"借指李云的文章。建安骨：建安风骨。指建安时期"三曹"和"建安七子"为代表的刚健遒劲的诗文风格。"建安"为汉献帝的年号。

[4]"中间"句：意思是说自己的诗也像谢朓的诗一样清新秀逸。中间：指从建安到唐之间的南齐时代。小谢：指谢朓，南朝齐梁间著名诗人。后人将他和南朝宋诗人谢灵运分别称为小谢、大谢。这里暗中以自己的诗与谢朓的诗相比。清发：清新秀逸。

[5]俱怀：两人都怀有。逸兴：飘逸豪放的兴致。壮思：豪壮的情思。

[6]览：通"揽"，摘取。

[7]消：一作"销"。

[8]称（chèn）意：称心如意。

[9]散发：古人束发戴冠，而散发就是不束发、不戴冠，有狂放不羁和隐逸不仕的意思。弄扁（piān）舟：指隐逸于江湖之中。扁舟：小船。

画龙点睛

本诗为李白饯别其族叔李云时的即兴之作，名为饯别，却重在咏怀。对饯别情景，诗人仅以"长风万里送秋雁，对此可以酣高楼"两句带过。而以大量笔墨抒写自己对理想的追求及其在现实的沉重压抑下心烦意乱、愁怀不解而想归隐江湖的意愿，其中虽然不无躲避现实的消极因素，但也表现出作者有志难伸，怀才不遇，不屈服于现实和命运又不知路在何方的内心痛苦。

这首抒情诗起首即波澜突起，以两个排偶长句一气鼓荡，喷射出胸中的抑郁之气。三、四两句却陡作折转，写即席所见的清秋景色及由此而激发的逸兴豪情。五、六、七、八这四句顺势而下，描绘主客双方的才气兴致，情思激越。末四句突然又一落千丈，由"欲上青天览明月"的逸兴壮思折回现实人生的牢骚困顿，直抒胸中的苦闷与激愤。整首诗的情感活动起止无端，断续无迹，大起大落，变化剧烈，体现了李白抒情诗的艺术个性。

本诗属于古体诗，语言奔放自然，似脱口而出，全无拘束。开头两个长句多用虚字，且句读近似散文，却仍给人以一气流走的感觉，实开韩愈"以文为诗"的先河。全诗的思想内容与艺术形式达到了完美和谐的统一。

延伸阅读

李白，字太白，陇西成纪人，凉武昭王暠九世孙。其先世当隋末时远谪西域，居于碎叶。至中宗神龙初，李白之父才携家迁入四川。李白之母生其前夜梦见长庚星，故生而名白，以太白为字。

李白的诗作，其言多似天仙之辞。自三代以来，《风》《骚》之后，可与屈原、宋玉并驾齐驱，成就超越扬雄、司马相如。千年以来，独步诗坛，唯李白一人。

据李阳冰《草堂集序》译写

李白，年少时就精通诗书。喜好纵横学，还习剑术，有任侠之风。在东鲁生活期间，与孔巢父、韩准、裴政等人交游，号为"竹溪六逸"。

天宝初入京，与贺知章相见，贺见其文，称其为谪仙人。唐玄宗也很赏识他，将他安置在翰林院，做了翰林供奉。玄宗以七宝床赐食，御手调羹以饭之。李白在侍从之暇，则在长安市上饮酒作乐，过着豪纵的生活。一次，唐玄宗召李白撰写乐章，而其已醉，左右以水泼面，稍醒，便提笔成文，写得婉丽清切，颇得玄宗青睐。曾于醉后使太监高力士脱靴，遭忌恨，于是谗言屡及，被玄宗赐金放还。

安史之乱爆发后，受永王李璘之聘，为其幕僚，永王因违抗回蜀的诏令，兵败被杀。李白则以附逆罪入浔阳狱，后被流放夜郎。途中遇赦，寓居豫章。族叔李阳冰为当涂令，李白往依之。代宗即位，诏命李白为左拾遗，而李白已病逝于当涂。

据《新唐书》卷二〇二《文艺传·李白》译写

第十一节　闻官军收河南河北

知人论世

杜甫，字子美，祖籍襄阳（今湖北省襄阳市），伟大的现实主义诗人。贫困生活的磨炼，使他由官宦子弟成为地道的"村夫子"，一个真正的"穷儒"。他有极其强烈的"平民"意识，他的诗形象真实地展现了安史之乱前后的时代动乱，深刻地反映了唐王朝由盛转衰过程中的社会风貌和时代苦难，是时代的一面镜子，素有"诗史"的美誉。在诗歌创作中，杜甫继承了《诗经》《离骚》"重兴寄"的爱国忧民精神，又发展了两汉乐府民歌"写时事"的优良传统，是"即事名篇，无复依傍"的新乐府运动的先驱。

杜甫在艺术上卓有建树。他各体皆长，五古、七律成就尤高。其五言古诗措辞质朴厚实，格调沉郁顿挫；其七律语句精练且严守声律，一丝不苟。终以沉郁顿挫的风格、千锤百炼的语言、精细老成的诗律，被后世推崇为"诗圣"，与"诗仙"李白并称为"李杜"。有《杜少陵集》。

名作精选

闻官军收河南河北[1]

杜　甫

剑外忽传收蓟北[2]，初闻涕泪满衣裳[3]。
却看[4]妻子愁何在？漫卷[5]诗书喜欲狂！
白日放歌须纵酒[6]，青春作伴好还乡[7]。
即从巴峡穿巫峡[8]，便下襄阳向洛阳[9]。

【注释】

[1] 选自彭定求等《全唐诗（上）》，上海古籍出版社1986年版。闻：听说。官军：指唐朝军队。

[2] 剑外：剑门关以外，即剑南。杜甫时在梓州，故云。蓟北：即指幽州，是安史之乱的发源地，为叛军老巢。

[3] 初闻：乍听到。涕泪满衣裳：即"喜心翻倒极，呜咽泪沾巾"（《喜达行在所三首》其二）意。

[4] 却看：回头看。

[5] 漫卷：胡乱地卷起，有喜不暇整之意。

[6] 白日：一作"白首"。放歌：放声高歌。纵酒：开怀痛饮。

[7] 青春：大好春光。杜甫作此诗时，正是春天。春和景明，伴人归乡，颇不寂寞。

[8] 即：即刻，立即。巴峡：指嘉陵江流经阆中至巴县（今重庆）一段。巫峡：长江三峡之一，西起今重庆巫山县大宁河口，东至湖北巴东县官渡口。

[9] 襄阳：在今湖北襄阳，为杜甫祖籍。洛阳：今属河南，为杜甫故乡，诗末原注："余田园在东京。"东京即洛阳。

画龙点睛

　　此为杜诗最脍炙人口的名篇之一。这首诗之所以使人读后深为感动，乃在于杜甫所喜，并非一己之喜，一家之喜，而是国家之喜，人民之喜，天下之喜。试想，安史之乱历经八年，国家惨遭浩劫，生灵涂炭，杜甫本人饱经颠沛流离之苦。今乱久而平，喜当何如？自是喜出望外，喜不自胜，欣喜若狂，不禁为之手之舞之，足之蹈之也。诗人的高明之处，即将"初闻"官军收复河南、河北的特大喜讯忽然传来一刹那间的惊喜之情、狂喜之态、欲歌欲哭之状，写得绘声绘色，跃然纸上，宛如目见。而这"喜"，是出自内心，发自肺腑，是迸发，是喷涌，是庐山瀑布飞流直下，是长江狂澜一泻千里。这气势，这神韵，怎能不使人读来"涕泪满衣裳"！浦起龙称这是杜甫"生平第一首快诗"（《读杜心解》卷四之一），千载之下，怎能不使人长吟高歌"喜欲狂"！读这首诗，不仅可以看出杜甫爱国的赤诚、天真的性格、充沛的热情，而且可以看出他那炉火纯青、出神入化、登峰造极的艺术造诣。全诗虽章法、句法整饬谨严，但以整为古，一气流注，法极无迹，晓畅自然。作为七律，不仅中二联对偶，末联亦用对偶，而且使用的是当句对兼流水对的特殊对偶形式。两句连用四个地名，累累如贯珠；其他用字亦极准确生动，其势如飞，其情似火。用"归心似箭"的成语，恐怕也不足以表现杜甫此时的心情。而这两句之妙，乃在妙手偶得，纯任自然，全不见雕琢之迹。此等佳句，在五万多首唐诗中都是绝无仅有的。前人评此诗曰"古今绝唱"，曰"神来之作"，曰"七律绝顶之篇"，都是毫不为过的。

延伸阅读

杜甫诗歌的艺术风格及其影响[①]

　　杜甫诗歌的艺术风格多种多样，最具有特征性的，也是杜甫自己提出并为历来评论者所公认的，是"沉郁顿挫"（《进雕赋表》）。所谓"沉郁"，主要表现为感情深沉苍凉；所谓"顿挫"，主要表现为语言和韵律曲折有力，而不是平滑流利或任情奔放。形成这种特点的根本原因，是杜甫诗歌所要表达的人生情感非常强烈，而同时这种情感又受到理性的节制。他的思虑常常很复杂，心情常常很矛盾，所以他需要找到恰当和适度的表达方法。这样，使得诗中的情感之流成为有力度而受控制的涌动。

　　杜甫是一位集大成和承前启后的诗人。清代叶燮《原诗》中说："杜甫之诗，包源流，综正变。自甫以前，如汉魏之浑朴古雅，六朝之藻丽稼纤、澹远韶秀，甫诗无一不备。然出于

_____

① 选自章培恒、骆玉明《中国文学史新著》，复旦大学出版社 2014 年版。

甫，皆甫之诗，无一字句为前人之诗也。自甫以后，在唐如韩愈、李贺之奇异，刘禹锡、杜牧之雄杰，刘长卿之流利，温庭筠、李商隐之轻艳，以至宋、金、元、明之诗家，称巨擘者，无虑数十百人，各自炫奇翻异，而甫无一不为之开先。"这样说，不无夸张之处，但杜甫善于总结前人经验和善于创造，而开启了后代众多诗家、诗派，却是无疑的事实。

第四章
散 文

第一节 秋水

庄子，名周，战国时宋国人，庄子是老子之后道家的主要代表，后世把他和老子并称"老庄"。庄子主张顺应自然，提倡无为而治。他激烈批判了"窃钩者诛，窃国者侯；诸侯之门，而仁义存焉"的黑暗现实，在一定程度上揭露了剥削阶级残暴和虚伪的本质。庄子的文章想象丰富，汪洋恣肆，辞藻华丽，并多采用寓言形式，富有浪漫色彩，对后世文学有重大的影响。《庄子》一书共 33 篇。相传其中"内篇"7 篇为庄子所作，"外篇"15 篇和"杂篇"11 篇为庄子门人和后来学者所作。

名作精选

秋水（节选）[1]
庄 子

秋水时至，百川灌河，泾流之大，两涘渚崖之间，不辩牛马。于是焉，河伯欣然自喜，以天下之美为尽在己[2]。顺流而东行，至于北海，东面而视，不见水端。于是焉，河伯始旋其面目[3]，望洋向若而叹曰[4]："野语有之曰，'闻道百，以为莫己若'者，我之谓也[5]。且夫我尝闻少仲尼之闻，而轻伯夷之义者[6]，始吾弗信。今我睹子之难穷也[7]，吾非至于子之门则殆矣，吾长见笑于大方之家。"

北海若曰："井蛙不可以语于海者[8]，拘于虚也[9]；夏虫不可以语于冰者，笃于时也[10]；曲士不可以语于道者，束于教也[11]。今尔出于崖涘[12]，观于大海，乃知尔丑[13]，尔将可以语大理矣。天下之水，莫大于海：万川归之，不知何时止而不盈；尾闾泄之[14]，不知何时已而不虚[15]；春秋不变，水旱不知。此其过江河之流[16]，不可为量数。而吾未尝以此自多者[17]，自以比形于天地，而受气于阴阳[18]，吾在天地之间，犹小石小木之在大山也。方存乎见少，又奚以自多[19]？计四海之在天地之间也，不似礨空之在大泽乎[20]？计中国之在海内，不似稊米之在大仓乎[21]？号物之数谓之万[22]，人处一焉[23]；人卒九州[24]，谷食之所生，舟车之所通[25]，人处一焉[26]。此其比万物也，不似毫末之在于马体乎[27]？五帝之所连[28]，三王之所争，仁人之所忧，任士之所劳[29]，尽此矣[30]！伯夷辞之以为名[31]，仲尼语之以为博[32]。此其自多也，不似尔向之自多于水乎[33]？"

【注释】

[1] 选自《庄子》，作者是战国时期著名思想家、哲学家和文学家。

[2] 以天下之美为尽在己："以……为"结构，以为天下的美景全集中在自己这里。

[3] 旋其面目：改变他（欣然自喜）的面容。旋：转，转变。

[4] 望洋：仰视的样子，也作"望羊""望阳"。若：即海若，海神。

[5] 莫己若：宾语前置，即莫若己，没有人比得上自己。我之谓也：宾语前置，即谓我也。

[6] 少仲尼之闻：认为孔子的学识少。少，形容词用作动词。闻：学识、学问。轻伯夷之义：认为伯夷的义行轻。轻，形容词用作动词。伯夷，商代诸侯孤竹君的长子，因商亡不食周粟，饿死在首阳山，历来被封建社会看作义士的典型。

[7] 子：您。本指海神，这里借指海。难穷：难以穷尽。穷，尽。

[8] 以：予。语（yù）：谈论。

[9] 拘：拘束，局限。于：被。虚：同"墟"，居住的地方。

[10] 笃：固，局限。时：时令。

[11] 曲士：乡曲之士，指见识浅陋之人。束于教也：受教育的束缚。

[12] 尔：你。崖涘：河岸。

[13] 乃：才。丑：鄙陋。

[14] 尾闾（lú）：神话传说中排泄海水的地方。

[15] 已：停止。虚：虚空。

[16] 过：超过。

[17] 自多：自我夸耀。多：赞美，自负。

[18] "自以"二句：我自以为列身于天地之间，禀受了阴阳之气。比：并列。形：身形。

[19] "方存"二句：正存有"自己所见甚少"的想法，又怎么会自我夸耀呢？奚以：何以，怎么。

[20] 礨（lěi）：小空穴。

[21] 稊（tí）：一种形似稗的草，实如小米。大（tài）仓：储粮的大仓库。

[22] 号物之数谓之万：称物的数量叫作"万"。号：称。

[23] 人处一焉：人只是万物中的一类。处：居，占。焉：于此（于万物之中）。

[24] 人卒九州：人遍布九州。卒：尽。九州：天下。

[25] "谷食"二句：谷物生长的地方，车船所通达的地方。

[26] 人处一焉：人类所居之地只占谷食所生、舟车所通之地中的万分之一。一：承上言，意指万分之一。

[27] 此其比万物也：指个人与万物相比。毫末：毫毛的末梢。

[28] 所连：所连续统治的事。

[29] 任士：指以天下为己任的贤能之士。所劳：所劳碌的事。

[30] 尽此矣：全在这里了，意谓全是马体之毫末。尽此：尽于此。

[31] "伯夷"句：伯夷辞让君位是为了名声。

[32]"仲尼"句：孔子谈说天下是为了显示渊博。

[33]"此其"二句：他们这样自我夸耀，不正像你刚才因河水的上涨而自我夸耀一样吗？

画龙点睛

庄子的《秋水》篇由河伯与北海若的七则对话组成。它利用河伯与北海若对话的形式，讨论了价值判断的无穷相对性。此文节选了河伯与北海若的前两则对话。第一则写河伯处小自以为大，北海若处大而自以为小，说明事物的相对性。接着用黄河、北海和天地的对比，显示宇宙的辽阔，开拓人类的心胸，使人游于无穷的世界。第二则写河伯与北海若对天地毫末的不同认知，说明万物时空是无穷的，不可以用人为的大小长短观念去衡量。文章强调了认识事物的复杂性和不确定性，但过分强调这种不确定性，容易导致不可知论。

将抽象的哲理形象化，是此文的第一大特点。文中虚构了河伯和北海若两个神话人物，运用对话的方式来展开说理。将深奥玄妙的人生哲理寓于具体的形象之中。河伯是个受生活环境局限见识浅陋、自以为是的俗人形象；北海若是个博学深邃、视野广阔的智者代表。援譬设喻逐层推进是本文的第二大特点。文章运用一连串生动形象的比喻，说明事物的大小都是相对的，人的认识是有限的。同时，从河海之比，引出大小之比，由小到大，再由大到小，逐层推进，引人联想，发人深思。此外，大量的排比句和反诘句的运用，使文章气势磅礴。哲学散文写得如此生动活泼，在先秦诸子乃至整个散文史上都是少见的。

延伸阅读

庄子故事精选

庄子钓于濮水

庄子钓于濮水，楚王使大夫二人往先焉，曰："愿以境内累矣。"庄子持竿不顾，曰："吾闻楚有神龟，死已三千岁矣，王巾笥而藏之庙堂之上。此龟者，宁其死为留骨而贵乎？宁其生而曳尾于涂中乎？"二大夫曰："宁生而曳尾涂中。"庄子曰："往矣，吾将曳尾于涂中。"

【译文】

庄子在濮水上钓鱼，楚王派两位大夫来传达他的意思道："希望将楚国的国事烦累先生。"庄子手拿钓竿，头也不回地道："听说楚国有只神龟，三千年前就死掉了，被包装得好好的，供奉在庙堂上。这只神龟，（它）是愿意像这样成为一副死骨头和甲壳受供奉呢？还是宁愿活着拖起尾巴在泥里爬？""可能会愿意活着在泥里爬吧。"两位大夫回答。"那么，两位请回吧。"庄子道："让我拖起尾巴在泥里爬吧。"

涸辙之鲋

庄周家贫，故往贷粟于监河侯。监河侯曰"诺！我将得邑金，将贷子三百金，可乎？"

庄周忿然作色，曰："周昨来，有中道而呼。周顾视，车辙中有鲋鱼焉。周问之曰：'鲋鱼来，子何为者邪？'对曰：'我东海之波臣也。君岂有斗升之水而活我哉？'周曰：'诺！我且南游吴、越之王，激西江之水而迎子，可乎？'鲋鱼忿然作色曰：'吾失吾常与，我无所处。吾得斗升之水然活耳。君乃言此，曾不如早索我于枯鱼之肆！'"

【译文】

庄周家境贫寒，于是向监河侯借粮。监河侯说："行，我即将收取封邑的税金，打算借给你三百金，好吗？"

庄周听了脸色骤变，愤愤地说："我昨天来的时候，听到路中间有呼救声。我环顾四周看到有条鲫鱼困在那里。我问它：'鲫鱼，你干什么呢？'鲫鱼回答：'我是东海水族中的一员。你也许能用斗升之水使我活下来吧。'我对它说：'行啊，我将到南方去游说吴王、越王，引发西江之水来迎候你，可以吗？'鲫鱼变了脸色生气地说：'我离开我经常生活的环境，没有安身之处。眼下我能得到斗升那样多的水就能活下来了，而你竟说出这样的话，还不如早点到干鱼店里找我！'"

第二节　季氏将伐颛臾

知人论世

孔子，名丘，字仲尼，鲁国陬邑人（今山东曲阜）。孔子是中国古代著名思想家、教育家，他开创了私人讲学的风气，倡导仁、义、礼、智、信，是儒家学派创始人。

《论语》是记录孔子及其弟子言行的一部书，一共 20 篇汉字，由孔子的弟子及其再传弟子编写，是我国古代儒家经典著作之一，以语录体为主。《论语》集中体现了孔子的政治主张、论理思想、道德观念及教育原则等，与《大学》《中庸》《孟子》《诗经》《尚书》《礼记》《易经》《春秋》并称"四书五经"。

名作精选

季氏将伐颛臾[1]

《论语》

季氏[2]将伐颛臾。冉有、季路[3]见于孔子曰："季氏将有事[4]于颛臾。"

孔子曰："求！无乃尔是过与[5]？夫颛臾，昔者先王[6]以为东蒙主[7]，且在邦域之中矣，是社稷之臣也。何以伐为[8]？"

冉有曰："夫子[9]欲之，吾二臣者皆不欲也。"

孔子曰："求！周任[10]有言曰，'陈力就列[11]，不能者止。'危而不持[12]，颠而不扶[13]，则将焉用彼相[14]矣？且尔言过矣，虎兕出于柙[15]，龟玉毁于椟[16]中，是谁之过与？"

冉有曰："今夫颛臾，固而近于费[17]，今不取，后世必为子孙忧。"

孔子曰："求！君子疾夫舍曰欲之而必为之辞[18]。丘也闻有国有家者[19]，不患寡而患不均[20]，不患贫而患不安。盖均无贫[21]，和无寡[22]，安无倾[23]。夫[24]如是，故远人不服，则修文德以来之[25]。既来之，则安[26]之。今由与求也，相夫子，远人不服，而不能来也；邦分崩离析，而不能守也[27]；而谋动干戈于邦内。吾恐季孙之忧，不在颛臾，而在萧墙[28]之内也。"

【注释】

[1] 选自《论语·季氏》篇。文中记述了孔子和冉有的一场对话，集中讨论鲁国贵族季氏企图发动战争，攻打小国颛臾的问题，明确表达孔子反对武力征伐，主张"仁者爱人"的思想。全文虽由对话构成，语言流畅，富于变化，有浓厚的论辩色彩。

[2] 季氏：季康子，春秋鲁国大夫，把持朝政，名肥。颛臾（zhuān yú），小国，是鲁国的属国，故城在今山东费县西北。

[3] 冉有和季路当时都是季康子的家臣。冉有，名求，字子有。季路，姓仲，名由，字子路。两人都为孔子弟子。见：谒见。

[4] 有事：这里指军事行动。古代把祭祀和战争称为国家大事。当时季氏专制国政，与鲁哀公的矛盾很大。他担忧颛臾会帮助鲁哀公削弱自己的实力，所以抢先攻打颛臾。

[5] 无乃尔是过与：恐怕该责备你吧？"无乃……与"相当于现代汉语的"恐怕……吧"。尔是过，责备你，这里的意思是批评对方没尽到责任。是：结构助词，提宾标志。（在苏教版中，"是"复指"尔"，用作代词）过：责备。

[6] 先王：指周之先王。

[7] 东蒙主：指受封于东蒙。东蒙，山名，即蒙山，在今山东蒙阴南。主：主管祭祀的人。

[8] 何以伐为：为什么要攻打它呢？何以，以何，凭什么。为：表反问语气。

[9] 夫子：季康子。春秋时，对长者、老师及贵族卿大夫等都可以尊称为夫子。

[10] 周任：上古时期的史官。

[11] 陈力就列，不能者止：能施展自己才能，就接受职位；如若不能，就应辞去职务。陈：施展。就：担任。列：职位。止：不去。

[12] 危：名词作动词，遇到危险（摇晃着要倒下）。持：护持。

[13] 颠：跌倒。扶：搀扶。

[14] 相（xiàng）：搀扶盲人走路的人（辅助者）。

[15] 兕（sì）：独角犀牛。柙（xiá）：关猛兽的笼子。

[16] 龟玉：都是宝物。龟：龟版，用来占卜。玉：指玉瑞和玉器。玉瑞用来表示爵位，玉器用于祭祀。椟（dú）：匣子。

[17] 固：指城郭坚固。近：靠近。费（古读 bì）：季氏的私邑，今山东费县。一说读 fèi，当地人称费（fèi）县。

[18] 君子疾夫舍曰欲之而必为之辞：君子厌恶那些不肯说（自己）想要那样而偏要找借口的人。疾：痛恨。夫：代词，那种。舍：舍弃，撇开。辞：托辞，借口。

[19] 有国有家者：有国土的诸侯和有封地的大夫。国：诸侯统治的政治区域。家：卿大夫统治的政治区域。

[20] 不患寡而患不均，不患贫而患不安：不担忧贫困而担忧分配不均，不担忧人（东西）少而担忧社会不安定。患：忧虑，担心。寡：少。

[21] 盖均无贫：财富分配公平合理，上下各得其分，就没有贫穷。

[22] 和无寡：和平了，人口就不会少了。

[23] 安无倾：国家安定，就没有倾覆的危险。

[24] 夫：句首语气词。如是：如此。

[25] 文：文教，指礼乐。来：使……来（归附）。

[26] 安：使……安定。

[27] 分崩离析：国家四分五裂，不能守全。守：守国，保全国家。

[28] 萧墙：国君宫门内迎门的小墙，又叫作做屏。

画龙点睛

文章主要记录了孔子就季氏将伐颛臾这件事发表的三段议论。第一段话说明了他反对季氏攻打颛臾的理由。一是"昔者先王以为东蒙主"，即颛臾在鲁国一向有名正言顺的政治地位；二是"且在邦域之中矣"，即颛臾的地理位置本就在鲁国境内，对鲁国一向不构成威胁；三是"是社稷之臣也"，意即颛臾素来谨守君臣关系，没有攻打的理由，孔子的话体现了他治国以礼，为政以德的政治主张，反对强行霸道，诉诸武力。第二段话中，孔子引用周任的名言："陈力就列，不能者止"批评冉有、季路推卸责任的态度。第三段话中，孔子正面阐述他的政治主张。

此文是篇驳论，借对话形式展开批驳，破中有力，运用了历史材料，"昔者先王以为东蒙主"；现实事例，颛臾在"邦域之中"，"是社稷之臣"；名人名言，"周任有言曰，'陈力就列，不能者止。'"三种论据，立论坚实可靠，驳斥也有理有据。

延伸阅读

孔庙、孔林，孔府简介

山东曲阜的孔府、孔庙、孔林，统称曲阜"三孔"，是中国历代纪念孔子，推崇儒学的表征，以丰厚的文化积淀、悠久的历史、宏大的规模、丰富的文物珍藏，以及科学艺术价值而著称。

山东曲阜是孔子的故乡。孔子生前在此开坛授学，首创儒家文化，为此后 2 000 多年的中国历史深深地打上了儒学烙印。以孔子为代表的儒家文化，按照自己的理想塑造了整个中国的思想、政治和社会体系，成为整个中国文化的基石。1994 年，曲阜孔庙、孔林和孔府被联合国列入《世界遗产名录》。

孔庙，公元前478年始建，后不断扩建，至今成为一处占地14公顷的古建筑群，包括三殿、一阁、一坛、三祠、两庑、两堂、两斋、十七亭与五十四门坊，气势宏伟、巨碑林立，堪称宫殿之城。

孔林，亦称"至圣林"，是孔子及其家族的专用墓地，也是世界上延续时间最长的家族墓地，林墙周长7千米，内有古树2万多株，是一处古老的人造园林。

孔府，建于宋代，是孔子嫡系子孙居住之地，西与孔庙毗邻，占地约16公顷，共有九进院落，有厅、堂、楼、轩463间，旧称"衍圣公府"。

第三节　送孟东野序

知人论世

韩愈，字退之，河南河阳（今河南焦作孟州市）人，世称韩昌黎，晚年任吏部侍郎，又称韩吏部，谥号"文"，又称韩文公，唐宋八大家之一，有"文起八代之衰"的美誉。后人对韩愈评价颇高，明人推他为唐宋八大家之首，与柳宗元并称"韩柳"，有"文章巨公"和"百代文宗"之名，作品都收在《昌黎先生集》里。

孟郊，字东野，湖州武康（今浙江德清县）人。中唐著名诗人。他壮年屡试不第，四十六岁才中进士，五十岁时被授为溧阳县尉。怀才不遇，心情抑郁。在他上任之际，韩愈写此文加以赞扬和宽慰，流露出对朝廷用人不当的感慨和不满。文章运用比兴手法，从物不平则鸣，写到人不平则鸣。全序仅篇末少量笔墨直接点到孟郊，其他内容都凭空结撰，出人意料，但又紧紧围绕孟郊其人其事而设，言在彼而意在此，因而并不显得空疏游离，体现了布局谋篇上的独到造诣。历数各个朝代善鸣者时，句式极错综变化之能事，清人刘海峰评为"雄奇创辟，横绝古今"。

名作精选

送孟东野序[1]

韩　愈

大凡物不得其平则鸣：草木之无声，风挠之鸣。水之无声，风荡之鸣。其跃也，或激[2]之；其趋也，或梗之；其沸也，或炙[3]之。金石之无声，或击之鸣。人之于言也亦然，有不得已者而后言。其歌也有思，其哭也有怀，凡出乎口而为声者，其皆有弗平者乎！

乐也者，郁于中而泄于外者也，择其善鸣者而假[4]之鸣。金、石、丝、竹、匏、土、革、木[5]八者，物之善鸣者也。维天之于时也亦然，择其善鸣者而假之鸣。是故以鸟鸣春，以雷鸣夏，以虫鸣秋，以风鸣冬。四时之相推敚[6]，其必有不得其平者乎？

其于人也亦然。人声之精者为言，文辞之于言，又其精也，尤择其善鸣者而假之鸣。其在唐、虞[7]，咎陶、禹[8]，其善鸣者也，而假以鸣，夔[9]弗能以文辞鸣，又自假于《韶[10]》以鸣。夏之时，五子[11]以其歌鸣。伊尹[12]鸣殷，周公[13]鸣周。凡载于《诗》《书》六艺[14]，皆鸣之善者也。周之衰，孔子之徒鸣之，其声大而远。传曰："天将以夫子为木铎[15]。"其弗信矣乎！其末也，庄周以其荒唐[16]之辞鸣。楚，大国也，其亡也以屈原[17]鸣。臧孙辰、孟轲、荀卿[18]，以道鸣者也。杨朱、墨翟、管夷吾、晏婴、老聃、申不害、韩非、慎到、田骈、邹衍、尸佼、孙武、张仪、苏秦之属[19]，皆以其术鸣。秦之兴，李斯鸣之。汉之时，司马迁、相如、扬雄[20]，最其善鸣者也。其下魏晋氏，鸣者不及于古，然亦未尝绝也。就其善者，其声清以浮，其节数[21]以急，其辞淫以哀，其志弛以肆[22]；其为言也，乱杂而无章。将天丑其德莫之顾邪？何为乎不鸣其善鸣者也！

唐之有天下，陈子昂、苏源明、元结、李白、杜甫、李观[23]，皆以其所能鸣。其存而在下者，孟郊东野始以其诗鸣。其高出魏晋，不懈而及于古，其他浸淫[24]乎汉氏矣。从吾游者，李翱、张籍[25]其尤也。三子者之鸣信善矣。抑不知天将和其声，而使鸣国家之盛邪，抑将穷饿其身，思愁其心肠，而使自鸣其不幸邪？三子者之命，则悬乎天矣。其在上也奚以喜，其在下也奚以悲！东野之役于江南[26]也，有若不释然者，故吾道其于天者以解之。

【注释】

[1] 《送孟东野序》是唐代文学家韩愈为孟郊去江南就任溧阳县尉而作的一篇赠序。

[2] 激：阻遏水势。《孟子·告子上》："夫水，搏而跃之，可使过颡；激而行之，可使在山。"后世也用以称石堰之类的挡水建筑物为激。

[3] 炙：烤。这里指烧煮。

[4] 假：借助。

[5] 金、石、丝、竹、匏（páo）、土、革、木：我国古代用这八种质料制成的各类乐器的总称，也称"八音"。如钟属金类，磬属石类，瑟属丝类，箫属竹类，笙属匏类，埙（xūn）属土类，鼓属革类，柷（zhù）属木类。

[6] 推敚（duó）：推移。敚：同"夺"。

[7] 唐、虞：尧帝国号为唐，舜帝国号为虞。

[8] 咎陶（gāo yáo）：也作咎繇、皋陶。传说为舜帝之臣，主管刑狱之事。《尚书》有《皋陶谟》篇。禹：夏朝开国君主。传说治洪水有功，舜让位于他。《尚书》有《大禹谟》《禹贡》篇。

[9] 夔（kuí）：传说是舜时的乐官。

[10] 《韶》：舜时乐曲名。

[11] 五子：夏王太康的五个弟弟。太康耽于游乐而失国，五子作歌告诫。《尚书》载有《五子之歌》，系伪托。

[12] 伊尹：名挚，殷汤时的宰相，曾佐汤伐桀。《尚书》载有他所作《咸有一德》《伊训》《太甲》等文。或说系后人伪作。

[13] 周公：名旦，武王之弟。辅佐武王伐纣灭商，建立周王朝。后又辅佐幼主成王，曾代行政事，制礼作乐。《尚书》载有他《金縢》《大诰》等多篇文章。

[14] 六艺：汉以后对《诗经》《尚书》《易》《礼》《乐》《春秋》六种儒家经典的统称。

[15] 天将以夫子为木铎：语出《论语·八佾》。木铎：木舌的铃。古代发布政策教令时，先摇木铎以引起人们注意。后遂以木铎比喻宣扬教化的人。

[16] 庄周：即庄子，战国时宋国蒙（今山东蒙阴县）人，道家学说的代表人物。荒唐：漫无边际，荒诞不经。《庄子·天下》篇说庄周文章有"以谬悠之说，荒唐之言，无端崖之辞，时恣纵而不傥"的特色。

[17] 屈原：名平，字原；又名正则，字灵均。战国时楚人。楚怀王时任左徒、三闾大夫，主张联齐抗秦。后遭谗被贬。楚顷襄王时，国事日非。秦兵攻破郢都，屈原投汨罗江自尽。著有《离骚》等不朽诗篇。

[18] 臧孙辰：春秋时鲁国大夫臧文仲。《左传》《国语·鲁语》载他的言论。孟轲：孟子。战国时邹（今山东邹县）人，是继孔子之后最著名的儒学大师。著有《孟子》。荀卿：荀子。战国时赵人，儒家学者，著有《荀子》。

[19] 杨朱：字子居，战国时魏人。其说重在为我爱己，拔一毛以利天下不为。言论散见于《孟子》《庄子》《荀子》《韩非子》。墨翟（dí）：墨子。春秋、战国之际鲁国（一说宋国）人。墨家学说的创始者，主张兼爱、非攻、尚贤等。其言行主要见于《墨子》。管夷吾：字仲，春秋时齐国人，辅佐齐桓公称霸。后人辑有《管子》一书。晏婴：晏子。字平仲，春秋时齐景公贤相，以节俭力行，显名诸侯。其言行见于《晏子春秋》。老聃（dān）：老子。春秋、战国时楚国人。道家学说的始祖，相传五千言《老子》（又名《道德经》）即

其所作。申不害：战国时郑国人。韩昭侯时为相，十五年，国治兵强。其说本于黄老而主刑名。著有《申子》。韩非：战国时韩国公子，后出使入秦为李斯所杀。著名法家代表，其说见《韩非子》。慎到：战国时赵国人，著有《慎子》。田骈（pián）：战国时齐国人。著《田子》二十五篇，今已佚。邹衍：战国时齐国人，阴阳家的代表人物，时称"谈天衍"。尸佼：战国时晋国人。著有《尸子》，《汉书·艺文志》列入杂家。孙武：即孙子。春秋时齐国人。著名军事家，著有《孙子兵法》。张仪：战国时魏国人，纵横家的代表人物。秦惠王时入秦为相，主"连横"说，游说六国与秦结盟，以瓦解"合纵"战略。苏秦：战国时东周洛阳人，著名纵横家。曾游说燕赵韩魏齐楚六国，合纵抗秦，身佩六国相印，为纵约长。

[20] 司马迁：字子长。西汉夏阳人。著名史学家，著有《史记》。相如：司马相如，字长卿，西汉成都人。著名辞赋家，著有《子虚赋》《上林赋》等。扬雄：字子云，西汉成都人。辞赋家，著有《甘泉赋》《羽猎赋》《长杨赋》等，又有《太玄》《法言》等专著。

[21] 节数（shuò）：节奏短促。

[22] 弛以肆：弛，松弛，引申为颓废。肆，放荡。

[23] 陈子昂：字伯玉，梓州射洪人。著名诗人，韩愈《荐士》诗称其"国朝盛文章，子昂始高蹈。"著有《陈伯玉集》。苏源明：字弱夫，武功人，天宝进士。诗文散见于《全唐诗》《全唐文》。元结：字次山，河南洛阳人。有《元次山文集》。李白：字太白，有《李太白集》。杜甫：字子美，有《杜工部集》。李观：字元宾，赵州赞皇人。贞元八年（792）与韩愈同登进士第。擅长散文，有《李元宾文集》。

[24] 浸淫：逐渐渗透。此有接近意。

[25] 李翱：字习之，陇西成纪人。他是韩愈的学生和侄女婿。有《李文公集》。张籍：字文昌，吴郡人。善作乐府诗，有《张司业集》。

[26] 役于江南：指赴溧阳就任县尉。唐代溧阳县属江南道。

画龙点睛

　　《送孟东野序》是韩愈为孟郊去江南就任溧阳县尉而作的一篇赠序。全文主要针对孟郊"善鸣"而终生困顿的遭遇进行论述，作者表面上说这是由天意决定的，实则是一种委婉其辞的含蓄表达，是指斥当时的社会和统治者不重视人才，而不是在宣扬迷信。文章屡用排比句式，抑扬顿挫，波澜层叠，气势奔放；而立论卓异不凡，寓意深刻，是议论文中的佳制。

　　文章运用比兴手法，从"物不平则鸣"，写到"人不平则鸣"。全序仅篇末用少量笔墨直接点到孟郊，其他内容都凭空结撰，出人意外，但又紧紧围绕孟郊其人其事而设，言在彼而意在此，因而并不显得空疏游离，体现了布局谋篇上的独到造诣。历数各个朝代善鸣者时，句式极错综变化之能事，清人刘海峰评为"雄奇创辟，横绝古今"。

延伸阅读

韩愈与古文运动

　　唐宋古文运动是指唐代中期及宋代以提倡古文、反对骈文为特点的文体改革运动。其中涉及了文学的思想内容部分，所以兼有思想运动和社会运动的性质。韩愈作为唐宋八大家之首，对古文运动的产生及发展具有极大的影响。

　　在最开始探讨一下古文运动产生的原因及背景。社会历史原因是古文运动发生发展的大背景：唐代安史之乱后，藩镇林立，朋党猖獗，迎佛骨，反道统，社会思想等领域出现了巨大变化。以韩愈、柳宗元为代表发动的儒学复兴和文学复古运动是对唐王朝腐朽思想的一种反驳，一方面，古文运动的产生是适应社会思潮发展的需要；另一方面，也有文学本身发展的内在原因，骈文在其发展过程中越来越走向僵化和凝固，古文运动的产生有其必然性；另外，有韩愈、柳宗元这样的领导者也是古文运动产生和发展必不可少的条件。韩愈将文体、文风的改革与社会思想的斗争紧密地结合起来，并且得到了不少文人及其弟子的支持，古文运动由此得以蓬勃地展开。

首先，"古文"这一概念由韩愈最先提出。他把六朝以来讲求声律及辞藻、排偶的骈文视为俗下文字，认为自己的散文继承了两汉文章的传统，所以称"古文"。韩愈提倡古文，目的在于恢复古代的儒学道统，将改革文风与复兴儒学变为相辅相成的运动。强调"以文明道"。

其次，韩愈所提倡的古文运动，在理论的架构上十分明确。

在文学思想方面，他驳斥佛、老二家的玄疏之论，反对内容上的华而不实、空洞无物，而直承尧、舜、禹、汤、文武、周公、孔孟之道，韩愈在《题哀辞后》文中有"愈之为古文，岂独取其句读，不类于今者邪？思古人而不得见，学古道则欲兼通其辞，通其辞本志乎古道者也。"他大声疾呼，欲扫除思想界空虚无根的意识形态，恢复中国固有的道统。

在文学形式方面，他力斥华而无实的骈文的拘束和限制，提倡文从字顺的新散文，主张"宏中肆外"的文学风格。"宏中"，是指文章内容应力求充实；"肆外"，是指文章的形式应有所创新，使作者能自由驰骋笔力。

而古文运动的成功，不仅由于韩愈所提出的理论，更重要的是由于他写出了许多有个性、才力和创造性的佳作，从实践上重新奠定了散体文的文学地位。此外，其弟子李习之，得韩文公之醇厚，写起文章亦平易近人；皇甫湜得韩文公之奇崛，文章虽有险涩之气，但亦能自出新语，不流于时尚之华媚。

韩愈的古文改革运动，乃是一场对儒家精神进行重新建构的文化运动。但唐朝总体的时代文化和政治精神对这一思潮持消极态度，在唐人心目中，骈文已转化为一种时代文化的心理，具有广泛性和稳定性。国家公文、科举取士，皆以骈文为本。凡此种种，皆使古文运动如昙花一现。晚唐士大夫消极颓废，追求享乐，于是形式华丽、内容空虚的骈文重新泛滥。

轰轰烈烈的古文运动自然也具有其局限性，韩愈之说，为道而学文，为道而作文，旨在打击六朝浮靡之文，但是在某种程度上过于偏重文学的实际功用，而忽略了艺术的生命与美的价值。

但总的来说，古文运动的成功，在于产生了一种平淡朴实的新散文，这种文体在叙事言情上远胜于骈文。人们以之著书立说，甚至写景、叙事、抒情、言志。又因韩愈、柳宗元等人倾心于古文创作，使得唐代古文成绩昭著。古文运动开创了中国文学史上以"唐宋八大家"为代表的古文传统，有力地打击了风靡三百年的绮丽柔弱文风，直接地以平淡朴实的散文压倒六朝以来盛行的空虚华美之骈文，令散文恢复了传统地位，并直接启示了北宋的古文运动，其对散文的影响远及清代。

第四节　伶官传序

知人论世

欧阳修，字永叔，号醉翁，晚年又号六一居士，北宋政治家、文学家、史学家，"唐宋八大家"之一。宋仁宗天圣八年（1030 年）中进士。因支持范仲淹的"庆历革新"，遭到守旧派的排挤和打击，屡遭贬谪。王安石执政后，辞官退隐，死后追封为太师，谥"文忠"。

欧阳修以天下为己任，是北宋诗文革新运动公认的文坛领袖，文学贡献以散文为主，主张文章应"明道""致用""事信""言文"，反对宋初浮艳文风，在诗、词方面也颇具影响。他的散文风格平易流畅、委曲婉转，散文虽以学习韩愈为标榜，但风格实不相同，其散文的妙处是在平易流畅中富于曲折变化。代表作有《欧阳文忠公集》《新五代史》《新唐书》（与宋祁等合撰）等。

名作精选

伶官传序[1]

欧阳修

呜呼！盛衰之理，虽曰天命，岂非人事哉！原庄宗之所以得天下[2]，与其所以失之者，可以知之矣。

世言晋王之将终也[3]，以三矢[4]赐庄宗而告之曰："梁[5]，吾仇也；燕王[6]，吾所立，契丹，与吾约为兄弟[7]，而皆背晋以归梁。此三者，吾遗恨也。与尔[8]三矢，尔其无忘乃父之志[9]！"庄宗受而藏之于庙[10]。其后用兵，则遣从事以一少牢告庙[11]，请[12]其矢，盛以锦囊，负而前驱，及凯旋而纳之[13]。

方其系燕父子以组[14]，函梁君臣之首[15]，入于太庙，还矢先王，而告以成功，其意气之盛，可谓壮哉！及仇雠[16]已灭，天下已定，一夫夜呼，乱者四应[17]，仓皇东出，未及见贼而士卒离散[18]，君臣相顾，不知所归。至于誓天断发，泣下沾襟[19]，何其衰也！岂得之难而失之易欤？抑本[20]其成败之迹，而皆自于人欤？

《书》[21]曰："满招损，谦得益。[22]"忧劳可以兴国，逸豫[23]可以亡身，自然之理也。故方其盛也，举天下之豪杰，莫能与之争；及其衰也，数十伶人困之，而身死国灭[24]，为天下笑。夫祸患常积于忽微[25]，而智勇多困于所溺[26]，岂独伶人也哉！作《伶官传》。

【注释】

[1] 选自《古文鉴赏辞典》（下），上海辞书出版社 2014 版。伶官：古代宫廷乐官。这里指五代后唐庄宗李存勖（xù）时供奉内廷并授有官职的伶人。伶：古时称演戏、歌舞、作乐的人。

[2] 原：推究，考查。庄宗：即后唐庄宗李存勖，李克用长子，继父为晋王，又于后梁龙德三年（923）称帝，

国号唐。同年灭后梁。同光四年（926），在兵变中被杀，在位仅三年。

[3] 晋王：指庄宗的父亲李克用。李克用在唐朝末年占据了今山西一带，因参与镇压黄巢起义有功，被唐朝赐姓李，封为晋王。将终：临死。

[4] 矢：箭。

[5] 梁：指后梁太祖朱温。朱温原是黄巢起义军将领，叛变降唐，被封为梁王，赐名朱全忠。后篡唐自立，国号梁。他曾企图杀害李克用，因而两家结下世仇，互相攻伐。

[6] 燕王：指刘仁恭。刘仁恭本为燕将，李克用支持他夺取幽州，并保举他为卢龙节度使，所以说"吾所立"。后叛李克用归附朱温，朱封他的儿子刘守光为燕王。这里称刘仁恭为燕王，是追叙之辞。

[7] 契丹：北方少数民族。这里指契丹族首领耶律阿保机。约为兄弟：李克用曾与阿保机结拜兄弟，约定合力攻梁，不久阿保机背约，与梁通好，共同反晋。

[8] 尔：你。

[9] 其：语气副词，表示期望、命令的语气。乃：你的。

[10] 庙：太庙，帝王的祖庙。

[11] 从事：官名，这里泛指一般属吏。少牢：旧时用猪、羊各一头祭祀，叫少牢。告：祭告。

[12] 请：敬语，"取出"之意。

[13] 及：等到。纳：放回。之：代词，指箭。

[14] 方：当。系燕父子以组：用绳索捆绑燕王父子。公元913年，李存勖攻破幽州，俘获刘仁恭父子，押回太原，斩首献于太庙。系：捆缚。燕父子：指刘仁恭与刘守光。组：绳索。

[15] 函梁君臣之首：把梁王君臣的首级装在匣子里。公元923年，李存勖攻破大梁，梁末帝朱友贞（朱全忠之子）及其部将皇甫麟自杀，李砍其首级，装匣献于太庙。函：木匣，这里意为用木匣装盛，名词作动词用。梁君臣：指朱友贞与皇甫麟。

[16] 仇雠（chóu）：仇敌。

[17] "一夫"二句：公元926年，驻扎在贝州的军士皇甫晖发动兵变，周围驻军纷纷响应，李存勖派成德军节度使李嗣源前往平乱，李嗣源也叛变称帝，反攻后唐京城洛阳。一夫：指皇甫晖。

[18] "仓皇"二句：李存勖闻变，仓促率军东进，至万胜镇，闻李嗣源已占据大梁（今河南开封），就引兵折返洛阳，所率二万余官兵叛逃殆尽。仓皇：匆促。

[19] "至于"二句：李存勖率部至洛阳附近的石桥，君臣对泣，部将百余人拔刀断发，向天立誓，表示效忠。

[20] 抑：还是。本：推究本源，名词作动词用。

[21] 《书》：即《尚书》，儒家经典之一。

[22] "满招损"二句：《尚书》原文为"满招损，谦受益"。

[23] 逸豫：安乐。

[24] "数十"二句：李存勖灭梁后，纵情声色，朝政日非。宠信伶人郭从谦等人，郭乘机作乱，李存勖中流矢而死。李克用养子李嗣源即帝位，后唐国号虽不变，但已名存实亡，所以说"国灭"。

[25] 忽微：忽和微，古代两个极小的度量单位名，这里是细小的意思。

[26] 所溺：沉溺迷爱的人或事物。

画龙点睛

本文是一篇论证严密的史论。作者从后唐庄宗李存勖艰苦创业、统一中原，又骄纵享乐、身死国灭的典型事例中，归纳出一个重要的史学观点："盛衰之理，虽曰天命，岂非人事哉！"即一个国家政权的兴盛和衰败，主要取决于人事的因素，而不是天命。这一观点具有普遍的警诫意义，反映了作者清醒的历史意识。

文章开头提出论点：国家的兴盛和衰亡是由于人事。有些人忽略"人事"而将国家的"盛衰"委于"天命"，正是作者所痛心的。

论点提出，又摆出事实。"原庄宗之所以得天下，与其所以失之者，可以知之矣"，便是过渡到摆事实的桥梁。接着，写"庄宗之所以得天下"的英勇情景，庄宗继承其父王的遗志，将三个仇敌中的两个擒获。"世言"到"及凯旋而纳之"。作者用"世言"二字，也看得出其严肃态度。

第三段讲庄宗"失天下"的仓皇过程。天下已定，志满意得，却立刻由成功的顶峰滑落到失败的深渊。从"及仇雠已灭"到"何其衰也"，一"盛"一"衰"，一扬一抑，夹叙夹议，与前一段形成鲜明的对照。

第四段总结庄宗成败的历史经验。由"满招损，谦得益"，总结出"忧劳可以兴国，逸豫可以亡身"，"祸患常积于忽微。而智勇多困于所溺"的历史经验，照应了开头提出的论点：王朝兴亡取决于人事。

本文除构思精巧，结构严谨，论证透辟，层层递进外，文中语言的运用亦颇具特色。首先是感叹词句的多次运用，使文章一唱三叹。如文章开篇，作者即发"呜呼"之慨叹。其次，摒弃了骈文追求辞藻华丽矫揉的浮靡之风，注重文字的平易晓畅，简洁生动，又吸取了骈文的长处，利用声韵和对偶词句使文章具有浓郁的诗的韵味，诵读起来，抑扬顿挫，朗朗上口，令人进入美的意境。另外，对偶词句的运用在文中比比皆是，如盛与衰、得与失、天命与人事、难与易，这些对偶词句的运用，使文章韵律节奏匀称，文字简洁有力，哲理性强。在写法上，则欲抑而先扬，先极赞庄宗成功时意气之"盛"，再叹其失败时形势之"衰"，通过盛与衰、兴与亡、得与失、成与败的强烈对比，突出庄宗历史悲剧的根由所在，使"本其成败之迹，而皆自于人"的结论，显得更加令人信服。

作者的写作意图在于劝谏宋朝统治者以史为鉴，莫重蹈覆辙。当时的北宋王朝，表面上虽称"盛世"，其实已危机四伏。"祸患常积于忽微"，早该引起注意，以防微杜渐。当时的北宋统治者，固然不像李存勖那样溺于伶人，然而"智勇多困于所溺"，足以溺人者，"岂独伶人也哉"！所以更应该提高警惕，居安思危。作者写这篇文章，是痛恨当时统治者的"满""逸豫"和溺于奸邪小人，希望他们从李存勖那里吸取历史教训。

延伸阅读

六一居士传（节选）

六一居士初谪滁山，自号醉翁。既老而衰且病，将退休于颍水之上，则又更号六一居士。

客有问曰："六一，何谓也？"居士曰："吾家藏书一万卷，集录三代以来金石遗文一千卷，有琴一张，有棋一局，而常置酒一壶。"客曰："是为五一尔，奈何？"居士曰："以吾一翁，老于此五物之间，是岂不为六一乎？"

第五节　我与地坛

知人论世

　　史铁生，原籍河北涿州，生于北京，当代作家。1967年毕业于清华大学附属中学，1969年去陕西延安插队，1972年因双腿瘫痪返回北京治疗，病后致力于文学创作。1979年发表了第一篇小说《法学教授及其夫人》。他的作品一类是对知青生活的回忆和反思，另一类是描写残疾人的心态与命运，平淡质朴，意蕴深沉，有独特的风格。代表作有中短篇小说集《我的遥远的清平湾》《礼拜日》《命若琴弦》，长篇小说《务虚笔记》，长篇散文《我与地坛》等。

名作精选

我与地坛（节选）[1]

史铁生

一

　　我在好几篇小说中都提到过一座废弃的古园，实际就是地坛。许多年前旅游业还没有开始，园子荒芜冷落得如同一片野地，很少被人记起。

　　地坛离我家很近。或者说我家离地坛很近。总之，只好认为这是缘分。地坛在我出生前四百多年就座落在那儿了，而自从我的祖母年轻时带着我父亲来到北京，就一直住在离它不远的地方——五十多年间搬过几次家，可搬来搬去总是在它周围，而且是越搬离它越近了。我常觉得这中间有着宿命的缘分：仿佛这古园就是为了等我，而历尽沧桑[2]在那儿等待了四百多年。

　　它等待我出生，然后又等待我活到最狂妄的年龄上忽地残废了双腿。四百多年里，它一面剥蚀了古殿檐头浮夸的琉璃，淡褪了门壁上炫耀的朱红，坍圮[3]了一段段高墙又散落了玉砌雕栏，祭坛四周的老柏树愈见苍幽，到处的野草荒藤也都茂盛得自在坦荡。这时候想必我是该来了。十五年前的一个下午，我摇着轮椅进入园中，它为一个失魂落魄的人把一切都准备好了。那时，太阳循着亘古[4]不变的路途正越来越大，也越红。在满园弥漫的沉静光芒中，一个人更容易看到时间，并看见自己的身影。

　　自从那个下午我无意中进了这园子，就再没长久地离开过它。我一下子就理解了它的意图。正如我在一篇小说中所说的："在人口密聚的城市里，有这样一个宁静的去处，像是上帝的苦心安排。"

　　两条腿残废后的最初几年，我找不到工作，找不到去路，忽然间几乎什么都找不到了，我就摇了轮椅总是到它那儿去，仅为着那儿是可以逃避一个世界的另一个世界。我在那篇小说中写道："没处可去我便一天到晚耗[5]在这园子里。跟上班下班一样，别人去上班我就摇了轮椅到这儿来。园子无人看管，上下班时间有些抄近路的人们从园中穿过，园子里活跃一阵，过后便沉寂下来。""园墙在金晃晃的空气中斜切下一溜荫凉，我把轮椅开进去，把椅背放倒，坐着或是躺着，看书或者想事，撅[6]一杈树枝左右拍打，驱赶那些和我一样不明白为什么要来这世上的小昆虫。""蜂儿如一朵小雾稳稳地停在半空；蚂蚁摇头晃脑捋[7]着触须，猛然间想透了什么，转身疾行而去；瓢虫爬得不耐烦了，累了祈祷一回便支开翅膀，忽悠一下升空了；树干上留着一只蝉蜕，寂寞如一间空屋；露水在草叶上滚动、聚集，压弯了草叶轰然坠地摔开万道金光。""满园子都是草木竞相生长弄出的响动，窸窸窣窣窸窸窣窣片刻不息。"这都是真实的记录，园子荒芜但并不衰败。

除去几座殿堂我无法进去，除去那座祭坛我不能上去而只能从各个角度张望它，地坛的每一棵树下我都去过，差不多它的每一米草地上都有过我的车轮印。无论是什么季节，什么天气，什么时间，我都在这园子里呆过。有时候呆一会儿就回家，有时候就呆到满地上都亮起月光。记不清都是在它的哪些角落里了。我一连几小时专心致志地想关于死的事，也以同样的耐心和方式想过我为什么要出生。这样想了好几年，最后事情终于弄明白了：一个人，出生了，这就不再是一个可以辩论的问题，而只是上帝交给他的一个事实；上帝在交给我们这件事实的时候，已经顺便保证了它的结果，所以死是一件不必急于求成的事，死是一个必然会降临的节日。

这样想过之后我安心多了，眼前的一切不再那么可怕。比如你起早熬夜准备考试的时候，忽然想起有一个长长的假期在前面等待你，你会不会觉得轻松一点？并且庆幸并且感激这样的安排？

剩下的就是怎样活的问题了，这却不是在某一个瞬间就能完全想透的，不是一次性能够解决的事，怕是活多久就要想它多久了，就像是伴你终生的魔鬼或恋人。所以，十五年了，我还是总得到那古园里去，去它的老树下或荒草边或颓墙旁，去默坐，去呆想，去推开耳边的嘈杂理一理纷乱的思绪，去窥看自己的心魂。

十五年中，这古园的形体被不能理解它的人肆意雕琢，幸好有些东西是任谁也不能改变它的。譬如祭坛石门中的落日，寂静的光辉平铺的一刻，地上的每一个坎坷[8]都被映照得灿烂；譬如在园中最为落寞[9]的时间，一群雨燕便出来高歌，把天地都叫喊得苍凉；譬如冬天雪地上孩子的脚印，总让人猜想他们是谁，曾在哪儿做过些什么，然后又都到哪儿去了；譬如那些苍黑的古柏，你忧郁的时候它们镇静地站在那儿，你欣喜的时候它们依然镇静地站在那儿，它们没日没夜地站在那儿，从你没有出生一直站到这个世界上又没了你的时候；譬如暴雨骤临园中，激起一阵阵灼烈而清纯的草木和泥土的气味，让人想起无数个夏天的事件；譬如秋风忽至，再有一场早霜，落叶或飘摇歌舞或坦然安卧，满园中播散着熨帖[10]而微苦的味道。味道是最说不清楚的。味道不能写只能闻，要你身临其境去闻才能明了。味道甚至是难于记忆的，只有你又闻到它你才能记起它的全部情感和意蕴。所以我常常要到那园子里去。

二

我才想到，当年我总是独自跑到地坛去，曾经给母亲出了一个怎样的难题。

她不是那种光会疼爱儿子而不懂得理解儿子的母亲。她知道我心里的苦闷，知道不该阻止我出去走走，知道我要是老呆在家里结果会更糟，但她又担心我一个人在那荒僻的园子里整天都想些什么。我那时脾气坏到极点，经常是发了疯一样地离开家，从那园子里回来又中了魔似的什么话都不说。母亲知道有些事不宜问，便犹犹豫豫地想问而终于不敢问，因为她自己心里也没有答案。她料想我不会愿意她跟我一同去，所以她从未这样要求过，她知道得给我一点独处的时间，得有这样一段过程。她只是不知道这过程得要多久，和这过程的尽头究竟是什么。每次我要动身时，她便无言地帮我准备，帮助我上了轮椅车，看着我摇车拐出小院；这以后她会怎样，当年我不曾想过。

有一回我摇车出了小院；想起一件什么事又返身回来，看见母亲仍站在原地，还是送我走时的姿势，望着我拐出小院去的那处墙角，对我的回来竟一时没有反应。待她再次送我出门的时候，她说："出去活动活动，去地坛看看书，我说这挺好。"许多年以后我才渐渐听出，母亲这话实际上是自我安慰，是暗自的祷告，是给我的提示，是恳求与嘱咐。只是在她猝然去世之后，我才有余暇设想。当我不在家里的那些漫长的时间，她是怎样心神不定，坐卧难宁，兼着痛苦与惊恐与一个母亲最低限度的祈求。我可以断定，以她的聪慧和坚忍，在那些空落的白天后的黑夜，在那不眠的黑夜后的白天，她思来想去最后准是对自己说："反正我不能不让他出去，未来的日子是他自己的，如果他真的要在那园子里出了什么事，这苦难也只好我来承担。"在那段日子里——那是好几年长的一段日子，我想我一定使母亲作过了最坏的准备了，但她从来没有对我说过："你为我想想。"事实上我也真的没为她想过。那时她的儿子，还太年轻，还来不及为母亲想，他被命运击昏了头，一心以为自己是世上最不幸的一个，不知道儿子的不幸在母亲那儿总是要加倍的。她有一个长到二十岁上忽然截瘫了的儿子，这是她唯一的儿子；她情愿截瘫的是自己而不是儿子，可这事无法代替；她想，只要儿子能活下去哪怕自己去死呢也行，可她又确信一个人不能仅仅是活着，儿子得有一条路走向自己的幸福；而这条路呢，没有谁能保证她的儿子终于能找到。——这样一个母亲，注定是活得最苦的母亲。

有一次与一个作家朋友聊天，我问他学写作的最初动机是什么？他想了一会说："为我母亲。为了让她骄傲。"我心里一惊，良久无言。回想自己最初写小说的动机，虽不似这位朋友的那般单纯，但如他一样的愿望我也有，且一经细想，发现这愿望也在全部动机中占了很大比重。这位朋友说："我的动机太低俗了吧？"我光是摇头，心想低俗并不见得低俗，只怕是这愿望过于天真了。他又说："我那时真就是想出名，出了名让别人羡慕我母亲。"我想，他比我坦率。我想，他又比我幸福，因为他的母亲还活着。而且我想，他的母亲也比我的母亲运气好，他的母亲没有一个双腿残废的儿子，否则事情就不这么简单。

在我的头一篇小说发表的时候，在我的小说第一次获奖的那些日子里，我真是多么希望我的母亲还活着。我便又不能在家里呆了，又整天整天独自跑到地坛去，心里是没头没尾的沉郁和哀怨，走遍整个园子却怎么也想不通：母亲为什么就不能再多活两年？为什么在她儿子就快要碰撞开一条路的时候，她却忽然熬不住了？莫非她来此世上只是为了替儿子担忧，却不该分享我的一点点快乐？她匆匆离我去时才只有四十九呀！有那么一会，我甚至对世界对上帝充满了仇恨和厌恶。后来我在一篇题为"合欢树"的文章中写道："我坐在小公园安静的树林里，闭上眼睛，想，上帝为什么早早地召母亲回去呢？很久很久，迷迷糊糊的我听见了回答：'她心里太苦了，上帝看她受不住了，就召她回去。'我似乎得了一点安慰，睁开眼睛，看见风正从树林里穿过。"小公园，指的也是地坛。

只是到了这时候，纷纭的往事才在我眼前幻现得清晰，母亲的苦难与伟大才在我心中渗透得深彻。上帝的考虑，也许是对的。

摇着轮椅在园中慢慢走，又是雾罩的清晨，又是骄阳高悬的白昼，我只想着一件事：母亲已经不在了。在老柏树旁停下，在草地上在颓墙边停下，又是处处虫鸣的午后，又是鸟儿归巢的傍晚，我心里只默念着一句话：可是母亲已经不在了。把椅背放倒，躺下，似睡非睡挨到日没，坐起来，心神恍惚，呆呆地直坐到古祭坛上落满黑暗然后再渐渐浮起月光，心里才有点明白，母亲不能再来这园中找我了。

曾有过好多回，我在这园子里呆得太久了，母亲就来找我。她来找我又不想让我发觉，只要见我还好好地在这园子里，她就悄悄转身回去，我看见过几次她的背影。我也看见过几回她四处张望的情景，她视力不好，端着眼镜像在寻找海上的一条船，她没看见我时我已经看见她了，待我看见她也看见我了我就不去看她，过一会我再抬头看她就又看见她缓缓离去的背影。我单是无法知道有多少回她没有找到我。有一回我坐在矮树丛中，树丛很密，我看见她没有找到我；她一个人在园子里走，走过我的身旁，走过我经常呆的一些地方，步履茫然又急迫。我不知道她已经找了多久还要找多久，我不知道为什么我决意不喊她——但这绝不是小时候的捉迷藏，这也许是出于长大了的男孩子的倔强或羞涩？但这倔强只留给我痛悔，丝毫也没有骄傲。我真想告诫所有长大了的男孩子，千万不要跟母亲来这套倔强，羞涩就更不必，我已经懂了，可我已经来不及了。

儿子想使母亲骄傲，这心情毕竟是太真实了，以致使"想出名"这一声名狼藉的念头也多少改变了一点形象。这是个复杂的问题，且不去管它了罢。随着小说获奖的激动逐日暗淡，我开始相信，至少有一点我是想错了：我用纸笔在报刊上碰撞开的一条路，并不就是母亲盼望我找到的那条路。年年月月我都到这园子里来，年年月月我都要想，母亲盼望我找到的那条路到底是什么。母亲生前没给我留下过什么隽永[11]的哲言，或要我恪守[12]的教诲，只是在她去世之后，她艰难的命运，坚忍的意志和毫不张扬的爱，随光阴流转，在我的印象中愈加鲜明深刻。

有一年，十月的风又翻动起安详的落叶，我在园中读书，听见两个散步的老人说："没想到这园子有这么大。"我放下书，想，这么大一座园子，要在其中找到她的儿子，母亲走过了多少焦灼[13]的路。多年来我头一次意识到，这园中不单是处处都有过我的车辙，有过我的车辙的地方也都有过母亲的脚印。

三

如果以一天中的时间来对应四季，当然春天是早晨，夏天是中午，秋天是黄昏，冬天是夜晚。如果以乐器来对应四季，我想春天应该是小号，夏天是定音鼓，秋天是大提琴，冬天是圆号和长笛。要是以这园子里的声响来对应四季呢？那么，春天是祭坛上空漂浮着的鸽子的哨音，夏天是冗长[14]的蝉歌和杨树叶子哗啦啦地对蝉歌的取笑，秋天是古殿檐头的风铃响，冬天是啄木鸟随意而空旷的啄木声。以园中的景物对应四季，春天是一径时而苍白时而黑润的小路，时而明朗时而阴晦的天上摇荡着串串杨花；夏天是一条条耀眼而灼人的石凳，或阴凉而爬满了青苔的石阶，阶下有果皮，阶上有半张被坐皱的报纸；秋天是一座青铜的大钟，在园子的西北角上曾丢弃着一座很大的铜钟，铜钟与这园子一般年纪，浑身挂满绿锈，文字已不清晰；冬天，是林中空地上几只羽毛蓬松的老麻雀。以心绪对应四季呢？春天是卧病的季节，否则人们不易发觉春天的残忍与渴望；夏天，情人们应该在这个季节里失恋，不然就似乎对不起爱情；秋天是从外面买一棵盆花回家的时候，把花搁在阔别了的家中，并且打开窗户把阳光也放进屋里，慢慢回忆慢慢整理一些发过霉的东西；冬天伴着火炉和书，一遍遍坚定不死的决心，写一些并不发出的信。还可以用艺术形式对应四季，这样春天就是一幅画，夏天是一部长篇小说，秋天是一首短歌或诗，冬天是一群雕塑。以梦呢？以梦对应四季呢？春天是树尖上的呼喊，夏天是呼喊中的细雨，秋天是细雨中的土地，冬天是干净的土地上的一只孤零的烟斗。

因为这园子，我常感恩于自己的命运。

我甚至就能清楚地看见，一旦有一天我不得不长久地离开它，我会怎样想念它，我会怎样想念它并且梦见它，我会怎样因为不敢想念它而梦也梦不到它。

【注释】

[1] 选自史铁生《我与地坛》，人民文学出版社 2011 年版。地坛：明清皇帝祭地之坛，在北京市区北部。

[2] 沧桑："沧海桑田"的略语，比喻世事变化很大。

[3] 坍圮（tān pǐ）：倒塌。

[4] 亘（gèn）古：从古到今。

[5] 耗：拖延。

[6] 撅（juē）：折断。

[7] 捋（lǚ）：这里指蚂蚁用前爪梳理、整理。

[8] 坎坷：坑坑洼洼。

[9] 落寞：寂寞。

[10] 熨（yù）帖：心里平静舒适。

[11] 隽永：意味深长。

[12] 恪（kè）守：谨慎而恭敬地遵守。

[13] 焦灼：心里非常着急、焦虑。

[14] 冗长：繁杂而长久。

画龙点睛

这是一篇情意深挚的记事散文。全文渗透着只有在可怕遭遇、特定环境和宁静观察、反复思索中，方能领略到的对自然、母爱、人生的深切体验，表现出"我"在苦痛与焦灼中挣扎、奋发的坚韧性格和意志。

文章分三部分。第一部分（第一节）记叙"我"双腿残废后十五年来与地坛结下的不解之缘，抒写"我"在"荒芜但并不衰败"的环境中对人生的思考。第二部分（第二节）述说"我"那"活得最苦的母亲"对残废儿子那种不仅疼爱而且理解、毫不张扬却意志坚忍的母爱，寄寓着"我"对母亲的无限痛悔、思念之情。第三部分（第三节）以种种事物类比四季，象征着"我"对自身经历酸甜苦辣和人生命运复杂多变的种种感受。

作者通过三种方式来展现母爱的深挚。一是无声的行动描写：每天送行伫望，但从不问为什么；为寻找"我"，不知在园子里走过多少路；看到"我"在园子里，就悄悄转身离去；一时寻不到"我"，就步履茫然而急迫。这重复多年的无声行动中，压抑的是痛心焦虑，显露的是深切理解。二是借"我"之口进行直接心理描写：她整日"心神不定坐卧难宁"，兼着"惊恐""祈求"和不断地自我安慰；"她情愿截瘫的是自己而不是儿子"；"她心里太苦了，上帝看她受不住了，就召她回去"。儿子遭遇不幸，母亲比儿子还痛苦，这就是母爱的深度。三是侧面烘托：反复抒写"我"对母亲思念、痛悔之情的难以遏制，从侧面烘托出母爱的动人力量。

文章运用了意在言外的象征手法。落笔地坛，却泼墨母爱，似不相干，其实对"我"来说，地坛和母亲都是抚平创伤、焕发新生的源泉，这在整体上就是一种象征性类比。叙述地坛的"历尽沧桑""荒芜但并不衰"，让人联想到"我"艰难坎坷的人生道路和自强不屈的精神；描绘古园中那"谁也不能改变"的落日光辉、雨燕高歌、孩童脚印、苍劲古柏、夏雨秋风，则是"我"倔强"心魂"的象征性显现。特别是对与四季相应的多种事物的排比铺陈，则更是各种体验、多种心境、复杂人生、沧桑命运的多重类比和象征。这些地方，都像诗一样寓意无穷。

文章以深微的情思贯注始终，在叙事中抒情，在写景中抒情，在记人中抒情，融叙事、写景、记人和抒情、象征、寄托于一体，处处给人以浑然浓郁而又精湛独到之感。作品文笔从容，语言优美，善用比喻、比拟、排比句式和类比手法写景状物，并将排比、类比和象征结合起来，使物象层出、寓意含蓄，韵味分外深长。

延伸阅读

我与地坛（节选）
史铁生

七

要是有些事我没说，地坛，你别以为是我忘了，我什么也没忘，但是有些事只适合收藏。不能说，也不能想，却又不能忘。它们不能变成语言，它们无法变成语言，一旦变成语言就不再是它们了。它们是一片朦胧的温馨与寂寥，是一片成熟的希望与绝望，它们的领地只有两处：心与坟墓。比如说邮票，有些是用于寄信的，有些仅仅是为了收藏。

如今我摇着车在这园子里慢慢走，常常有一种感觉，觉得我一个人跑出来已经玩得太久了。有一天我整理我的旧相册，一张十几年前我在这园子里照的照片——那个年轻人坐在轮椅上，背后是一棵老柏树，再远处就是那座古祭坛。我便到园子里去找那棵树。我按着照片上的背景找很快就找到了它，按着照片上它枝干的形状找，肯定那就是它。但是它已经死了，而且在它身上缠绕着一条碗口粗的藤萝。有一天我在这园子碰见一个老太太，她说："哟，你还在这儿哪？"她问我："你母亲还好吗？""您是谁？""你不记得我，我可记得你。有一回你母亲来这儿找你，她问我您看没看见一个摇轮椅的孩子。……"我忽然觉得，我一个人跑到这世界上来真是玩得太久了。有一天夜晚，我独自坐在祭坛边的路灯下看书，忽然从那漆黑的祭坛里传出一阵阵唢呐声；四周都是参天古树，方形祭坛占地几百平米空旷坦荡独对苍天，我看不见那个吹唢呐的人，唯唢呐声在星光寥寥的夜空里低吟高唱，时而悲怆时而欢快，时而缠绵时而苍凉，或许这几个词都不足以形容它，我清清醒醒地听出它响在过去，一直在响，回旋飘转亘古不散。

必有一天，我会听见喊我回去。

那时您可以想象一个孩子，他玩累了可他还没玩够呢。心里好些新奇的念头甚至等不及到明天。也可以想象是一个老人，无可质疑地走向他的安息地，走得任劳任怨。还可以想象一对热恋中的情人，互相一次次说"我一刻也不想离开你"，又互相一次次说"时间已经不早了"，时间不早了可我一刻也不想离开你，一刻也不想离开你可时间毕竟是不早了。

我说不好我想不想回去。我说不好是想还是不想，还是无所谓。我说不好我是像那个孩子，还是像那个老人，还是像一个热恋中的情人。很可能是这样：我同时是他们三个。我来的时候是个孩子，他有那么多孩子气的念头所以才哭着喊着闹着要来，他一来一见到这个世界便立刻成了不要命的情人，而对一个情人来说，不管多么漫长的时光也是稍纵即逝，那时他便明白，每一步每一步，其实一步步都是走在回去的路上。当牵牛花初开的时节，葬礼的号角就已吹响。

但是太阳，他每时每刻都是夕阳也都是旭日。当他熄灭着走下山去收尽苍凉残照之际，正是他在另一面燃烧着爬上山巅布散烈烈朝晖之时。那一天，我也将沉静着走下山去，扶着我的拐杖。有一天，在某一处山洼里，势必会跑上来一个欢蹦的孩子，抱着他的玩具。

当然，那不是我。

但是，那不是我吗？

宇宙以其不息的欲望将一个歌舞炼为永恒。这欲望有怎样一个人间的姓名，大可忽略不计。

第六节　礼记·大同与小康

知人论世

《礼记》是一部阐述秦汉以前儒家礼仪制度的论著选集，是儒家经典之一。书中记叙了春秋战国时期儒家关于礼教的学说、典章制度、风俗习惯、人物掌故等，不仅是一部描写规章制度的书，也是一部关于伦理道德的教科书。

《礼记》全书以散文撰成，有的描述事件，有的用短小生动的故事阐明某一道理，因而不少篇章具有一定的文学价值。书中还收有大量富有哲理的格言、警句，言简意赅、意味隽永。

大同与小康[1]

《礼记》

昔者仲尼与于蜡宾[2]，事毕，出游于观[3]之上，喟然[4]而叹。仲尼之叹，盖叹鲁也[5]。言偃[6]在侧，曰："君子何叹？"孔子曰："大道[7]之行也，与三代之英[8]，丘未之逮[9]也，而有志焉[10]。"

"大道之行也，天下为公。选贤与能，讲信修睦。故人不独亲其亲，不独子其子[11]，使老有所终，壮有所用，幼有所长，矜、寡、孤、独、废、疾[12]者皆有所养。男有分[13]，女有归[14]。货恶其弃于地也，不必藏于己；力恶其不出于身也，不必为己[15]。是故谋闭而不兴，盗窃乱贼而不作，故外户而不闭。是谓大同。[16]"

"今大道既隐[17]，天下为家[18]。各亲其亲，各子其子，货力为己。大人世及以为礼[19]，城郭沟池以为固。礼义以为纪[20]，以正君臣，以笃父子，以睦兄弟，以和夫妇，以设制度，以立田里[21]，以贤勇知[22]，以功为己[23]。故谋用是作，而兵由此起[24]。禹、汤、文、武、成王、周公，由此其选也[25]。此六君子者，未有不谨于礼者也。以著其义，以考其信[26]，著有过[27]，刑仁讲让[28]，示民有常[29]。如有不由此者，在势者去，众以为殃[30]。是谓小康。"

【注释】

[1] 选自《礼记·礼运》，是今本《礼记》第九篇的开头部分，题目为编者所加。

[2] 仲尼与于蜡（zhà）宾：孔子参加鲁国的年终祭祀活动。蜡：祭名，古代国君在年终举行祭祀百神的活动，叫蜡。宾：陪祭者。

[3] 观（guàn）：宫门外两旁的楼台，宫外门阙，即《周礼》所谓的象魏。

[4] 喟（kuì）然：叹息的声音。

[5] 盖叹鲁也：大概是叹息鲁国（已经丧失古礼）。

[6] 言偃：字子游，孔子弟子，在鲁国做武城宰。

[7] 大道：理想的治国之道，此指上古五帝所遵循的社会准则。

[8] 三代之英：夏、商、周三代的英杰，指商汤、周文王等。

[9] 未之逮：没有赶上。逮：及，赶上。

[10] 而有志焉：而这里有记载（还可以看到）。志：记述。

[11] 不独子其子：不光以自己的孩子为孩子，即疼爱天下的孩子。

[12] 矜（guān）：同"鳏"（guān），老而无妻。寡：老而无夫。孤：幼而无父。独：老而无子。废：残废。疾：病。

[13] 分（fèn）：职责。

[14] 有归：得归于合适的人家。

[15] "货恶"句：人们憎恨把东西扔在地上的行为，却不一定要自己私藏；都愿意为公众之事竭尽全力，而

不一定为自己谋私利。恶（wù）：恨，憎恶。

[16] "是故"句：这样一来，奸邪阴谋不会发生，杀人越货之事也不出现，（家家户户）都不用关大门，这就是所谓的"大同"境界。兴、作：都是发生的意思。

[17] 既隐：已经衰微、消失。

[18] 天下为家：人们都在为自己的小家生计做事。天下：指天下人，即人们。

[19] "大人"句：诸侯天子把权利世代相传作为制度。大人：这里指天子、诸侯和国君等。世及：世代相传。礼：制度和规范。

[20] "城郭"二句：修建城池作为坚固的防守，制定礼仪规章作为纲纪法度。郭：外城。沟池：护城河。礼义为纪：把礼义作为管理人的制度和法则。

[21] 以立田里：以建立田、里的分界。田：指农田；里：古代一种居民组织，先秦时以25家为里。

[22] 以贤勇知：以勇智者为贤。

[23] 以功为己：以为者为有功，即让有本事的为自己服务。功：成就功业。

[24] "故谋用"句：于是为得到重用而阴谋诡计的人出现了，战争也因此层出不穷。

[25] 由此其选也：就是从这当中挑选出来的（佼佼者）。

[26] "以著"二句：用礼来彰显他们认可的道德、行为和思想，用礼来考察人们的信用。

[27] 著有过：显示人的过失。

[28] 刑仁讲让：树立典范，倡导仁爱、礼让。刑：同"型"。

[29] 示民有常：向人们昭示礼义规章的持久永恒。常：永久的、固定的。

[30] "在势"句：如果有越轨的反常行为，有权势者要斥退，百姓也会把它看成祸害。

画龙点睛

《礼记·礼运》主要记载了古代社会政治风俗的演变，社会历史的进化，礼的起源、内容及与社会生活的关系等，表达了儒家的政治思想和历史观点，尤其是书中的"大同"思想，对历代政治家、改革家都有深刻的影响。在本文所选的这段文字中，作者通过孔子参加祭祀的所见所感，为我们描述了历史上"大道行之"和当时"大道既隐"，即"大同"和"小康"两个不同时代的社会状况，表达了儒家的社会理想。

在"大道行之"时代，天下为公，社会由推选出的贤能人士管理，人尽其能，货尽其用，人们没有自私自利之心，没有占有欲，社会风气讲信修睦，人人都能受到全社会的关爱，人人都能安居乐业，道不拾遗，夜不闭户，安宁和谐，整个社会的运行依靠人自身的美德来驱动，而不是靠礼法来约束。这就是历史上的"大同"社会，一个中国古代儒家所宣传的最高理想社会。

而在"大道既隐"时代，天下为家，人们各亲其亲，各子其子，货力为己，权力世代相传，整个社会你争我夺，因而不得不用礼法制度来协调维系。这当中的夏禹、商汤、周文王等人，特别重视礼法制度建设，用礼法贯穿约束人们的行为，刑仁讲让，示民有常，从而实现了难得的"小康"社会——一个儒家理想中的所谓政教清明、人民富裕安乐的社会。

《大同与小康》围绕描述孔子参加祭祀后的感想，来阐述历史上的"大同"和"小康"社会思想，中心明确，层次清晰，论理透彻，语言简洁、典雅，不失为一篇生动的议论文。

延伸阅读

大同思想

"大同"是中国古代对理想社会的一种称谓，相当于西方的"乌托邦"。大同思想，也就是中国的乌托邦思想，这种思想源远流长。《诗经》中的《硕鼠》篇把贵族剥削者比作一只害人的大老鼠，并且发出了决心逃离这只大老鼠的"适彼乐土"的呼声，是迄今保留下来的大同思想最早的材料之一。

春秋末到秦汉之际，中国社会发生剧烈变动，产生了各种各样的关于理想社会的设计：农家的"并耕而食"思想、道家的"小国寡民"思想和儒家的"大同"思想，是这一时期大同思想的三种主要类型。

西汉中叶以后至清代第一次鸦片战争前，中国的社会发展一直停留在封建主义阶段，因而儒家大同类型的理想，未再出现新的模式。

1840 年第一次鸦片战争后，中国社会逐渐由封建社会转变为半殖民地半封建社会，这是中国历史上又一次社会剧烈变动的时期，其间儒家的大同思想被许多资产阶级代表人物用来表达自己的社会理想，其中最有名的是康有为和孙中山。

康有为写了《大同书》，设想未来是一种以生产资料公有制为基础、没有剥削的社会：生产力高度发达，人们物质文化生活水平很高；政治上实行民主共和，没有贵贱等级；男女完全平等，家庭已消灭，不存在父权、夫权压迫；国界消灭，全世界统一于一个"公政府"之下，没有战争等。

孙中山的大同理想主要内容是土地国有，大企业国营，但生产资料私有制仍然存在，资本家和雇佣劳动者两个阶级继续存在；生产力高度发展，人们生活普遍改善；国家举办教育、文化、医疗保健等公共福利事业，供公民享用等。

康有为和孙中山都对西方资本主义国家的垄断压迫、贫富分化、危机、失业等现象有所批评，但他们的大同理想基本上都还是对资本主义制度的理想化。康有为的现实主张是通过自上而下的改革逐步走上资本主义发展道路，因而对自己的大同理想不愿立即实行，主张经过缓慢的改良在遥远的未来使"君衔……徐徐尽废而归于大同"（《大同书》）。孙中山作为资产阶级革命派的代表，则要求把他的大同理想在资产阶级民主革命阶段就付诸实施，要求"举政治革命、社会革命毕其功于一役"。

第七节　出师表

知人论世

诸葛亮，字孔明，三国时期政治家和军事家。早年避乱于荆州，隐居陇亩，时称"卧龙"。刘备三顾茅庐，诸葛亮提出联合孙权抗击曹操，统一全国的建议。此后，诸葛亮成为刘备的主要谋士。刘备称帝后，诸葛亮任丞相。刘禅继位，诸葛亮被封为武乡侯，领益州牧，主持朝政。后期诸葛亮志在北伐，频年出征，与曹魏交战，最后因病卒于五丈原。著有《诸葛亮集》。

诸葛亮的文学成就主要以散文著称，其代表作有《出师表》《建兴六年上言（后出师表）》《正议》等。《出师表》又被称为"前出师表"，是作者率军北伐曹魏之前给蜀汉后主刘禅的奏表。建兴元年（223年），刘备病死，将刘禅托付给诸葛亮。诸葛亮实行了一系列政治和经济措施，使蜀汉境内呈现兴旺景象。为了实现全国统一，诸葛亮于建兴五年（227年）决定北上伐魏，以夺取魏的洛阳，临行之前上书后主这篇《出师表》。

名作精选

出　师　表
诸葛亮

先帝创业未半而中道崩殂[1]，今天下三分，益州疲弊[2]，此诚[3]危急存亡之秋也。然侍卫之臣不懈于内，忠志之士忘身于外者，盖追先帝之殊遇[4]，欲报之于陛下也。诚宜开张圣听[5]，以光先帝遗德，恢弘[6]志士之气，不宜妄自菲薄，引喻失义[7]，以塞忠谏之路也。

宫中府中[8]，俱为一体；陟[9]罚臧否[10]，不宜异同。若有作奸犯科及为忠善者，宜付有司[11]论其刑赏，以昭陛下平明之理，不宜偏私，使内外异法也。

侍中、侍郎郭攸之、费祎、董允等，此皆良实，志虑忠纯[12]，是以先帝简拔[13]以遗[14]陛下。愚以为宫中之事，事无大小，悉[15]以咨之，然后施行，必能裨[16]补阙[17]漏，有所广益。

将军向宠，性行淑均，晓畅军事，试用于昔日，先帝称之曰能，是以[18]众议举宠为督[19]。愚以为营中之事，悉以咨之，必能使行阵和睦，优劣得所。

亲贤臣，远小人，此先汉所以兴隆也；亲小人，远贤臣，此后汉所以倾颓[20]也。先帝在时，每与臣论此事，未尝不叹息痛恨于桓、灵[21]也。侍中、尚书、长史、参军[22]，此悉贞良死节之臣，愿陛下亲之信之，则汉室之隆[23]，可计日而待也。

臣本布衣，躬[24]耕于南阳，苟全性命于乱世，不求闻达于诸侯。先帝不以臣卑鄙[25]，猥[26]自枉屈，三顾[27]臣于草庐之中，咨臣以当世之事，由是[28]感激，遂许[29]先帝以驱驰[30]。后值倾覆[31]，受任于败军之际，奉命于危难之间，尔来二十有[32]一年矣。

先帝知臣谨慎，故临崩寄臣以大事[33]也。受命以来，夙夜忧叹[34]，恐托付不效，以伤先帝之明；故五月渡泸，深入不毛。今南方已定，兵甲已足，当奖率三军，北定中原，庶[35]竭驽钝[36]，攘除奸凶，兴复汉室，还于旧都。此臣所以[37]报先帝而忠陛下之职分也。至于斟酌损益[38]，进尽忠言，则攸之、祎、允之任也。

愿陛下托臣以讨贼兴复之效，不效[39]，则治臣之罪，以告先帝之灵。若无兴德之言，则责攸之、祎、允等之慢[40]，以彰其咎[41]；陛下亦宜自谋，以咨诹善道[42]，察纳雅言[43]，深追先帝遗诏。臣不胜受恩感激。今当远离，临表涕零，不知所言。

【注释】

[1] 崩殂（cú）：死。崩：古代称帝王、皇后之死。殂：死亡。

[2] 疲弊：人力疲惫，民生凋敝，困苦穷乏。

[3] 诚：确实，实在。

[4] 殊遇：特殊的对待，即优待、厚遇。

[5] 开张圣听：扩大圣明的听闻，意思是要后主广泛地听取别人的意见。

[6] 恢弘：这里是动词，形容词作动词，发扬扩大。也作"恢宏"。

[7] 义：适宜，恰当。

[8] 宫中：指皇宫中。府中：指朝廷中。

[9] 陟（zhì）：提升，提拔。

[10] 臧否（pǐ）：善恶，这里形容词用作动词，评论人物的好坏。

[11] 有司：职有专司，就是专门管理某种事情的官。

[12] 忠纯：忠诚纯正。

[13] 简拔：选拔。

[14] 遗（wèi）：给予。

[15] 悉：都，全。

[16] 裨（bì）：弥补，补救。

[17] 阙：通"缺"，缺点。

[18] 是以：因为这，因此。

[19] 督：武职，向宠曾为中部督。

[20] 倾颓：衰败。

[21] 桓、灵：东汉末年的桓帝和灵帝。他们都因信任宦官，加深了政治的腐败。

[22] 尚书、长史、参军：都是官名。尚书指陈震，长史指张裔，参军指蒋琬。

[23] 隆：兴盛。

[24] 躬：亲自，自身。

[25] 卑鄙：身份低微，见识短浅。

[26] 猥（wěi）：辱，这里有降低身份的意思。

[27] 顾：拜访，探望。

[28] 由是：因此。

[29] 许：答应。

[30] 驱驰：这里是奔走效劳的意思。

[31] 后值倾覆：后来遇到兵败。汉献帝建安十三年（208年）曹操追击刘备，在当阳长坂大败刘军；诸葛亮奉命出使东吴，联合孙权打败曹操于赤壁才转危为安。

[32] 有：通"又"，跟在数词后面表示约数。

[33] 临崩寄臣以大事：刘备在临死的时候，把国家大事托付给诸葛亮，并且对刘禅说："汝与丞相从事，事之如父。"

[34] 夙夜忧叹：整天担忧叹息。夙，清晨。忧，忧愁焦虑。夙夜：早晚。

[35] 庶：希望。

[36] 驽（nú）钝：比喻才能平庸，这是诸葛亮自谦的话。

[37] 所以：用来……的。

[38] 斟酌损益：斟情酌理、有所兴办，比喻做事要掌握分寸。

[39] 效：取得成效。

[40] 慢：怠慢，疏忽，指不尽职。

[41] 咎：过失，罪。

[42] 咨诹（zōu）善道：询问（治国的）好道理。诹：询问。

[43] 雅言：正确的言论，正言，合理的意见。

画龙点睛

《出师表》以恳切的言辞，针对当时的局势，反复劝勉刘禅要继承先主刘备的遗志，开张圣听，赏罚严明，亲贤远佞，以完成兴复汉室的大业，表现了诸葛亮北定中原的坚强意志和对蜀汉忠贞不二的品格。诸葛亮这篇表文历来受到人们的高度赞扬，被视为表中的代表作。刘勰曾把它跟孔融的《荐祢衡表》相提并论，说"至于文举（孔融，字文举）之荐祢衡，气扬采飞；孔明之辞后主，志尽文畅。虽华实异旨，并一时之英也。"陆游在《书愤》中写道："出师一表真名世，千载谁堪伯仲间？"文天祥在《正气歌》中亦云："或为出师表，鬼神泣壮烈。"感人之深，于此可见。

延伸阅读

毛泽东与《三国演义》

陈 思

毛泽东研读《三国演义》中所载的政治、军事斗争及谋略故事，并对其进行科学的参考与运用。

"打仗的事怎能照书本？"

中央苏区时期，毛泽东在指导实际工作中经常引用《三国演义》里的话。1932年，毛泽东的军事指挥权被剥夺后，有人经常借此批判毛泽东。对此，毛泽东后来回忆说：指挥作战时，谁还记得什么《三国演义》？统统忘了。打仗的事怎能照书本？

尽管这个时期毛泽东受到了"照书本打仗"的批判，但他后来的军事著作却一点也不避讳引入三国的战例，并且很欣赏其中诸多布置兵力的方法。1936年，毛泽东在文章中曾明确提到"袁曹官渡之战""吴魏赤壁之战"；1937年，毛泽东在《论持久战》中再次提到这两场战争。

毛泽东是从《三国演义》中的战例获得一些启发，开拓思路，并结合战争的实际情况去灵活判断，继而作出合情合理的决策，这才是行之有效的方式。

《三国》中的"年轻干部"

毛泽东很喜欢《三国演义》中赤壁之战这段故事，特别注意其中几位主角的年龄和才干。他在1953年5月谈话时说："三国时代，曹操率大军下江南，攻打东吴。那时周瑜是个'共青团员'，当东吴的统帅，程普等老将不服，后来说服了，还是由他当，结果打了胜仗。现在要周瑜当团中央委员，大家就不赞成。这行吗？"

1957年，毛泽东再次举三国故事为例：赤壁之战，程普40多岁，周瑜20多岁，程普虽是老将，不如周瑜能干。大敌当前，谁人挂帅？还是后起之秀周瑜挂了大都督的帅印。孔明27岁成名，也未当过支部书记、区委书记嘛！也是个新干部嘛！赤壁之战以前无名义，之后才当军师、中郎将。古时候可以破格用人，我们为什么不可以大胆提拔？

学习诸葛亮

在英雄辈出的三国人物当中，诸葛亮也是毛泽东非常推崇的一位。

毛泽东十分重视诸葛亮的宣传能力。1930年夏天，毛泽东在红四军干部会议上作报告。讲到宣传工作时，他介绍了三国时黄忠大败夏侯渊的故事。他说，我们的战士有着高度的阶级觉悟，用不着使用"激将法"。但是，我们要学习诸葛亮善于做宣传工作。

毛泽东对诸葛亮采用屯田制巩固边防的做法给予了充分的肯定。1955年元旦，他在与王震讨论退伍军人的安置问题时说：可以组织屯垦戍边嘛！中国古代就有屯垦制，管仲搞过，诸葛亮在汉中也搞过呢！开荒就业，治疗战争创伤，巩固边疆，应该是个好办法。

为曹操"平反"

毛泽东向来主张对曹操给予客观的评价。从政治、军事、经济方面，毛泽东对曹操"抑制豪强，发展生产，实行屯田制，督促开荒，推行法制，提倡节俭"及"不杀降"的政策均十分认可。

1952年11月，毛泽东视察河南安阳，参观殷墟。他对随行人员说：漳河，就是曹操练水兵的地方。曹操也是个了不起的人物。他在这儿进行了大规模的扩建，还在这一带实行屯田制，使百姓丰衣足食，积蓄力量，逐渐统一北方，为后来晋统一全国打下了基础。

毛泽东对曹操的磅礴气概、文韬武略、胸怀品格均非常欣赏。在政治方面，曹操是强硬派；在军事上，曹操雄踞北方，挥师南下；在文学方面，曹操是浪漫主义豪放派。

然而，曹操毕竟是封建王朝中割据一方的军阀，因时代的不同而必然带有其历史局限性。毛泽东对曹操也有过一些批评。1966年，毛泽东曾说，曹操打过张鲁之后，应该打四川。刘晔、司马懿建议他打。曹操不肯去，隔了几个星期，后悔了。毛泽东以此为例批评曹操刚愎自用，不能采纳良策。

（选自《文摘报》2019年6月25日06版）

第八节　始得西山宴游记

知人论世

柳宗元，字子厚，世称柳河东、河东先生，唐代文学家、哲学家、散文家和思想家，与韩愈共同倡导唐代古文运动，并称为"韩柳"；与刘禹锡并称"刘柳"；与王维、孟浩然、韦应物并称"王孟韦柳"；与唐代的韩愈、宋代的欧阳修、苏洵、苏轼、苏辙、王安石和曾巩，并称为"唐宋八大家"。"千古文章四大家"之一。

柳宗元一生留诗文作品达600余篇，其文的成就大于诗。其诗多抒写抑郁悲愤、思乡怀友之情，幽峭峻郁，自成一格。最为世人称道者，是那些清深意远、疏淡峻洁的山水闲适之作。骈文有近百篇，散文论说性强，笔锋犀利，讽刺辛辣。游记写景状物，多所寄托。哲学著作有《天说》《天对》《封建论》等。柳宗元的作品由唐代刘禹锡保存下来，并编成集。有《柳河东集》《柳宗元集》。

名作精选

始得西山宴游记[1]

柳宗元

自余为僇[2]人，居是州，恒惴栗[3]。其隟也，则施施[4]而行，漫漫而游，日与其徒上高山，入深林，穷回溪，幽泉怪石，无远不到。到则披草而坐，倾壶而醉；醉则更相枕以卧，卧而梦，意有所极，梦亦同趣；觉而起，起而归。以为凡是州之山水有异态者，皆我有也，而未始知西山之怪特。

今年九月二十八日，因坐法华西亭[5]，望西山，始指异之。遂命仆人过湘江，缘染溪[6]，斫榛莽，焚茅茷[7]，穷山之高而止。攀援而登，箕踞[8]而遨，则凡数州之土壤，皆在衽席[9]之下。其高下之势，岈然[10]洼然，若垤[11]若穴。尺寸千里，攒蹙[12]累积，莫得遁隐。萦青缭白，外与天际，四望如一。然后知是山之特立，不与培塿[13]为类。悠悠乎与颢气[14]俱，而莫得其涯；洋洋乎与造物者游，而不知其所穷。引觞[15]满酌，颓然就醉，不知日之入。苍然暮色，自远而至，至无所见，而犹不欲归。心凝形释，与万化冥合。然后知吾向之未始游，游于是乎始。故为之文以志。

是岁，元和四年也。

【注释】

[1] 选自《永州八记》

[2] 僇（lù）：罪。

[3] 惴栗：忧惧貌。

[4] 施（yí）施：徐行貌。

[5] 法华西亭：永州法华寺西之亭，作者于本年所建。

[6] 染溪：潇水支流。

[7] 斫（zhuó）：砍伐。茅茷：茅草类。

[8] 箕踞：席地而坐，两脚伸直分开，如簸箕形。

[9] 衽（rèn）席：席子。

[10] 岈然：山谷空阔貌。

[11] 垤（dié）：蚂蚁穴外积土。

[12] 攒蹙（cù）：簇聚。

[13] 培塿（lǒu）：小土堆。

[14] 颢气：即浩气，化生万物的元气，体现着道。

[15] 引觞（shāng）：拿起酒杯。

画龙点睛

柳宗元在任永州司马期间，陆续写了八篇山水游记，篇篇清丽可人，被称为"永州八记"。

《始得西山宴游记》是"永州八记"的第一篇,作于元和四年(809年)。当时柳宗元在法华寺游览,在眺望中发现了西山胜景,于是渡过潇水,登上西山顶峰,饱览了山峦秀色,体验了山水的情趣,直至暮色苍茫,还依依不愿离去。于是便有了这篇中国文学史上开创天人合一散文意境的第一篇散文。

文章一开始便交代"自余为僇人"的身份和惴惴不安的忧愁心绪,并以行踪为序,用游记笔法描绘了西山美景。

他"施施而行,漫漫而游",毫无目的地"上高山,入深林,穷回溪,幽泉怪石,无远不到"。他"披草而坐,倾壶而醉",无拘无束地"觉而起,起而归"。一句"以为凡是州之山水有异态者,皆我有也",极言平日游览之胜,反衬作者始得胜景的喜悦。接着正面描写西山。作者采取先远后近、步步紧逼法,先写坐法华西亭获得远望西山的初步印象——奇异怪特。然后写"过湘江,缘染溪,斫榛莽,焚茅茷"登上西山最高点。

西山顶上,作者居高临下,骋目远眺,将"岈然洼然,若垤若穴"的怪异景象尽收眼底,充分感受到了大自然的浩然之气;并以生动的比喻、鲜明的色彩,勾勒出群山、天际高远阔大的境界。写出了西山的独特和游玩的无穷趣味,以及"心凝形释,与万化冥合"的物我合一之感和举杯畅饮"颓然就醉"的放任自由的情态。

柳宗元是开创中国山水散文天人合一意境的第一人。一方面,他通过自己敏锐的观察、深入的体会,运用简洁概括、鲜明生动的语言,精细而准确地把那些易于被人忽视和遗忘的自然景色画图般地再现出来,给读者一种亲临其境的真切之感;另一方面,他在描写山水木石、鸟兽虫鱼的声色动静时,往往将自己横遭贬谪、饱受压抑的境况渗透在里面,达到情景交融的地步,从而曲折地反映了中唐时期黑暗的社会现实。

此外,本文用了许多偶句和排句,如"施施而行,漫漫而游""攀援而登,箕踞而遨""悠悠乎与颢气俱,而莫得其涯,洋洋乎与造物者游,而不知其所穷""上高山,入深林,穷回溪""过湘江,缘染溪,斫榛莽,焚茅茷"。这些句子,节奏鲜明,音调铿锵,并且气韵流畅,人心升华到了与宇宙自然契合的境界,获得了彻底的自然解放。至于政治迫害的恐惧,世俗命运名利得失的束缚,自是烟消云散。这在结构上也是一种首尾照应,开头是贬官后"恒惴栗",结尾则是西山宴游之后,大自然使他"心凝形释",忘掉恐惧。

▌延伸阅读

柳宗元的名人轶事[①]

柳宗元致力改革的都是与人民生活息息相关的地方。最明显的成效主要体现在以下几个方面:释放奴婢,开凿水井,兴办学堂,开荒建设。

首先是释放奴婢。柳州原先是一个原始的荒蛮之地,当时沿袭一种残酷的风俗,"以男女质钱,约不时赎,子本相侔,则没为奴婢。"相当于欠钱不还则沦为奴婢,而一旦为奴则终身为奴。柳宗元发布政令,"革其乡法",使得那些沦为奴婢者,仍可出钱赎回。政令中制定了一套释放奴婢的办法,规定已经沦为奴婢的人,在为债主服役期间,都可以按劳动时间折算工钱。工钱抵完债后立即恢复人身自由,回家与亲人团聚。这一举动受到广大贫困百姓的欢

---

① 文章节选自古诗文网。

迎，后来推行到柳州以外的州县。

柳宗元在柳州做的另一件大事就是大力举办和发展文化教育事业。由于地处偏僻的少数民族区域，远离文明发达的都市，柳州一直以来处于封闭落后的环境里，弊风陋俗长期控制着人民的思想和心灵。柳宗元上任后，亲手创办了很多学堂，并采取各种方法鼓励儿童积极念书，从根本上提高民族的素质。在政事之余，柳宗元还耐心接受青年学子的拜访，对他们循循善诱。针对当地百姓迷信落后的习俗，柳宗元严令禁止江湖巫医骗钱害人。同时推广医学，培养出当地自己的医生为民众服务。柳宗元不仅仅满足于知识的传播，更致力于改变陈旧的思想观念和思维方式。他使从来不敢打井的柳州，接连打了好几眼井，世世代代靠天吃饭，靠喝雨水和河水长大的柳州人，从此喝上了干净甘甜的地下水，这不能不说是柳州人民的生活中的一件大事。喝水方式的改变是生活方式改变的反映，从而也带动了人们思维方式的更新。

而后，柳宗元又把目光投向农业落后的问题上。当地是丘陵地区，城外有着大片大片的荒地。看到百姓艰苦贫困的生活，柳宗元下决心改善这样的面貌。他以父母官的身份，号召、组织乡间的闲散劳力，开荒垦地，种树种菜，鼓励发展生产。有了足够的土地才能生产出足够的粮食和蔬菜，人民的生活才能走出饥饿和贫穷。在柳宗元的努力下，柳州可耕种土地面积大增。仅大云寺一处开出的荒地就种下了竹子三万竿，种菜百畦。他为改造一方水土，立下了不朽的功勋。

此外，他还十分注重城市美化。他重视植树造林，虽然身体不好也亲自参加植树活动。当时城里、河边都种了许多柳树。他的文明观念还渗透到城市的建设和规划上。柳宗元在位期间，整治了不少街巷，修筑了一些庙宇，并开发了不少自然景观。

在柳州度过的余生最后的风雨四年里，柳宗元作为一个地方官，鞠躬尽瘁，用自己毕生的才华和心血，为当地人民铺筑了一条通往文明社会的大道。柳宗元在柳州的四年，从他个人的角度来说，是他政治生涯中令人叹息的结尾。但作为柳州历史上名垂青史的好官，他付出的精力和做出的贡献，却是令人怀念，不能遗忘的。柳宗元就像一根风中的残烛，顽强地燃烧自己，尽其所有的光芒，照亮了一方荒芜。

第九节　定风波

知人论世

苏轼，字子瞻，又字和仲，号铁冠道人、东坡居士，世称苏东坡、苏仙、坡仙。眉州眉山（今四川省眉山市）人，北宋文学家、书法家、画家、历史治水名人，与父苏洵、弟苏辙三人并称"三苏"。苏轼是北宋中期文坛领袖，在诗、词、文、书、画等方面取得很高成就。其诗题材广阔，清新豪健，善用夸张比喻，独具风格，与黄庭坚并称"苏黄"；其词开豪放一派，与辛弃疾同是豪放派代表，并称"苏辛"；其文著述宏富，纵横恣肆，豪放自如，与欧阳修并称"欧苏"，与韩愈、柳宗元、欧阳修、苏洵、苏辙、王安石、曾巩合称"唐宋八大家"；善书法，与黄庭坚、米芾、蔡襄合称"宋四家"；擅长文人画，尤擅墨竹、怪石、枯木等。作品有《东坡七集》《东坡易传》《东坡乐府》《寒食帖》《潇湘竹石图》《枯木怪石图》等。

元丰五年三月五日，作者在沙湖游玩。三月七日，忽逢大雨，因为作者和同行的人都没有带雨具，同行之人皆觉狼狈。雨过天晴，作者联想到自己人生的坎坷，加上遇见的大雨，写下了这首千古流传的《定风波》。

名作精选

定风波·莫听穿林打叶声
苏 轼

三月七日，沙湖道中遇雨。雨具先去，同行皆狼狈，余独不觉，已而遂晴，故作此词。
莫听穿林打叶声，何妨吟啸且徐行。竹杖芒鞋[1]轻胜马，谁怕？一蓑烟雨任平生。[2]
料峭[3]春风吹酒醒，微冷，山头斜照却相迎。回首向来萧瑟[4]处，归去，也无风雨也无晴。

【注释】

[1] 芒鞋：草鞋。
[2] 一蓑烟雨任平生：披着蓑衣在风雨里过一辈子也处之泰然。一蓑（suō）：蓑衣，用棕制成的雨披。
[3] 料峭：微寒的样子。
[4] 萧瑟：风雨吹打树叶声。

画龙点睛

苏轼被贬黄州之后的第三个春天，在雨骤风狂的环境之中，照常舒徐行步。他竹杖芒鞋，顶风冲雨，从容前行，以"轻胜马"的自我感受，传达出一种搏击风雨、笑傲人生的轻松、喜悦和豪迈之情。一蓑烟雨任平生，进一步由眼前风雨推及整个人生，强化了他面对人生的风风雨雨而我行我素、不畏坎坷的超然情怀。全词表现出他旷达超逸的胸襟，充满清旷豪放之气，寄寓着独到的人生感悟，展现了一个淡泊从容、旷达超脱的形象。

延伸阅读

吃货才子苏东坡
徐以成

朋友们，你们认为谁是古今第一吃货呢？依我之见，此人非苏东坡莫属。没错！就是北宋那个大名鼎鼎的才子文豪——苏东坡。不过，今天我要说的，不是其诗词文章造诣，而是他的另一特长爱好——吃。的确，像苏东坡这般吃成名家、吃出文化的奇人，实在是千年少有，授予他"吃货才子"的荣誉称号，也不为过。今天，且让我们来领略一番美食领域中不一般的苏东坡吧。

一、名字即名肴，千古一绝
提起苏东坡这个名字，你肯定条件反射就想到一道享誉天下的美味佳肴——东坡肉。而且，你不敢否认你不光听过，一定也吃过这道菜。一个文人创造了一道菜，成就了一道菜，恐怕古往今来少之又少。更有意思的是，东坡肉这么一道名菜，既属于浙菜系，也属于川菜系，两个菜系争夺同一道菜的归属，足以表明东坡招牌效应的魅力。

其实，以东坡命名的菜肴，还远远不止东坡肉这一种，据不完全统计，类似"东坡饼""东坡豆腐""东坡鱼""东坡肘子""东坡茄子"等叫得上名的菜品足有 60 余道之多。假如东坡先生能活到当代，他一定会去市场监管部门申请专属于自己的知识产权保护的。

二、嗜吃如事业，千古罕见

民以食为天，苏东坡算是真正把这句至理名言贯彻到家了。论吃，苏东坡真是下了真功夫、苦功夫，甚至于把吃当作事业干了，而且还拼命干成了行家。

苏东坡爱吃。五谷杂粮、动物植物，没有他忌口的。从他存世的作品可以知晓，猪肉、羊肉、鱼肉、海鲜、野菜、水果、酒、茶、汤，无所不爱，无所不吃。苏东坡敢吃。他嗜吃如命，为了美食，古人不太敢触碰的海鲜、老鼠、蝙蝠等，他都尝过。甚至连一些高危的食物也敢冒险吃，于是民间流传着苏东坡拼死吃河豚的典故，还有他那句"也值得一死"的霸气吃后感言，堪称饮食界美谈。苏东坡善吃。苏东坡除会动口吃美食外，还擅长动手做美食，算得上全能型吃货了。传统的做饭技能，比如蒸、煮、熬、焖、烤他都擅长，无一不精，皆有作品为证，应该是古代作家中做饭做得最好的文豪了。这样一个爱吃、敢吃，还善于烹饪饮食的专家，如果放在现代，妥妥的一个美食家无疑，足可担当掌勺大厨了，假如苏东坡想进体制的话，担任市场监管局餐饮服务监管科科长也最合适不过了。

三、以吃作词赋，千古流芳

如果苏东坡仅仅是一个大吃货也就罢了，偏偏他还能吃得那么有文化、那么有品位，实在不能不让人羡慕嫉妒恨。在苏东坡传世的作品之中，专门为吃而作的诗词赋不乏其数，这些作品俨然成了古代版的美食谱，称得上饮食文化瑰宝。

苏东坡对饮食之道的研究，较为经典的名篇当属《老饕赋》，此文可称得上是饮食方面的理论文章。此外，他还有许多文章是极具应用价值的。比如，做东坡肉时，《猪肉颂》就不能不研究拜读一番；吃鱼时，《煮鱼法》一文便是很好的教材；熬粥汤时，《东坡羹颂》也是一篇经典好文；想吃水果时，一句"日啖荔枝三百颗，不辞长作岭南人"让你立马有吃荔枝的食欲；想吃野味时，"蒌蒿满地芦芽短，正是河豚欲上时"让你知晓了河豚这道美食；想吃烧烤时，苏东坡用他的《与子由弟》《食蚝》向你推销烤羊蝎子、烤生蚝的美味；想饮酒时，《蜜酒歌》和"明月几时有，把酒问青天"足以让人豪饮到大醉。

把吃搞成了诗，把看似粗俗的吃喝升华到高大上的文化，也就苏东坡这样的行家大家才能做到极致，怎能不令人佩服呢？可以毫不夸张地说，如果宋朝有广播电视和互联网，苏东坡一定会被推上去拍摄《舌尖上的大宋》宣传片，成为美食界的形象代言人，相信他收获的粉丝将以千万计。

乌台诗案文字狱事件，无疑是苏东坡人生最大的转折点，从此他屡遭贬谪、屡受打击，黄州、惠州、儋州，一地比一地偏，一次比一次苦，然而，凭借乐观豁达的精神，随遇而安的心态，苏东坡却能走到哪吃到哪，走到哪写到哪，走到哪乐到哪，这种境界，哪怕放在今人身上，恐怕也很难企及，实属难能可贵。这世间，唯有美食与爱不可辜负，历史成就了苏东坡这样独一无二的大才子，特别是能作为被诗词耽误的大吃货而传颂千古，苏东坡本人一定也觉得无比荣幸和欣慰吧，不能不说，这同时也是中国文化史上的奇事和幸事。

（选自《滁州日报》2022 年 5 月 18 日）

第十节　寡人之于国也

知人论世

　　孟子，名轲，字子舆，邹国（今山东邹城东南）人。战国时期思想家、哲学家、政治家、教育家，是孔子之后、荀子之前的儒家学派的代表人物，地位仅次于孔子，有"亚圣"之称，后世常以"孔孟"并称。他在政治上主张"法先王"，在孔子"仁"学的基础上，提出系统的"仁政"学说，主张施仁政，行王道；倡导"民为贵，社稷次之，君为轻"的民本思想。在人性方面，因袭孔子"性相近也，习相远也"。主张"人性本善"，重视后天的教化和环境对人的影响。

名作精选

寡人之于国也[1]

《孟子》

　　梁惠王[2]曰："寡人[3]之于国也，尽心焉耳矣[4]。河内凶[5]，则移其民于河东[6]，移其粟[7]于河内。河东凶亦然[8]。察邻国之政，无如[9]寡人之用心者。邻国之民不加少[10]，寡人之民不加多，何也？"

　　孟子对曰："王好战[11]，请以战喻[12]。填然鼓之[13]，兵刃既接[14]，弃甲曳兵而走[15]。或[16]百步而后止，或五十步而后止。以五十步笑百步，则何如？"

　　曰："不可，直不百步耳[17]，是亦走也。"

　　曰："王如知此，则无[18]望民之多于邻国也。

　　"不违农时[19]，谷不可胜食[20]也；数罟不入洿池[21]，鱼鳖不可胜食也；斧斤以时入山林[22]，材木不可胜用也。谷与鱼鳖不可胜食，材木不可胜用，是使民养生丧死无憾[23]也。养生丧死无憾，王道之始也。

　　"五亩之宅[24]，树之以桑[25]，五十者可以衣帛[26]矣。鸡豚狗彘之畜[27]，无失其时[28]，七十者可以食肉矣。百亩之田，勿夺其时，数口之家可以无饥矣。谨庠序之教[29]，申之以孝悌之义[30]，颁白者不负戴于道路矣[31]。七十者衣帛食肉，黎民不饥不寒，然而不王[32]者，未之有也。

　　狗彘食人食而不知检[33]，涂有饿莩[34]而不知发[35]；人死，则曰'非我也，岁[36]也'，是何异于刺人而杀之，曰'非我也，兵也'。王无罪岁[37]，斯天下之民至焉[38]。"

【注释】

[1]　选自《孟子·梁惠王上》，袁行霈主编"中华传统文化百部经典"丛书（国家图书馆出版社2017年版）。本文题目是后人所加。

[2] 梁惠王：战国时期魏国的国君，姓魏，名罃（yīng）。魏国都城在大梁（今河南开封西北），所以魏惠王又称梁惠王。

[3] 寡人：寡德之人，是古代国君对自己的谦称。

[4] 尽心焉耳矣：（算是）尽了心啦。焉、耳、矣都是句末助词，重叠使用，加重语气。

[5] 河内凶：河内遇到饥荒。河内，今河南境内黄河以北的地方。凶：谷物收成不好，荒年。

[6] 河东：黄河以东的地方，在今山西西南部。黄河流经山西省境，自北而南，故称山西境内黄河以东的地区为河东。

[7] 粟：谷子，脱壳后称为小米，也泛指谷类。

[8] 亦然：也是这样。

[9] 无如：没有像……。

[10] 加少：更少。加：更。古代人口少，为了增加劳力和扩充兵员，希望人口增多，以人口增多为好事。

[11] 好战：喜欢打仗。战国时期各国互相攻打和兼并。

[12] 请以战喻：让我用打仗来做比喻。请：有"请允许我"的意思。

[13] 填然鼓之：咚咚地敲着战鼓。填：拟声词，模拟鼓声。鼓之：敲起鼓来。鼓：动词，敲鼓。之：没有实在意义的衬字。

[14] 兵刃既接：两军的兵器已经接触，指战斗已开始。兵：兵器、武器。既：已经。接：接触、交锋。

[15] 弃甲曳（yè）兵而走：抛弃铠甲、拖着兵器逃跑。曳：拖着。走：跑，这里指逃跑。

[16] 或：有的人。

[17] 直不百步耳：只是没有（跑）百步罢了。直：只是、不过。

[18] 无：通"毋"，不要。

[19] 不违农时：不耽误农业生产的季节，指农忙时不要征调百姓服役。违：违背、违反，这里指耽误。

[20] 谷不可胜食：粮食吃不完。谷：粮食的统称。

[21] 数（cù）罟（gǔ）不入洿（wū）池：细网不进池塘（防止破坏鱼的生长和繁殖）。数：密。罟：网。洿：深。

[22] 斧斤以时入山林：砍伐树木要按一定的季节（指草木凋落，生长季节过后）。斤：锛子。

[23] 养生丧死无憾：对生养死葬没有什么不满意的。养生：供养活着的人。丧死：为死了的人办丧事。憾：遗憾、不满意。

[24] 五亩之宅：五亩住宅的场地。先秦时五亩合现在一亩二分多。

[25] 树之以桑：把桑树种植（在五亩大小的宅院上）。树：种植。

[26] 衣帛：穿上丝织品的衣服。衣：穿。

[27] 鸡豚（tún）狗彘（zhì）之畜（xù）：畜养鸡、狗、猪。豚：小猪。彘：猪。畜：畜养。之：助词。

[28] 无失其时：不要错过繁殖的时节。无：通"毋"。

[29] 谨庠（xiáng）序之教：认真地兴办学校教育。谨：谨慎，这里指认真从事。庠、序：都是学校，商（殷）代叫序，周代叫庠。教：教化。

[30] 申之以孝悌（tì）之义：把孝悌的道理反复讲给百姓听。申：反复陈述。悌：敬爱兄长。义，道理。

[31] 颁白者不负戴于道路矣：头发花白的老人不会在路上背着或顶着东西了。意思是，年轻人知道孝敬老人，都来代劳了。颁白：头发花白。颁：通"斑"。负：背东西。戴：顶着东西。

[32] 王：为王，使天下百姓归顺。

[33] 狗彘食人食而不知检：（诸侯贵族家）猪狗吃人所吃的东西，不加制止。前一个"食"：动词，吃。后一个"食"：名词，指食物。检：制止、约束。

[34] 涂有饿莩（piǎo）：路上有饿死的人。涂：通"途"，道路。饿莩：饿死的人。

[35] 发：指打开粮仓，赈济百姓。

[36] 岁：年成。

[37] 王无罪岁：王不要归咎于年成。罪：归咎、归罪。

[38] 斯天下之民至焉：那么，天下的百姓都会来归顺了。斯：则、那么。

画龙点睛

战国时期，诸侯纷争，相互攻伐。于是争夺人力成为各诸侯国统治者的当务之急，本文围绕"民不加多"和如何使"民加多"的问题展开论述，阐述了孟子的王道思想和实行王道的根本措施，体现了孟子以民为本的治国思想，并在一定程度上揭露了战国时期贫富不均和阶级对立严重的问题。

孟子善用比喻。本文"以战喻"，用逃跑者"以五十步笑百步"的比喻，来说明梁惠王的治国方法与邻国没有质的差别；用拿刀杀了人却说"非我也，兵也"作比喻，来批驳统治者，把"涂有饿莩"归罪于年成不好的观点，收到了形象、深刻的说理效果。此外，排比句的运用，也大大增加了文章的雄辩气势。

本文说理具有抑扬兼施、循循善诱的特色。先批评梁惠王的治国方法，然后再提出实行王道的具体措施；先揭露统治者不顾人民死活的行径，然后再说只要君王不归罪于年成不好就可以使"民至焉"的道理；这部分是先抑后扬。在打消梁惠王矜傲情绪的同时，又能抓住他渴望民众拥戴的潜在心理进行诱导；在阐述实行王道的具体措施时，采取先易后难、步步推进的程序；这都是循循善诱的体现。

延伸阅读

孟子小传

太史公说：我读《孟子》，每当读到梁惠王问"怎样才对我的国家有利"时，总不免放下书本而有所感叹。说：唉，谋利的确是一切祸乱的开始呀！孔夫子极少讲利的问题，其原因就是经常防备这个祸乱的根源。所以他说"依据个人的利益而行动，会招致很多怨恨"。上自天子下至平民，好利的弊病都存在，有什么不同呢？

孟轲是邹国人。他曾跟着子思的弟子学习。当通晓孔道之后，便去游说齐宣王，齐宣王没有任用他。到达梁国，梁惠王没有接受（孟轲的）言论道义，反而被认为不切实情，远离实际。当时，各诸侯国都在实行变革，秦国任用商鞅，使国家富足，兵力强大；楚国、魏国也都任用过吴起，战胜了一些国家，削弱了强敌；齐威王和宣王任用孙膑和田忌等人，国力强盛，使各诸侯国都东来朝拜齐国。当各诸侯国正致力于"合纵连横"的攻伐谋略，把能攻善伐看作贤能的时候，孟轲却称述唐尧、虞舜，以及夏、商、周三代的德政，因此不符合他所周游的那些国家的需要。于是就回到家乡与万章等人整理《诗经》《书经》，阐发孔丘的思想学说，写成《孟子》一书，共七篇。

（据《史记·孟子荀卿列传》译写，题目为编者所加。）

第十一节 都江堰

知人论世

余秋雨，浙江余姚人。当代散文家、艺术理论家，曾获"国家级突出贡献专家"的称号，并且担任过多所大学教授。12岁离家到上海求学，入上海晋元中学，学业成绩优秀（该校90周年校庆时，他与丁关根、翁史烈等一起列入该校英才榜）。后考入上海戏剧学院戏剧文学系。因成绩优秀留校执教。

他治学严谨，著述宏富，早年写有《戏剧理论史稿》65万字，后又撰写《中国文化史述》和《艺术创造工程》，从戏剧理论研究转入人类文学的研究。20世纪80年代中期，他开始了散文的写作，出版《文化苦旅》和《山居笔记》。《文化苦旅》表现了余秋雨散文独特的文化特质。评论家说他用"理性和感性相融洽的语言之舟，承载着思想的重量，把现代散文推向了一流"。

名作精选

都 江 堰[1]

余秋雨

一

我以为，中国历史上最激动人心的工程不是长城，而是都江堰。

长城当然也非常伟大，不管孟姜女们如何痛哭流涕，站远了看，这个苦难的民族竟用人力在野山荒漠间修了一条万里屏障，为我们生存的星球留下了一种人类意志力的骄傲。长城到了八达岭一带已经没有什么味道，而在甘肃、陕西、山西、内蒙古一带，劲厉的寒风在时断时续的颓壁残垣间呼啸，淡淡的夕照、荒凉的旷野溶成一气，让人全身心地投入对历史、对岁月、对民族的巨大惊悸，感觉就深厚得多了。

但是，就在秦始皇下令修长城的数十年前，四川平原上已经完成了一个了不起的工程。它的规模从表面上看远不如长城宏大，却注定要稳稳当当地造福千年。如果说，长城占据了辽阔的空间，那么，它却实实在在地占据了邈远的时间。长城的社会功用早已废弛，而它还在为无数民众输送汩汩清流。有了它，旱涝无常的四川平原成了天府之国，每当我们民族有了重大灾难，天府之国总是沉着地提供庇护和濡养。因此，可以毫不夸张地说，它永久性地灌溉了中华民族。有了它，才有诸葛亮、刘备的雄才大略，才有李白、杜甫、陆游的川行华章。说得近一点，有了它，抗日战争中的中国才有一个比较安定的后方。

它的水流不像万里长城那样突兀在外，而是细细浸润、节节延伸，延伸的距离并不比长城短。长城的文明是一种僵硬的雕塑，它的文明是一种灵动的生活。长城摆出一副老资格等待人们的修缮，它却卑处一隅，像一位绝不炫耀、毫无所求的乡间母亲，只知贡献。一查履历，长城还只是它的后辈。它，就是都江堰。

二

我去都江堰之前，以为它只是一个水利工程罢了，不会有太大的游观价值。连葛洲坝都看过了，它还能怎么样？只是要去青城山玩，得路过灌县县城，它就在近旁，就乘便看一眼吧。因此，在灌县下车，心绪懒懒的，脚步散散的，在街上胡逛，一心只想看青城山。

七转八弯，从简朴的街市走进了一个草木茂盛的所在。脸面渐觉滋润，眼前愈显清朗，也没有谁指路，只向更滋润、更清朗的去处走。忽然，天地间开始有些异常，一种隐隐然的骚动，一种还不太响却一定是非常响的声音，充斥周际。如地震前兆，如海啸将临，如山崩即至，浑身起一种莫名的紧张，又紧张得急于趋附。不知是自己走去的还是被它吸去的，终于陡然一惊，我已站在伏龙观前，眼前，急流浩荡，大地震颤。即便是站在海边礁石上，也没有像这里强烈地领受到水的魅力。

海水是雍容大度的聚会，聚会得太多太深，茫茫一片，让人忘记它是切切实实的水，可掬可捧的水。这里的水却不同，要说多也不算太多，但股股叠叠都精神焕发，合在一起比赛着飞奔的力量，踊跃着喧嚣的生命。这种比赛又极有规矩，奔着奔着，遇到江心的分水堤，刷地一下裁割为二，直窜出去，两股水分别撞到了一道坚坝，立即乖乖地转身改向，再在另一道坚坝上撞一下，于是又根据筑坝者的指令来一番调整……也许水流对自己的驯顺有点恼怒了，突然撒起野来，猛地翻卷咆哮，但越是这样越是显现出一种更壮丽的驯顺。已经咆哮到让人心魄俱夺，也没有一滴水溅错了方位。阴气森森间，延续着一场千年的收伏战。

水在这里吃够了苦头也出足了风头，就像一场千年的收伏战。就像一大拨翻越各种障碍的马拉松健儿，把最强悍的生命付之于规整，付之于企盼，付之于众目睽睽。

看云看雾看日出各有胜地，要看水，万不可忘了都江堰。

三

这一切，首先要归功于遥远得看不出面影的李冰。

四川有幸，公元前251年出现过一项毫不惹人注目的任命：李冰任蜀郡守。

此后中国千年官场的惯例，是把一批批有所执持的学者遴选为无所专攻的官僚，而李冰，却因官位而成了一名实践科学家。这里明显地出现了两种判然不同的政治走向，在李冰看来，政治的含义是浚理，是消灾，是滋润，是濡养，它要实施的事儿，既具体又质朴。他领受了一个连孩童都能领悟的简单道理：既然四川最大的困扰是旱涝，那么四川的统治者必须成为水利学家。

前不久我曾接到一位极有作为的市长的名片，上面的头衔只印了"土木工程师"，我立即追想到了李冰。

没有证据可以说明李冰的政治才能，但因有过他，中国也就有过了一种冰清玉洁的政治纲领。

他是郡守，手握一把长锸，站在滔滔的江边，完成了一个"守"字的原始造型。那把长锸，千年来始终与金杖玉玺、铁戟钢锤反复辩论。他失败了，终究又胜利了。

他开始叫人绘制水系图谱。这图谱，可与裁军数据、登月线路遥相呼应。

他当然没有在哪里学过水利。但是，以使命为学校，死钻几载，他总结出治水三字经"深淘滩，低作堰"，八字真言"遇湾截角，逢正抽心"，直到20世纪仍是水利工程的圭臬。他的这点学问，永远水气淋漓，而后于他不知多少年的厚厚典籍，却早已风干，松脆得无法翻阅。

他没有料到，他治水的韬略很快被替代成治人的计谋；他没有料到，他想灌溉的沃土将会时时成为战场，沃土上的稻谷将有大半充作军粮。他只知道，这个人要想不灭绝，就必须要有清泉和米粮。

他大愚，又大智。他大拙，又大巧。他以田间老农的思维，进入了最澄彻的人类学的思考。

他未曾留下什么生平资料，只留下硬扎扎的水坝一座，让人们去猜详。人们到这儿一次次纳闷：这是谁呢？死于两千年前，却明明还在指挥水流。站在江心的岗亭前，"你走这边，他走那边"的吆喝声、劝诫声、慰抚声声声入耳。没有一个人能活得这样长寿。

秦始皇筑长城的指令，雄壮、蛮吓、残忍；他筑堰的指令，智慧、仁慈、透明。

有什么样的起点就会有什么样的延续。长城半是壮胆半是排场，世世代代，大体是这样。直到今天，长城还常常成为排场。都江堰一开始就清朗可鉴，结果，它的历史也总显出超乎寻常的格调。李冰在世时已考虑事业的承续，命令自己的儿子作 3 个石人，镇于江间，测量水位。李冰逝世 400 年后，也许 3 个石人已经损缺，汉代水官重造高及 3 米的"三神石人"测量水位。这"三神石人"其中一尊即是李冰雕像。这位汉代水官一定是承接了李冰的伟大精魂，竟敢于把自己尊敬的祖师，放在江中镇水测量。他懂得李冰的心意，唯有那里才是他最合适的岗位。这个设计竟然没有遭到反对而顺利实施，只能说都江堰为自己流泻出了一个独特的精神世界。

石像终于被岁月的淤泥掩埋，20 世纪 70 年代出土时，有一尊石像头部已经残缺，手上还紧握着长锸。有人说，这是李冰的儿子。即使不是，我仍然把他看成是李冰的儿子。一位现代作家见到这尊塑像怦然心动，"没淤泥而蔼然含笑，断颈项而长锸在握"，作家由此而向现代官场衮衮诸公诘问：活着或死了应站在哪里？出土的石像现正在伏龙观里展览。人们在轰鸣如雷的水声中向他们默默祭奠。在这里，我突然产生了对中国历史的某种乐观。只要都江堰不坍，李冰的精魂就不会消散，李冰的儿子会代代繁衍。轰鸣的江水便是至圣至善的遗言。

四

继续往前走，看到了一条横江索桥。桥很高，桥索由麻绳、竹篾编成。跨上去，桥身就猛烈摆动，越犹豫进退，摆动就越大。在这样高的地方偷看桥下会神志慌乱，但这是索桥，到处漏空，由不得你不看。一看之下，先是惊叹。脚下的江流，从那么遥远的地方奔来，一派义无反顾的决绝势头，挟着寒风，吐着白沫，凌厉锐进。我站得这么高还感觉到了它的砭肤冷气，估计它是从雪山赶来的罢。但是，再看桥的另一边，它硬是化作许多亮闪闪的河渠，改恶从善。人对自然力的驯服，干得多么爽利。如果人类干什么事都这么爽利，地球早已是另一副模样。

但是，人类总是缺乏自信，进进退退，走走停停，不断自我耗损，又不断地为耗损而再耗损。结果，仅仅多了一点自信的李冰，倒成了人们心中的神。离索桥东端不远的玉垒山麓，建有一座二王庙，祭祀李冰父子。人们在虔诚膜拜，膜拜自己同类中更像一点人的人。钟鼓铙磬，朝朝暮暮，重一声，轻一声，伴和着江涛轰鸣。

李冰这样的人，是应该找个安静的地方好好纪念一下的，造个二王庙，也合民众心意。实实在在为民造福的人升格为神，神的世界也就会变得通情达理、平适可亲。中国宗教颇多世俗气息，因此，世俗人情也会染上宗教式的光斑。一来二去，都江堰倒成了连接两界的桥墩。

我到边远地区看傩戏，对许多内容不感兴趣，特别使我愉快的是，傩戏中的水神河伯，换成了灌县李冰。傩戏中的水神李冰比二王庙中的李冰活跃得多，民众围着他狂舞呐喊。祈求有无数个都江堰带来全国的风调雨顺，水土滋润。傩戏本来都以神话开头的，有了一个李冰，神话走向实际，幽深的精神天国，一下子贴近了大地，贴近了苍生。

【注释】

[1] 选自余秋雨散文集《文化苦旅》。

画龙点睛

《都江堰》一文中，作者通过自己游览都江堰的经历，利用人与水相辅相成的关系表达了自己对道的感想：看上去，是人在治水；实际上，却是人领悟了水，顺应了水，听从了水。只有这样，才能天人合一，无我无私，长生不老。

余秋雨先生用细腻的笔触勾勒出都江堰清晰的轮廓。虽然不及长城宏大雄伟，却注定要稳稳当当地造福千年。尽管都江堰卑处一隅，但是依旧默默地为人类做着贡献。即使长城被人类瞻仰，也依旧没有任何被人类利用的价值。都江堰这处屹立千年不倒的宏伟建筑不停地运行。

散文中的人物李冰是一位建造都江堰的伟人。深深打动人的是李冰父子一心为民的作为。都江堰是蜚声中外的水利建筑，造福人民的伟大工程。

延伸阅读

《宁古塔》（节选）

余秋雨

现在可以说说流放了。

与杀相比，流放是一种长时间的折磨。死了倒也罢了，可怕的是人还活着，种种残忍都要用心灵去一点点消受，这就比死都繁难了。

就以当时流放东北的江南人和中原人来说，最让人受不了的是流放的株连规模。有时不仅全家流放，而且祸及九族，所有远远近近的亲戚，甚至包括邻里，全都成了流放者，往往是几十人、百余人的队伍，浩浩荡荡。

别以为这样热热闹闹一起远行并不差，须知道这些几天前还是锦衣玉食的家都已被查抄，家产财物荡然无存，而且到流放地之后做什么也早已定下，如"赏给出力兵丁为奴""给披甲人为奴"，等等，连身边的孩子也都已经是奴隶。一路上怕他们逃走，便枷锁千里。我在史料中见到这样一条记载：明宣德八年，一次有一百七十名犯人流放到东北，死在路上的就有三分之二，到东北只剩下五十人。

好不容易到了流放地，这些奴隶分配给了主人，主人见美貌的女性就随意糟蹋，怕其丈夫碍手碍脚就先把其丈夫杀了。流放人员那么多用不了，选出一些女的卖给娼寮，选出一些男的去换马。

最好的待遇是在所谓"官庄"里做苦力，当然也完全没有自由。照清代被流放的学者吴兆骞记述，"官庄人皆骨瘦如柴""一年到头，不是种田，即是打围、烧石灰、烧炭，并无半刻空闲日子"。

第一节　西厢记

知人论世

　　王实甫，名德信，大都（今北京市）人，元代著名戏曲作家。王实甫与关汉卿齐名，其作品全面地继承了唐诗宋词精美的语言艺术，又吸收了元代民间生动活泼的口头语言，创造了文采璀璨的元曲词汇，成为中国戏曲史上"文采派"的杰出代表。著有杂剧十四种，现存《西厢记》《丽春堂》《破窑记》三种。《破窑记》写刘月娥和吕蒙正悲欢离合的故事，有人怀疑不是王实甫的手笔。另有《贩茶船》《芙蓉亭》二种，各传有曲文一折。

　　《崔莺莺待月西厢记》（简称《西厢记》，又称《王西厢》《北西厢》）是王实甫创作的杂剧，大约写于元贞、大德年间（1297—1307 年）。全剧叙写了书生张生（张君瑞）与相国小姐崔莺莺在仕女红娘的帮助下，冲破孙飞虎、崔母、郑恒等人的重重阻挠，终成眷属的故事。全剧体制宏伟，用了五本二十一折连演一个完整的故事，这在古代杂剧中是罕见的。该剧情节引人入胜，形象鲜明生动，文采斐然，极具诗情画意。

名作精选

西厢记·长亭送别

王实甫

　　（夫人、长老上云）今日送张生赴京，十里长亭，安排下筵席；我和长老先行，不见张生、小姐来到。（旦、末、红同上）（旦云）今日送张生上朝取应，早是离人伤感，况值那暮秋天气，好烦恼人也呵！"悲欢聚散一杯酒，南北东西万里程。"

　　[正宫][端正好]碧云天，黄花地，西风紧，北雁南飞。晓来谁染霜林醉？总是离人泪。

　　[滚绣球]恨相见得迟，怨归去得疾。柳丝长玉骢难系，恨不倩疏林挂住斜晖。马儿迍迍的

行,车儿快快的随,却告了相思回避,破题儿又早别离。听得道一声"去也",松了金钏;遥望见十里长亭,减了玉肌:此恨谁知?

(红云)姐姐今日怎么不打扮?(旦云)你那知我的心里呵!

[叨叨令]见安排着车儿、马儿,不由人熬熬煎煎的气;有甚心情花儿、靥儿,打扮得娇娇滴滴的媚;准备着被儿、枕儿,只索昏昏沉沉的睡;从今后衫儿、袖儿,都揾做重重叠叠的泪。兀的不闷杀人也么哥?兀的不闷杀人也么哥?久已后书儿、信儿,索与我凄凄惶惶的寄。

(做到)(见夫人科)(夫人云)张生和长老坐,小姐这壁坐,红娘将酒来。张生,你向前来,是自家亲眷,不要回避。俺今日将莺莺与你,到京师休辱末了俺孩儿,挣揣一个状元回来者。(末云)小生托夫人余荫,凭着胸中之才,视官如拾芥耳。(洁云)夫人主见不差,张生不是落后的人。(把酒了,坐)(旦长吁科)

[脱布衫]下西风黄叶纷飞,染寒烟衰草萋迷。酒席上斜签着坐的,蹙愁眉死临侵地。

[小梁州]我见他阁泪汪汪不敢垂,恐怕人知;猛然见了把头低,长吁气,推整素罗衣。

[幺篇]虽然久后成佳配,奈时间怎不悲啼。意似痴,心如醉,昨宵今日,清减了小腰围。

(夫人云)小姐把盏者!(红递酒,旦把盏长吁科,云)请吃酒!

[上小楼]合欢未已,离愁相继。想着俺前暮私情,昨夜成亲,今日别离。我谂知这几日相思滋味,却原来比别离情更增十倍。

[幺篇]年少呵轻远别,情薄呵易弃掷。全不想腿儿相挨,脸儿相偎,手儿相携。你与俺崔相国做女婿,妻荣夫贵,但得一个并头莲,煞强如状元及第。

(夫人云)红娘把盏者!(红把酒了)(旦唱)

[满庭芳]供食太急,须臾对面,顷刻别离。若不是酒席间子母们当回避,有心待与他举案齐眉。虽然是厮守得一时半刻,也合着俺夫妻每共桌而食。眼底空留意,寻思起就里,险化做望夫石。

(红云)姐姐不曾吃早饭,饮一口儿汤水。(旦云)红娘,甚么汤水咽得下!

[快活三]将来的酒共食,尝着似土和泥。假若便是土和泥,也有些土气息,泥滋味。

[朝天子]暖溶溶玉醅,白泠泠似水,多半是相思泪。眼面前茶饭怕不待要吃,恨塞满愁肠胃。"蜗角虚名,蝇头微利",拆鸳鸯在两下里。一个这壁,一个那壁,一递一声长吁气。

(夫人云)辆起车儿,俺先回去,小姐随后和红娘来。(下)(末辞洁科)(洁云)此一行别无话儿,贫僧准备买登科录看,做亲的茶饭少不得贫僧的。先生在意,鞍马上保重者!"从今经忏无心礼,专听春雷第一声。"(下)(旦唱)

[四边静]霎时间杯盘狼藉,车儿投东,马儿向西,两意徘徊,落日山横翠。知他今宵宿在那里?有梦也难寻觅。

(旦云)张生,此一行得官不得官,疾早便回来。(末云)小生这一去白夺一个状元,正是"青霄有路终须到,金榜无名誓不归"。(旦云)君行别无所赠,口占一绝,为君送行:"弃掷今何在,当时且自亲。还将旧来意,怜取眼前人。"(末云)小姐之意差矣,张珙更敢怜谁?谨赓一绝,以剖寸心:"人生长远别,孰与最关亲?不遇知音者,谁怜长叹人?"(旦唱)

[耍孩儿]淋漓襟袖啼红泪,比司马青衫更湿。伯劳东去燕西飞,未登程先问归期。虽然眼底人千里,且尽生前酒一杯。未饮心先醉,眼中流血,心内成灰。

[五煞]到京师服水土，趁程途节饮食，顺时自保揣身体。荒村雨露宜眠早，野店风霜要起迟！鞍马秋风里，最难调护，最要扶持。

[四煞]这忧愁诉与谁？相思只自知，老天不管人憔悴。泪添九曲黄河溢，恨压三峰华岳低。到晚来闷把西楼倚，见了些夕阳古道，衰柳长堤。

[三煞]笑吟吟一处来，哭啼啼独自归。归家若到罗帏里，昨宵个绣衾香暖留春住，今夜个翠被生寒有梦知。留恋你别无意，见据鞍上马，阁不住泪眼愁眉。

（末云）有甚言语嘱付小生咱？（旦唱）

[二煞]你休忧文齐福不齐，我只怕你停妻再娶妻。休要一春鱼雁无消息！我这里青鸾有信频须寄，你却休"金榜无名誓不归"。此一节君须记：若见了那异乡花草，再休似此处栖迟。

（末云）再谁似小姐？小生又生此念。（旦唱）

[一煞]青山隔送行，疏林不做美，淡烟暮霭相遮蔽。夕阳古道无人语，禾黍秋风听马嘶。我为甚么懒上车儿内，来时甚急，去后何迟？

（红云）夫人去好一会，姐姐，咱家去！（旦唱）

[收尾]四围山色中，一鞭残照里。遍人间烦恼填胸臆，量这些大小车儿如何载得起？

（旦、红下）（末云）仆童赶早行一程儿，早寻个宿处。泪随流水急，愁逐野云飞。（下）

画龙点睛

《长亭送别》这折戏充分表现了一对恋人被迫分离时内心的痛苦和怨恨。在凄凉的气氛和痛苦的内心独白中表现了两种不同思想的对立，戏剧冲突在一种独特的形式中巧妙地得到发展。

莺莺的唱词，体现了她大胆反抗而又温顺柔弱的性格特征，同时深刻地揭示了女主人公的内心矛盾，反映出封建社会妇女的地位和命运。作为一个相国小姐，她的反抗和怨恨表现得含蓄深沉，她不仅不能有越礼的行为，同时在情人离别时因有母亲在身边也不能畅抒情怀，这就显示出她性格中温顺柔弱的另一面。她的痛苦中，不仅有离愁别恨，而且包含着怕将来被遗弃的隐忧。

《长亭送别》充分表现出《西厢记》作为一部抒情诗剧的艺术特色。开头化用范仲淹《苏幕遮》中的词句和意境，运用具有特征性的景物写情，情景交融，构成凄清哀婉的诗的艺术境界。下面《滚绣球》一曲，则以主观的情感去驱遣客观的景物，既富于诗情画意，又具有强烈的感情色彩。语言亦雅亦俗，既华美典丽又通俗生动。夸张、对比、烘托等艺术手法的运用，也取得了很好的效果。例如"遍人间烦恼填胸臆，量这些大小车儿如何载得起？"是极夸张的句子，充分揭示出人物内心的痛苦和怨恨，真实动人。《三煞》中从笑和哭、喜和悲、暖和寒构成的鲜明对比里，强烈地表现出人物孤寂难耐的离愁别恨。而整折戏里，从头到尾处处点染的西风黄叶、衰柳长堤等种种凄清的物象，使整个环境和背景弥漫着一种悲凉的气氛，与人物的感情心境融化为一体，增强了戏剧语言的抒情性和艺术感染力。

送　别

李叔同

长亭外，古道边，芳草碧连天。晚风拂柳笛声残，夕阳山外山。
天之涯，地之角，知交半零落。一壶浊酒尽余欢，今宵别梦寒。
长亭外，古道边，芳草碧连天。问君此去几时来，来时莫徘徊。
天之涯，地之角，知交半零落。人生难得是欢聚，惟有别离多。

第二节　牡丹亭·惊梦（节选）

知人论世

　　汤显祖，字义仍，号海若，又号若士，别署清远道人，中国明代戏曲家、文学家。汤氏祖籍临川县云山乡，后迁居汤家山（今江西省抚州市）。出身书香门第，早有才名，他不仅于古文诗词颇精，而且能通天文地理、医药卜筮诸书。34 岁中进士，在南京先后任太常寺博士、詹事府主簿和礼部祠祭司主事。

　　《牡丹亭》即《还魂记》，也称《还魂梦》《牡丹亭还魂记》或《牡丹亭梦》。它是汤显祖的代表作，也是我国戏曲史上浪漫主义的杰作。作品通过杜丽娘和柳梦梅生死离合的爱情故事，热情歌颂了反对封建礼教、追求自由幸福的爱情和强烈要求个性解放的精神。

名作精选

牡丹亭·惊梦（节选）

汤显祖

（旦上，唱）

【绕地游】梦回莺啭，乱煞年光遍，人立小庭深院。（贴）炷尽沉烟，抛残绣线，恁今春关情似去年。[乌夜啼]（旦）晓来望断梅关，宿妆残。（贴）你侧着宜春髻子，恰凭阑。（旦）翦不断，理还乱，闷无端。（贴）已分付催花莺燕，借春看。（旦）春香，可曾叫人扫除花径？（贴）分付了。（旦）取镜台衣服来。（贴取镜台衣服上）云髻罢梳还对镜，罗衣欲换更添香。镜台衣服在此。

【步步娇】（旦）袅晴丝吹来闲庭院，摇漾春如线。停半晌，整花钿，没揣菱花，偷人半面，迤逗的彩云偏。（行介）步香闺怎便把全身现？（贴）今日穿插的好。

【醉扶归】（旦）你道翠生生出落的裙衫儿茜，艳晶晶花簪八宝填，可知我常一生儿爱好是天然？恰三春好处无人见，不提防沉鱼落雁鸟惊喧，则怕的羞花闭月花愁颤。

（贴）早茶时了，请行。（行介）你看，画廊金粉半零星，池馆苍苔一片青。踏草怕泥新绣袜，惜花疼煞小金铃。（旦）不到园林，怎知春色如许？

【皂罗袍】原来姹紫嫣红开遍，似这般都付与断井颓垣。良辰美景奈何天，赏心乐事谁家院。恁般景致，我老爷和奶奶再不提起。（合）朝飞暮卷，云霞翠轩。雨丝风片，烟波画船。锦屏人忒看的这韶光贱。

（贴）是花都放了，那牡丹还早。

【好姐姐】（旦）遍青山啼红了杜鹃，荼蘼外烟丝醉软。春香呵，牡丹虽好，他春归怎占的先？（贴）成对儿莺燕呵，（合）闲凝眄，生生燕语明如翦，呖呖莺歌溜的圆。

（旦）去罢。（贴）这园子委是观之不足也。（旦）提他怎的？（行介）

画龙点睛

《惊梦》为全剧第十出。所谓"惊梦"乃因杜丽娘梦见书生柳梦梅与之幽会而得名。之所以得梦，又因游了后花园引发春情所致。故此剧在演出时常将"游园惊梦"联称。今选数曲即本出之前半"游园"。

延伸阅读

明史·汤显祖传

汤显祖，字若士，临川人。少善属文，有时名。张居正欲其子及第，罗海内名士以张之。闻显祖及沈懋学名，命诸子延致。显祖谢弗往，懋学遂与居正子嗣修偕及第。显祖至万历十一年始成进士。授南京太常博士，就迁礼部主事。

十八年，帝以星变严责言官欺蔽，并停俸一年。显祖上言曰："言官岂尽不肖，盖陛下威福之柄潜为辅臣所窃，故言官向背之情，亦为默移。御史丁此吕首发科场欺蔽，申时行属杨巍劾去之。御史万国钦极论封疆欺蔽，时行讽同官许国远谪之。一言相侵，无不出之于外。于是无耻之徒，但知自结于执政。所得爵禄，直以为执政与之。纵他日不保身名，而今日固已富贵矣。给事中杨文举奉诏理荒政，征贿巨万。抵杭，日宴西湖，鬻狱市荐以渔厚利。辅臣乃及其报命，擢置谏垣。给事中胡汝宁攻击饶伸，不过权门鹰犬，以其私人，猥见任用。夫陛下方责言官欺蔽，而辅臣欺蔽自如。失今不治，臣谓陛下可惜者四：朝廷以爵禄植善类，今直为私门蔓桃李，是爵禄可惜也。群臣风靡，罔识廉耻，是人才可惜也。辅臣不越例予人富贵，不见为恩，是成宪可惜也。陛下御天下二十年，前十年之政，张居正刚而多欲，以群私人，嚣然坏之；后十年之政，时行柔而多欲，以群私人，靡然坏之。此圣政可惜也。乞立斥文举、汝宁，诚谕辅臣，省愆悔过。"帝怒，谪徐闻典史。稍迁遂昌知县。二十六年，上计京师，投劾归。又明年大计，主者议黜之。李维祯为监司，力争不得，竟夺官。家居二十年卒。

显祖意气慷慨，善李化龙、李三才、梅国桢。后皆通显有建竖，而显祖蹭蹬穷老。三才督漕淮上，遣书迎之，谢不往。

显祖建言之明年，福建佥事李琯奉表入都，列时行十罪，语侵王锡爵。言惟锡爵敢恣睢，故时行益贪戾，请并斥以谢天下。帝怒，削其籍。甫两月，时行亦罢。

第三节　哈姆莱特

知人论世

威廉·莎士比亚，英国文艺复兴时期剧作家、诗人。1564 年 4 月 23 日，出生于英国沃里克郡斯特拉福镇。1571 年至 1579 年，进入斯特拉福文法学校读书。1587 年，开始演员生涯，并开始尝试写剧本。1591 年，创作的戏剧《亨利六世中篇》《亨利六世下篇》首演。1592 年，创作的戏剧《理查三世》首演。1595 年，创作的戏剧《罗密欧与朱丽叶》《仲夏夜之梦》首演。1596 年，创作的戏剧《威尼斯商人》首演。1601 年，创作的戏剧《哈姆莱特》首演，引起文坛关注。1603 年，创作的戏剧《奥赛罗》首演。1605 年，创作的戏剧《李尔王》首演。1606 年，创作的戏剧《麦克白》首演。1614 年，离开伦敦，返回故乡。

《哈姆莱特》是莎士比亚创作于 1599 年至 1602 年间的一部悲剧作品。戏剧讲述了叔叔克劳狄斯谋害了哈姆莱特的父亲，篡取了王位，并娶了国王的遗孀乔特鲁德；哈姆莱特王子因此为父王向叔叔复仇。《哈姆莱特》是莎士比亚所有戏剧中篇幅最长的一部，也是他最负盛名的剧本，具有深刻的悲剧意义。其复杂的人物性格及丰富完美的悲剧艺术手法，代表着整个西方文艺复兴时期文学的最高成就。《哈姆莱特》同《麦克白》《李尔王》和《奥赛罗》一起组成了莎士比亚"四大悲剧"。

名作精选

哈姆莱特（节选）
莎士比亚

第五幕第二场　城堡中的厅堂

哈姆莱特及霍拉旭上。

哈姆莱特：这事谈到这里为止，现在我可以让你知道另外一段事情。你还记得当初的一切经过情形吗？

霍拉旭：记得，殿下！

哈姆莱特：当时在我的心里有一种战争，使我不能睡眠；我觉得我的处境比锁在脚镣里的叛变的水手还要难堪。我就卤莽行事。——结果倒卤莽对了，我们应该承认，有时候一时孟浪，往往反而可以做出一些为我们的深谋密虑所做不成功的事；从这一点上，我们可以看出，无论我们怎样辛苦图谋，我们的结果却早已有一种冥冥中的力量把它布置好了。

霍拉旭：这是无可置疑的。

哈姆莱特：我从舱里起来，把一件航海的宽衣罩在我的身上，在黑暗之中摸索着找寻那封公文，果然给我达到目的，摸到了他们的包裹；我拿着它回到我自己的地方，疑心使我忘记了礼貌，我大胆地拆开了他们的公文，在那里面，霍拉旭——啊，堂皇的诡计！——我发现一道严厉的命令，借了许多好听的理由为名，说是为了丹麦和英国双方的利益，决不能让我这个除恶的人物逃脱，接到公文之后，必须不等磨好利斧，立即枭下我的首级。

霍拉旭：有这等事？

哈姆莱特：这一封就是原来的国书；你有空的时候可以仔细读一下。可是你愿意听我告诉你后来我怎么办吗？

霍拉旭：请您告诉我。

哈姆莱特：在这样重重诡计的包围之中，我的脑筋不等我定下心来思索，就开始活动起来了；我坐下来另外写了一通国书，字迹清清楚楚。

从前我曾经抱着跟我们那些政治家们同样的意见，认为字体端正是一件有失体面的事，总是想竭力忘记这一种技能，可是现在它却对我有了大大的用处。你知道我写些什么话吗？

霍拉旭：嗯，殿下。

哈姆莱特：我用国王的名义，向英王提出恳切的要求，因为英国是他忠心的藩属，因为两国之间的友谊，必须让它像棕榈树一样发荣繁茂，因为和平的女神必须永远戴着她的荣冠，沟通彼此的情感，以及许许多多诸如此类的重要理由，请他在读完这一封信以后，不要有任何的迟延，立刻把那两个传书的来使处死，不让他们有从容忏悔的时间。

霍拉旭：可是国书上没有盖印，那怎么办呢？

哈姆莱特：啊，就在这件事上，也可以看出一切都是上天预先注定。我的衣袋里恰巧藏着我父亲的私印，它跟丹麦的国玺是一个式样的；我把伪造的国书照着原来的样子折好，签上名字，盖上印玺，把它小心封好，归还原处，一点没有露出破绽。下一天就遇见了海盗，那以后的情形，你早已知道了。

霍拉旭：这样说来，吉尔登斯吞和罗森格兰兹是去送死的了。

哈姆莱特：哎，朋友，他们本来是自己钻求这件差使的；我在良心上没有对不起他们的地方，是他们自己的阿谀献媚断送了他们的生命。两个强敌猛烈争斗的时候，不自量力的微弱之辈，却去插身在他们的刀剑中间，这样的事情是最危险不过的。

霍拉旭：想不到竟是这样一个国王！

哈姆莱特：你想，我是不是应该——他杀死了我的父王，奸污了我的母亲，篡夺了我的嗣位的权力，用这种诡计谋害我的生命，凭良心说我是不是应该亲手向他复仇雪恨？如果我不去剪除这一个戕害天性的蠹贼，让他继续为非作恶，岂不是该受天谴吗？

霍拉旭：他不久就会从英国得到消息，知道这一回事情产生了怎样的结果。

哈姆莱特：时间虽然很局促，可是我已经抓住眼前这一刻工夫；一个人的生命可以在说一个"一"字的一刹那之间了结。可是我很后悔，好霍拉旭，不该在雷欧提斯之前失去了自制；因为他所遭遇的惨痛，正是我自己的怨愤的影子。我要取得他的好感。可是他倘不是那样夸大他的悲哀，我也决不会动起那么大的火性来的。

霍拉旭：不要作声！谁来了？

奥斯里克上。

奥斯里克：殿下，欢迎您回到丹麦来！

哈姆莱特：谢谢您，先生。（向霍拉旭旁白）你认识这只水苍蝇吗？

霍拉旭：（向哈姆莱特旁白）不，殿下。哈姆莱特（向霍拉旭旁白）那是你的运气，因为认识他是一件丢脸的事。他有许多肥田美壤；一头畜生要是作了一群畜生的主子，就有资格把食槽搬到国王的席上来了。

他"咯咯"叫起来简直没个完，可是——我方才也说了——他拥有大批粪土。

奥斯里克：殿下，您要是有空的话，我奉陛下之命，要来告诉您一件事情。

哈姆莱特：先生，我愿意恭聆大教。您的帽子是应该戴在头上的，您还是戴上去吧。

奥斯里克：谢谢殿下，天气真热。

哈姆莱特：不，相信我，天冷得很，在刮北风哩。

奥斯里克：真的有点儿冷，殿下。

哈姆莱特：可是对于像我这样的体质，我觉得这一种天气却是闷热得厉害。

奥斯里克：对了，殿下；真是说不出来的闷热。可是，殿下，陛下叫我来通知您一声，他已经为您下了一个很大的赌注了。殿下，事情是这样的……

哈姆莱特：请您不要这样多礼。（促奥斯里克戴上帽子。）

奥斯里克：不，殿下，我还是这样舒服些，真的。殿下，雷欧提斯新近到我们的宫廷里来；相信我，他是一位完善的绅士，充满着最卓越的特点，他的态度非常温雅，他的仪表非常英俊；说一句发自衷心的话，他是上流社会的南针，因为在他身上可以找到一个绅士所应有的品质的总汇。

哈姆莱特：先生，他对于您这一番描写，的确可以当之无愧；虽然我知道，要是把他的好处一件一件列举出来，不但我们的记忆将要因此而淆乱，交不出一篇正确的账目来，而且他这一艘满帆的快船，也决不是我们失舵之舟所能追及的；可是，凭着真诚的赞美而言，我认为他是一个才德优异的人，他的高超的禀赋是那样稀有而罕见，说一句真心的话，除在他的镜子里外，再也找不到第二个跟他同样的人，纷纷追踪求迹之辈，不过是他的影子而已。

奥斯里克：殿下把他说得一点不错。

哈姆莱特：您的用意呢？为什么我们要用尘俗的呼吸，嘘在这位绅士的身上呢？

奥斯里克：殿下？

霍拉旭：自己所用的语言，到了别人嘴里，就听不懂了吗？早晚你会懂的，先生。

哈姆莱特：您向我提起这位绅士的名字，是什么意思？

奥斯里克：雷欧提斯吗？

霍拉旭：他的嘴里已经变得空空洞洞，因为他的那些好听话都说完了。

哈姆莱特：正是雷欧提斯。

奥斯里克：我知道您不是不明白……

哈姆莱特：您真能知道我这人不是不明白，那倒很好；可是，说老实话，即使你知道我是明白人，对我也不是什么光彩的事。好，您怎么说？

奥斯里克：我是说，您不是不明白雷欧提斯有些什么特长……

哈姆莱特：那我可不敢说，因为也许人家会疑心我有意跟他比拼高下；可是要知道一个人的底细，应该先知道他自己。

奥斯里克：殿下，我的意思是说他的武艺；人家都称赞他的本领一时无两。

哈姆莱特：他会使些什么武器？

奥斯里克：长剑和短刀。

哈姆莱特：他会使这两种武器吗？很好。

奥斯里克：殿下，王上已经用六匹巴巴里的骏马跟他打赌；在他的一方面，照我所知道的，押的是六柄法国的宝剑和好刀，连同一切鞘带钩子之类的附件，其中有三柄的挂机尤其珍奇可爱，跟剑柄配得非常合式，式样非常精致，花纹非常富丽。

哈姆莱特：您所说的挂机是什么东西？

霍拉旭：我知道您要听懂他的话，非得翻查一下注解不可。

奥斯里克：殿下，挂机就是钩子。

哈姆莱特：要是我们腰间挂着大炮，用这个名词倒还合适；在那一天没有来到以前，我看还是就叫它钩子吧。好，说下去；六匹巴巴里骏马对六柄法国宝剑，附件在内，外加三个花纹富丽的挂机；法国产品对丹麦产品。可是，用你的话来说，这样"押"是为了什么呢？

奥斯里克：殿下，王上跟他打赌，要是你们两人交起手来，在十二个回合之中，他至多不过多赢您三着；可是他却觉得他可以稳赢九个回合。殿下要是答应的话，马上就可以试一试。

哈姆莱特：要是我答应个"不"字呢？

奥斯里克：殿下，我的意思是说，您答应跟他当面比较高低。

哈姆莱特：先生，我还要在这儿厅堂里散散步。您去回陛下说，现在是我一天之中休息的时间。叫他们把比赛用的钝剑预备好了，要是这位绅士愿意，王上也不改变他的意见的话，我愿意尽力为他博取一次胜利；万一不幸失败，那我也不过丢了一次脸，给他多剁了两下。

奥斯里克：我就照这样去回话吗？

哈姆莱特：您就照这个意思去说，随便您再加上一些什么新颖辞藻都行。

奥斯里克：我保证为殿下效劳。

哈姆莱特：不敢，不敢。（奥斯里克下）多亏他自己保证，别人谁也不会替他张口的。

霍拉旭：这一只小鸭子顶着壳儿逃走了。

哈姆莱特：他在母亲怀抱里的时候，也要先把他母亲的奶头恭维几句，然后吮吸。像他这一类靠着一些繁文缛礼撑撑场面的家伙，正是愚妄的世人所醉心的；他们的浅薄的牙慧使傻瓜和聪明人同样受他们的欺骗，可是一经试验，他们的水泡就爆破了。

一贵族上。

贵族：殿下，陛下刚才叫奥斯里克来向您传话，知道您在这儿厅上等候他的旨意；他叫我再来问您一声，您是不是仍旧愿意跟雷欧提斯比剑，还是慢慢再说。

哈姆莱特：我没有改变我的初心，一切服从王上的旨意。现在也好，无论什么时候都好，只要他方便，我总是随时准备着，除非我丧失了现在所有的力气。

贵族：王上、娘娘，跟其他的人都要到这儿来了。

哈姆莱特：他们来得正好。

贵族：娘娘请您在开始比赛以前，对雷欧提斯客气几句。

哈姆莱特：我愿意服从她的教诲。（贵族下。）

霍拉旭：殿下，您在这一回打赌中间，多半要失败的。

哈姆莱特：我想我不会失败。自从他到法国去以后，我练习得很勤；我一定可以把他打败。可是你不知道我的心里是多么不舒服；那也不用说了。

霍拉旭：啊，我的好殿下……

哈姆莱特：那不过是一种傻气的心理；可是一个女人也许会因为这种莫名其妙的疑虑而惶惑。

霍拉旭：要是您心里不愿意做一件事，那么就不要做吧。我可以去通知他们不用到这儿来，说您现在不能比赛。

哈姆莱特：不，我们不要害怕什么预兆；一只雀子的死生，都是命运预先注定的。注定在今天，就不会是明天，不是明天，就是今天；逃过了今天，明天还是逃不了，随时准备着就是了。一个人既然在离开世界的时候，只能一无所有，那么早早脱身而去，不是更好吗？

随它去。

国王、王后、雷欧提斯、众贵族、奥斯里克及侍从等持钝剑等上。

国王：来，哈姆莱特，来，让我替你们两人和解和解。（牵雷欧提斯、哈姆莱特二人手使相握。）

哈姆莱特：原谅我，雷欧提斯；我得罪了你，可是你是个堂堂男子，请你原谅我吧。这儿在场的众人都知道，你也一定听见人家说起，我是怎样被疯狂害苦了。凡是我的所作所为，足以伤害你的感情和荣誉、激起你的愤怒来的，我现在声明都是我在疯狂中犯下的过失。

难道哈姆莱特会做对不起雷欧提斯的事吗？哈姆莱特决不会做这种事。要是哈姆莱特在丧失他自己的心神的时候，做了对不起雷欧提斯的事，那样的事不是哈姆莱特做的，哈姆莱特不能承认。

那么是谁做的呢？是他的疯狂。既然是这样，那么哈姆莱特也是属于受害的一方，他的疯狂是可怜的哈姆莱特的敌人。当着在座众人之前，我承认我在无心中射出的箭，误伤了我的兄弟；我现在要向他请求大度包涵，宽恕我的不是出于故意的罪恶。

雷欧提斯：按理讲，对这件事情，我的感情应该是激励我复仇的主要力量，现在我在感情上总算满意了；但是另外还有荣誉这一关，除非有什么为众人所敬仰的长者，告诉我可以跟你捐除宿怨，指出这样的事是有前例可援的，不至于损害我的名誉，那时我才可以跟你言归于好。目前我且先接受你友好的表示，并且保证决不会辜负你的盛情。

哈姆莱特：我绝对信任你的诚意，愿意奉陪你举行这一次友谊的比赛。把钝剑给我们。来。

雷欧提斯：来，给我一柄。

哈姆莱特：雷欧提斯，我的剑术荒疏已久，只能给你帮场；正像最黑暗的夜里一颗吐耀的明星一般，彼此相形之下，一定更显得你的本领的高强。

雷欧提斯：殿下不要取笑。

哈姆莱特：不，我可以举手起誓，这不是取笑。

国王：奥斯里克，把钝剑分给他们。哈姆莱特侄儿，你知道我们怎样打赌吗？

哈姆莱特：我知道，陛下；您把赌注下在实力较弱的一方了。

国王：我想我的判断不会有错。你们两人的技术我都领教过；但是后来他又有了进步，所以才规定他必须多赢几着。

雷欧提斯：这一柄太重了，换一柄给我。

哈姆莱特：这一柄我很满意。这些钝剑都是同样长短的吗？

奥斯里克：是，殿下。（二人准备比剑。）

国王：替我在那桌子上斟下几杯酒。要是哈姆莱特击中了第一剑或是第二剑，或者在第三次交锋的时候争得上风，让所有的碉堡上一齐鸣起炮来；

国王将要饮酒慰劳哈姆莱特，他还要拿一颗比丹麦四代国王戴在王冠上的更贵重的珍珠丢在酒杯里。把杯子给我；鼓声一起，喇叭就接着吹响，通知外面的炮手，让炮声震彻天地，报告这一个消息，"现在国王为哈姆莱特祝饮了！"来，开始比赛吧；你们在场裁判的都要留心看着。

哈姆莱特：请了。

雷欧提斯：请了，殿下。（二人比剑。）

哈姆莱特：一剑。

雷欧提斯：不，没有击中。

哈姆莱特：请裁判员公断。

奥斯里克：中了，很明显的一剑。

雷欧提斯：好；再来。

国王：且慢；拿酒来。哈姆莱特，这一颗珍珠是你的；祝你健康！把这一杯酒给他。（喇叭齐奏。内鸣炮。）

哈姆莱特：让我先赛完这一局；暂时把它放在一旁。来。（二人比剑）又是一剑；你怎么说？

雷欧提斯：我承认给你碰着了。

国王：我们的孩子一定会胜利。

王后：他身体太胖，有些喘不过气来。来，哈姆莱特，把我的手巾拿去，揩干你额上的汗。王后为你饮下这一杯酒，祝你的胜利了，哈姆莱特。

哈姆莱特：好妈妈！

国王：乔特鲁德，不要喝。

王后：我要喝的，陛下；请您原谅我。

国王：（旁白）这一杯酒里有毒；太迟了！

哈姆莱特：母亲，我现在还不敢喝酒；等一等再喝吧。

王后：来，让我擦干你的脸。

雷欧提斯：陛下，现在我一定要击中他了。

国王：我怕你击不中他。

雷欧提斯：（旁白）可是我的良心却不赞成我干这件事。

哈姆莱特：来，该第三个回合了，雷欧提斯。你怎么一点不起劲？请你使出你全身的本领来吧；我怕你在开我的玩笑哩。

雷欧提斯：你这样说吗？来。（二人比剑。）

奥斯里克：两边都没有中。

雷欧提斯：受我这一剑！（雷欧提斯挺剑刺伤哈姆莱；二人在争夺中彼此手中之剑各为对方夺去，哈姆莱特以夺来之剑刺雷欧提斯，雷欧提斯亦受伤。）

国王：分开他们！他们动起火来了。

哈姆莱特：来，再试一下。（王后倒地。）

奥斯里克：哎哟，瞧王后怎么啦！

霍拉旭：他们两人都在流血。您怎么啦，殿下？

奥斯里克：您怎么啦，雷欧提斯？

雷欧提斯：唉，奥斯里克，正像一只自投罗网的山鹬，我用诡计害人，反而害了自己，这也是我应得的报应。

哈姆莱特：王后怎么啦？

国王：她看见他们流血，昏了过去了。

王后：不，不，那杯酒，那杯酒——啊，我的亲爱的哈姆莱特！那杯酒，那杯酒；我中毒了。（死。）

哈姆莱特：啊，奸恶的阴谋！喂！把门锁上！阴谋！查出来是哪一个人干的。

（雷欧提斯倒地。）

雷欧提斯：凶手就在这儿，哈姆莱特。哈姆莱特，你已经不能活命了；世上没有一种药可以救治你，不到半小时，你就要死去。那杀人的凶器就在你的手里，它的锋利的刃上还涂着毒药。这奸恶的诡计已经回转来害了我自己；瞧！我躺在这儿，再也不会站起来了。你的母亲也中了毒。我说不下去了。国王——国王——都是他一个人的罪恶。

哈姆莱特：锋利的刃上还涂着毒药！——好，毒药，发挥你的力量吧！（刺国王。）

众人：反了！反了！

国王：啊！帮帮我，朋友们；我不过受了点伤。

哈姆莱特：好，你这败坏伦常、嗜杀贪淫、万恶不赦的丹麦奸王！喝干了这杯毒药——你那颗珍珠是在这儿吗？——跟我的母亲一道去吧！

（国王死。）

雷欧提斯：他死得应该；这毒药是他亲手调下的。尊贵的哈姆莱特，让我们互相宽恕；我不怪你杀死我和我的父亲，你也不要怪我杀死你！

（死。）

哈姆莱特：愿上天赦免你的错误！我也跟着你来了。我死了，霍拉旭。不幸的王后，别了！你们这些看见这一幕意外的惨变而战栗失色的无言的观众，倘不是因为死神的拘捕不给人片刻的停留，啊！我可以告诉你们——可是随它去吧。霍拉旭，我死了，你还活在世上；请你把我的行事的始末根由昭告世人，解除他们的疑惑。

霍拉旭：不，我虽然是个丹麦人，可是在精神上我却更是个古代的罗马人；这儿还留剩着一些毒药。

哈姆莱特：你是个汉子，把那杯子给我；放手；凭着上天起誓，你必须把它给我。啊，上帝！霍拉旭，我一死之后，要是世人不明白这一切事情的真相，我的名誉将要永远蒙着怎样的损伤！你倘然爱我，请你暂时牺牲一下天堂上的幸福，留在这一个冷酷的人间，替我传述我的故事吧。

画龙点睛

丹麦王子哈姆莱特在德国威登堡大学就读时突然接到父亲的死讯，回国奔丧时接连遇到了叔父克劳狄斯即位和叔父与母亲乔特鲁德在父亲葬礼后一个月匆忙结婚的一连串事变，这使哈姆莱特充满了疑惑和不满。紧接着，在霍拉旭和勃那多站岗时出现了父亲老哈姆莱特的鬼魂，说明自己是被克劳狄斯毒死并要求哈姆莱特为自己复仇。随后，哈姆莱特利用装疯掩护自己并通过"戏中戏"证实了自己的叔父的确是杀父仇人。由于错误地杀死了心爱的奥菲利娅的父亲波罗涅斯，克劳狄斯试图借英王手除掉哈姆莱特，但哈姆莱特趁机逃回丹麦，却得知奥菲利娅自杀并不得不接受了与其兄雷欧提斯的决斗。

《哈姆莱特》之所以成为莎士比亚四大悲剧之首，不仅仅在于作品最后的悲惨结局，同时还在于作品带给人们沉重的反思，对哈姆莱特命运的反思，对当时文艺复兴时期社会背景的反思。而主人公哈姆莱特最后的结局，则是整个时代发展的必然趋势，其个人牺牲也是作品发展的最终结局。在某种程度上，悲剧不是不幸，而是某种意义上的美。

延伸阅读

破圈的莎士比亚，永远的顶流

王 文

谁还不知道威廉·莎士比亚？举世闻名的英国戏剧家、诗人，世界文学圈永远的顶流。

莎士比亚，生于 1564 年，1616 年去世。他生活的年代，英国正被滥觞于意大利的文艺复兴运动辉耀着，具体表现之一就是剧场文化方兴未艾。当时的伦敦，可容纳 2 000 到 3 000 人的公共剧场多达 18 家，与此同时，还有多家规模为公共剧场四分之一的私人剧场。剧场的数量决定了戏剧市场对剧作家的需求。与莎士比亚同时代的剧作家，能被观众记住并脱口而出的名字，就有 100 多位。遗憾的是，400 多年以后，那些剧作家的作品绝大多数湮没在了时间的长河里。但莎士比亚，仅论及他的戏剧成就，就以 37 部作品彪炳世界文学史。而他的四大悲剧和四大喜剧，更是今天世界戏剧舞台上的常演剧目。

莎士比亚何以奇峰突起？从《威尼斯商人》开始启蒙莎剧，到四大悲剧、四大喜剧，再到他作品中相对小众的《辛白林》，继而是根据他的剧本改编的古典音乐作品《仲夏夜之梦》《罗密欧与朱丽叶》《奥赛罗序曲》……享受他作品的时间久了，竟会产生一种错觉：这世上有一个莎士比亚，不是自然而然、天经地义的事吗？但读了《法庭上的莎士比亚》《莎士比亚植物志》，以及《莎士比亚的科学》，让我不禁扪心自问：对于莎士比亚，我们究竟知道多少？

莎士比亚的秘密武器——古典修辞术

《威尼斯商人》一剧中，为安东尼奥辩护的律师鲍西娅在法庭上大战商人夏洛克的那段，因为被选入了中学课本而成为我们最熟悉的莎剧情节之一。夏洛克在安东尼奥遭受意外不能按时还钱时，拒绝了很多人的好言相劝，一定要安东尼奥依约以自己身上的一磅肉抵债。正是鲍西娅的巧言善辩，帮助安东尼奥不失一滴血地全身而退，并让一心想要安东尼奥出糗继而颜面扫地的夏洛克聪明反被聪明误。

牢牢记住这一段戏的人们，大概会把鲍西娅的胜利归功于莎士比亚很会写戏。《法庭上的莎士比亚》的作者、当今英国极具影响力的思想史家昆廷·斯金纳也认可——莎士比亚的编剧手法的确高明，但熟稔西方思想史的斯金纳进一步追根溯源，将莎士比亚法庭戏写得精彩，归功于剧作家非常善于从古典修辞术中汲取养分。

何为古典修辞术？斯金纳在本书第一章就告诉读者，这项由古罗马演说家西塞罗《论开题》一书开启的学问，经由匿名写作者的《罗马修辞手册》、古罗马雄辩家昆体良的《雄辩术原理》等众多辩士从实践到论著的锤炼，到了莎士比亚时期的英国，已经成熟得占据了教育实践的核心位置。也就是说，还是学生的莎士比亚，一定学习过古典修辞术，也没少参阅过像西塞罗、昆体良这些经受了时间考验的古典修辞学家的著作，因而他知晓一场司法演说应该由哪五部分组成，每一部分都有哪些技巧可供选择，以及法庭取胜的法宝。

精良的"武器"在手，莎士比亚于是"马步扎得稳当，耍花枪比谁都漂亮"，一出场鲍西娅一句"可是按照威尼斯的法律，你的控诉是可以成立的"，不知道让多少第一次欣赏《威尼斯商人》的观众替正直善良的安东尼奥捏了一把汗。殊不知已经谙熟古典修辞术的莎士比亚，在此处用的是迂回诡秘型引言，可以说，鲍西娅胜诉，是古典修辞术赢了。

在斯金纳的论述中，莎士比亚依靠古典修辞术帮助自己剧作中的角色赢得法庭上的争讼，绝不止于我们熟悉的《威尼斯商人》中的这一场戏。《哈姆莱特》中哈姆莱特与亡父鬼魂之间的对话何以丝丝入扣得让人绷紧心弦？《奥赛罗》中的奥赛罗何以轻易就中了伊阿古的圈套？《裘力斯·凯撒》中安东尼何以能走出困境？创造他们的莎士比亚，从古典修辞术那里替他们"借"到了最趁手的武器。

莎士比亚能成为他那个时代独领风骚数百年的剧作家，是因为他能从历史的丛林中寻觅到巨人，并不惮于被他人评说是"站在巨人肩膀上的成功者"——这就是《法庭上的莎士比亚》为读者揭开的莎翁的一重面纱。

不是花，是莎士比亚的博学精彩了剧情

影视化的《哈姆莱特》版本很多，在众多版本中我偏爱劳伦斯·奥利弗于1948年拍摄、引进到国内后片名被译成《王子复仇记》的那一版。观赏这部电影已是30多年前的往事了，但我依然清晰地记得，为情所伤的奥菲莉亚慢慢滑向河里时脖颈上挂着的花环有多么美丽。

玛格丽特·威尔斯，曾在牛津大学研读现代史和建筑史，出版过《乔治时代生活即景》《英国花匠的诞生》《英国工薪家庭的花园》《出类拔萃：十二种珍惜花卉的故事》等书，这位深爱园林和花卉的英国人，意识到莎士比亚的剧作中遍布着他那个时代的各种植物后，决定将之与自己的爱好合成一本书，这便是《莎士比亚植物志》。

作为一生钟爱莎剧的著名演员，劳伦斯·奥利弗研读莎士比亚的剧本已经到了细致入微的地步，他知道，奥菲莉亚爱花成癖，就像《莎士比亚植物志》中所写的那样，父亲被刺死后，"她用一连串的植物来祭奠"；自己陷于癫狂状态后，会情不自禁地列举一连串香草花卉；留给爱人的临别寄语，也请花来代言："这是给您的芸香；这儿还留着一些给我自己；遇到礼拜天，我们不妨叫它慈悲草。"爱花如斯的奥菲莉亚，告别这个世界时，当然得有花草陪伴，所以1948年版的电影，会有那样一个镜头。

用心体悟这些情节，可以觉出莎士比亚非常懂得花语。威尔斯的研究成果也表明，"他对植物学非常熟悉，无论是花卉、草木、水果或蔬菜"。她认为，"莎士比亚关于植物的大量知识显然来自书籍"，威廉·透纳的《新植物志》、亨利·莱特的《植物史》、约翰·杰拉德的植物巨著《植物志》等，都是莎士比亚的案头书。

而植物也回馈了莎士比亚精彩纷呈的剧情。《仲夏夜之梦》中，仙王命令淘气的小精灵趁仙后睡着时将爱懒花的花汁滴进她的眼里，好让她醒来后疯狂地爱上第一眼看到的人。那么，爱懒花（即三色堇）真有这种功能吗？约翰·杰拉德在《植物志》中建议给患了梅毒的人服用三色堇蒸馏水，如此一对照，莎士比亚赋予爱懒花的神奇功效，就让《仲夏夜之梦》更具喜剧色彩了。

相比借爱懒花正话反说，出现在《罗密欧与朱丽叶》里的数种花卉之药用功能，莎士比亚则把握得非常牢靠。他让伴装自杀以达成与罗密欧终成眷属目的的朱丽叶，服用了从植物中提取的颠茄，此物真有让人假死的功能；他又让以为朱丽叶已自杀身亡的罗密欧服下了乌头，而乌头，威尔斯在书里写道："乌头是毒性最强的植物之一，从它的别名'狼毒'就可以看出。"罗密欧的决绝，让人走出剧场后还在为他们的殉情潸然泪下。

明里暗里藏在莎剧里的花草还有很多，威尔斯从中精选出了49种加以描绘，她要给予读者一幅莎士比亚花园的图景，而我们，则读到了一个不肯被文学圈圈住的剧作家的博学。

莎士比亚永不过时的未来视野

加拿大科普记者、作家丹·福克在他的著作《莎士比亚的科学：一位剧作家和他的时代》中，用较大篇幅描述了一个我们颇为陌生的天文学家彼得·厄舍。在第八章《阅读莎士比亚，阅读隐藏的文本》中，丹·福克由彼得·厄舍的一篇论文开始了他的追踪。这是彼得·厄舍向美国天文协会提交的一篇论文，他推断："我认为早在 1601 年，莎士比亚就预见到了新的宇宙秩序和人类在其中的位置。"将这句话"翻译"成一眼就能看懂的表述便是，早在 1601 年，莎士比亚就已经接受了日心说。这个论点并非哗众取宠，丹·福克同样相信，因为莎士比亚生活的年代，西方宇宙学领域正爆发式地宣布新发现。

1543 年，哥白尼出版《天体运行论》，动摇了托勒密的地心说；1572 年 11 月 11 日，丹麦天文学家第谷·布拉赫在自己建造的小型天文台观测到一颗恒星，并很快撰写出版了一本小书《论新星》，第谷的发现被认为冒犯了亚里士多德和托勒密的宇宙学；1576 年，英国天文学家托马斯·迪格斯在出版他父亲所撰的历书新版本时，加入了对哥白尼理论热情洋溢的概述，有意思的是，这位通晓拉丁文的英国人没有按照当时的常规用拉丁文撰文，而是选择了本国语言，理由是要把知识交给没有上过大学但仍可以从中获益的人手中……

莎士比亚没有接受过高等教育，也没有材料能证明他读过同胞托马斯·迪格斯撰写的文章，但是，哥白尼、第谷、迪格斯、布鲁诺和伽利略等科学家不约而同地贡献给世界的宇宙学新发现，在当时已形成一股思潮，向来触角灵敏、善于学习的莎士比亚岂能视而不见听而不闻？事实上，新的宇宙观已"隐藏"在他的剧作中：

因为镀着一层泪液的愁人之眼，

往往会把一整个的东西化成无数的形象。

就像凹凸镜一般！

从正面望去，只见一片模糊，

从侧面看，却可以辨别形状。

《理查二世》第二幕中约翰·布希爵士用隐喻解读女王情绪的台词，分明告诉我们，莎士比亚有多了解刚问世不久的凹凸镜。

由此可见，服膺哥白尼、第谷、迪格斯、布鲁诺、伽利略等科学家的莎士比亚，不仅在自己的剧作中沿用了他们的新发现，更是被他们的发现开拓了自己的宇宙观。

（摘自《文汇报》2023 年 11 月 25 日）

第六章

小　说

■ **知人论世**

　　铁凝，籍贯河北省赵县，著名作家。铁凝 1975 年于保定高中毕业后到河北省博野县农村插队；1979 年回保定，在保定文联《花山》编辑部任小说编辑；1975 年开始发表作品。1982 年发表的短篇小说《哦，香雪》获 1983 年度全国优秀短篇小说奖；1985 年中篇小说《没有纽扣的红衬衫》获全国优秀中篇小说奖；1985 年《六月的话题》获全国优秀短篇小说奖；《麦秸垛》获 1986—1987 年《中篇小说选刊》优秀作品奖。1984 年，铁凝进入河北省文联任专业作家，1996—2006 年担任河北省作家协会主席，2006 年起担任中国作家协会主席。铁凝的早期作品描写生活中普通的人和事，特别是细腻地描写人物的内心，从中反映人们的理想与追求、矛盾与痛苦，语言柔婉清新。铁凝的代表作有《玫瑰门》《无雨之城》《大浴女》《麦秸垛》等。其散文集《女人的白夜》获中国首届鲁迅文学奖，中篇小说《永远有多远》获第二届鲁迅文学奖，根据小说改编的电影《哦，香雪》获第 41 届柏林电影节青春片最高奖。

■ **名作精选**

哦，香雪[1]

铁　凝

　　如果不是有人发明了火车，如果不是有人把铁轨铺进深山，你怎么也不会发现台儿沟这个小村。它和它的十几户乡亲，一心一意掩藏在大山那深深的皱褶里，从春到夏，从秋到冬，默默地接受着大山任意给予的温存和粗暴。

　　然而，两根纤细、闪亮的铁轨延伸过来了。它勇敢地盘旋在山腰，又悄悄地试探着前进，弯弯曲曲，曲曲弯弯，终于绕到台儿沟脚下，然后钻进幽暗的隧道，冲向又一道山梁，朝着神秘的远方奔去。

不久，这条线正式营运，人们挤在村口，看见那绿色的长龙一路呼啸，挟带着来自山外的陌生、新鲜的清风，擦着台儿沟贫弱的脊背匆匆而过。它走得那样急忙，连车轮碾轧钢轨时发出的声音好像都在说：不停不停，不停不停！是啊，它有什么理由在台儿沟站脚呢，台儿沟有人要出远门吗？山外有人来台儿沟探亲访友吗？还是这里有石油储存，有金矿埋藏？台儿沟，无论从哪方面讲，都不具备挽住火车在它身边留步的力量。

可是，记不清从什么时候起，列车的时刻表上，还是多了"台儿沟"这一站。也许乘车的旅客提出过要求，他们中有哪位说话算数的人和台儿沟沾亲；也许是那个快乐的男乘务员发现台儿沟有一群十七八岁的漂亮姑娘，每逢列车疾驰而过，她们就成帮搭伙地站在村口，翘起下巴，贪婪、专注地仰望着火车。有人朝车厢指点，不时能听见她们由于互相捶打而发出的一两声娇嗔[2]的尖叫。也许什么都不为，就因为台儿沟太小了，小得叫人心疼，就是钢筋铁骨的巨龙在它面前也不能昂首阔步，也不能不停下来。总之，台儿沟上了列车时刻表，每晚七点钟，由首都方向开往山西的这列火车在这里停留一分钟。

这短暂的一分钟，搅乱了台儿沟以往的宁静。从前，台儿沟人历来是吃过晚饭就钻被窝，他们仿佛是在同一时刻听到大山无声的命令。于是，台儿沟那一小片石头房子在同一时刻忽然完全静止了，静得那样深沉、真切，好像在默默地向大山诉说着自己的虔诚。如今，台儿沟的姑娘们刚把晚饭端上桌就慌了神，她们心不在焉地胡乱吃几口，扔下碗就开始梳妆打扮。她们洗净蒙受了一天的黄土、风尘，露出粗糙、红润的面色，把头发梳的乌亮，然后就比赛着穿出最好的衣裳。有人换上过年时才穿的新鞋，有人还悄悄往脸上涂点胭脂。尽管火车到站时已经天黑，她们还是按照自己的心思，刻意斟酌着服饰和容貌。然后，她们就朝村口，朝火车经过的地方跑去。香雪总是第一个出门，隔壁的凤娇第二个就跟了出来。

七点钟，火车喘息着向台儿沟滑过来，接着一阵空哐乱响，车身震颤一下，才停住不动了。姑娘们心跳着涌上前去，像看电影一样，挨着窗口观望。只有香雪躲在后面，双手紧紧捂着耳朵。看火车，她跑在最前边，火车来了，她却缩到最后去了。她有点害怕它那巨大的车头，车头那么雄壮地吐着白雾，仿佛一口气就能把台儿沟吸进肚里。它那撼天动地的轰鸣也叫她感到恐惧。在它跟前，她简直像一叶没根的小草。

"香雪，过来呀，看！"凤娇拉过香雪向一个妇女头上指，她指的是那个妇女头上别着的那一排金圈圈。

"怎么我看不见？"香雪微微眯着眼睛。

"就是靠里边那个，那个大圆脸。看，还有手表哪，比指甲盖还小哩！"凤娇又有了新发现。

香雪不言不语地点着头，她终于看见了妇女头上的金圈圈和她腕上比指甲盖还要小的手表。但她也很快就发现了别的。"皮书包！"她指着行李架上一只普通的棕色人造革学生书包。就是那种连小城市都随处可见的学生书包。

尽管姑娘们对香雪的发现总是不感兴趣，但她们还是围了上来。

"呦，我的妈呀！你踩着我的脚啦！"凤娇一声尖叫，埋怨着挤上来的一位姑娘。她老是爱一惊一乍的。

"你咋呼什么呀，是想叫那个小白脸和你答话了吧？"被埋怨的姑娘也不示弱。

"我撕了你的嘴！"凤娇骂着，眼睛却不由自主地朝第三节车厢的车门望去。

那个白白净净的年轻乘务员真下车来了。他身材高大，头发乌黑，说一口漂亮的北京话。

也许因为这点，姑娘们私下里都叫他"北京话"。"北京话"双手抱住胳膊肘，和她们站得不远不近地说："喂，我说小姑娘们，别扒窗户，危险！"

"呦，我们小，你就老了吗？"大胆的凤娇回敬了一句。姑娘们一阵大笑，不知谁还把凤娇往前一搡[3]，弄得她差点撞在他身上，这一来反倒更壮了凤娇的胆，"喂，你们老待在车上不头晕？"她又问。

"房顶子上那个大刀片似的，那是干什么用的？"又一个姑娘问。她指的是车厢里的电扇。

"烧水在哪儿？"

"开到没路的地方怎么办？"

"你们城里人一天吃几顿饭？"香雪也紧跟在姑娘们后面小声问了一句。

"真没治！""北京话"陷在姑娘们的包围圈里，不知所措地嘟囔着。

快开车了，她们才让出一条路，放他走。他一边看表，一边朝车门跑去，跑到门口，又扭头对她们说："下次吧，下次一定告诉你们！"他的两条长腿灵巧地向上一跨就上了车，接着一阵叽哩哐啷，绿色的车门就在姑娘门面前沉重地合上了。列车一头扎进黑暗，把她们撇在冰冷的铁轨旁边。很久，她们还能感觉到它那越来越轻的震颤。

一切又恢复了寂静，静得叫人惆怅。姑娘们走回家去，路上还要为一点小事争论不休：

"谁知道别在头上的金圈圈是几个？"

"八个。"

"九个。"

"不是！"

"就是！"

"凤娇你说呢？"

"她呀，还在想'北京话'呢！"有人开起了凤娇的玩笑。

"去你的，谁说谁就想。"凤娇说着捏了一下香雪的手，意思是叫香雪帮腔。

香雪没说话，慌得脸都红了。她才十七岁，还没学会怎样在这种事上给人家帮腔。

"他的脸多白呀！"那个姑娘还在逗凤娇。

"白？还不是在那大绿屋里捂的。叫他到咱台儿沟住几天试试。"有人在黑影里说。

"可不，城里人就靠捂。要论白，叫他们和咱们香雪比比。咱们香雪，天生一副好皮子，再照火车上那些闺女的样儿，把头发烫成弯弯绕，啧啧！真没治！凤娇姐，你说是不是？"

凤娇不接茬儿，松开了香雪的手。好像姑娘们真的在贬低她的什么人一样，她心里真有点替他抱不平呢。不知怎么的，她认定他的脸绝不是捂白的，那是天生。

香雪又悄悄把手送到凤娇手心里，她示意凤娇握住她的手，仿佛请求凤娇的宽恕，仿佛是她使凤娇受了委屈。

"凤娇，你哑巴啦？"还是那个姑娘。

"谁哑巴啦！谁像你们，专看人家脸黑脸白。你们喜欢，你可跟上人家走啊！"凤娇的嘴巴很硬。

"我们不配！"

"你担保人家没有相好的？"

……

不管在路上吵得怎样厉害，分手时大家还是十分友好的，因为一个叫人兴奋的念头又在她们心中升起：明天，火车还要经过，她们还会有一个美妙的一分钟。和它相比，闹点小别扭还算回事吗?

哦,五彩缤纷的一分钟,你饱含着台儿沟的姑娘们多少喜怒哀乐!

日久天长,这五彩缤纷的一分钟,竟变得更加五彩缤纷起来,就在这个一分钟里,她们开始挎上装满核桃、鸡蛋、大枣的长方形柳条篮子,站在车窗下,抓紧时间跟旅客和和气气地做买卖。她们踮着脚尖,双臂伸得直直的,把整筐的鸡蛋、红枣举上窗口,换回台儿沟少见的挂面、火柴,以及属于姑娘们自己的发卡、香皂。有时,有人还会冒着回家挨骂的风险,换回花色繁多的纱巾和能松能紧的尼龙袜。

凤娇好像是大家有意分配给那个"北京话"的,每次都是她提着篮子去找他。她和他做买卖故意磨磨蹭蹭,车快开时才把整篮的鸡蛋塞给他。要是他先把鸡蛋拿走,下次见面时再付钱,那就更够意思了。如果他给她捎回一捆挂面、两条纱巾,凤娇就一定抽回一斤挂面还给他。她觉得,只有这样才对得起和他的交往,她愿意这种交往和一般的做买卖有区别。有时她也想起姑娘们的话:"你担保人家没有相好的?"其实,有没有相好的不关凤娇的事,她又没想过跟他走。可她愿意对他好,难道非得是相好的才能这么做吗?

香雪平时话不多,胆子又小,但做起买卖却是姑娘中最顺利的一个。旅客们爱买她的货,因为她是那么信任地瞧着你,那洁如水晶的眼睛告诉你,站在车窗下的这个女孩子还不知道什么叫受骗。她还不知道怎么讲价钱,只说:"你看着给吧。"你望着她那洁净得仿佛一分钟前才诞生的面孔,望着她那柔软得宛若红缎子似的嘴唇,心中会升起一种美好的感情。你不忍心跟这样的小姑娘要滑头,在她面前,再爱计较的人也会变得慷慨大度。

有时她也抓空儿向他们打听外面的事,打听北京的大学要不要台儿沟人,打听什么叫"配乐诗朗诵"(那是她偶然在同桌的一本书上看到的)。有一回她向一位戴眼镜的中年妇女打听能自动开关的铅笔盒,还问到它的价钱。谁知没等人家回话,车已经开动了。她追着它跑了好远,当秋风和车轮的呼啸一同在她耳边鸣响时,她才停下脚步意识到,自己的行为是多么可笑啊。

火车眨眼间就无影无踪了。姑娘们围住香雪,当她们知道她追火车的原因后,便觉得好笑起来。

"傻丫头!"

"值不当的!"

她们像长者那样拍着她的肩膀。

"就怪我磨蹭,问慢了。"香雪可不认为这是一件值不当的事,她只是埋怨自己没抓紧时间。

"咳,你问什么不行呀!"凤娇替香雪挎起篮子说。

"谁叫咱们香雪是学生呢。"也有人替香雪分辨。

也许就因为香雪是学生吧,是台儿沟唯一考上初中的人。

台儿沟没有学校,香雪每天上学要到十五里以外的公社。尽管不爱说话是她的天性,但和台儿沟的姐妹们总是有话可说的。公社中学可就没那么多姐妹了,虽然女同学不少,但她们的言谈举止,一个眼神,一声轻轻的笑,好像都是为了叫香雪意识到,她是小地方来的,穷地方来的。她们故意一遍又一遍地问她:"你们那儿一天吃几顿饭?"她不明白她们的用意,每次都认真地回答:"两顿。"然后又友好地瞧着她们反问道:"你们呢?"

"三顿!"她们每次都理直气壮地回答。之后,又对香雪在这方面的迟钝感到说不出的怜悯和气恼。

"你上学怎么不带铅笔盒呀？"她们又问。

"那不是吗。"相雪指指桌角。

其实，她们早知道桌角那只小木盒就是香雪的铅笔盒，但她们还是做出吃惊的样子。每到这时，香雪的同桌就把自己那只宽大的泡沫塑料铅笔盒摆弄得哒哒乱响。这是一只可以自动合上的铅笔盒，很久以后，香雪才知道它所以能自动合上，是因为铅笔盒里包藏着一块不大不小的吸铁石。香雪的小木盒呢，尽管那是当木匠的父亲为她考上中学特意制作的，它在台儿沟还是独一无二的呢。可在这儿，和同桌的铅笔盒一比，为什么显得那样笨拙、陈旧？它在一阵哒哒声中有几分羞涩地畏缩在桌角上。

香雪的心再也不能平静了，她好像忽然明白了同学对她的再三盘问，明白了台儿沟是多么贫穷。她第一次意识到这是不光彩的，因为贫穷，同学才敢一遍又一遍地盘问她。她盯住同桌那只铅笔盒，猜测它来自遥远的大城市，猜测它的价值肯定非同寻常。三十个鸡蛋换得来吗？还是四十个、五十个？这时她的心又忽地一沉：怎么想起这些了？娘攒下鸡蛋，不是为了叫她乱打主意啊！可是，为什么那诱人的哒哒声老是在耳边响个没完？

深秋，山风渐渐凛冽了，天也黑得越来越早。但香雪和她的姐妹们对于七点钟的火车，是照等不误的。她们可以穿起花棉袄了，凤娇头上别起了淡粉色的有机玻璃发卡，有些姑娘的辫梢还缠上了夹丝橡皮筋。那是她们用鸡蛋、核桃从火车上换来的。她们仿照火车上那些城里姑娘的样子把自己武装起来，整齐地排列在铁路旁，像是等待欢迎远方的贵宾，又像是准备着接受检阅。

火车停了，发出一阵沉重的叹息，像是在抱怨着台儿沟的寒冷。今天，它对台儿沟表现了少有的冷漠：车窗全部紧闭着，旅客在黄昏的灯光下喝茶、看报，没有人向窗外瞥一眼。那些眼熟的、常跑这条线的人们，似乎也忘记了台儿沟的姑娘。

凤娇照例跑到第三节车厢去找她的"北京话"，香雪紧紧头上的紫红色线围巾，把臂弯里的篮子换了换手，也顺着车身不停地跑着。她尽量高高地踮起脚尖，希望车厢里的人能看见她的脸。车上一直没有人发现她，她却在一张堆满食品的小桌上，发现了渴望已久的东西。它的出现，使她再也不想往前走了，她放下篮子，心跳着，双手紧紧扒住窗框，认清了那真是一只铅笔盒，一只装有吸铁石的自动铅笔盒。它和她离得那样近，她一伸手就可以摸到。

一位中年女乘务员走过来拉开了香雪。香雪挎起篮子站在远处继续观察。当她断定它属于靠窗的那位女学生模样的姑娘时，就果断地跑过去敲起了玻璃。女学生转过脸来，看见香雪臂弯里的篮子，抱歉地冲她摆了摆手，并没有打开车窗的意思，不知怎么的她就朝车门跑去，当她在门口站定时，还一把扒住了扶手。如果说跑的时候她还有点犹豫，那么从车厢里送出来的一阵阵温馨的、火车特有的气息却坚定了她的信心，她学着"北京话"的样子，轻巧地跃上了踏板。她打算以最快的速度跑进车厢，以最快的速度用鸡蛋换回铅笔盒。也许，她所以能够在几秒钟内就决定上车，正是因为她拥有那么多鸡蛋吧，那是四十个。

香雪终于站在火车上了。她挽紧篮子，小心地朝车厢迈出了第一步。这时，车身忽然悸动了一下，接着，车门被人关上了。当她意识到眼前发生了什么事时，列车已经缓缓地向台儿沟告别了。香雪扒在车门上，看见凤娇的脸在车下一晃。看来这不是梦，一切都是真的，她确实离开姐妹们，站在这又熟悉、又陌生的火车上了。她拍打着玻璃，冲凤娇叫喊："凤娇！我怎么办呀，我可怎么办呀！"

列车无情地载着香雪一路飞奔，台儿沟刹那间就被抛在后面了。下一站叫西山口，西山口离台儿沟三十里。

　　三十里，对于火车，汽车真的不算什么，西山口在旅客们闲聊之中就到了。这里上车的人不少，下车的只有一位旅客，那就是香雪，她胳膊上少了那只篮子，她把它塞到那个女学生座位下面了。

　　在车上，当她红着脸告诉女学生，想用鸡蛋和她换铅笔盒时，女学生不知怎么的也红了脸。她一定要把铅笔盒送给香雪，还说她住在学校吃食堂，鸡蛋带回去也没法吃。她怕香雪不信，又指了指胸前的校徽，上面果真有"矿冶学院"几个字。香雪却觉着她在哄她，难道除了学校她就没家吗？香雪一面摆弄着铅笔盒，一面想着主意。台儿沟再穷，她也从没白拿过别人的东西。就在火车停顿前发出的几秒钟的震颤里，香雪还是猛然把篮子塞到女学生的座位下面，迅速离开了。

　　车上，旅客们曾劝她在西山口住上一夜再回台儿沟。热情的"北京话"还告诉她，他爱人有个亲戚就住在站上。香雪没有住，更不打算去找"北京话"的什么亲戚，他的话倒更使她感到了委屈，她替凤娇委屈，替台儿沟委屈。她只是一心一意地想：赶快走回去，明天理直气壮地去上学，理直气壮地打开书包，把"它"摆在桌上。车上的人既不了解火车的呼啸曾经怎样叫她像只受惊的小鹿那样不知所措，更不了解山里的女孩子在大山和黑夜面前到底有多大本事。

　　列车很快就从西山口车站消失了，留给她的又是一片空旷。一阵寒风扑来，吸吮着她单薄的身体。她把滑到肩上的围巾紧裹在头上，缩起身子在铁轨上坐了下来。香雪感受过各种各样的害怕，小时候她怕头发，身上粘着一根头发择不下来，她会急得哭起来；长大了她怕晚上一个人到院子里去，怕毛毛虫，怕被人胳肢（凤娇最爱和她来这一手）。现在她害怕这陌生的西山口，害怕四周黑幽幽的大山，害怕叫人心惊肉跳的寂静，当风吹响近处的小树林时，她又害怕小树林发出的窸窸窣窣的声音。三十里，一路走回去，该路过多少大大小小的林子啊！

　　一轮满月升起来了，照亮了寂静的山谷、灰白的小路，照亮了秋日的败草、粗糙的树干，还有一丛丛荆棘、怪石，还有满山遍野那树的队伍，还有香雪手中那只闪闪发光的小盒子。

　　她这才想到把它举起来端详。她想，为什么坐了一路火车，竟没有拿出来好好看看？现在，在皎洁的月光下，她才看清了它是淡绿色的，盒盖上有两朵洁白的马蹄莲。她小心地把它打开，又学着同桌的样子轻轻一拍盒盖，"哒"的一声，它便合得严严实实。她又打开盒盖，觉得应该立刻装点东西进去。她从兜里摸出一只盛擦脸油的小盒放进去，又合上了盖子。只有这时，她才觉得这铅笔盒真属于她了，真的。它又想到了明天，明天上学时，她多么盼望她们会再三盘问她啊！

　　她站了起来，忽然感到心里很满意，风也柔和了许多。她发现月亮是这样明净。群山被月光笼罩着，像母亲庄严、神圣的胸脯；那秋风吹干的一树树核桃叶，卷起来像一树树金铃铛，她第一次听清它们在夜晚，在风的怂恿下"豁啷啷"地歌唱。她不再害怕了，在枕木上跨着大步，一直朝前走去。大山原来是这样的！月亮原来是这样的！核桃树原来是这样的！香雪走着，就像第一次认出养育她长大成人的山谷。台儿沟呢？不知怎么的，她加快了脚步。她急着见到它，就像从来没有见过它那样觉得新奇。台儿沟一定会是"这样的"：那时台儿沟的姑娘不再央求别人，也用不着回答人家的再三盘问。火车上的漂亮小伙子都会求上门来，火车也会停得久一些，也许三分、四分，也许十分、八分。它会向台儿沟打开所有的门窗，要是再碰上今晚这种情况，谁都能从从容容地下车。

　　今晚台儿沟发生了什么事？对了，火车拉走了香雪，为什么现在她像闹着玩儿似地去回忆呢？四十个鸡蛋没有了，娘会怎么说呢？爹不是盼望每天都有人家娶媳妇、聘闺女吗？那时他才有干不完的活儿，他才能光着红铜似的脊梁，不分昼夜地打出那些躺柜、碗橱、板箱，挣回香雪的学费。想到这儿，香雪站住了，月光好像也黯淡下来，脚下的枕木变成一片模糊。回去怎么说？她环视群山，群山沉默着；她又朝着近处的杨树林张望，杨树林窸窸窣窣地响着，并不真心告诉她应该怎么做。是哪来的流水声？她寻找着，发现离铁轨几米远的地方，有一道浅浅的小溪。她走下铁轨，在小溪旁边坐了下来。她想起小时候有一回和凤娇在河边洗衣裳，碰见一个换芝麻糖的老头。凤娇劝香雪拿一件汗衫换几块糖吃，还教她对娘说，那件衣裳不小心叫河水给冲走了。香雪很想吃芝麻糖，可她到底没换。她还记得，那老头真心实意等了她半天呢。为什么她会想起这件小事？也许现在应该骗娘吧，因为芝麻糖怎么也不能和铅笔盒的重要性相比。她要告诉娘，这是一个宝盒子，谁用上它，就能一切顺心如意，就能上大学、坐上火车到处跑，就能要什么有什么，就再也不会被人盘问她们每天吃几顿饭了。娘会相信的，因为香雪从来不骗人。

小溪的歌唱高昂起来了，它欢腾着向前奔跑，撞击着水中的石块，不时溅起一朵小小的浪花。香雪也要赶路了，她捧起溪水洗了把脸，又用沾着水的手抿光被风吹乱的头发。水很凉，但她觉得很精神。她告别了小溪，又回到了长长的铁路上。

前边又是什么？是隧道，它愣在那里，就像大山的一只黑眼睛。香雪又站住了，但她没有返回去，她想到怀里的铅笔盒，想到同学们惊羡的目光，那些目光好像就在隧道里闪烁。她弯腰拔下一根枯草，将草茎插在小辫里。娘告诉她，这样可以"避邪"。然后她就朝隧道跑去。确切地说，是冲去。

香雪越走越热了，她解下围巾，把它搭在脖子上。她走出了多少里？不知道。尽管草丛里的"纺织娘""油葫芦"总在鸣叫着提醒她。台儿沟在哪儿？她向前望去，她看见迎面有一颗颗黑点在铁轨上蠕动。再近一些她才看清，那是人，是迎着她走过来的人群。第一个是凤娇，凤娇身后是台儿沟的姐妹门。

香雪想快点跑过去，但腿为什么变得异常沉重？她站在枕木上，回头望着笔直的铁轨，铁轨在月亮的照耀下泛着清淡的光，它冷静地记载着香雪的路程。她忽然觉得心头一紧，不知怎么的就哭了起来，那是欢乐的泪水，满足的泪水。面对严峻而又温厚的大山，她心中升起一种从未有过的骄傲。她用手背抹净眼泪，拿下插在辫子里的那根草棍儿，然后举起铅笔盒，迎着对面的人群跑去。

山谷里突然爆发了姑娘们欢乐的呐喊，她们叫着香雪的名字，声音是那样奔放、热烈；她们笑着，笑得是那样不加掩饰，无所顾忌。古老的群山终于被感动得颤栗了，它发出宽亮低沉的回音，和她们共同欢呼着。

哦，香雪！香雪！

【注释】

[1] 选自《铁凝小说集》，人民文学出版社 2000 年版。
[2] 娇嗔（chēn）：（女子）娇媚地表示不满、责怪。嗔，怒、生气。
[3] 搡（sǎng）：这里是"猛推"的意思。

画龙点睛

《哦，香雪》是一篇抒情意味浓厚的短篇小说，也是作者铁凝的成名作。小说以北方小山村台儿沟为背景，通过对香雪等一群乡村少女的描摹，叙写了每天只停留一分钟的火车给一向宁静的山村生活带来的改变，表达了姑娘们对山外文明的向往和改变山村封闭落后、摆脱贫穷的迫切心情，同时表现了山里姑娘的自爱自尊和纯美的心灵。小说更深刻的意义在于借台儿沟，写出了改革开放后中国从历史的阴影下走出，摆脱封闭、愚昧和落后，走向开放、文明与进步的痛苦与喜悦。文章篇幅较长但构思巧妙，语言精美，心理描写细腻。

正如作者所说的那样："一列列火车从山外奔来，使她们不再安于父辈那样坐在街口发愣的困窘生活，使他们不再甘心把自己的青春默默隐藏在大山的皱褶里。为了新追求，她们付诸行动，带着坚强和热情，淳朴和泼辣，温柔和大胆，带着大山赋予的一切美德，勇敢、执着地向新生活迈进，一往情深。"

《哦，香雪》是新文学史上深具历史文化意识的乡土文学作品，作者坚守着诗意化的美学理想，使得她对笔下的乡土中国的某些区域一方面深情地眷恋和咏唱，歌唱闭塞、贫瘠、落后的环境中的诗意，尤其是洋溢在其中的人性美和人情美；另一方面又对乡土人生进行了理性的批判，呈现出二重矛盾心态。

延伸阅读

三月香雪①

上世纪八十年代初，我写过一篇名叫《哦，香雪》的短篇小说发表在《人民日报》上。这是一个关于女孩子和火车的故事，小说的主人公叫香雪。

上世纪八十年代初，我曾在山区农村有过短暂的生活。还记得那是一个晚秋，我从京原线出发，乘火车在京冀交界处的一个小村下了车。站在高高的路基向下望，就看见了村口那个破败的小学校：没有玻璃、没有窗纸的教室门窗大敞着，一群衣衫褴褛的小学生正在黄土院子里做着手势含混、动作随意的课间操，几只黑猪白猪就在学生的队伍里穿行……贫瘠的土地和多而无用的石头禁锢了这里的百姓和他们的日子。他们不知道四周那奇妙峻美的大山是多么诱人，也不知道一只鸡和一斤挂面的价值区别——这里无法播种小麦，白面被认为是至高无上的。于是就有了北京人乘一百公里火车，携带挂面到这里换鸡的奇特交易：一斤挂面等于一只肥鸡！这小村的生活无疑是拮据寒酸的，滞重封闭的，求变的热望似乎不在年老的一代身上，而是在那些女孩子的眼神里、行动上。

我在一个晚上发现房东的女儿和几个女伴梳洗打扮、更换衣裳。我以为她们是去看电影，问过之后才知道她们从来没有看过电影，她们是去看火车，去看每晚七点钟在村口只停留一分钟的火车。这一分钟就是香雪们一天里最宝贵的文化生活。为了这一分钟，她们仔细地洗去劳动一天蒙在脸上的黄土，她们甚至还洗脚，穿起本该过年才拿出来的新鞋，也不顾火车

---

① 选自《语数外学习》（初中版），2023 年 8 月第 15 期，作者：铁凝。

到站已是夜色模糊。这使我有点心酸——那火车上的人，谁会留神车窗下边这些深山少女的脚和鞋呢。然而这就是梦想的开始，这就是希冀的起点。她们会为了一个年轻列车员而吃醋、不和，她们会为没有看清车上某个女人头上的新型发卡而遗憾。少女像企盼恋人一样地注视无比雄壮的火车，火车也会借了这一分钟欣赏窗外的风景——或许这风景里也包括女孩子们。火车上的人们永远不会留神女孩子那刻意的打扮，可她们对火车仍然一往情深。

于是就有了小说主人公香雪用一篮子鸡蛋换来火车上乘客的一只铅笔盒的"惊险"。为了这件样式新颖、带有磁铁开关、被香雪艳羡不已的文具，她冒险跳上火车去交易，火车开动了，从未出过家门的香雪被载到下一站。香雪从火车上下来，怀抱铅笔盒，在黑夜的山风里独自沿着铁轨，勇敢地行走三十华里回到她的村子。以香雪的眼光，火车和铅笔盒就是文明和文化的象征，火车冲进深山的同时也冲进香雪的心。

三十五年过去了，香雪的深山已是河北省著名的旅游景区，火车和铁路终于让更多的人发现这里原本有着珍禽异兽出没的原始次生林，有着可与非洲白蚁媲美的成堆的红蚁，有着气势磅礴的百里大峡谷，有着清澈明丽的拒马河，从前那些无用的石头们在今天也变成可以欣赏的风景。从前的香雪们早就不像等待恋人一样地等待火车，她们有的考入度假村做了服务员、导游，有的则成为家庭旅馆的店主。她们的目光从容自信，她们的衣着干净时新，她们懂得价值……而香雪们的下一代也已成人。

如今，养育我们的山川大地已是日新月异，旧貌换新颜，为什么许多读者还会心疼和怀念香雪那样的连什么叫受骗都不知道的少女？我想起当年一位读者给我的信中写到，纯净的香雪涤荡了我们心头征战生活多年的灰尘。当我们渴望精神发展的速度和心灵成长的速度能够跟上科学发明的速度，有时候我们必须有放慢脚步回望从前的勇气，有屏住呼吸审视心灵的能力。遥远的香雪们身上散发出来的人间温暖和清新的美德，就依然值得我们葆有和珍惜。

1983 年 3 月的《人民日报》在我手上已经发黄发脆，但我面前呈现的却是一场晶莹的香雪过后，如云如烟的山桃花怒放之后，鸟儿鸣唱，满目青山的美景。

第二节 红楼梦·宝玉挨打（节选）

知人论世

曹雪芹，名霑，字梦阮，号雪芹，又号芹溪、芹圃。自曾祖父起，三代任江宁织造，祖父曹寅尤为康熙皇帝所宠信。少年时代，他在锦衣玉食的奢华生活中度过。雍正初年，因受朝廷内部政治斗争的牵连，其父遭免职，家产被抄没，举家迁居北京。此后家道衰落，生活日趋艰难，未及五十即贫病而逝。曹雪芹自幼受到良好教育和家庭熏陶，能诗善画，具有卓越的艺术才能。在晚年生活困顿的境遇中，他"披阅十载，增删五次"，写出长篇小说《红楼梦》。

《红楼梦》又称《石头记》，仅八十回，今流行本为一百二十回，后四十回一般认为是高鹗所续。该书通过对一个贵族官僚大家庭的盛衰历史的描写，塑造了数以百计的栩栩如生的典型人物形象，对黑暗腐朽的封建社会进行了深刻的揭露和批判。这是一部伟大的现实主义文学巨著，标志着我国古典小说的高峰。

红楼梦（节选）[1]

曹雪芹

却说王夫人唤他母亲上来，拿几件簪环当面赏与，又吩咐请几众僧人念经超度。他母亲磕头谢了出去。

原来宝玉会过雨村回来听见了，便知金钏儿含羞赌气自尽，心中早又五内摧伤，进来被王夫人数落教训，也无可回说。见宝钗进来，方得便出来，茫然不知何往，背着手，低头一面感叹，一面慢慢的走着，信步来至厅上。刚转过屏门，不想对面来了一人正往里走，可巧儿撞了个满怀。只听那人喝了一声："站住！"宝玉唬了一跳，抬头一看，不是别人，却是他父亲，不觉的倒抽了一口气，只得垂手一傍站着。贾政道："好端端的，你垂头丧气嗐些什么？方才雨村来了要见你，那半天才出来！既出来了，全无一点慷慨挥洒谈吐，仍是委委琐琐的。我看你脸上一团私欲愁闷气色，这会子又嗳声叹气，你那些还不足，还不自在？无故这样，却是为何？"宝玉素日虽是口角伶俐，只是此时一心总为金钏儿感伤，恨不得此时也身亡命殒，跟了金钏儿去。如今见了他父亲说这些话，究竟不曾听见，只是怔呵呵的站着。

贾政见他惶悚，应对不似往日，原本无气的，这一来生了三分气。方欲说话，忽有回事人来回："忠顺亲王府里有人来，要见老爷。"贾政听了，心下疑惑，暗暗思忖道："素日并不和忠顺府来往，为什么今日打发人来？"一面想，一面令"快请"，急走出来看时，却是忠顺府长史官[2]，忙接进厅上坐了献茶。未及叙谈，那长史官先就说道："下官此来，并非擅造潭府[3]，皆因奉王命而来，有一件事相求。看王爷面上，敢烦老大人作主，不但王爷知情，且连下官辈亦感谢不尽。"贾政听了这话，抓不住头脑，忙陪笑起身问道："大人既奉王命而来，不知有何见谕，望大人宣明，学生好遵谕承办。"那长史官便冷笑道："也不必承办，只用大人一句话就完了。我们府里有一个做小旦的琪官，一向好好在府里，如今竟三五日不见回去，各处去找，又摸不着他的道路，因此各处访察。这一城内，十停人到有八停人都说，他近日和衔玉的那位令郎相与甚厚。下官辈等听了，尊府不比别家，可以擅入索取，因此启明王爷。王爷亦云：'若是别的戏子呢，一百个也罢了，只是这琪官随机应答，谨慎老诚，甚合我老人家的心，竟断断少不得此人。'故此求老爷转谕令郎，请将琪官放回，一则可慰王爷谆谆奉恩，二则下官辈也可免操劳求觅之苦。"说毕，忙打一躬。

贾政听了这话，又惊又气，即命唤宝玉来。宝玉也不知是何原故，忙赶来时，贾政便问："该死的奴才！你在家不读书也罢了，怎么又做出这些无法无天的事来！那琪官现是忠顺王爷驾前承奉的人，你是何等草芥，无故引逗他出来，如今祸及于我。"宝玉听了唬了一跳，忙回道："实在不知此事。究竟连'琪官'两个字不知为何物，岂更又加'引逗'二字！"说着便哭了。

贾政未及开言，只见那长史官冷笑道："公子也不必掩饰。或隐藏在家，或知其下落，早说了出来，我们也少受些辛苦，岂不念公子之德？"宝玉连说不知："恐是讹传，也未见得。"那长史官冷笑道："现有据证，何必还赖？必定当着老大人说了出来，公子岂不吃亏？既云不知此人，那红汗巾子怎么到了公子腰里？"

宝玉听了这话，不觉轰去魂魄，目瞪口呆，心下自思："这话他如何得知！他既连这样机密事都知道了，大约别的瞒他不过，不如打发他去了，免的再说出别的事来。"因说道："大人既知他的底细，如何连他置买房舍这样大事到不晓得了？听得说他如今在东郊离城二十里有个什么紫檀堡，他在那里置了几亩田地几间房舍。想是在那里也未可知。那长史官听了，笑道："这样说，一定是在那里。我且去找一回，若有了便罢；若没有，还要来请教。"说着，便忙忙的走了。

贾政此时气的目瞪口歪，一面送那长史官，一面回头命宝玉："不许动，回来有话问你！"一直送那官员了。才回身，忽见贾环带着几个小厮一阵乱跑。贾政喝令小厮："快打，快打！"贾环见了他父亲，唬的骨软筋酥，忙低头站住。贾政便问："你跑什么？带着你的那些人都不管你，不知往那里逛去，由你野马一般！"喝令叫跟上学的人来。贾环见他父亲盛怒，便乘机说道："方才原不曾跑，只因从那井边一过，那井里淹死了一个丫头，我看见人头这样大，身子这样粗，泡的实在可怕，所以才赶着跑了过来。"贾政听了惊疑，问道："好端端的，谁去跳井？我家从无这样事情，自祖宗以来，皆是宽柔以待下人。——大约我近年于家务疏懒，自然执事人操克夺之权[4]，致使生出这暴殄轻生[5]的祸患——若外人知道，祖宗颜面何在！"喝令快叫贾琏、赖大、来兴。

小厮们答应了一声，方欲叫去，贾环忙上前拉住贾政的袍襟，贴膝跪下道："父亲不用生气。此事除太太房里的人，别人一点也不知道。我听见我母亲说……"说到这里，便回头四顾一看。贾政知意，将眼一看众小厮，小厮们明白，都往两边后面退去。贾环便悄悄说道："我母亲告诉我说，宝玉哥哥前日在太太屋里，拉着太太的丫头金钏儿强奸不遂，打了一顿。那金钏儿便赌气投井死了。"

话未说完，把个贾政气的面如金纸，大喝："快拿宝玉来！"一面说，一面便往里边书房里去，喝令："今日再有人劝我，我把这冠带家私[6]一应交与他与宝玉过去！我免不得做个罪人，把这几根烦恼鬓毛剃去，寻个干净去处自了，也免得上辱先人、下生逆子之罪。"众门客仆从见贾政这个形景，便知又是为宝玉了，一个个都咂指咬舌，连忙退出。那贾政喘吁吁直挺挺坐在椅子上，满面泪痕，一叠声："拿宝玉！拿大棍！拿索子捆上！把各门都关上！有人传信往里头去，立刻打死！"众小厮们只得齐声答应，有几个来找宝玉。

那宝玉听见贾政吩咐他"不许动"，早知多凶少吉，那里承望贾环又添了许多的话。正在厅上干转，怎得个人来往里头去捎信，偏生没个人，连焙茗也不知在那里。正盼望时只见一个老姆姆出来。宝玉如得了珍宝，便赶上来拉他，说道："快进去告诉：老爷要打我呢！快去，快去！要紧，要紧！"宝玉一则急了，说话不明白；二则老婆子偏生又聋，竟不曾听见是什么话，把"要紧"二字只听作"跳井"二字，便笑道："跳井让他跳去，二爷怕什么？"宝玉见是个聋子，便着急道："你出去叫我的小厮来罢。"那婆子道："有什么不了的事？老早的完了。太太又赏了衣服，又赏了银子，怎么不了事的！"

宝玉急的跺脚，正没抓寻处，只见贾政的小厮走来，逼着他出去了。贾政一见，眼都红紫了，也不暇问他在外流荡优伶[7]，表赠私物，在家荒疏学业，淫辱母婢等语，只喝令："堵起嘴来，着实打死！"小厮们不敢违拗，只得将宝玉按在凳上，举起大板打了十来下。贾政犹嫌打轻了，一脚踢开掌板的，自己夺过来，咬着牙狠命盖了三四十下。众门客见打的不祥了，忙上前夺劝。贾政那里肯听，说道："你们问问他干的勾当可饶不可饶！素日皆是你们这些人把他酿坏了，到这步田地还来解劝。明日酿到他弑君杀父，你们才不劝不成？"

众人听这话不好听，知道气急了，忙又退出，只得觅人进去给信。王夫人不敢先回贾母，只得忙穿衣出来，也不顾有人没人，忙忙赶往书房中来，慌的众门客小厮等避之不及。

王夫人一进房来，贾政更如火上浇油一般，那板子越发下去的又狠又快。按宝玉的两个小厮忙松了手走开，宝玉早已动弹不得了。贾政还欲打时，早被王夫人抱住板子。贾政道："罢了，罢了！今日必定要气死我才罢！"王夫人哭道："宝玉虽然该打，老爷也要自重。况且炎天暑日的，老太太身上也不大好，打死宝玉事小，倘或老太太一时不自在了，岂不事大！"贾政冷笑道："到休提这话。我养了这不肖的孽障，已不孝；教训他一番，又有众人护持；不如趁今日一发勒死了，亦绝将来之患！"说着，便要绳索来勒死。王夫人连忙抱住哭道："老爷虽然应当管教儿子，也要看夫妻分上。我如今已将五十岁的人，只有这个孽障，必定苦苦的以他为法，我也不敢深劝。今日越发要他死，岂不是有意绝我。既要勒死他，快拿绳子来先勒死我，再勒死他。我们娘儿们不敢含怨，到底在阴司里得个依靠。"说毕，爬在宝玉身上大哭起来。

贾政听了此话，不觉长叹一声，向椅上坐了，泪如雨下。王夫人抱着宝玉，只见他面白气弱，底下穿着一条绿纱小衣皆是血渍，禁不住解下汗巾看，由臀至胫，或青或紫，或整或破，竟无一点好处，不觉失声大哭起来："苦命的儿吓！"因哭出"苦命儿"来，忽又想起贾珠来，便叫着贾珠哭道："若有你活着，便死一百个我也不管了！"此时里面的人闻得王夫人出来，那李宫裁、王熙凤与迎春姊妹早已出来了。王夫人哭着贾珠的名字，别人还可，惟有宫裁禁不住也放声哭了。贾政听了，那泪珠更似滚瓜一般滚了下来。

正没开交处，忽听丫鬟来说："老太太来了！"一句话未了，只听窗外颤巍巍的声气说道："先打死我，再打死他，岂不干净了！"贾政见他母亲来了，又急又痛，连忙迎接出来，只见贾母扶着丫头，喘吁吁的走来。贾政上前躬身陪笑道："大暑热天，母亲有何生气亲自走来？有话只该叫了儿子进去吩咐。"贾母听说，便止住步喘息一回，厉声说道："你原来是和我说话！我到有话吩咐，只是可怜我一生没养个好儿子，却教我和谁说去！"贾政听这话不像，忙跪下含泪说道："为儿的教训儿子，也为的是光宗耀祖。母亲这话，我做儿的如何禁得起？"贾母听说，便啐了一口，说道："我说一句话，你就禁不起，你那样下死手的板子，难道宝玉就禁得起了？你说教训儿子是光宗耀祖，当初你父亲怎么教训你来！"说着，不觉就滚下泪来。贾政又陪笑道："母亲也不必伤感，皆是作儿的一时性起，从此以后再不打他了。"贾母便冷笑道："你也不必和我使性子赌气的。你的儿子，我也不该管你打不打。我猜着你也厌烦我们娘儿们。不如我们赶早儿离了你，大家干净！"说着便令人："去看轿马，我和你太太、宝玉立刻回南京去！"家下人只得干答应着。贾母又叫王夫人道："你也不必哭了。如今宝玉年纪小，你疼他；他将来长大成人，为官作宰的，也未必想着你是他母亲了。你如今到不要疼他，只怕将来还少生一口气呢！"贾政听说，忙叩头哭道："母亲如此说，贾政无立足之地。"贾母冷笑道："你分明使我无立足之地，你反说起你来！只是我们回去了，你心里干净，看有谁来许你打！"一面说，一面只令快打点行李车轿回去。贾政苦苦叩求认罪。

贾母一面说话，一面又记挂宝玉，忙进来看时，只见今日这顿打不比往日，又是心疼，又是生气，也抱着哭个不了。王夫人与凤姐等解劝了一会，方渐渐的止住。早有丫鬟、媳妇等上来，要搀宝玉，凤姐便骂道："糊涂东西，也不睁开眼瞧瞧！打的这么个样儿，还要搀着走！还不快进去把那藤屉子春凳[8]抬出来呢！"众人听说连忙进去，果然抬出春凳来，将宝玉抬放凳上，随着贾母、王夫人等进去，送至贾母房中。

彼时贾政见贾母气未全消，不敢自便，也跟了进去。看看宝玉，果然打重了。再看看王夫人，"儿"一声，"肉"一声："你替珠儿早死了，留着珠儿，免你父亲生气，我也不白操这半世的心了。这会子你倘或有个好歹，丢下我，叫我靠那一个！"数落一场，又哭"不争气的儿"。贾政听了，也就灰心，自悔不该下毒手打到如此地步。先劝贾母，贾母含泪说道："你不出去，还在这里做什么！难道于心不足，还要眼看着他死了才去不成！"贾政听说，方退了出来。

此时薛姨妈同宝钗、香菱、袭人、史湘云也都在这里。袭人满心委屈，只不好十分使出来，见众人围着，灌水的灌水，打扇的打扇，自己插不下手去，便越性走出来到二门前，令小厮们找了焙茗来细问："方才好端端的，为什么打起来？你也不早来透个信儿！"焙茗急的说："偏生我没在跟前，打到半中间我才听见了。忙打听原故，却是为琪官、金钏姐姐的事。"袭人道："老爷怎么得知道的？"焙茗道："那琪官的事，多半是薛大爷素日吃醋，没法儿出气，不知在外头唆挑了谁来，在老爷跟前下的火。那金钏儿的事是三爷说的，我也是听见老爷的人说的。"袭人听了这两件事都对景，心中也就信了八九分。然后回来，只见众人都替宝玉疗治。调停完备，贾母令"好生抬到他房内去"。众人答应，七手八脚，忙把宝玉送入怡红院内自己床上卧好。又乱了半日，众人渐渐散去，袭人方进前来经心服侍，问他端的。且听下回分解。

【注释】

[1] 选自曹雪芹《红楼梦》，中华书局2018年版。本文节选的是第三十三回"手足耽耽小动唇舌 不肖种种大承笞挞"。
[2] 长史官：总管王府内事务的官吏。
[3] 擅造潭府：客套话，即擅自到贵府来的意思。造，到、前往的意思。潭府，深宅大院，对他人住宅的尊称。
[4] 克夺之权：生杀予夺之权。
[5] 暴殄（tiǎn）轻生：指突然自杀身亡。暴殄，恣意糟蹋；轻生，不爱惜生命。
[6] 冠带家私：官位和家业。冠带，帽子和束带，一般代指官服，这里则代指官爵；家私，财产，代指家业。
[7] 流荡优伶：依恋、接近优伶，在古代这是很大的罪过。
[8] 藤屉子春凳：一种凳面较宽、可坐可卧的长凳，凳面用藤皮编织而成。

画龙点睛

"严父教子"，这在传统中国家庭中是屡见不鲜的情景，在曹雪芹天才的笔下却写得那样波澜起伏、曲折有致，写得如此错综复杂、精彩纷呈。

宝玉挨打实质是两种世界观、两种价值取向、两种文化思潮、两种人生道路的冲突，这种冲突一旦激化，就会成为你死我活的激烈的斗争。宝玉是贾府的希望所在。按照贾政所理解的正常的生活道路，宝玉该以道德文章、仕途经济为重，立身扬名，干国承家；一句话，他应具备强烈的事业心和慷慨挥洒的风度。然而宝玉却钻在"情"中出不来，终日缠缠绵绵，痴痴呆呆，"杂学旁收"，离经叛道，说些化灰化烟的荒唐话。贾宝玉的精神状态太萎靡，太灰暗——这是贾政的结论。平日也不时教训一番，无奈"有众人护持"，尤其是老太太娇宠得紧，使贾政难以克尽父职。这一次，贾政再也按捺不住自己的愤怒了。与其"得上辱先人、下生逆子之罪"，不如狠心用"板子"来矫正宝玉，说不定还有些效果。他对那些"恳求夺劝"的门客说："你们问问他干的勾当可饶不可饶！素日皆是你们这些人把他酿坏了，到这步田地还来劝解。明日酿到他弑父弑君，你们才不劝不成？"这自是贾政的愤激之词，但无疑地，贾政认为，宝玉既然年纪轻轻便"在外流荡优伶，表赠私物，在家荒疏学业，逼淫母婢"，他堕落为社会渣滓并非不可能的事情。贾政的望子成龙与宝玉的"不成器"形成巨大的反差，做父亲的终于忍无可忍，往死里打宝玉了。先是由小厮们"举起大板打了十来下"，接着是"贾政犹嫌打轻了，一脚踢开掌板的，自己夺过来，咬着牙狠命盖了三四十下"，王夫人进来，贾政因怪她平日护着宝玉，不让他管教，越发恼火，"火上浇油一般，那板子越下去的又狠又快"，把宝玉打得"由臀至胫，或青或紫，或整或破，竟无一点好处"。

贾政真是要打死宝玉吗？或者说，他真的以毒打宝玉为快吗？这样看，就错了。他只有这一个儿子，爱子之心也跟王夫人同样真切。在毒打宝玉之前，他已"喘吁吁直挺挺坐在椅子上，满面泪痕"，不难想见其内心的痛苦。如果不是"恨铁不成钢"，如果不是对宝玉期望太殷，他又何至于如此狠心？所以，毒打宝玉之后，当王夫人大哭："我如今已将五十岁的人了，只有这个孽障……"时，贾政"不觉长叹一声，向椅上坐了，泪如雨下"；当王夫人和李纨"抽抽嗒嗒"哭去世的贾珠时，"贾政听了，那泪珠更似滚瓜一般滚了下来"；后来"看看宝玉，果然打重了"，也就灰心自己不该下毒手打到如此地步。写出贾政作为父亲的慈爱之情，赋予了这一形象以立体感和深度。

宝玉挨打，事情发生得很急，有似迅雷不及掩耳。但小说写得很有层次。先是众门客劝阻；然后是王夫人，接下来是李纨，凤姐及迎、探姊妹；最后是贾母。而且，每个人的言行，都写得极耐寻味。比如王夫人来劝阻，先是哭诉哀求，兼有威胁要挟，写得极耐寻味。"打死宝玉事小，倘或老太太一时不自在了，岂不事大！"接着撒泼进逼："今日越发要他死，岂不是有意绝我。既要勒死他，快拿绳子来先勒死我，再勒死他。"最后更抛出了撒手锏，失声大哭起"苦命的儿"来，叫着贾珠名字，哭道："若有你活着，便死一百个我也不管了。"这句话一语双关，用意深长。表面上是想念贾珠，借此宣泄对宝玉的愤慨，实际上是警告贾政，采用的是攻心战术。因为嫡传一向被认为是封建宗法制度所维护的家族正支，宝玉既然是贾珠死后贾政唯一的嫡传子，他的重要性就不言而喻了。由此可以看出，王夫人的言行充分反映了她的心态，她同贾政一样，也是封建礼教的忠实维护者。她的劝阻主要是起提醒贾政的作用罢了。

延伸阅读

读《红楼梦》偶记①

杨 绛

假如宝玉和黛玉能像传奇里的才子佳人那样幽期密约、私订终身，假如他们能像西洋小说或电影里的男女主角，问答一声："你爱我不？""我爱你"；那么，"大旨谈情"的《红楼梦》，就把"情"干干脆脆地一下子谈完了。但是宝玉和黛玉的恋爱始终只好是暗流，非但不敢明说，对自己都不敢承认。宝玉只在失神落魄的时候才大胆向黛玉说出"心病"。黛玉也只在迷失本性的时候才把心里的问题直截痛快地问出来。他们的情感平时都埋在心里，只在微琐的小事上流露，彼此只好暗暗领会，心上总觉得悬悬不定；宝玉惟恐黛玉不知他的心，要

① 选自杨绛《艺术与克服困难》。

表白而不能。黛玉还愁宝玉的心未必尽属于她，却又不能问。她既然心中意中只缠绵着一个宝玉，不免时时要问，处处要问；宝玉心中意中也只有一个她吗？没别的姊妹吗？跟她的交情究竟与众不同吗？还是差不多？也许他跟别人更要好些？人家有"金"来配他的"玉"，宝玉对"金玉"之说果真不理会吗？还是哄她呢？这许多问题黛玉既不能用嘴来问，只好用她的心随时随地去摸索。我们只看见她心眼儿细、疑心重，好像她生性就是如此，其实委屈了黛玉，那不过是她"心病"的表现罢了。

试看她和宝玉历次的吵架或是偶然奚落嘲笑，无非是为了以上那些计较。例如第八回，黛玉奚落宝玉听从宝钗的话，比圣旨还快；第十九回，她取笑宝玉是否有"暖香"来配人家的"冷香"；第二十回，史湘云来了，黛玉讥笑宝玉若不是被宝钗绊住，早就飞来；第二十二回，黛玉听见宝玉背后向湘云说她多心，因而气恼，和宝玉吵嘴；第二十六回，黛玉因晴雯不开门而生误会；第二十八回，黛玉说宝玉见了姐姐就把妹妹忘了；第二十九回，二人自清虚观回来砸玉大吵。这类的例子还多，看来都只是不足道的细事，可是黛玉却在从中摸索宝玉的心，同时也情不自禁的流露了自己的"心病"。

第三节 围城（节选）

知人论世

钱钟书，字默存，号槐聚，笔名中书君，江苏无锡人，中国著名学者、现代文学研究家、作家、文学史家、古典文学研究家。曾为《毛泽东选集》英文版翻译小组成员，晚年就职于科学院，任副院长。书评家夏志清先生认为小说《围城》是"中国近代文学中最有趣、最用心经营的小说，可能是最伟大的一部"。钱钟书在文学、国故、比较文学、文化批评等领域的成就，推崇者甚至冠以"钱学"。

《围城》是钱钟书所著的长篇小说，是中国现代文学史上一部风格独特的讽刺小说，被誉为"新儒林外史"。

名作精选

围城（节选）[1]

钱钟书

柔嘉不愿意姑母来把事闹大[2]，但瞧丈夫这样退却，鄙薄得不复伤心，嘶声说："你是个懦夫！懦夫！懦夫！我再不要看见你这个懦夫！"每个字像鞭子打一下，要鞭出她丈夫的胆气来，她还嫌不够狠，顺手抓起桌上一个象牙梳子尽力扔他。鸿渐正回头要回答，躲闪不及，梳子重重地把左颧打个正着，迸到地板上，折为两段。

鸿渐惊骇她会这样毒手，看她扶桌僵立，泪渍的脸像死灰，两眼全红，鼻孔翕开，嘴咽唾沫，又可怜又可怕，同时听下面脚步声上楼，不计较了，只说："你狠，啊！你闹得你家里人知道不够，还要闹得邻舍全知道，这时候房东家已经听见了。你新学会泼辣不要面子，我还想做人，倒要面子的。"走近门大声说："我出去了！"慢慢地转门钮，让门外偷听的人得讯走开然后出去。柔嘉眼睁睁看他出了房，瘫倒在沙发里，扶头痛哭。

鸿渐走出门，神经麻木，不感觉冷，意识里只有左颊在发烫。头脑里，情思弥漫纷乱像个北风飘雪片的天空。他信脚走着，彻夜不睡的路灯把他的影子一盏盏彼此递交。他仿佛另外有一个自己在说："完了！完了！"散杂的心思立刻一撮似的集中，开始觉得伤心。左颊忽然星星作痛。同时感到周身疲乏，肚子饥饿。鸿渐本能地伸手进口袋，想等个叫卖的小贩，买个面包，恍然记起身上没有钱。他无处可去，想还是回家睡。他看表上十点已过，不清楚自己什么时候出来的，也许她早走了。

他一进门，房东太太听见声音，赶来说："方先生，是你！你家少奶奶不舒服，带了李妈到陆家去了，今天不回来了。这是你房门的钥匙，留下来交给你的。你明天早饭到我家来吃。"鸿渐心直沉下去，捞不起来，机械地接钥匙，道声谢。房东太太像还有话说，他三脚两步逃上楼。

开了卧室的门，拨亮电灯，破杯子跟断梳子仍在原处，成堆的箱子少了一只。他呆呆地站着，身心迟钝得发不出急，生不出气。柔嘉走了，可是这房里还留下她的怒容、她的哭声、她的说话，在空气里没有消失。他望见桌上一张片子，走近一看，是陆太太的。忽然怒起，撕为粉碎，狠声道："好，你倒自由得很，撇下我就走！滚你的蛋，替我滚，你们全替我滚！"这简短一怒把余劲都使尽了，软弱得要傻哭个不歇。和衣倒在床上，觉得房屋旋转，想不得了，万万生不得病！明天要去找那位经理，说妥了再筹旅费，旧历年可以在重庆过。心里又生希望，像湿柴虽点不着火，而开始冒烟，似乎一切会有办法。

不知不觉中黑地昏天合拢、裹紧，像灭尽灯火的夜，他睡着了。最初睡得脆薄，饥饿像镊子要镊破他的昏迷，他潜意识挡住它。渐渐这镊子松了、钝了，他的睡也坚实得镊不破了，没有梦，没有感觉，人生最原始的睡，同时也是死的样品。

那只祖传的老钟从容自在地打起来，仿佛积蓄了半天的时间，等夜深人静，搬出来一一细数："当、当、当、当、当、当"响了六下。六点钟是五个钟头以前，那时候鸿渐在回家的路上走，蓄心要待柔嘉好，劝她别再为昨天的事弄得夫妇不欢；那时候，柔嘉在家里等鸿渐回来吃晚饭，希望他会跟姑母和好，到她厂里做事。这个时间落伍的计时机无意中包涵对人生的讽刺和感伤，深于一切语言、一切啼笑。

【注释】

[1] 选自长篇小说《围城》结尾部分，有删改，主要情节为方鸿渐和孙柔嘉在结婚定居上海后，因双方家庭和亲族，甚至佣人的介入，矛盾更为复杂，不断发生龃龉和纠纷。最后，方、孙的矛盾终因前者辞去报馆资料室主任而面临再次失业时激化，刚建的新家解体，他打算投奔在重庆当官的赵辛楣谋取职业。

[2] 前情：方鸿渐作为方家的长子，又是留洋学生，寄托了家人的厚望，结婚后不仅事业上不如妻子强，生活上还得处处迁就孙柔嘉。孙柔嘉常对姑母发牢骚，且"两人一唱一和地笑骂"。这严重地创伤了方鸿渐的自尊，并招致了他的强烈不满，终于，两人间爆发了激烈的争吵。

画龙点睛

《围城》一书是钱钟书"锱铢积累"而写成的，小说没有明确的故事线索，只是一些由作者琐碎的见识和经历拼凑成的琐碎的情节。就一般而言，情节琐碎的书必然要有绝佳的言语表达才能成为一本成功的作品。钱钟书的《围城》果真是把语言运用到了登峰造极的境界。因此，读《围城》不能像读一般小说那样只注重情节而忽视语言了，如果那样的话（忽略其言语），《围城》也就失去了其存在的意义。《围城》里面的精言妙语是这部小说的最成功之处，也是最值得赏析的地方。

延伸阅读

钱钟书经典语录

1. 人生的刺，就在这里，留恋着不肯快走的，偏是你所不留恋的东西。

2. 吃饭有时很像结婚，名义上最主要的东西，其实往往是附属品。吃讲究的饭事实上只是吃菜，正如讨阔佬的小姐，宗旨倒并不在女人。

3. 把饭给自己有饭吃的人吃，那是请饭；自己有饭可吃而去吃人家的饭，那是赏面子。交际的微妙不外乎此。反过来说，把饭给予没饭吃的人吃，那是施食；自己无饭可吃而去吃人家的饭，赏面子就一变而为丢脸。

4. 把整个历史来看，古代相当于人类的小孩子时期。先前是幼稚的，经过几千百年的长进，慢慢地到了现代。时代愈古，愈在前，它的历史愈短；时代愈在后，它积的阅历愈深，年龄愈多。所以我们反是我们祖父的老辈，上古三代反不如现代的悠久古老。这样，我们的信而好古的态度，便发生了新意义。我们思慕古代不一定是尊敬祖先，也许只是喜欢小孩子，并非为敬老，也许是卖老。

5. 有一种人的理财学不过是借债不还，所以有一种人的道学，只是教训旁人，并非自己有什么道德。

6. 人生据说是一部大书。假使人生真是这样，那么，我们一大半作者只能算是书评家，具有书评家的本领，无须看得几页书，议论早已发了一大堆，书评一篇写完交卷。

7. 考古学提倡发掘坟墓以后，好多古代死人的朽骨和遗物都暴露了；现代文学成为专科研究以后，好多未死的作家的将朽或已朽的作品都被发掘而暴露了。被发掘的喜悦使我们这些人忽视了被暴露的危险，不想到作品的埋没往往保全了作者的虚名。假如作者本人带头参加了发掘工作，那很可能得不偿失，"自掘坟墓"会变为矛盾统一的双关语：掘开自己作品的坟墓恰恰也是掘下了作者自己的坟墓。

8. "致身于国""还政于民"等佳话，只是语言幻成的空花泡影，名说交付出去，其实只仿佛魔术家玩的飞刀，放手而并没有脱手。

9. 忠厚老实人的恶毒，像饭里的砂砾或者出骨鱼片里未净的刺，会给人一种不期待的伤痛。

10. 学国文的人出洋"深造"听来有些滑稽。事实上，惟有学中国文学的人非到外国留学不可。因为一切其他科目像数学、物理、哲学、心理、经济，法律等都是从外国港灌输进来的，早已洋气扑鼻；只有国文是国货土产，还需要处国招牌，方可维持地位，正好像中国官吏、商人在本国剥削来的钱要换外汇，才能保持国币的原来价值。

第三部分

写　作

第七章
应用文写作

　　行政机关的公文，是行政机关在行政管理的过程中形成的具有法定样式和规范体式的文书，是依法行政和进行公文活动的重要工具。

　　行政机关的公文主要有函、命令、决定、公告、通告、通知、通报、议案、报告、请示、批复、意见、会议纪要等形式。

　　通知是公文中运用最为广泛的下行文，行政公文和党的机关公文都把它列为主要文种。《国家行政机关公文处理办法》对通知所下的定义是"适用于批转下级机关的公文，转发上级机关和不相隶属机关的公文，传达要求下级机关办理和需要有关单位周知或执行的事项，任免人员。"

一、通知的特点

（一）功能的多样性

　　在下行文中，通知的功能是最为丰富的。它可以用来布置工作、传达指示、晓谕事项、发布规章、批转和转发文件、任免干部等。

　　总之，下行文的主要功能，它几乎都具备。

　　但通知在下行文中的规格，要低于命令、决议、决定、指示等文体。用它发布的规章，多是基层的，或是局部性的、非要害性的；用它布置工作、传达指示的时候，文种的级别和行文的郑重程度，明显不如决定、指示。

（二）运用的广泛性

　　通知的发文机关，几乎不受级别的限制。大到国家级的党政机关，小到基层的企事业单位，都可以发布通知。

　　通知的受文对象也比较广泛。在基层工作岗位上的干部和职工，接触最多的上级公文就是通知。而且通知虽然从整体上看是下行文，但部分通知（如晓谕事项的通知）也可以发往不相隶属机关。

（三）一定的指导性

通知这一文体名称，从字面上看不显示指导的姿态，但事实上，多数通知都具有一定程度的指导性。用通知来发布规章、布置工作、传达指示、转发文件，都在实现着通知的指导功能，受文单位对通知的内容要认真学习，并在规定时间内完成通知布置的任务。

个别晓谕性的通知，特别是通知作为平行文发布的时候，可以没有指导性或只有微弱的指导性。

（四）较强的时效性

通知是一种制发比较快捷、运用比较灵便的公文文种，它所办理的事项，都有比较明确的时间限制，受文机关要在规定的时间内办理完成，不得拖延。

二、通知的类型

（一）会议通知

这类通知是以通知召开一个会议的有关事项为内容的，其形式有两种。一种是简单的会议通知，只需明确开会的目的、时间、地点、出席人员等；另一种是较为复杂的会议通知，它的内容事关重大，参加人员较多，行文时不仅要明确会议名称、会议内容、开会地点、开会事件，而且应把会议的目的、要求等具体事项交代清楚。

（二）指示性通知

指示性通知用于上级机关根据工作需要和本机关的权限范围，传达要求下级机关办理和有关单位共同执行的事项。指示性通知与指示有相类似的作用，可以用于结合实际情况传达上级请示、布置有关工作、规定有关政策，让下级机关或其他单位办理或共同执行。

（三）批转性通知

批转性通知是用于上级机关根据工作需要和本机关的职权范围批准并转发下级机关的公文。上级机关所批转的公文加以评价或对公文中所涉及的事实加以说明、分析，还可以对如何执行和落实所批转的公文要求、措施和落实方法做出规定，或者对批转公文中的不足方面提出补充意见。

（四）转发性通知

转发性通知用于上级机关根据工作需要，向所属下级机关转发上级机关、平级机关和不相隶属机关的公文。转发性通知使被转发公文的权威性得到证实，用以指导所属下级机关结合实际情况，正确执行公文内容或从中学习借鉴有关经验教训。被转发的公文成为通知的附件。

（五）发布性通知

发布性通知是上级机关发布行政规定、条例、章则、办法等规章制度和其他重要文件时使用的通知。

（六）任免通知

任免通知是上级机关任免和聘用干部时对所属下级机关下达的一种较为特殊的知照性通知。

三、通知的写作结构

通知的写作形式多样、方法灵活，不同类型的通知使用不同的写作结构。

（一）标题

标题常用的写法有两种。一种是发文机关、事由、文种三要素俱全，如《国务院关于严格控制农业生产资料价格的通知》，这种标题使人一目了然。另一种是只有发文事由和文种两要素，如《关于春节放假的通知》。正式行文的通知，其标题不能只用"通知"二字。与其他公文标题相比，通知的标题一般语句长、字数多，特别是发布（印发、颁发）、批转、转发性通知，标题要体现其不同的性质，因而标题比较难定，需要认真推敲。

（二）正文

正文由缘由、内容、要求等部分组成。缘由要简洁明了，说理充分。内容要具体明确、条理清楚、详略得当，充分体现指示性通知的政策性、权威性、原则性。要求要切实可行，便于受文单位具体操作。

1. 一般事项性通知

一般事项性通知的正文，要写清什么事情，如何处理等；任免通知，写任免与聘任人员的具体职务即可。有些不涉及本单位的任免通知，只是知道性的，并无执行要求，不需要办理和执行。

2. 指示性通知

指示性通知的正文，一般由三部分组成，即发文缘由（或目的）、通知事项和执行要求。

发文缘由，一般包括两个方面。一是上级或本单位的领导部门的指示或决定，也就是说明为什么要发该通知，或因存在什么问题，为达到什么目的等，在与通知事项之间常用"现通知如下""特作如下通知""现将有关事项通知如后"等承启语，其后用冒号。通知事项，是通知的主体部分，一般是分段或分条叙述，因为是要执行或办理的，所以务必要写得明确、具体、切实可行，不能模棱两可，含糊不清，只有条理清晰，才能使受文对象便于迅速理解和执行。二是执行要求，这是通知正文的结尾，一般多是"以上通知，望认真贯彻执行""特此通知，望认真贯彻执行""本通知自下发之日起实行"等结束语，但也有些通知的执行要求不用上述结束词语，对于如何执行提得非常具体有力。除篇段合一结构的通知外，执行要求一般在撰写时均须另起一行写出，或作为具体事项中的最后一项，单独列项写出。

3．批转、转发性通知

批转、转发性通知的正文，即是对被批转、转发的公文所写的按语。这种按语，旨在表达上级机关的意图，体现方针政策，因此具有很高的权威性和指令性。按语大体分为三种。一是说明性按语，即对原文的材料来源、行文目的、印发范围等加以说明。二是指示性按语，即对原文内容进行概括、分析，提示基本精神，阐明重要意义。这种按语往往较长，主要作用是帮助读者抓住重点、掌握实质。三是批示性按语，即对具有重要意义的文字材料表达意见、态度，以及提出措施和方法。这种按语具有较强的权威性和指令性，对其所批示的公文持有鲜明的态度，对下级机关的执行有具体的要求和措施。

4．发布性通知

发布性通知的正文，一般由通知的根据和对所发布的行政法规、规章的贯彻实施要求组成。这类通知的正文较为简短。

（三）结尾

通知的正文结束后还要将发文机关名称写上，然后再写成文日期，最后要加盖公章。

四、通知的写作要求

（一）辨清通知的类型

一般性通知是机关、企事业单位常常使用的一个文种，正因为常写常用，所以容易造成一种错觉，仿佛写通知是一件很容易的事情，其实不然。如指示性通知要提出具体的指示性意见，既要能提高下级机关对该项工作的认识，又要能使下级在实际贯彻中有所遵循。在批转、转发性通知中要写批语或按语，撰写时既要领会机关和领导的意图，又要了解收文单位的具体情况，明确针对何种问题。只有全面准确地掌握上下级情况，才能将批语和按语写得恰如其分，有针对性。因此撰写通知比撰写其他文件要求更高，来不得半点疏忽。

（二）写全主送单位

被通知单位的名称要写清写全。通知的主送单位可以是一个，可以是两个，也可以是所有下属单位，发文时必须写清楚，通知周全。

如使用"省政府有关部门"一类略称，所附发文单位则应写明"有关部门"的名称，以避免发文不全，贻误工作。

（三）通知写作要点

通知是下行文，是要求下级机关办理、执行或服从安排的文种。通知讲究时效性，是告知立即办理、执行或周知的事项。

1．标题

制发机关+事由+通知。

2. 正文

（1）通知前言。即制发通知的理由、目的、依据。例如"为了解决×××的问题，经×××批准，现将×××，具体规定通知如下。"

（2）通知主体。写出通知事项，分条列项，条目分明。

3. 结尾

（1）意尽言止，不单写结束语。

（2）在前言和主体之间，如未用"特作如下通知"作为过渡语，结尾可用"特此通知"结尾。

（3）重申制发通知的目的。

五、例文

教育部　国家语委

关于印发《国家中长期语言文字事业改革和发展规划纲要（2012—2020年）》的通知

教语用〔2012〕1号

各省、自治区、直辖市教育厅（教委）、语委，相关省、自治区民委（民语委），新疆生产建设兵团教育局、语委，国家语委委员单位：

现将《国家中长期语言文字事业改革和发展规划纲要（2012—2020年）》（以下简称《语言文字规划纲要》）印发给你们，请结合实际认真贯彻执行。

党的十八大指出，建设优秀传统文化传承体系，弘扬中华优秀传统文化。推广和规范使用国家通用语言文字。这是党中央以全党代表大会报告的形式对新时期语言文字工作提出的新要求，凸显了党对语言文字工作的高度重视，凸显了语言文字工作在我国"五位一体"社会主义事业总体布局中的重要地位，凸显了语言文字工作在实现教育现代化、推进社会主义文化强国建设中的重要作用。

《语言文字规划纲要》是21世纪我国第一个中长期语言文字事业改革和发展规划，是今后一个时期指导全国语言文字工作改革和发展的纲领性文件。语言文字事业具有基础性、全局性、社会性和全民性特点，是国家文化建设和社会发展的重要组成部分，事关历史文化传承和经济社会发展，事关国家统一和民族团结，事关国民素质提高和人的全面发展，在国家发展战略中具有重要地位和作用。制定并实施《语言文字规划纲要》，是贯彻落实党的十八大精神的重要举措，是实现教育现代化的必备条件，是推动社会主义文化大发展大繁荣、推进社会主义文化强国建设的重要手段，是全面建成小康社会的重要内容。地方各级教育行政部门和语言文字工作部门要深刻学习把握《语言文字规划纲要》提出的目标任务和重点工作，认真贯彻落实《语言文字规划纲要》。要建立和完善语言文字工作"政府主导、语委统筹、部门支持、社会参与"的管理体制，进一步推动本地区各级政府切实担负对语言文字工作的主导责任，加强对语言文字工作的领导和支持。要切实履行统筹职能，充分发挥语委成员单位的作用，积极争取相关部门和社会组织的支持，建立和完善分工协作、齐抓共管、协调有效的工作机制。

　　要建立和完善语言文字工作的长效机制。将语言文字工作要求纳入各级政府及教育行政部门年度工作总结、相关干部考核和教育督导范围，将语言文字工作与学校教育教学工作有机结合。要努力推动将语言文字规范要求纳入精神文明建设、普法宣传教育、机关行文规范、新闻出版编校质量、广播影视制作播出质量、工商行政监管和城市市容管理等范围。

　　地方各级教育行政部门和语言文字工作部门要把推动语言文字事业科学发展作为重要职责，把落实《语言文字规划纲要》作为当前和今后一个时期工作的一项重要任务，结合本地区本部门实际，制定贯彻落实《语言文字规划纲要》的实施方案和配套措施，加强领导，精心组织，明确责任和分工，确保《语言文字规划纲要》提出的各项任务落到实处。

教育部　国家语言文字工作委员会

2012 年 12 月 4 日

第二节　函

　　根据《国家行政机关公文处理办法》规定："函适用于不相隶属机关之间商洽工作，询问和答复问题，请求批准和答复审批事项。"函的答复功能仅仅适用于不相隶属的机关之间。

　　在公文的应用中，函的用途是比较广泛的。不相隶属机关之间商谈公务，接洽工作，询问事情，征求意见，答复问题，请求帮助及告知情况，催办事务等，都可以使用函；向归口管理部门请求对某一事项予以批准，也可以使用函。函既可以在平行机关及不相隶属的机关之间使用，也可以在上下级机关之间使用。

一、函的类型

　　"函"大体可分为商洽函、问答函、批答函三种。

（一）商洽函

　　用于不相隶属机关之间联系、商洽、协调某一问题或某项工作，如洽谈业务，要求协作，请求支援，商调干部，联系参观学习等。这一类既有致函也有复函。致函提出商洽的事宜和要求，复函则给予答复。如，《关于日野 FC164SA 大卡车存在严重质量问题要求赔偿损失的函》是商洽函中的致函；1990 年 6 月 23 日广州市人民政府办公厅《关于要求将广州市经济技术协作办公室驻海口办事处更名的函》，也是商洽函，是回复对方同时又要求对方回复的函。

（二）问答函

　　用于机关间询问政策性和业务性的问题及其他潜要搞清楚的事宜，如了解情况，征求意见，核查问题，催办事宜等。提出询问的是致函，给予解答的为复函。这类函既可以用于不相隶属的机关之间，也可用于有隶属关系的上下级之间。如 1984 年 3 月 13 日教育部电化教育局《关于调查电教教材编制情况及今后设想的函》是询问性的致函，1980 年 7 月 7 日《国务院办公厅关于悬挂国徽等问题给湖北省人民政府办公厅的复函》则是复函。

（三）批答函

用于不相隶属机关间请求批准和答复审批事项。求批及审批也是对应关系。如"××行政学院《关于解决住宅生活区配电改造工程资金的函》"是求批的致函，2022 年 1 月 27 日《四川省教委 省人事厅关于同意省轻工厅委托四川行政学院举办财会专业成人高等教育专业证书教学班的复函》和《××市职称改革工作领导小组办公室关于××××学院申请教授资格授予校的复函》则是审批的复函。

二、函的写作结构

（一）标题

函的标题，通常为"发文机关+事由+文种"的形式，如"××××关于联系临时借房问题的函"。如属回复问题的函，则多在"函"字前加"复"字。如"关于建设单位为动迁户建房问题的复函"。

（二）发文字号

函要有正规的发文字号，其写法与一般公文相同，由"机关代字+年号+顺序号"组成。大机关的函，可以在发文字号中显示"函"字。

（三）主送机关

一般来说，由于函的行文对象是明确、单一的，所以多数函的主送机关只有一个。但有时内容涉及部门多，也有排列多个主送机关的情况。

（四）正文

须写明以下三部分内容。

（1）制发函的根据与理由。如"根据国务院国发〔19××〕×××号文件关于凡新建（包括统建和自建）、扩建宿舍，都应把必需的生活服务设施包括进去，商业服务网点应占新建扩建面积的 7%左右的规定，请你局……"

（2）商洽或询问（答复）及请求批准的具体事项。要求中心明确、内容具体，方便对方办理或答复。

（3）结尾。通常适宜使用致意性的词语，如以"致以敬礼""特此申请""为盼""为荷"等专用语结束上文。或者以"谨致谢忱""特此函告"等专用语结束上文。

三、函的写作要求

函的写作，除要注意格式的规范化外，还要注意以下几点。

1. 行文要直陈事项、言简意赅。
2. 用语谦和，讲究分寸。
3. 函主要用于说明有关事项与提出要求。
4. 函是正式公文的文种，行文必须郑重。

四、函写作应注意的问题

1. 函是正式公文，必须具备公文的规范格式，公文的组成部分也要求完整。不要把函当公务信件。

2. 扭转轻视"函"的倾向。函是国家行政机关的正式公文，有它的法定权威性。发文单位要郑重其事，不能因是"函"而轻率发出；收文单位要郑重对待，公事公办，一丝不苟，不能因其是"函"而不予理睬。尤其是向主管部门请示批准的函，它代行请示职能，不能因其不使用"请示"而弃之不顾。如果平行机关或不相隶属机关向主管部门请求批准而用了"请示"，恰恰是用错了文种。

五、例文

国务院办公厅关于云南省部分
特困少数民族的扶贫和发展问题的复函

国办函〔2008〕89号

云南省人民政府：

你省《关于请示对云南省部分独有特困少数民族给予特殊扶持政策的请示》（云请〔2000〕11号）收悉。经国务院领导同志同意，现就有关问题函复如下：

一、关于将你省怒族等7个特困少数民族纳入下世纪初的扶贫发展纲要、实行特殊扶持政策问题。有关部门和单位正在研究拟定21世纪初中国扶贫开发纲要，将充分考虑你省7个特困少数民族的实际情况，继续予以扶持。其他少数民族的扶贫问题也将统筹考虑。

二、关于"十五"期间安排你省边境建设事业补助费问题。2000年中央已补助你省边境建设事业费3 700万元，占当年全国边境建设事业补助费的18.5%。今后在研究边境建设事业补助费专项转移支付时，将继续考虑你省的实际情况，尽可能地给予照顾。

三、关于给予教育专项资金补助问题。国家在"十五"期间将继续实施"贫困地区义务教育工程"，对西部地区特别是边境少数民族地区的教育将予以重点扶持，对于你省怒族等特困少数民族的教育问题将统一研究。

国务院办公厅
二〇〇〇年十二月二十八日

【点评】

该函短小精悍，叙事清楚，有理有节。

标题写明了复函事项，即"关于云南省部分特困少数民族的扶贫和发展问题"。

正文由引文和回复内容两部分组成。首先引用来文的标题、文号，先标题后文号的写法符合《国家行政机关公文处理办法》的写作顺序要求。然后使用过渡句"经国务院领导同志同意，现就有关问题函复如下"，转入回复内容。回复中就"关于将你省怒族等7个特困少数民族纳入下世纪初的扶贫发展纲要、实施特殊扶持政策问题"，"关于'十五'期间安排你省边境建设事业补助费问题"，"关于给予教青专项资金补助问题"三个方面分别阐述了看法，表明了肯定的态度，将"继续予以扶持""尽可能地给予照顾""统一研究"。这完全符合答复函正文的写作要求。

如有关"边境建设事业补助费"问题，列举了2000年已补3 700万元，占当年全国边境建设事业补助费的18.5%。用数字证明，说理有据，入木三分，表明了国家已对这方面问题的重视，令人信服。

关于请求解决我校进修教师住宿问题的函

××大学：

首先，感谢贵校给予我校办学的大力帮助与支持。现又有一困难希望贵校帮助解决：我校已派××位年轻教师到贵校进修了一年，虽然与贵校有关部门多次协商，但不知何故，他们的住宿问题至今尚未解决。恳请贵校早日予以解决。如确有困难需要我校协助，请尽量提出。

不知妥否？万望函复。

××电子工业学校（印）

××××年××月××日

【点评】

该函的特点是语言简洁凝练，表意清晰。

（1）标题明确单一，提出解决进修教师住宿问题的请求，符合"一文一事"的原则。

（2）措辞得体，客气中自有一股力量，使人难以拒绝：有感谢，也有请求，如"感谢贵校给予我校办学的大力帮助与支持""希望贵校帮助解决（困难）"；有陈述，也有质疑，如"虽然与贵校有关部门多次协商，"但"至今尚未解决"；有恳求，也有体谅，如"如确有困难需要我校协助，请尽量提出"。

（3）正文写明了三层意思：一是发请批函的缘由，二是请求批准的具体事项，三是要求批准。

（4）结语"不知妥否？万望函复"一句，不仅语言谦和，而且还体现了"请批性"函要求答复的特点。

六、其他类型的函

（一）问答函

【例文】

××省体育运动委员会关于询问举办全省农民运动会有关篇目比赛的函

××市体委：

全省农民运动会各项目的比赛，分散在各地举行，拟让你委承办篮球、田径两个项目的比赛。能否承办，希于八月五日前答复。

××省体育运动委员会

××××年××月××日

（二）告知函

【例文】

××省新闻出版局关于××出版社驻××市发行站更名的函

××省新闻出版局：

为便于图书发行工作的开展，拓宽市场，疏通发行渠道，我局决定将××出版社驻××市发行站更名为××出版社驻××发行站。请予协助办理有关实名手续。

特此函告

××省新闻出版局

××××年××月××日

（三）批答函

【例文一】

××省人民政府办公厅
关于申请拨款维修省府机关办公室的函

省财政厅：

省政府机关办公室多是 20 世纪五六十年代修建的，不少门窗玻璃漏水严重，急需维修。为保证省府机关正常办公，请拨给房屋修缮费十万元。

××省人民政府办公厅

××××年××月××日

【例文二】

关于批准录用×××等
××名同志为国家公务员的函

省安全厅：

你厅《关于拟录用××××届大中专毕业生的函》（国家政〔××××〕××号）收悉。

根据中央××省委组织部、××省人事厅《关于部分省级机关从××年应届高校、中专毕业生中考试录用国家公务员和机关工作人员通知》的规定，经考试、考核合格，批准录用××名同志为国家公务员。

特此复函

附：录入人员名单

××省人事厅

××××年××月××日

（四）商洽函

【例文一】

关于邀请免费网上宣传企业和发布用工信息的商洽函

××企业：

××省职业介绍中心主办的××省人力资源市场拟于10月开通，拟提供免费宣传企业、免费发布用工信息、友情链接等服务，请尽快传真以下材料：

一、企业情况

（一）包括企业介绍、所有制类型、所属行业、营业执照副本复印件、详细地址。

（二）经办人姓名、联系电话、传真、企业标志电子版、网址、邮箱。

二、用工信息

包括岗位名称，招聘人数，对年龄、学历、专业的要求，薪资待遇，工作地点，其他要求。对目前没有招聘需要的，也可以先宣传企业，以后可按需要补充招聘信息。

三、具体要求

请将上述资料于9月26日前传真到××省职业介绍中心。

传真电话：

联系人：

××省职业介绍中心

××××年××月××日

【例文二】

××大学人事处关于
商洽×××同志调动工作事宜的函

××××制造厂人事处：

我校××学院××系××教研室×××同志，自 19××年从××工业大学××专业本科毕业，分配到我校任教师以来，工作认真负责，教学、科研都取得了显著成绩，于19××年被聘为讲师。

该同志一人单身在我校工作，家庭的其他成员全部住在你市，其妻×××同志在贵厂工作。不但夫妻分居两地，且上有体弱多病的母亲，下有不满周岁的儿子需要照顾。根据该同志多次申请，经我校领导研究，为解决×××同志夫妻两地分居并照顾家庭存在的特殊困难，我校同意该同志调往贵厂工作的要求。现特发函与你们商洽，并请尽快函复。若贵厂同意考虑×××同志的这一要求，接到你们复函后我们即将该同志的档案寄给你们审查。

××大学人事处

××××年××月××日

（五）便函

【例文】

××市卫生局便函

××市×人民医院：

你院×月××日来函收悉，所谈准备派人来我市人民医院学习用醋离子渗透法治疗骨质增生一事，经与该院联系，他们同意接收2～3人，时间可安排在9—10月。关于该院使用的醋离子渗透机产地及性能，现寄上一份说明书，如需购买，可直接与生产厂家联系订购。

××市卫生局

××××年××月××日

第三节　请示

一、请示的概念和特点

（一）请示的概念

请示是一种适用于向上级机关请求指示、批准的公文。具体包括以下五个方面。

1. 对国家的有关方针政策或上级机关的有关规定、决定等不甚了解或有不同理解，需请上级机关解释或重新审定。

2. 工作中出现了新情况、新问题，必须处理却又无章可循，无法可依，有待上级机关批示。

3. 需要请求上级解决本地区、本单位的某一具体问题和实际困难。

4. 按上级机关和主管部门有关政策规定，不经请示有关部门批准，无权自行处理的问题。

5. 涉及全局性或普遍性的而本机关无法独立解决的工作困难和问题，必须请示上级机关以求得到上级机关的协调和帮助。

（二）请示的特点

1. 请求性

请示是向上级机关请求指示和批准的公文，行文内容具有请求的性质。

2. 超前性

请示必须事前行文，得到上级机关做出批复后才能付诸实施。

3. 求复性

请示行文的目的是要求上级机关对请示的事项做出明确的答复。

4. 单一性

请示事项具有单一性，要求一文一事。即一份请示只能请求指示、批准一件事或解决一个问题。

二、请示的写作结构

（一）标题

请示的标题由发文机关、事由和文种构成，发文机关有时可省略，如"关于丹霞山风景名胜区列为国家重点风景名胜区的请示"。由于"请示"本身含有请求、申请之意，因而标题中应尽可能不要出现"申请""请求"类词语，避免造成意义上的重复。

（二）主送机关

请示的主送机关一般只有一个，即直接的上级机关。

（三）正文

请示的正文包括请示缘由、请示事项、请示要求三部分。

1. 请示缘由

请示缘由是请示的理由或根据。这部分内容要实事求是，有理有据，说明充分，条理清楚。缘由是写作请示的关键，直接关系到请示事项能否成立，关系到上级机关的审批态度。

2. 请示事项

请示事项即请求上级机关给予或指示或批准或支持和帮助的具体内容。请示的事项要符合国家法律法规，符合实际，具有可行性和操作性。所提事项要具体、明确，如果内容比较复杂，可以分条列项写。

3. 请示要求

常用的表达请示要求的惯用语有"妥否，请批复""当否，请批示""特此请示，请予批准""以上请示，请审批"等。这是请示结尾必不可少的内容。

（四）落款

在正文的右下方签署发文机关和成文时间。

三、请示的写作要求

1. 应当一文一事。

2. 不得同时抄送下级机关。

3. 一般不得越级请示，因特殊情况必须越级请示时，应当抄送被越过的上级机关。

4. 除领导者个人直接交办的事项外，请示不应直接送领导者个人。

5. 请示只写一个主送机关。如需同时送其他机关，用抄送形式。

6. 避免多头请示。受双重领导的机关向上级机关请示时，应当写明主送机关和抄送机关，由主送机关负责答复。

四、例文

【例文一】

株洲市石峰区发展和改革局关于
石峰区仁孝公益陵园项目立项的请示

株洲市发展和改革委员会：

为促进地方经济社会发展和土地资源开发利用，提高人民群众生活水平，加强森林用火管理，保护生态环境，我区决定在钢塘湾街道清水村管山坳西北新建一座公益性陵园——仁孝陵园，占地面积 65 亩，总投资 231 万元，全部资金由项目业主单位自筹。现特申请立项。

妥否，请批示。

株洲市石峰区发展和改革局

××××年××月××日

【点评】

该请示标题采用完整式标题，由单位+事由+文种组成。受文单位有且仅有一个。正文的文字简明扼要，要求提得很具体。落款日期早于 2012 年，采用的是汉字的小写《党政机关公文格式》（GB/T 9704—2012）于 2012 年 7 月 1 日实施后，落款日期统一改为使用阿拉伯数字表示。

【例文二】

关于转发《××国际邮轮港突发公共卫生事
件应急处置预案》的请示

区政府：

为有效应对××国际邮轮港突发公共卫生事件，根据区领导的指示要求，结合此次有效应对×××的实践经验，区滨江委牵头，会同××海关、区卫健委、××国际邮轮港公司等单位共同修订完善了《××国际邮轮港突发公共卫生事件应急处置预案》，请示贵办予以转发。

　　附件：××国际邮轮港突发公共卫生事件应急处置预案

　　（联系人：×××，联系电话：5611××××）

×××开发建设管理委员会

2022 年 4 月 21 日

【点评】

　　该请示标题采用事由+文种，属于省略式标题。正文由请示缘由和具体内容组成，简明扼要。附件添加在落款之前，并附有联系方式。结构完整，条理清晰。

第四节　报告

　　报告是向上级汇报工作、反映情况、答复询问及报送材料时使用的陈述性公文，是最常用的上行公文。

一、报告的特点

（一）内容的汇报性

　　一切报告都是下级向上级机关或业务主管部门汇报工作，让上级机关掌握基本情况并及时对自己的工作进行指导，所以，汇报性是报告的一大特点。

（二）语言的陈述性

　　因为报告具有汇报性，是向上级讲述做了什么工作，或工作是怎样做的，有什么情况、经验、体会，存在什么问题，今后有什么打算，对领导有什么意见、建议，所以行文上一般都使用叙述方法，即陈述其事，而不是像请示那样采用祈使、请求等方法。

（三）行文的单向性

　　报告是下级机关向上级机关行文，是为上级机关进行宏观领导提供依据，一般不需要受文机关的批复，属于单向行文。

（四）成文的事后性

　　多数报告都是在事情做完或发生后，向上级机关作出汇报，是事后或事中行文。

（五）双向的沟通性

　　报告虽不需批复，却是下级机关以此取得上级机关的支持指导的桥梁；同时上级机关也能通过报告获得信息，了解下情，报告成为上级机关决策指导和协调工作的依据。

二、报告的类型

（一）例行报告

例行报告包括日报、周报、旬报、月报、季报、年报等，不能变成"例行公事"，而要随着工作的进展，反映新情况、新问题，写出新意。

（二）综合报告

综合报告是全面汇报本机关工作情况的报告，可以和总结工作、计划安排结合起来，要有分析，有综合，有新意，有重点。

（三）专题报告

专题报告指向上级反映本机关的某项工作、某个问题、某一方面的情况，要求上级对此有所了解的报告。所写的报告要迅速、及时，一事一报。呈报、呈转要分清写明。

三、报告的写作结构

（一）标题

标题包括事由和公文名称。

（二）上款

上款为收文机关或主管领导人。

（三）正文

正文结构与一般公文相同。从内容方面看，报情况的，应有情况、说明、结论三部分，其中情况不能省略；报意见的，应有依据、说明、设想三部分，其中意见、设想不能省去。从形式上看，复杂一点的报告，正文要包括开头、主体和结尾。开头多使用导语式、提问式结构，提出总概念或引起读者注意。主体可分部分加二级标题或分条加序码。

（四）结尾

结尾可展望、预测，亦可省略，但结语不能省。

写报告时要注意做到：情况确凿，观点鲜明，想法明确，口吻得体，不要夹带请示事项。

写结语时，属于呈转报告的，要写上"以上报告如无不妥，请批转各地参照执行"。最后写明发文机关和日期。

四、例文

××市人民政府关于治理××河水质污染问题的报告

××省人民政府：

　　省政府转来××××××委员会提出的关于××河水质污染状况的报告，经市政府调查研究，对报告中提出的有关问题及解决方案报告如下：

　　一、解决××河水质污染问题的关键是尽快建成污水处理厂。现在××河的污染主要是××区排放的污水所致。×区的排放量为 25 万吨，污水比较集中，因污水处理厂未能及时建立，致使污水直接排入××河，造成了××河的污染。

　　为解决××河的污染，市政府已抓紧×区污水处理厂建设，争取在 19×× 年建成。×区污水处理厂原设计概算为 8 316 万元，按现行价格估算约为 1 100 万元，已于 19×× 年 × 月开工，建成了 8 项附属设施，计完成投资 200 万元。市政府今年安排的 300 万元投资已全部落实，×区城环局正在组织实施。

　　根据××河河道以南人口密集区的地下水污染和环境问题，在污水处理厂未建成之前，利用现有污水管道，把污水引到某区污水处理厂以西，污水直接排入污水处理厂的出口，这就避开了污染区。

　　二、电热厂的粉煤灰也是污染源之一。对于电热厂储灰厂的选址，必须考虑到对地下水和环境的污染。选址已责成×区电热厂抓紧做工作，争取尽快报市政府有关部门审批。对南储灰厂渗漏对地下水的污染，主要采取截流集中排放的措施，以减少对地下水的污染。

××市人民政府

××××年×月×日

第五节　计划

一、计划的含义

　　计划是一个单位、部门或个人对未来一段时期内的工作确定任务、目标，并制订出相应的方法、措施、完成步骤等的一种事务文书，是针对预计在一定时期内要完成的工作或任务所编写的书面化、条理化和具体化的应用文书。计划是一个统称，常见的计划有规划、设想、方案、要点、安排、打算、预算等，它们有时间长短之分，范围大小之别，所涉及的期限长短和内容也有详略的不同，都是计划的不同表现形式。

（一）规划

　　规划是一个国家、一个地区、一个系统或一个单位对未来全局工作的发展作出的具有战略意义的总体部署和筹划。规划涉及的时间较长，涉及的范围较广，内容概括而宏观，如《×

×县城市发展五年规划》。

（二）设想

设想是初步的不太成熟的、仅供参考的草案性的计划，主要为正式的规划或计划作准备。

（三）方案

方案是对某一项的工作，从指导思想、目的要求、方式方法到具体进度都作出周密而具体的安排的计划，如《××大学第二届文化艺术节活动方案》。

（四）要点

要点是只列出工作任务中主要事项、主要目标的计划，实际上就是计划的摘要，一般以文件下发的计划都采用"要点"的形式，如《××市关于城市发展规划的工作要点》。

（五）安排

安排是对短期内工作进行具体布置的计划，是内容较具体且侧重于实施步骤的计划，如《××学院新生入学教育的工作安排》。

（六）打算

打算是近期内要做的工作，时间不长，范围不大，具体指标或方法措施不很周全的计划，只能作初步的要求。

（七）预算

预算是数字性的计划，是用数字表示预期结果的报表。

二、计划的特点

计划的制订，需要事先有调研，拟订时要实事求是，具有科学性和可行性。计划一旦制订，对执行者就具有一定的指导性和约束力，要求在所含范围内人或部门切实执行并确保完成。计划有以下几个特点。

（一）预见性

预见性是计划最明显的特点之一。计划是对未来的工作确定任务、目标及采取相应的方法、措施所作出的科学性的预见，必须对未来工作中可能发生的问题有充分的估计，以实际情况为基础，以过去的成绩和问题为依据，预见是否准确，决定了计划实施的成败。

（二）指导性

计划一经制订，就要对完成任务的实际活动起到指导作用和约束作用。工作的开展、时间的安排等，都必须按计划严格执行。由于预测的局限性，计划在实施过程中有时会有不可预料的事情发生，会影响到目标的实现，这时就要考虑对计划进行部分或局部的变通、调整和修改。

（三）约束性

计划是上级或领导检查工作的依据，也是部门或个人努力的方向，一经确认、批准或认定，就具有了约束作用。无论是集体还是个人，都必须按计划的内容开展工作和活动，不得违背和拖延，否则计划就失去了其制订的意义。

三、计划的类型

计划有以下一些分类方式。

（一）按性质分

计划包括综合计划和专题计划。

（二）按范围分

计划包括国家计划、地区计划、单位计划、部门计划、个人计划等。

（三）按时限分

计划包括长期计划、中期计划、年度计划、季度计划、月计划等。

（四）按内容分

计划包括工作计划、学习计划、科研计划、生产计划、教学计划等。

（五）按形式分

计划包括条文式计划、表格式计划、条文表格式计划。

四、计划的写作结构

计划由标题、正文、落款三部分组成。

（一）标题

计划的标题有以下两种形式。

1. 四要素式标题

单位+时间+内容+文种，如《武汉市 2025 年农产品加工产业化推进计划》。如果是个人工作或学习计划，标题可以省略单位名称，其形式可以是"时限+内容+文种"，如《2025 年个人工作计划》。

2. 公文式标题

单位名称+内容+文种，如《××学院新生入学教育的工作安排》。

如果是不成熟的非正式的计划，可以在标题后面或下方用括号注明"初稿""讨论稿""征求意见稿"等字样。

（二）正文

计划的正文由前言、主体和结尾三部分组成。

1. 前言

前言一般简明扼要地介绍制订计划的指导思想、依据和目的，即"为什么做"；用"特制订计划如下"等过渡句承上启下，导入主体部分。

2. 主体

主体一般交代计划的任务（做什么）、目标（达到什么程度）、方法措施（怎么做）、实施步骤（什么时间做）。

任务是在一定时间内要完成的工作，任务和要求应该具体明确，有的还要定出数量、质量和时间要求。

目标是计划的灵魂，是计划产生的导因，也是计划奋斗方向。

计划应根据需要与可能，规定出在一定时间内所完成的任务和应达到的要求。

方法措施主要指达到既定目标需要采取什么手段，动员哪些力量，创造什么条件，排除哪些困难等。要根据客观条件，统筹安排，将"怎么做"写得明确具体，切实可行。

实施步骤是指执行计划的工作程序和时间安排，制订计划必须胸有全局，妥善安排，哪些先干，哪些后干，应合理安排。而在实施当中，又有轻重缓急之分，哪个是重点，哪个是一般，也应该明确。在时间安排上，既要有总的时限，又要有每个阶段的时间要求。

3. 结尾

计划的结尾或展望计划的前景，或提出希望和号召，或提出执行计划时应注意的问题，或明确工作重点。

（三）落款

落款通常包括制订计划的单位名称和日期两项内容，在正文右下方署上制订计划的单位名称，在署名的下一行写上日期。如果计划的标题中有单位名称，可以省略。

五、例文

众盈汽车公司2024年度总结表彰大会筹备工作方案

2024年，众盈汽车在各方面做出了突出业绩，展现了饱满的热情、高度的凝聚力，提高了公司的综合实力和市场竞争力。为全面总结2024年度工作，经研究决定，拟召开2024年度总结表彰会。为做好会议各项筹备工作，特制订如下方案：

一、会议名称、时间、地点及参加人员

（一）会议名称：众盈汽车公司 2024 年度总结表彰大会

（二）会议时间：2024 年 12 月 24 日（会期 1 天）

（三）会议地点：众盈大厦 6 楼 601 会议厅

（四）会议代表：总经理、副总经理 4 人，各部门部长及副部长，优秀职员和团体，特邀嘉宾共计 200 人。

二、会议主题及议程

（一）扩大市场占有率，提高市场效益，提高公司核心竞争力。总结过去，表彰先进，规划未来。会议由公司副总经理杨××主持。

（二）部长述职报告会

（三）总结表彰大会

（四）联欢会

三、会议准备

（一）会场布置：会议代表区设置 200 个座位，前 3 排 30 个座位为表彰对象区，各位代表按席卡入座。会场布置标准为庄重热烈、朴素大方。主席台周边要用鲜花装饰，对面悬挂一幅富有号召力的横标。

（二）会场设备和用品的准备：会议所需的摄像机、白板、投影仪、电脑、音像设备、录音设备、应急设备等由前台秘书准备。

（三）会议筹备机构：大会设置会议筹备委员会，由副总经理苏××担任会议筹备委员会主任，下设办公室、秘书组、会务组、宣传组、后勤组、财务组、安全组，各组职责分工如下……

会议文件材料准备……

会议住宿、餐饮及备用车辆……

附件：

1．会议经费预算

2．会议日程安排表

3．会议通知（附回执单）

众盈汽车公司
2024 年 12 月 1 日

××镇 2022 年基础教育工作规划

××镇现有初中 3 所，小学 6 所，完小 8 个，教学点 13 个，幼儿园 19 家，中小学生 14 600 余人，各校面小生多，难以发展。为了解决目前这种困境，满足对广大群众对子女教育的需求，促进教育事业又快又好地发展，实现教育公平，经××基础教育党总支和教管组研究，特制订××年教育工作规划。

一、继续加大布局调整力度，尤其是村级小学布局

××镇现有 50 个行政村，辖区范围辐射广，完小、教学点多。为了合理配置，融合资源，暑期力争将 8 所完小合并为 5 所，13 个教学点合并为 8 个。

二、狠抓教学常规管理，逐步向精细化管理迈进

（一）3 月中旬召开全镇中考动员大会暨 2021 年教学质量总结会，对上年教育教学工作进行小结，制订 2022 年教学质量奖惩评估目标。

（二）6 月配合县教育局，组织全县中考工作，月底组织全镇小升初摸底统考和基础年级期末考试。

（三）7—8 月落实初中毕业生升学工作及小学六年级升初中的招生工作。

三、改善学校硬件建设，落实校安工程

（一）年初落实芦陵中学向东征地合同，力争在暑期把运动场建设到位。

（二）争取上级主管部门和地方政府的支持，力争在暑期之前，在开发区完成一所高标准化小学动工仪式。

（三）确保 3—4 月芦陵中学、镇初级中学租转房动工，10 月××镇初级中学集资房竣工。

四、搞好教师队伍干部管理，落实校、组编制配备

（一）年初落实教管组编制配备工作及核定各校副校级干部编制工作。

（二）3 月组织专班对各中小学副校级干部进行年度考核，并对全镇进行考评工作情况通报。

（三）继续就"私招住宿生，私下补课，变相体罚学生及向学生家长索取财物"等严重影响教师形象，有损教育形象的不良现象进行整治。

五、狠抓中小学、幼儿园安全管理

落实每学期初一次、期末一次对全镇各中小学及幼儿园进行安检，并对检查结果进行全镇通报，并限期整改。

六、做好重病号、退休教师干部的慰问工作及民师的安稳工作，确保稳定

（一）2 月进行退休教师、干部的慰问工作，确保将礼品、慰问金送到每一个退休同志的手中。

（二）10 月（九九重阳节）召开退休老干代表及部分退休教师茶话会，让他们为教育献计献策。

（三）12 月从工会经费中拿出一部分对各校重病号进行上门看望慰问。

（四）继续做好民师的养老保险煞尾及稳定工作，力争无上访对象。

××镇教管组

2021 年 12 月 23 日

第六节　总结

一、总结的含义

总结是一个单位、部门或个人对前一段时间所做的工作进行一次全面系统的回顾、分析和评价，从中找出成绩、问题、经验及教训，从而指导以后的工作实践的事务文书。

总结是一种常用文体。它通过对实践过程的系统回顾，对其中得失的全面分析，判明得

失利弊，将感性认识上升到理性认识，将片段的认识变成有条理的认识，也就是对实践作出本质的概括，以便扬长避短，吸取经验教训，使今后的工作少走弯路，多出成果。可以说，总结是做好各项工作的重要环节。通过总结，可以将成功的经验归纳提炼出来用以指导今后的工作，将失败的教训分析出来作为借鉴，避免重蹈覆辙。

二、总结的特点

（一）回顾性

总结是对以前工作活动的回顾，是对前一段时间工作活动的反映，要回答某一时期"已经做了什么，如何做的，做得怎样"的问题，因此具有回顾性。

（二）实践性

总结的写作对象、材料、观点都必须来自本单位、本部门的实践，绝不允许主观臆测、凭空捏造。总结不仅要反映实践，而且要指导实践，因此具有很强的实践性。

（三）指导性

毛泽东同志指出："需要把我们工作中的主要经验，包括成功的经验和错误的经验，加以总结，使那些有益的经验得到推广，而那些错误的经验中取得教训。"因此，总结的重要性在于对以往实践中成绩、经验、缺点及教训作符合实际的判断，从而积累经验，以便更好地认识客观世界，对人们的实践活动起到指导作用。

（四）概括性

总结把零散的表象的材料，加以系统化的整理、概括、归纳，将感性认识上升到理性认识，并从中概括出客观规律，回答"做了什么，为什么这样做"的问题。

三、总结的类型

（一）按性质分

总结包括全面总结和专题总结。

（二）按范围分

总结包括地区总结、单位总结、部门总结、个人总结等。

（三）按时间分

总结包括年度总结、阶段总结、月总结等。

（四）按内容分

总结包括工作总结、学习总结、思想总结、生产总结等。

四、总结的写作结构

总结一般由标题、正文、落款三部分组成。

（一）标题

总结的标题有以下三种形式。

1. 公文式标题

其结构为单位名称+时间+内容，如《××市统计局 2024 年工作总结》。

2. 文章式标题

标题中概括总结的基本内容、主要观点、经验教训等，如《走活三步棋，选好一把手》。

3. 双行标题

又叫正副标题，正标题点明文章的主旨，副标题说明文章的单位名称、时限、内容和文种，如《加强医德修养　树立医疗新风——××医院精神文明建设的经验总结》。

（二）正文

正文是总结的重心所在。一般写明基本情况、主要的做法、成绩经验或问题教训、存在的不足及今后努力的方向等。

1. 开头

开头部分一般简明扼要地概述基本情况，交代背景，点明主旨，说明成绩，总结经验，主要是为主体内容的展开作必要的铺垫。基本情况这一部分要写得提纲挈领，以便读者对总结先有一个大概的了解，为下文具体介绍经验教训打好基础。

2. 主体

主体是总结的主要内容，目的是要肯定成绩，找出问题，要具体、细致、生动地介绍成绩和经验。通过分析，把零星的、肤浅的、感性的认识上升为系统的、深刻的、理性的认识，从而肯定成绩和经验，找出问题与教训，概括出规律性的东西。要善于把经验体会上升到一定的理论高度，归纳出几个并列的观点，再按照内部的逻辑关系安排内容和层次。

主体的内容包括取得的成绩和经验、存在的问题和教训、改进与努力方向。总结经验要做到观点和材料相统一，切忌罗列材料或泛泛空谈；要重点分析问题和教训存在及产生的主观原因；在改进与努力方向这一方面，力求语句中肯、实事求是，要有新意，避免落入俗套。

3. 结尾

总结的结尾可以概述全文，说明经验带来的效果，也可以提出今后的努力方向或改进意见，必须起到明确方向、鼓舞斗志、增强信心的积极作用。

（三）落款

落款包括署名和日期。署名是单位全称，如果已经将署名置于标题之下，则这里可以省略。

五、例文

2021 年城乡环境综合整治工作总结

为了认真落实各项惠民措施，扎实推进城乡环境综合治理工作，根据《关于下达 2021 年城乡环境综合整治工作目标任务的通知》（××城环指发〔××〕4 号）和《××城乡环境综合治理道路交通秩序治理月工作方案》（××城环指发〔××〕23 号）精神，我局结合深入学习实践科学发展观活动，以城乡环境综合整治为切入点，着力提升××县整体形象，通过集中整治和专项治理，城乡环境整治工作取得了明显成效。现将工作情况总结如下。

一、加强领导，精心组织

城乡环境综合整治工作标准高，工作量大，涉及面广，我局高度重视，将此项工作作为一项惠民工程、民心工程、作风工程来抓，列入了局党组、行政工作的重要议事日程，本着以人为本的工作理念和构建"绿色和谐"的工作目标，在我局范围内广泛实施城乡环境综合整治工作，建立长效机制。为切实开展此项活动，在 4 月 8 日县城乡环境整治动员会后，我局召开了党组会议进行安排布置，并将此项工作作为学习实践科学发展观活动的一项重要内容，专门成立了以局党组书记、局长×××同志为组长，局党组成员为副组长，相关股室负责人为成员的城乡环境综合整治工作领导小组和局城乡环境综合整治工作办公室，明确了具体经办人。为做到思想统一，认识到位，我局召开了城乡环境综合整治工作再动员会，传达了省市县会议精神，分析了存在的问题，制定了城乡环境综合整治实施方案，转发了县级相关文件，明确了相关人员的职责，将目标任务进行了细化分解，做到"一把手"亲自抓，分管领导具体抓，各司其职，齐抓共管，相互配合，形成合力，切实做到领导到位，人员到位，工作到位，措施到位，全力将城乡环境综合整治工作推向纵深。

二、突出重点，狠抓落实

在市、县整治办的指导下，我局以科学发展观为指导，以优化城乡环境，构建和谐安居为目标，紧紧围绕"完善、优化、提升、示范"的工作方针，全方位消除盲点，突出重点，解决难点，打造亮点。我局具体联系××社区一组，对该区域范围内的生活和建筑垃圾进行了集中清运，对居民开展了一次普遍性卫生教育，组织了职工 20 余人，对全区域开展清扫保洁活动，清除各种垃圾 3 余吨，疏通了沿线沟渠，按照综合整治原则、因地制宜原则、便民惠民原则、辐射带动原则、安全原则对责任区街道立面、地面、楼面、尾面、店面等三维空间进行了综合治理，形成了比较整洁的城乡环境。为了保证联系点环境卫生得到有效的巩固，培养群众良好习惯，我局投资了 3 000 多元聘请了保洁员，负责保洁工作和宣传工作；确定了一名联系员，负责协调联系工作，在人、财、物上给予了充分保障，做到了人员、资金、物资三到位，人居环境面貌得到了明显提升。与此同时，我局为深入推进城乡环境综合治理，在全局开展了以城乡环境综合治理为主要内容的"卫生股室"评选活动，我局城乡环境综合治理领导小组组织检查验收，并在年终给予一定的精神和物质上的奖励。通过一年多的综合整治，广大群众的卫生意识得到了增强，社区脏、乱、差状况得到了改变，城乡卫生环境得到了大大改善。

三、加强宣传，促进和谐

一是结合深入学习实践科学发展观活动，把城乡环境综合整治作为贯彻落实科学发展观的一项具体举措。我局多次开展联系会，认真听取群众意见，解决民生问题。定期不定期地与责任区××社区干部群众探讨卫生管理，逐步树立"人民城市人民管"的全民意识。

二是围绕"门前五包"活动的开展，广泛发动职工和群众进行"人人动手、清洁城市"为主题的宣传活动，社区群众主动打扫门前卫生，清除"牛皮癣"，维护各类设施，爱护树木花草，自觉维护门前秩序。

四、存在的问题和 2022 年工作打算

1．存在的问题

一是联系社区居民卫生意识还不高，个别居民还有抵触情绪，整治的主动性不够。

二是保洁工作还存在一定困难。

2．下步工作打算

一是进一步加大宣传力度，争取绝大多数群众的参与支持。

二是进一步加大"三项整治"力度，努力打造本局成为环境优美的单位。

三是继续落实城乡环境综合治理目标责任制。

四是进一步健全卫生管理制度，实行目标考核，构建环境治理的长效机制。

××县城乡环境综合治理办公室

2021 年 12 月 26 日

汽车销售 2023 年年终工作总结

转眼间，我来荣威 4S 店已经大半年。这半年间，我从一个连 AT 和 MT 都不知道什么意思的汽车菜鸟蜕变成熟知汽车性能的业务员。我一切从零开始，一边学习专业知识，一边摸索市场，遇到销售和专业方面的难点和问题，我都及时请教有经验的同事，一起寻求解决问题的方案。在此，我非常感谢部门同事对我的帮助，也很感谢领导能给我展示自我的平台。

这半年间，我不仅学会了基础的汽车知识，同时也对公司的品牌有了更深入的了解，我深深地爱上了自己所从事的工作、自己所销售的汽车。短短的半年时间，我明白了做汽车销售工作单凭自己的热爱是不够的，还要学会如何进行客户谈判，分析客户情况。这些是我从前所没经历过的，而老销售员在谈判的过程中常常会带着我这个新人，让我可以学习谈判经验。

现在嘉兴汽车销售市场竞争得日益激烈，摆在所有销售人员面前的是平稳与磨砺并存、希望与机遇并存、成功与失败并存的局面，所以拥有一个积极向上的心态是非常重要的。

每天早上我都会从自己定的欢快激进的闹铃声中醒来，以精力充沛、快乐的心态迎接一天的工作。我没有别人经验多，就和别人比诚信；我没有别人单子多，就和别人比服务。这一直是我的工作态度。我相信，只有这样才能把工作完成得更好。

在销售工作中，我也有急于成交的现象，不但影响了自己销售业务的开展，也打击了自己的自信心。在以后的工作中，我会摒弃这些不良的做法，并积极学习，更加深入地了解市场，请教老销售员业务知识和沟通经验，尽快提高自己的销售技能，以更加细致的工作为公司的销售工作作出贡献。

×××

2023 年 12 月 20 日

第七节　会议纪要

一、会议纪要的含义

会议纪要是记载和传达会议的情况、议定事项或主要精神的一种具有纪实性和指导性的公文。

会议纪要一般用于比较重要的会议。它的主要作用是向上级和有关部门反映会议情况，传达会议精神；向下级和与会单位发布会议议定的事项，宣传会议的主要精神。

有的会议纪要具有决议的性质，会议议定的事项一经整理下发，对与会单位及有关下级单位就有了一种约束力，要求贯彻执行。有的会议纪要并非一定要贯彻执行，只是为了通报情况，便于有关人员周知。

会议纪要不同于会议记录。会议记录不是公文，属于事务类应用文，是保存会议情况的记录性资料。会议纪要则是在会议记录的基础上，经过撰写人提炼、概括、分析、取舍，加工制作成的一种公文。"纪要"，就是概记其要点，不是有闻必录，而是要围绕会议主题和结论来整理、提炼、概括。

会议纪要也不同于决议。决议是党务公文的一个文种。决议议决的问题必须是重要问题，而且必须经过会议讨论、按照法定程序表决通过之后才能形成决议。而出现于会议纪要中的问题不一定都是重要问题，也不要求会议讨论通过后成文。凡是会议讨论的问题，无论是否形成决议，都可以写入会议纪要，甚至悬而未决的问题也可写入。

二、会议纪要的特点

（一）内容的纪实性

会议纪要是根据会议的宗旨、议程、决议等整理而成的公文，它是对会议基本情况的纪实。会议纪要的撰写者，不能更动会议议定的事项，更不能随意改动会议上达成的共识和形成的决定。除此之外，撰写者也不能对会议内容进行评论。总之，会议纪要必须忠实反映会议的基本情况，传达会议议定的事项和形成的决议。

（二）表述的概括性

会议纪要并不是把会议的所有内容都原原本本地记录下来，它要有所综合、有所概括、有所选择、有所强调。会议纪要重点说明会议的主要参加者、基本议程、与会者有哪些主要观点、最后达成了什么共识、形成了什决定或决议，切忌记流水账。

（三）作用的指导性

因为会议纪要的纪实性特点，决定了其有凭证、备查作用。同时，多数会议纪要具有指导工作的作用。它要传达会议情况、会议精神，要求与会单位和相关部门以此为依据开展工作，落实会议的议定事项。

（四）称谓的特殊性

会议纪要一般采用第三人称写法。由于会议纪要反映的是与会人员的集体意志和意向，常以"会议"作为表述主体，"会议认为""会议指出""会议决定""会议要求""会议号召"等就是称谓特殊性的表现。

三、会议纪要的写作结构

会议纪要通常由标题、正文、落款三部分构成。

（一）标题

标题有两种形式，一种是会议名称加纪要，如《全国农村工作会议纪要》。另一种是召开会议的机关加内容加纪要，如《省经贸委关于企业扭亏会议纪要》。

（二）正文

正文一般由两部分组成。

1. 会议概况

会议概况主要包括会议时间、地点、名称、主持人、与会人员、基本议程。

2. 会议的精神和议定事项

常务会、办公会、日常工作例会的纪要，一般包括会议内容、议定事项，有的还可概述议定事项的意义。工作会议、专业会议和座谈会的纪要，往往还要写出经验、做法、今后工作的意见、措施和要求。

（三）落款

落款包括署名和时间两项内容。署名只用于办公室会议纪要，署上召开会议的领导机关的全称，下面写上成文的年、月、日期，加盖公章，一般会议纪要不署名，只写成文时间，加盖公章。

四、会议纪要的写法

会议纪要一般分两大部分。开头第一部分一般应写明会议概况，包括会议进行的时间、地点、届次、组织者、出席和列席人员名单、主持人、会议议程和进行情况及对会议的总体评价等。第二部分是纪要的中心部分，反映会议的主要精神、讨论意见和议决事项等。根据会议性质、规模、议题等不同，大致可以有以下几种写法。

（一）集中概述法

这种写法是把会议的基本情况，讨论研究的主要问题，与会人员的认识、议定的有关事项（包括解决问题的措施、办法和要求等），用概括叙述的方法，进行整体的阐述和说明。这种写法多用于召开小型会议，而且讨论的问题比较集中单一，意见比较统一，容易贯彻操作，写的篇幅相对短小。如果会议的议题较多，可分条列述。

（二）分项叙述法

召开大中型会议或议题较多的会议，一般要采取分项叙述的办法，即把会议的主要内容分成几个大的问题，然后另上标号或小标题，分项来写。这种写法侧重于横向分析阐述，内容相对全面，问题也说得比较细，常常包括对目的、意义、现状的分析，以及目标、任务、政策措施等的阐述。这种纪要一般用于需要基层全面领会、深入贯彻的会议。

（三）发言提要法

这种写法是把会上具有典型性、代表性的发言加以整理，提炼出内容要点和精神实质，然后按照发言顺序或不同内容，分别加以阐述说明。这种写法能比较如实地反映与会人员的意见。某些根据上级机关布置，需要了解与会人员不同意见的会议纪要，可采用这种写法。

五、例文

××办公会议纪要

××届〔20××〕1号

××人民政府办公室×××年××月××日

4月10日下午，×××副区长主持召开区长办公会议，研究区教育信息化建设工作。参加会议的有区政府办公室、区教育局、区发展计划局、区信息中心及××中等学校的有关负责人。会议听取了××教育局和××中、××中、××小学等学校关于教育信息化应用情况的汇报，会议就有关问题决定如下事项。

一、教育局要结合全区学校整体布局的调整和教育信息化现状，制订今后五年教育信息化的具体篇目规划和年度实施计划，在今年6月底报××政府审定。规划要突出重点，兼顾全面，整体规划，分步实施，资源共享，力求以最小的投资取得最大的效益。

二、教育信息化是教学的一种重要辅助手段。教育信息化要贯彻以教学研究和教育改革为主导，为教学研究服务，为提高教师的教学水平服务，为提高教学质量服务的原则；信息化建设投资要贯彻以教师为核心，以多媒体计算机辅助教学应用为重点的战略原则。

三、教育局要会同××财政局、××发展计划局、××信息中心，组织专家对教育城域网网络中心的扩容工作进行专题研究，提出切实可行、性价比高的实施方案，以节省投资。

四、××教育局要对现有的课件制作平台的使用效果进行评估，并于6月底前在全区学校推广应用。要按照以教学研究为导向、学科教学和教育信息化有机整合的原则，重点推进各学科多媒体教学课件资源的整理和制作，在今年6月底前制订出全区中、小学各科目教学课件的制作计划，要求教师每学期制作一定数量的课件，并列入教师年度考核的内容。同时要通过各类课件制作竞赛，调动教师制作课件的积极性，提高教师课件制作的水平。

五、教育局要加强教师队伍的继续教育和学校网络管理队伍建设。一是整合教研室、教师进修学校、信息中心、电教站等方面的力量，加大投入，改善条件，通过分期分批进行培训，提高教学骨干队伍的信息化技术水平。二是通过办培训班、引进等办法，加大力度培育技术骨干队伍，做到每所学校都有信息化技术骨干。

六、教育局要对教育信息化的现有硬件、软件资源进行优化整合，充分利用××中等学校已建校园网相对完善的信息设备和丰富的信息资源及现有的社会资源，如网上图书馆、全国联网的超星图书馆等信息资源，力争在资源建设方面以最少的投资以达到最大的整体效益。

参加会议人员：×××××××××××××××××××××××××××××

发：××教育局，××信息中心，各学校。

送：××委，××副区长，××委办，××人大办，××政协办，××纪委。

××人民政府办公室××××年××月××日印发

第八节　新闻稿

一、新闻稿的写作结构

新闻稿一般由标题、导语、主体、结语和背景等组成。

（一）标题

标题高度概括新闻内容，以吸引眼球。

（二）导语

导语用来提示新闻的重要事实，使读者一目了然。

（三）主体

主体随导语之后，是新闻的主要内容，是集中叙述事件、阐发问题和表明观点的中心部分，也是全篇新闻的关键所在。

（四）结语

结语一般指新闻的最后一句或一段话，是新闻的结尾，根据内容的需要可有可无。

（五）背景

背景是事物的历史状况或存在的环境、条件，是新闻的从属部分，常用在主体部分、导语或结语之中。

二、新闻稿的格式

新闻稿的格式有很多，一般可以分为四类，即倒金字塔式、正金字塔式、折中式和平铺直叙式。

（一）倒金字塔式

这种写作方式是将新闻中最重要的消息写在首段，或是以概要的方式出现在新闻的最前端，有助于受众快速明白新闻的重点。由于这种格式没有契合事物发展的基本时间顺序，所以在写作时要从受众的角度出发来构思，按受众对事物重要水平的熟悉程度来安排。

（二）正金字塔式

这种写作方式与倒金字塔式相反，是以时间顺序作为行文布局的写作方式，一般采用引言、过程、结果的流程，以渐入高潮的方式将新闻重点摆在文末。

（三）折中式

这种写作方式又叫新华体，兼具倒金字塔式和正金字塔式的特点，即将新闻中最重要的信息放在最前面，这是按倒金字塔式的方式写作，然后又按照正金字塔式的方式写作下面的内容。

（四）平铺直叙式

这种写作方式注重行文的起、承、转、合，力求文字的流利精准，适合单位或组织发表对政策、思想等的看法时使用。

三、新闻稿的要素

新闻稿一般都具有六要素，即时间、地点、人物，事件的起因、经过和结果。明确这六大要素，可以对新闻工作起到以下作用。

1. 有助于在采访新闻时迅速弄清每一个事实的要点。
2. 有助于迅速抓住新闻的重点，尤其是在新闻导语的写作中。
3. 有助于明晰新闻体裁的要义。

四、新闻稿的特点

新闻稿具有新闻、消息的特点，具体如下。

（一）内容真实，事实准确

真实，即内容真实，所写的人物、时间、地点、事情发生发展的经过不能虚构。准确，即每个事实，包括细节在内都准确无误。如果一条新闻失真或有差误，不仅会降低新闻稿的价值，还会损害单位的形象和利益。

（二）内容新鲜，有价值

新闻贵在新，而且有认识、启迪和指导意义。新闻稿只有新，才能引起注意，让人先睹为快。所谓的"新"，不仅要把新人物、新事件、新经验报道出来，更重要的是应选择有意义、有价值，给人以启迪，具有指导性的事物。

（三）迅速及时，有时效性

迅速是新闻的价值，如果新闻报道速度迟缓便会降低新闻稿的价值，"新闻"则变成了"旧闻"。时效，就是速度要快，内容要新。对新人、新事、新情况、新问题，要敏锐地发现，尽快地了解，迅速及时地反映。

（四）简明扼要，篇幅短小

简短是新闻区别于其他文体的主要标志。所谓简短，就是"三言两语，记清事实；寥寥数笔，显出精神。概括而不流于抽象，简短而不陷于疏漏"，用笔要简洁利落，内容集中精短。

五、例文

消费扶贫，××在行动！
政企携手助老区××迎来幸福中国年！

核心提示：××月××日，中国××温暖扶贫年货节正式开幕。本次年货节由中共××县委、××县××主办，××集团、××文化、××电商中心、××网络科技有限公司协办。

××月××日，"中国××温暖扶贫年货节"正式开幕。本次年货节是由中共××县委、××县××主办，××集团、××文化、××电商中心、××网络科技有限公司协办，政企携手，共同助力老区××迎接××幸福中国年而打造的大型活动。

开幕式上，××县县长×××，县委×××、副县长×××及××集团相关领导共同出席，为本次年货节按下启动球，"中国×××温暖扶贫年货节"正式拉开帷幕。

在×××县长、×××县委的大力支持和引导下，有关单位筹办了这场首次线上线下相结合的年货节。××搭台，企业"唱戏"，百姓受益——××人的新年从新颖实惠、温馨便捷的年货节开始。此外，××年货节的成功举办，对推动××产品上线、增进××群众的互联网意识、促进××县电子商务的发展具有重要的意义。

【点评】

该新闻稿比较简短，首先通过核心提示说明了此稿件的主要内容，然后介绍了主办和协办单位。正文逻辑性强，内容完整但不啰嗦，以活动时间为写作顺序，流畅自然，是可以借鉴的一种写作流程。结尾对此项活动进行了适当总结，并总结了该活动的意义，是一篇不错的新闻稿。

第八章
记叙文写作

第一节　写人

写人要写"魂"，就是写出人物的思想感情和性格特征，写人的记叙文是通过对人物思想性格的刻画来表现中心思想的。

一、写人记叙文的一般要求

（一）要抓住个性特点来写

世界上的人是千差万别的。人的性别、年龄、生活经历、文化教养等各不相同，自然决定了人的思想性格的差异。要写好一个人物，必须抓住这个人的性格特征，也就是这个人区别于其他人的特殊之处。

（二）要选择典型事件来写

人物的思想感情、性格品质总要通过事件来表现，而这些事件必须能够充分表现中心思想，突出人物性格，也就是典型事件。它可以是人物有代表性的重大行为，但更多的是那些看来细小平常却能展示人物思想性格的生活琐事。

（三）要做到描写具体细致

选择好典型事件后，如果只是干巴巴地做概括描述，文章必然写不好。要对人物的外貌、行动、语言或心理活动做具体描写，必要时还要做恰当的环境描写，以突出人物性格、表现文章的中心思想。

二、人物鲜活起来的方法

（一）正面描写

正面描写是把镜头直接对准描写对象进行刻画，或写外貌，或写语言，或写动作，或写心理。正面描写要形神兼备。

1. 外貌描写

外貌描写是指描写人物的外形，包括容貌、体态、表情、服饰等。外貌描写要善于抓特征，生动逼真，以形传神，刻画人物思想性格。

2. 语言描写

准确而逼真地写出人物的语言，能生动地表现人物的思想性格。人物语言的描写要符合人物的年龄、经历、身份、文化教养等特点，还要力求反映出人物的特征，反映出人物的思想感情。

3. 动作描写

描写人物富有特征的动作，能够表现人物的性格、品质、身份、地位、处境、状态等特征。

4. 心理描写

要能把内心深处的情感倾诉出来，使人物的思想得以深刻揭示，性格得以充分展露。

（二）侧面描写

侧面描写是着意写对象的周围事物，或以景物烘托人物，或借助他人来刻画对象，使所描绘的对象更为鲜明，更为突出。

（三）简笔勾勒

简笔勾勒就是用极简洁的语言把人物的基本特征勾勒出来，不着颜色，不加烘托，给人以清晰的印象，这种方法也叫白描。

（四）工笔细描

工笔细描着力于精雕细刻，用细腻的笔法雕刻人物，使所描写的对象纤毫毕现，给人以真切的感受。

（五）细节描写

细节描写是指对某些细小的举止、行动或细微事件的描写。它是文学作品完整地描绘人物性格、事件和环境的一种不可缺少的手段。

第二节 记事

一、记事记叙文的一般要求

（一）写清楚要素

要交代清楚事情发生的时间、地点，要把事件的起因、经过、结果写明白。一件事，总离不开时间、地点、人物、事件（起因、经过、结果）等四个方面的内容，因此，只有把这些方面写清楚了，才能使别人明白你写了一件什么事。当然，交代这四要素要根据文章的需要灵活掌握。时间、地点也并不是非要直接点明不可的，有时候可以通过描述自然景物的特征及其变化，将它们间接表示出来。

（二）写具体事件

要把事件经过写具体，并做到重点突出。事件的起因、经过和结果，是构成事件最主要的因素。为了把事件写得清楚、明白，在记叙中一定要写好事件的起因、经过和结果，特别要把事件的经过写具体，给人留下完整而深刻的印象。

二、合理安排顺序

记叙顺序合理清楚才能使文章条理清楚。

（一）运用顺叙

顺叙，是按照事件发生、发展的先后次序进行叙述。这样写，可以将事件的发展过程，有头有尾地叙述出来，来龙去脉，十分清楚。顺叙有以时间为顺序的，有以事件发展过程为顺序的，也有以空间变换为顺序的。

（二）运用倒叙

倒叙，就是把事件的结局或某个最突出的片段提到前面叙述，然后再从事件的开头进行叙述。运用倒叙的写法，必须注意交代清楚倒叙的起讫点，顺叙和倒叙的转换处要有明显的界限和必要的文字过渡。

（三）运用插叙

插叙，是指在叙述中心事件的过程中，由于某种需要暂时中断叙述的线索而插入关于另一个事件的叙述。运用插叙时不能打乱原来的叙述线索，要注意与上下文的衔接。这样，不仅文章的结构富有变化，而且叙述事件的条理非常清楚。

三、挖掘事件蕴含意义的方法

（一）训练见微知著的好眼力

善于观察的人有一定的思想水平，只有这样，才可能看到事件的里层，发现其中蕴含的深意。在日常生活中，要做到凡事多加留意，尽可能深入地去想一想，不只注意它的表象，还要去挖掘它的本质，弄清它的来龙去脉。这样，才能有敏感的头脑和锐利的眼力，挖掘、寻找出事件中所蕴含的深意。

（二）在背景之中写事情

背景就是时代环境，指的是社会变迁和政治动态等。一件小事，孤零零地看，是不起眼的，可能没有深刻的内涵，但是把它和事件发生的背景联系起来，就不寻常了。

（三）"事"与"意"密切结合

从小事中写出深意，容易犯的毛病是"事"和"意"的结合不自然，往往是主观上（意）想"深"，客观上（事）显得内容单薄。因此，我们在具体写的时候，避免在揭示事件所蕴含的意义时犯任意"拔高"的毛病。

第三节　写景

一、写景记叙文的一般要求

（一）抓住景物特征

世界上的景物千差万别，各有姿态，只有抓住所写景物与众不同之处，才能绘出它特殊的形象，写出它内在的韵味。只有多观察，并且加以比较和思考，才能将景物的特征别致地描绘出来。

（二）描写要有顺序

景物描写应做到条理分明，层次清楚，这样才能把自然景物的美和谐地表达出来。写景的顺序就是观察顺序，就是按照欣赏景物的先后顺序来写。

（三）做到情景交融

在写景的文章中，情是景的灵魂，景是情的依托，情与景自然交融，才能写出好文章来。因此，要以写作目的和主题来决定写景材料的取舍、详略及顺序。比如，同是写登山，为了表达"只有不畏艰难，勇于攀登，才能到达美好的顶峰"这一主题，文章就应突出山路之险，困难之大，意志之坚及登峰后"一览众山小"的豪情。如果是为了抒发对祖国山川的热爱之情，则应重点描绘景色之美。

文章中情与景的关系有两种情况，一种是在写景的同时叙写作者的感受，即所谓借景抒情，借景言理；另一种是寓情于景，将情思完全融入所绘景物中。

二、描写景物的方法

（一）用修辞方法描写景物

1. 比喻

通过比喻，把简单的东西具体化，抽象的东西形象化。

2. 拟人

拟人是把没有思想感情的事物当作有思想感情的人来写，它也往往能使语言富有魅力。

（二）动静结合描写景物

自然景物，有的处于相对静止状态，如山峦、树木等；有的处于运动状态，如流水、飞鸟等。描写景物，必须兼顾景物的静态和动态。既要写出景物的静态，如形状、大小、色彩等，也要写出景物的动态，主要是景物在形态、声音、速度等方面瞬间的变化。把静态描写景物形态特征和动态描写利于传神的长处结合起来，以动写静，动静结合，能使所绘景物具体、生动，给读者留下深刻的印象，也使文章情趣盎然。

（三）运用传说描写景物

描写景物要富有活力，运用传说也是一个重要途径。在描写景物时，插入一些故事逸闻、神话传说、典故名言、文史资料、民俗谚语，使景物蒙上一层神奇的色彩，不仅能使文章内容丰富，而且能使文章情趣横生。

（四）用移步换景法描写景物

移步换景法一般适合于游记或参观记，描写景物时，人走景移，随着观察点的变换，不断展现新画面。采用移步换景法描写景物时，首先要把观察点的变换交代清楚。这样，读者才能清楚地知道游览或参观的路线。其次要把移步中或移步后所见到的景物具体地展现出来，使读者仿佛看到一幅幅色彩绚丽、内容丰富的生动画面。采用移步换景法描写景物时，要注意围绕一个中心展示不同的画面，避免有支离破碎的感觉。还要进行精心的剪裁，要把一路上最有特色的景物描绘出来。

第四节　状物

"状"是陈述、描摹的意思，"状物"，就是描绘事物。状物的记叙文是通过描述某物，来表明作者的某种思想、某种感情的。这类文章的特点在于把比较抽象的思想感情寄托于具体、形象的事物当中，文中既有对所寄托事物的具体描述，又有对所寓之理和情的充分阐发。

一、状物记叙文的一般要求

（一）抓"交叉点"

抓住所状之物与所要表述的思想感情之间的"交叉点"，即确定它们之间相似、相通或相关的内容。例如，《荔枝蜜》中，蜜蜂与农民在勤劳、无私方面的相似点；《白杨礼赞》中，白杨树与北方农民在力争上游、倔强挺立等方面的相似点。

（二）状好"物"

要把"物"状好，这是写好状物记叙文的基础，没有了这一基础，作者要表达的思想或感情都无从寄托。对物的描绘要真实、准确，要重点突出，要与文中所寓之理、所抒之情互相呼应。

（三）立意新

在动笔之前要认真构思、立意。特别应注意的是立意要新，避免老生常谈，比如"蜡烛颂""蜜蜂颂"这类话题，就很难再写出新意。要想写出新意，就要在生活中经常细致观察和思考。

二、状物言志的方法

（一）联想

例如，《荔枝蜜》通篇主要写的是蜜的酿造者——蜜蜂，通过写自己对蜜蜂在感情上的变化，赞美了蜜蜂的高尚品质。但在文章的倒数第二个自然段，作者笔锋一转，写水田里耕作的农民，运用联想的方法点到文章的主题："他们正用劳力建设自己的生活，实际也是在酿蜜——为自己，为别人，也为后世子孙酿造着生活的蜜。"

（二）象征

例如，《白杨礼赞》用生动形象的笔触，极力描绘了西北的白杨树，赞美了它的力争上游、倔强挺立和伟岸、正直、朴质、严肃的特征；然后层层深入地揭示了白杨树的象征意义，点明了文章的主题。

第五节　记叙文综合训练

一、基本要求

（一）写人记事要交代清楚记叙的要素

时间、地点、人物、事件（起因、经过、结果）是记叙文的四要素。这四个要素在每一篇文章中不一定都要具备，而且表现形式也可以灵活多变，根据实际情况在文章中或直接、或间接地回答出来。

（二）写人记事要注意记叙顺序

1. 记叙顺序

写人记事，先说什么，后说什么，就是记叙顺序。

2. 记叙顺序常见的四种类型

（1）顺叙：按照事情发生、发展和结局的时间顺序来写，叫顺序。顺序是最基本、最常用的组织材料的方法。要注意顺序不等于文章不分主次地记流水账。应做到层次明显、重点突出、结构清晰。比如写《记一次升旗活动》，一般是从旗手擎旗入场开始写到结束，但不等于把参加升旗活动的每一个人及每项步骤写得面面俱到，也就是说，运用顺序的方法时，要注意做好围绕中心选材和剪裁工作。

（2）倒叙：把后发生的事写在前面，把先发生的事写在后面，这种写法叫倒叙。倒叙方法用得好，能有效地避免文章平铺直叙，能使结构富于变化，引人入胜。运用倒叙的方法特别要注意的是应在倒叙与顺序相接的地方把时间交代清楚，要有必要的交代语句，使读者觉得头绪清楚。

（3）插叙：在记叙的过程中，有时需要插入在时间、地点上不一致的有关情节，然后再接叙原来的事情，这种写法叫插叙。插叙部分对主要情节起补充、衬托的作用，是文章的有机组成部分。运用得当能使人物形象更丰满、更逼真，叙述内容更详尽、易理解。

（4）补叙：在一件事叙述完毕后作必要的补充交代，这种写法叫补叙，简称"补笔"，可以给读者一种豁然开朗的快感。

（三）围绕中心选择材料

1. 作文的材料

作文的材料就是现实生活中的一切原始素材。

2. 中心

中心就是作者在文章中要表达的主要观点，即文章的灵魂。

3. 中心和材料的关系

材料是文章反映的范围，是文章的内容。中心是全部材料所表现的主旨。中心必须借材料来体现，材料必须通过中心来组织，材料是受中心支配，为中心服务的。离开材料，中心是无法单独存在的；离开中心，材料仅仅是一些乱七八糟的素材，不能算作一篇文章。

4. 对中心思想的要求

中心思想不是凭空产生的，是从生活实践中、从具体材料中提炼出来的。提炼时要求中心思想积极、集中、深刻。

（1）积极：要向别人宣传先进的思想、高尚的品德，使文章具有鲜明的时代精神。

（2）集中：就是一篇文章要突出表现一个思想观点。所以，哪里详写，哪里略写，要根据中心思想突出表现的一个思想观点来定。

（3）深刻：就是要能揭示出事物的本质意义，使认识能提到较高的程度。

5. 材料的选择

（1）要根据中心思想的需要决定材料的取舍、详略。

（2）材料要真实。就是说要写自己亲眼看到，亲耳听到，亲身经历的事情。

（3）材料要典型，要注意"以小见大"。所谓典型，就是要在同类材料中尽量选取那些有代表性的材料。所谓以小见大，是指通过小题材、小事件和细节来揭示重大主题，反映深刻的思想。大事，如开什么大会，国内外的重大事件固然可以写，但生活中的细小的事情也可以反映深刻的主题。

（4）材料要新颖。就是要能体现出时代特点，要有新鲜内容，要有独特的地方。

（四）根据中心确定详略

1. 详写和略写

详写，就是为了使中心思想鲜明突出，把所要表现的人物、事迹或所要说明的问题写得具体些、详尽些。

略写，就是为了顾及全篇，突出中心，把那些和中心思想关系不十分密切，表现力不是很强的内容写得概括些、简略些。

2. 详略得当

在一篇记叙文中，不要对所有的人物或事件都平均用力一一写来。也就是说，记叙应当有详有略。一般地说，记叙文的开头、结尾部分较简略，而中间部分较详细；对时间、地点、人物的出身来历等叙述较简略，而对其外貌、行动、语言、心理描写或事件的具体经过等描写较详细；对不直接表现人物性格特征或文章中心的事件，叙述描写时比较简略，而对直接表现人物性格特征或表达文章中心的事件，叙述描写则比较详细。就人物而言，详写的是其外貌、语言、行动、心理等方面；就事件而言，详写的是具体的经过。一人做几事的记叙文，详写一件事，略写其他；几人做一事的记叙文，详写一人而略写其他。这样，才能详略得当，平中有奇，文章才能引人入胜。

3. 注意的问题

在记叙文里，详略不当的突出表现是记流水账。究其原因：一是想到哪儿写到哪儿，事先没做好详略的安排；二是没有真正掌握根据表达中心的需要安排详略这个写法。

（五）合理安排文章的线索

1. 线索

线索就是记叙文情节发展的脉络。它将文中的场景、人物、事件、情感、思想等连接起来，形成贯穿全文的整体。一般一篇文章一条线索，也有多条的：主线和副线，明线和暗线等。写作记叙文，往往先确定线索。

尽管题材多种多样，笔法千变万化，构思各有奇妙，但只要把握住线索，行文自可变化自如，文章浑然一体。如《白杨礼赞》就是把白杨树赖以生存的景美、白杨树自身的形美、白杨树内在的神美用"白杨树是不平凡的"这一线索贯穿起来，托物抒情，意蕴深远，取材广泛，挥洒自如。

2. 记叙文安排线索的几种方法

（1）事物线，以某一贯穿始终的物品为线索来组织材料，如《倚天屠龙》《一双绣花鞋》《项链》《党员登记表》。

（2）事件线，以事件的发展经过为贯穿全文的线索来组织材料，如《杜十娘怒沉百宝箱》《武二郎醉打蒋门神》《林教头风雪山神庙》《鲁提辖拳打镇关西》。

（3）人物活动线，以某时某地人物的各种活动为主来贯穿全文，如《雷雨》《包身工》《茶馆》《荷花淀》。

（4）人物感情线，以人物的情感发展变化为主来组织材料贯穿全文，如《藤野先生》《琐忆》《记念刘和珍君》《为了忘却的记念》。

（六）合理运用表达方式

记叙文中的表达方式的运用应做到以下两点。

1. 以叙述和描写为主要表达方式

写记叙文应有一个最起码的认识，就是文章的叙述性要强，叙述能力要高。这种叙述不能是平铺直叙的，不能是干涩无味的，也不能是直白空洞的，应学会完整生动地叙述。

描写对于以写人为主的记叙文来说，主要指肖像要神似，动作应传神，心理需真挚，语言必个性；对于以记事为主的记叙文来说，则离不开场面描写；而对于所有的记叙文体来说，细节描写用得好，能增强作品的艺术感染力。

2. 多种表达方式应综合使用

正如上文所言，运用具体、详实、生动的记叙能给人以鲜明的形象，但在记叙文中，只有记叙描写而没有议论、抒情，文章的中心就无法突出，具体内容也显得苍白，所以揭示事物的深刻内涵就十分重要。这时议论抒情就可粉墨登场了。应该说一篇文章的点睛之笔亦在此。平凡的小事加以有针对性的抒情议论，文章能蜕变成"天鹅"，成为格文。这里的议论不要只在文尾"昙花一现"，还应做到夹叙夹议，在叙述中自然折射理性的光辉；这里的抒情切忌矫情，应缘情而发。总之，不可喧宾夺主，画龙点睛即可。

二、训练

训练（一）

【训练题目】

以"美陪伴着我"为题，写一篇 800 字以上的记叙文，不得抄袭。

【训练目的】

掌握写人记叙文常用的几种描写方法。

【写作指导】

人是社会生活的中心，因而也就常常成为人们说话、写文章的内容。要揭示出人物的精神面貌和内心世界，刻画出人物的鲜明性格特征，就要对人物各方面有意义的特征进行细腻、逼真地描绘。

（一）肖像描写

这是对人物外形的描述，包括人物的身姿、容貌、神情、服饰及随身器物（如孙悟空的金箍棒、张飞的丈八蛇矛）等。描述肖像，是为了使人能由表及里地看出人物的生活经历、身份境遇、性格特征、内心世界，所以要抓住最具个性特征、最能表现人物内在特点的地方，切忌面面俱到，同时还要注意描写顺序及所发生的变化，最终只画出一个"人"的标准像。如《琐忆》中对鲁迅头发的描绘，《祥林嫂》中对祥林嫂白发特别是眼睛的刻画，《孔乙己》中对主人公长衫的描写，都十分传神。

（二）行动描写

判断一个人，主要不是看他的声明，他自称如何如何，而是要看他的行为，看他做什么，怎样做。"做什么""怎样做"就构成了一个人在具体条件下的具体行动。描述行动是人物描述最有力的手段，因为这最能显示人物的思想和个性。如果没有"大闹天宫"，没有"景阳岗打虎"，没有"三拳打死镇关西"，孙悟空、武松、鲁智深的形象恐怕要大为逊色。这虽是文学创作的经验，但描写现实生活的人物时也可借鉴。描述行动，要特别注意动词的选择。同样是跟拿钱有关的动作，《一件小事》中的"我"是"从外套袋里抓出一大把铜圆"；孔乙己买酒是"排出九文大钱"；华老栓在慌忙中是"摸出洋钱"；而那"黑的人"是"一手抓过洋钱"；守财奴葛朗台为了讨好太太和女儿，是拿了一把金路易摔在床上，随后又"把钱拈着玩"。这每一个动作都是个性化的。作者不仅注意到人物"做什么"，还特别注意到人物"怎样做"，这样，通过描述行动展示人物的性格和心灵，把人物写得栩栩如生。茅盾说："人物的性格必须通过行动来表现。"又说："既然人物的行动（作品的情节）是表现人物性格的主要手段，那么，人物性格是不是典型的，也就要取决于这些行动有没有典型性。作者支使人物行动的时候，就要尽量剔除那些虽然生动、有趣，但并不能表现典型性格的情节。"（《关于艺术的技巧》）

行动描写应掌握三个原则：人物性格应当从他自己的行动里流露出来；人物的行动应当经过选择，足以表现人物的性格；要注意人物行动的生动性和典型性。所谓生动性，指的是作者不仅要写出人物在做什么，而且要写他怎样做。所谓典型性，则指的是作者要写出人物为什么这样做，而不那样做。

（三）语言描写

言为心声，描述人物语言，能直接反映人物的思想和性格，能自然地揭示人物身份及人物之间的关系。即使同样内容的话，不同身份、不同文化背景、不同性格的人，说出来也会不一样。有一个同学做过这样的观察：马路边，一个个体自行车修理摊刚开张，摊主是个肢残人。一位老工人见了说："残疾人有这个本事，难得！唉，天无绝人之路啊！"一个待业青年见了，说法不一样："天不灭曹，该他有碗饭吃！我们四肢俱全倒还不如他呢！"一位街道老太太的感想又不同："老天爷饿不死瞎眼雀儿。"三种说法都有同情摊主的意味，但老工人更多的是赞赏，待业青年有点不服，老太太只是可怜，在表述上都用了格言谚语，却反映了不同的风格。人物语言的描写要符合人物的年龄、经历、身份、文化教养等特点。人物语言的描写力求反映人物的特征，成功的对话描写，不仅要符合人物的身份、年龄、职业等特点，还要能反映出人物的思想感情，表现出人物的性格特征。语言描写应求简洁，切忌拖泥带水。

（四）心理描写

这是对人物在一定情境中心理活动的描述，如思想、感情、愿望、体验等。人物的言行，包括人物的穿着打扮，无不受思想的支配，所以写言行实际上也是间接地揭示人物的心理。如果直接深入人物的内心去描述，那就是直接描述。直接描述心理，常用"他想"的形式，描述者把人物所思所想直接标出，一般要加引号。如果转化为写、说者的口吻，就不能再用引号了。通过梦境描写也可以展示人物的心理。日有所思，夜有所梦。梦境不仅可以表现人物易于觉察的心理活动，还可以把他的潜意识表现出来。此外，心理描述也可以通过人物的日记、书信来进行。

（五）细节描写

所谓细节就是指人物那些看似普通平常，实则具有丰富个性和精神情感内涵的外在表现，它可以是言行的，可以是心理的，也可以是仪态服饰的。细节描写就是对某一细节或作点击式的，或作细致入微的，或作反复强化的描摹刻画，力求达到生动传神，充分凸显人物个性、思想情感和精神风貌。

【例文一】

心弦上不逝的风景

去县中补习那年，父亲病重，母亲脱不了身，叫妹妹送我。

那天，山风很大，羸弱的小妹肩挑两筐沉沉的行李，在沟沟洼洼里晃荡，瘦小的身子像根离地的芨芨草，颤颤地颠簸在荒野里。

我默默无言地随在后面，静静地听风声里绿竹扁担的吱嘎声。满山是血红的夕阳，浸赤了草尖林梢，染红了隐隐的村居，小妹蜡黄的脸映得红山茶一样。

"哥，前面就是状元泉，四爷爷说，叫了状元泉，明年准能考中。"小妹一脸灿然，凌乱的刘海儿下，是一双充满渴盼的眼睛。

小妹放下扁担，理了理乱发说："哥，我帮你叫，我声尖。"小妹像山里的妞赶集子似的掩不住喜色。

娘娘岭上，小妹立在翻涌的草波里，夕阳柔柔地裹了浑身，像芦苇荡中的丹顶鹤。

小妹瘦小的双手捂成海螺状，微微地耸起身子，深吸着干涩的山风。一个尖长尖长的声音，远远地掠过山风，在梁子草坡间穿梭……

山风正凶，娘娘岭上却如一个沉静的湖，落日的余晖染红湖面归巢的林鸟，染红了小妹伫立的身影，染红了那声如岸边号子的长音："哥，你能中，准能中，中——"

"哥，你听，状元泉回声了，你听，你听。"小妹回眸间的一脸悦色，使我的眼眶盈盈地温热起来。

山谷的回音，嗡嗡的，一片模糊，我却听出了明晰，听出了厚厚实实的分量。

"哥，明年你准能中！四爷爷说，状元泉有灵性。"小妹扑闪着亮黑的眼睛，定定地凝视了我一阵，默默又挑起筐赶路。

远山的雾渐渐地朦胧起来，浑圆的夕阳收起最后一抹霞光，暮色淡淡地袭来，凝望着小妹挑着硕大的笋筐颠簸着，瘦小的身影隐入暮色，我泪流满面。

回城的日子我精细地跋涉过每一个朝暮，不管未来是否感应到小妹呼泉的灵气，是否有风有雨，小妹，我依然恋你，你给我一生的感动，永远是那道心弦上不逝的风景。

【例文二】

守财奴（节选）

终于他主意拿定了，晚饭时分回到索漠，决意向欧也妮屈服，巴结她，诱哄她，以便到死都能保持家长的威风，抓着几百万家财的大权，直到咽最后一口气为止。老头儿无意中身边带着百宝钥匙，便自己开了大门，捏手捏脚地上楼到妻子房里，那时欧也妮正捧了那口精美的梳妆匣放到母亲床上，趁葛朗台不在家，母女俩很高兴地在查理母亲的肖像上咂摸一下查理的面貌。

"这明明是他的额角，他的嘴！"老头儿开门进去，欧也妮正这么说着。

一看见丈夫瞪着金子的眼光，葛朗台太太便叫起来：

"上帝呀，救救我们吧！"

老头儿身子一纵，扑上梳妆匣，好似一头老虎扑上一个睡着的婴儿。

"什么东西？"他拿着宝匣往窗前走去。"噢，是真金！金子！"他连声叫嚷，"这么多的金子！有两斤重。啊！啊！查理把这个跟你换了美丽的金洋，是不是？为什么不早告诉我？

"这交易划得来，小乖乖！你真是我的女儿，我明白了。"

欧也妮四肢发抖。老头儿接着说：

"不是吗，这是查理的东西？"

"是的，父亲，不是我的。这匣子是神圣不可侵犯的，是寄存的东西。"

"咄，咄，咄，咄！他拿了你的家私，正应该补偿你。"

"父亲……"

老家伙想掏出刀子撬一块金板下来，先把匣子往椅子上一放。欧也妮扑过去想抢回；可是箍桶匠的眼睛老盯着女儿跟梳妆匣，他手臂一摆，使劲一推，欧也妮便倒在母亲床上。

"老爷！老爷！"母亲嚷着，在床上直坐起来。

葛朗台拔出刀子预备撬了。欧也妮立刻跪下，爬到父亲身旁，高举着两手，嚷道……

【例文三】

阿Q正传（节选）

阿Q飘飘然的飞了一通，回到土谷祠，酒已经醒透了。

这晚上，管祠的老头子也意外的和气，请他喝茶；阿Q便向他要了两个饼，吃完之后，又要了一支点过的四两烛和一个树烛台，点起来，独自躺在自己的小屋里。他说不出的新鲜而且高兴，烛火像元夜似的闪闪的跳，他的思想也进跳起来了：

"造反？有趣，……来了一阵白盔白甲的革命党，都拿着板刀，铁鞭，炸弹，洋炮，三尖两刃刀，钩镰枪，走过土谷祠，叫道，'阿Q！同去同去！'于是一同去。……

"这时未庄的一伙鸟男女才好笑哩，跪下叫道，'阿Q，饶命！'谁听他！第一个该死的是小D和赵太爷，还有秀才，还有假洋鬼子，……留几条么？王胡本来还可留，但也不要了。……

"东西，……直走进去打开箱子来：元宝，洋钱，洋纱衫，……秀才娘子的一张宁式床先搬到土谷祠，此外便摆了钱家的桌椅，——或者也就用赵家的罢。自己是不动手的了，叫小D来搬，要搬得快，搬得不快打嘴巴。……

"赵司晨的妹子真丑。邹七嫂的女儿过几年再说。假洋鬼子的老婆会和没有辫子的男人睡觉，吓，不是好东西！秀才的老婆是眼泡上有疤的。……吴妈长久不见了，不知道在那里，——可惜脚太大。"

阿 Q 没有想得十分停当，已经发了鼾声，四两烛还只点去了小半寸，红焰焰的光照着他张开的嘴。

例文三是鲁迅小说《阿 Q 正传》中的一段心理描写，用"他的思想也进跳起来了"引起。他的目标，第一是报仇，但又分不清敌我；第二是发财，但要把东西搬到他寄居的土谷祠；第三是娶妻，但竟没有一个女人完全中意。这就是一个因被压迫、被凌辱而要求"革命"但又完全不知道"革命"为何物的落后农民的内心世界。

训练（二）

【训练题目】

以"×××其人"为题，写一篇 800 字以上的记叙文，可以通过一件事或两三件事来写人，至少运用三种写人方法，不得抄袭。

【训练目的】

了解记叙文兴波澜、生变化的技法，写出事件的波澜。

【写作指导】

（一）写叙事的记叙文应当注意的几点

（1）一篇文章无论写一件事或几件事，都只能有一个中心思想。写一件事自不必说，写几件事的情况尤其应注意，这几件事不一定发生在同一时间、同一地点，事情也不一定是同一个人或同一些人所做，但这些事应该有内在联系，共同说明一个道理，为一个中心服务。如《谁是最可爱的人》和《驿路梨花》就是比较典型的例子。

（2）要交代清楚时间、地点、人物、事件，让读者明白文章写的是什么人，在什么时候，什么地方发生了怎样的事。一般要按事情发展顺序，把一件事的起因、经过、结果写清楚，不能颠三倒四，还应把事情的前因后果，来龙去脉写清楚。

（3）要确定好记叙的线索。线索是贯穿文章始终的脉络。如果把叙述中种种的人物与事件比作珍珠的话，那么线索就是那串珠的丝线。有了丝线，颗颗散落的珍珠就能构成一条闪烁异彩的项链；有了线索，杂乱无章、错综纷繁的材料才能组织得有理有序，形成一个有机的整体。

（4）要安排好行文的顺序。记叙比较复杂的事件，一篇文章中往往不只采用一种方式，而是以一种方式为主，结合其他方式，使文章条理清楚，错落有致。以《驿路梨花》为例，全文从整体上是顺叙，按照时间的先后记述了"我"和老余从夕阳西下到第二天早上一连串的经历。文中又安排了几处插叙：通过瑶族老人的讲述交代了老人在山中迷路奇遇小屋的过程及关于小屋的主人是梨花的传说；又通过哈尼小姑娘的讲述揭示了小屋的来历和小屋主人是谁的谜底。这样的安排不仅使发生在十几年间的若干事件有机地联系在一起，而且"步步为营"，巧设悬念，使故事引人入胜。

（5）记事中要围绕中心，抓住重点，不要面面俱到。重点部分（一般指事情发展高潮处）要详写，写具体、写详尽，给读者以深刻的印象。要描绘生活中生动、具体的细节及自己真实的感受，而不能只停留在泛泛的一般叙述。"文似看山不喜平"，说的是文章要写得有波澜，行文有起伏，有高有低，有紧有慢，像波浪一般富于变化。这样的文章不论长短，都能使读者读起来历久不倦，收到强烈的艺术效果。

（二）记叙文兴波澜、生变化的基本方法

怎样才能使文章有波澜呢？可根据内容采用悬念、误会、巧合、抑扬、虚实、详略、断续、张弛、离合、突转、渲染、烘托等手法。这样，有助于打破章法的平淡，加强叙述的生动性。

"悬念"就是提出悬而未决的矛盾，引起读者的强烈关注和兴奋，急欲解除心头之念。《变色龙》通过"这到底是谁家的狗？——好像是将军家的狗——这是将军哥哥的狗"的反复变化，不但入木三分地刻画了"变色龙"见风使舵、媚上欺下的奴才性格，而且让读者在忍俊不禁中领略了悬念的无穷魅力和不尽韵味。

1. 设置悬念的方法

（1）抑制法。

抑制法即有意识地控制住解开悬念的触发点，使读者期待的心情逐渐加深，最后产生"柳暗花明又一村"的感叹。

（2）大小连环套。

大小连环套即开篇设置一个总悬念，在发展过程中派生各种小悬念，形成大小结合的环扣，一个悬念解决，另一个悬念又产生了，使情节波澜起伏，险象丛生，高潮迭起。

（3）间隔法。

间隔法也就是突然中断读者关心的正在发展的故事情节，转移话题，适当的时候再接上原来的情节。

2. 设置悬念时的注意事项

（1）制造悬念的目的是有利于事件的展开、人物的塑造和主题的表达，要自然合理，不可滥用。

（2）制造悬念，要不着痕迹，切合情理，切不可故弄玄虚，否则会弄巧成拙；要适时释"悬"，解开悬念既不能过于匆忙、简单，又不能枝蔓横生，致使读者眼花缭乱或丈二和尚摸不着头脑。

【例文】

魂

听老人讲，人是有魂的。但我不信世界上会有什么魂儿。

可最近我却看到了。

我乘坐的火车呼啸着开出了石家庄市。车厢里人挨人，人挤人，满满登登。

刚上车的一个小伙子，看到一个座位上放着本又脏又破名叫《野女艳史》的书，抄起来，扔到茶几上，旁若无人地坐下。

邻座一位干部模样的人说："对号入座，这儿有人。"

那小伙子眼一瞪，鼻子一抽，脸上肌肉一抖，怪怕人地望着对面座位上的一位穿红上衣的十来岁的小姑娘，问："是吗？"

小姑娘点点头说："是。那也是一位大哥哥，他好像是去打开水了。"

话音刚落，那打水去的精壮的小伙子已经回来了，他凶煞地吼道："滚起来！"坐着的小伙子连头也不抬，一只手在裤兜里摆弄着，那分明是一把匕首。一会儿，他眼睛往上一翻，说："少犯嘎！老子有票。座空着，就要坐，坐定了！"

火车的轰鸣声夹杂着不堪入耳的争吵与漫骂，像冰水一样灌入耳中，让人肌寒血凝，连心都凉了。我暗自想，假如人有魂儿的话，那有些人大概仅只有一个躯壳了。

四只手揪巴在一起，一场厮打迫在眉睫。

没有人劝，也没有人去拉。

忽然，那个穿红色上衣的小姑娘站起来，眨眨有着双眼皮的又黑又亮的大眼睛，声儿像银铃似的说。

"别打架啦！我要下车了。你们过来一个人坐这儿吧。"

四只手松开了。一个小伙子坐到小姑娘让出的座位上。所有的人都松了一口气，这才把目光集中到那小姑娘身上。她那胖乎乎的白净净的，好看的脸刹那间红了，红得跟苹果似的。她抿抿嘴，甩了一下脑后的油黑油黑的头发，提着一个不大的旅行袋向车门走去。

火车在保定站停了。我想，她肯定在这一站下车了。

这趟车终点站是北京。车站到了，我下了车，在河样的人流中穿行。出了站口，我快步走向公共汽车站。

天啊！我忽然看到了那个小姑娘：大眼睛、双眼皮儿、好看的脸、油黑的头发、红上衣……她不是3个小时前在保定站下车了吗？

难道我看到了魂儿？我不信。难道是看花了眼？绝不会！那么，她是躲在别的车厢，一直站到了北京？

我想追上她，真诚地对她说一声："你真好，我不如你。"可终于没有追上，她提着那只不大的旅行袋挤上了公共汽车，门关了，车开走了。

我久久伫立着，目送那远去的汽车。心中又忽然想起，老人说，人是有魂儿的。

第九章
议论文写作

议论文是一种以议论为主要表达方式的文体，通过列举事实材料和运用逻辑推理，来阐发对事物的理解和认识，表明对问题的观点和态度。

议论文通常由论点、论据、论证三部分构成。

第一节　论点

一、论点的含义

论点就是文章所要议论、阐述的观点，是作者要表达的看法和主张。阅读议论文，首要的就是寻找、提取和理解文章的论点。

二、论点的数量

一篇文章的论点，可以是一个，也可以不止一个。如果论点不止一个，那就需要明确中心论点。这几个论点可以是并列的，也可以是递进的，但都应该服从全文的中心论点。

三、论点的位置

论点可以安排在文章的开头，也可以安排在文章的中间或结尾，有时会是标题，论点可以安排在文章的任何位置。但论点大多数情况是在文章的开头，段落论点也是如此。

四、论点的呈现方式

有的论点在文章中用明确的语句表达出来，读者只要把它们找出来即可；有的论点则没有用明确的语句直接表述出来，需要读者自己去提取、概括。

五、论点的提出和确立

提出和确立论点要考虑其正确性、鲜明性和新颖性。

（一）正确性

论点的说服力根植于对客观事物的正确反映，而这又取决于作者的立场、观点、态度、方法是否正确，如果论点本身不正确，甚至是荒谬的，再怎么论证也不能说服人。因此，论点正确是议论文最起码的要求。

（二）鲜明性

赞成什么、反对什么，要非常鲜明，而不能模棱两可，含混不清。

（三）新颖性

论点应该尽可能新颖、深刻，能超出他人的见解，不是重复他人的老生常谈，也不是无关痛痒、流于一般的泛泛而谈，应该尽可能独到、新颖。

第二节　论据

一、论据的含义

论据就是证明论点的材料、依据。

二、论据的类型

（一）事实的材料

（1）具体的事例。
（2）概括的事实。
（3）统计数字。
（4）亲身经历、感受。

（二）理论的材料

（1）前人的经典著作、至理名言。
（2）民间的谚语和俗语。
（3）科学上的公理、规律等。

三、使用论据的要求

（一）确凿性

必须选择那些确凿的、典型的事实。引用经过实践检验的理论材料作为论据时，必须注意所引理论本身的精确含义。

（二）典型性

引用的事例应该具有广泛的代表性，代表这一类事物的普遍特点和一般性质。

（三）论据与论点的统一

论据是为了证明论点的，因此，两者应该联系紧密。

第三节　论证

一、论证的含义

论证就是用论据来证明论点的过程。议论文的论点是要解决"要证明什么"，论据是要解决"用什么来证明"，而论证是解决"如何进行论证"的问题。论证的目的在于揭示出论点和论据之间的内在逻辑关系。

二、论证的类型

议论文的论证一般分为立论和驳论两大类型。

（一）立论

立论是以充足的论据正面证明作者自己论点正确的论证方式。

（二）驳论

驳论是以有力的论据反驳别人错误论点的论证方式。

立论和驳论都是一种证明，无非一个是从正面证明其正确，而另一个是从反面证明其错误。它们可以使用基本相同的论证方法。

三、论证的基本方法

（一）归纳论证

归纳论证是一种由个别到一般的论证方法。它通过许多个别的事例或分论点，归纳出它们所共有的特性，从而得出一个一般性的结论。归纳论证可以先举事例再归纳结论。前者即我们通常所说的归纳法。

（二）举例论证

举例论证是列举确凿、充分、有代表性的事例证明论点的方法。

（三）演绎论证

演绎论证是一种由一般到个别的论证方法。它由一般原理出发推导出关于个别情况的结论，其前提和结论之间的联系是必需的。演绎论证有三段论、假言推理、选言推理等多种形式，但最重要的是三段论。三段论由大前提、小前提和结论三部分组成。例如，大前提"凡金属都可以导电"，小前提"铁是金属"，结论"所以铁能导电"。

（四）比较论证

比较论证是一种由个别到个别的论证方法，通常分为两类，一类是类比法，另一类是对比法。类比法是将性质、特点在某些方面相同或相近的不同事物加以比较，从而引出结论的方法。对比法是通过性质、特点在某些方面相反或对立的不同事物之间的比较来证明论点的方法。

四、驳论方法

驳论有三种方法，即反驳论点、反驳论据和反驳论证。由于议论文是由论点、论据、论证三部分有机构成的，因此驳倒了论据或论证，也就否定了论点，与直接反驳论点具有同样效果。一篇议论文可以几种反驳方式结合起来使用，以加强反驳的力量和说服力。

（一）反驳论点

反驳论点即直接反驳对方论点本身的片面、虚假或谬误，这是驳论中最常用的方法。

（二）反驳论据

反驳论据即揭示对方论据的错误，以达到推倒对方论点的目的，因为错误的论据必定得出错误的论点。

（三）反驳论证

反驳论证即揭露对方在论证过程中的逻辑错误，如大前提、小前提与结论的矛盾，各论点之间的矛盾，论点与论据之间的矛盾等。

议论文写作的一般结构如图 3-3-1 所示。

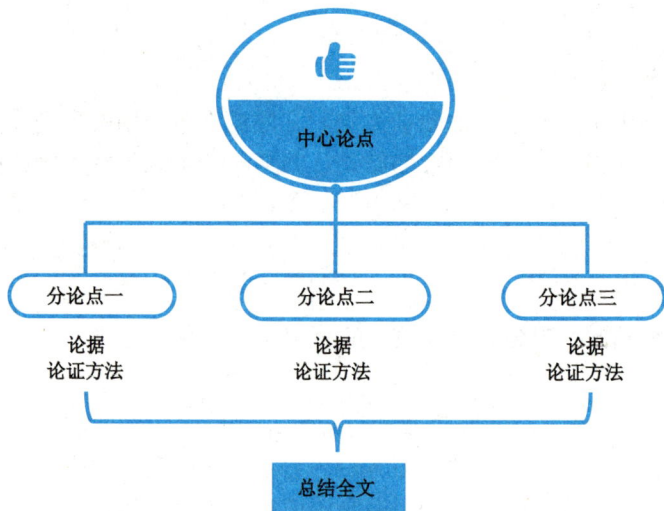

图 3-3-1　议论文写作的一般结构

第四节　素材的运用

一、单个素材的运用

单个素材的运用即用典型的具体的事例作为论据来证明语段论点，也就是通常所说的摆事实、例证法。由于这种方法是用个别事例来证明一个观点，因此选例要有较强的说服力，列举的事例应该真实、典型。

二、多个素材的运用

多个素材的运用即用三个或三个以上的例子排比并举的形式证明语段论点，文字简约，句式整饬，点到为止，因而又称为点例。巧用点例，能使材料丰富，文采斐然，赢得"发展等级"分。运用点例排比构段要注意三点：几个事例的叙述角度要一致，要能够证明共同的论点，但又各有各的精彩之处；叙述语言要简明扼要；要在例后进行一定的归纳分析，指出共性，揭示本质，从而有力地论证中心论点。

三、例文

【例文一】

盖文王拘而演《周易》；仲尼厄而作《春秋》；屈原放逐，乃赋《离骚》；左丘失明，厥有

《国语》；孙子膑脚，《兵法》修列；不韦迁蜀，世传《吕览》；韩非囚秦，《说难》《孤愤》；《诗》三百篇，大底圣贤发愤之所为作也。此人皆意有所郁结，不得通其道，故述往事，思来者。

（节选自 司马迁《报任安书》）

【点评】

像这样运用排比列举的形式，不但高度概括了事实，加大了用例的密度，还大大增强了语势和论证效果。值得注意的是，我们在列举了多个论据之后，需要对这些论据进行比较分析，归纳总结出它们的共同点，这个共同点必须紧扣论点。

写语段时，如果连用几个详例，难免显得臃肿；如果一味略举，难免显得单薄。一般说来，应详略并举。众人皆知的事例不妨略举，众人陌生的事例不妨详举。详略事例组合，以点带面，点面结合，能增强文章的论证效果。

【例文二】

我曾在报上读到一篇文章，讲的是一个颇有文采的女性，她拥有一份稳定的工作和一个看上去颇为幸福的家庭。然而日子久了，曾写出畅销小说和散文的笔在空虚循环的日子里滞涩，她惊恐地发现丰满的精神家园正走向荒芜。于是她做了一个决定：国企的工作不要了，离开了与她相敬如宾、被时间耗尽了激情的丈夫。她走了，要去寻找新的位置，激活生命里潜在的价值。客居异乡的日子是凄苦的，在我怅然地放下报纸的时候，也许她依然在漂泊，也许她的亲友正躲在暗处笑她。而我，纵然没有她这样决然的勇气，也要为她做出的选择击节。只有在恰当的位置，人的价值才能得到最大的体现。找寻适合自己的位置，就像于茫茫人海中寻觅知音，纵然路途险远，脚步也不该有半点迟疑。

在《感动中国》颁奖晚会上，我们看到徐本禹挂满泪痕的脸，看到袁隆平永远质朴的气质，不禁想，他们究竟什么地方打动了我们？研究生徐本禹埋头于乡村小学教育工作，或许有人对他的价值是否真的符合其位提出疑问，他用全国人民对农村教育的空前关注做出回答。杂交水稻之父袁隆平登上世界农业科技之巅，依旧躬耕田野的身影给我们的启示何止万千。

选择属于你的位置，在快乐中实现自己的价值，如梅在雪，归我所属，乐我生命。

【点评】

材料叙述详略得当，说到颇有文采的女性时极尽详写之能事，点到徐本禹、袁隆平时则一笔带过。最后点题，语言简洁而精美。

四、作文素材

（一）感动中国 2023 年度人物

【俞鸿儒】

颁奖词：前辈布下的奇子，蛰伏深空的巨龙。做别人不敢做的，做别人做不成的，他独辟蹊径，一往无前。拨开科学的雾，荡去岁月的尘，我们看到一位科学家黄金般的心。

事迹：

作为地面上的"天空"，飞行器的"摇篮"，风洞见证着我国东风系列导弹、神舟系列飞船等国之重器的诞生与成长。

JF12 高超声速复现风洞通过验收并投入使用,这是用于航空航天等试验的大型科学装置,技术水平在国际上遥遥领先。这一装置所运用的"爆轰驱动高焓激波风洞技术"的理论奠基人,是中国科学院院士、著名力学家俞鸿儒。

俞老今年 96 岁,潜心研究风洞技术已经 50 年。如今,俞老依然提携后辈,他的智慧与谦逊,也点亮了无数新星。

致敬俞鸿儒院士,他的付出与奉献,将永远照耀在科学的高峰上。

【刘玲琍】

颁奖词:眼耳鼻舌身意,色香声味触法,用尽所有,为生命解锁。她从命运那里夺回一副又一副翅膀,带领孩子们飞离寂静的牢笼。听,每一个新的发音,都打开一个新的世界。

事迹:

刘玲琍是湖南衡阳市特殊教育学校教师,2023 年中组部优秀共产党员榜样人物,她扎根特教讲台,坚持做一件事,就是让听障孩子在有爱的环境中,学习开口说话。面对这群先天性听障儿童,刘玲琍是老师,更是妈妈。当并不标准的"谢谢你""我爱你"从听障孩子的口中说出,这便是世间最好的语音。33 年来,刘玲琍所教的 80 多名学生中,有 20 多名考上了大学,她让这些被命运抛弃的孩子,一步步实现自己的梦想,改写自己的人生。

【孟二梅】

颁奖词:安顿落难者,照顾乡亲们,一句话驱散冷雨,一握手温暖人心。是谁在偏僻的角落里,排布下如此可信赖的人?过去无缘相识,因为她平凡,危难中堪当重任,因为她不忘初心。

事迹:

孟二梅是北京市门头沟区落坡岭社区党支部书记、居委会主任。2023 年 7 月 30 日,K396次列车被暴雨滞留在落坡岭站。孟二梅接到任务,积极救助滞留乘客,在断水、断电、断网的情况下,她带领社区 300 名老弱病残居民,想尽办法让近千名被困乘客在暴雨中免于冻饿。她的一句"有我一口吃的,就不会让大家饿肚子",感动了无数人。一场暴雨,一场灾情,让全国记住了一个地名和一群人,也让我们记住了孟二梅。

【张雨霏】

颁奖词:宁可肌肉在深夜里燃烧,不让情绪在失败中沉沦。哪吒,就是要脱胎换骨;蝶后,一定是蝶变之后。探索运动的极限,收割青春的金牌,冠军是胜者,更是逆境中崛起的人。

事迹:

受父母影响,张雨霏 3 岁就开始游泳,在里约奥运会前,她曾自信满满,但结果让她认识到与国外选手的差距。之后,她决定改变技术,尽管风险极大,她仍选择从零开始。熬过了漫长的艰难岁月,她终于等来了涅槃重生的机会。2023 年 9 月,张雨霏参加杭州第 19 届亚运会,并斩获六枚金牌,被评为"最具价值运动员"。张雨霏是赛场上的"劳模",平均每四天一次比赛,如此高强度的赛程,如果为自己,可以不去,但是为祖国,她必须去。在颁奖现场,她听到观众唱国歌的声音,逐渐盖过自己的声音,不禁潸然泪下。

【杨华德】

颁奖词：丝绸包裹的种子，来自中国，饱满飘香的稻谷，长在非洲。从一个项目，到一个产业，黄皮肤汉子的执着，让黑皮肤的兄弟，理解了人类命运共同体的深意。稻浪千重，路远情长。

事迹：

在布隆迪的田间地头，有一位专家就像农民一样劳作，他就是来自中国的水稻专家杨华德。通过潜心带领专家组推广杂交水稻种植技术，八年时间成功将该国水稻产量由平均每公顷 3 吨提升至 10 吨，让中国的杂交水稻成为摆脱贫困与粮食困境的"金钥匙"。

2024 年，60 岁的杨华德开始了第三期援非工作，11 年的辛勤耕耘，通过"一带一路"将中国的友谊和智慧，播撒在这片非洲大地上。

他不只带来了优质稻种，更是传递中非友好情谊的使者。

【牛犇】

颁奖词：流浪进电影的苦儿，依然在跋涉的老戏骨，赋予角色生命，带给人间笑声。人们忽略他的名字，但记住了他塑造的生活。他站在聚光灯下，坚守远超出银幕的边界。

事迹：

2023 年，年近九旬的牛犇参与演出的四部影视作品与观众见面。70 多年来，他精心刻画了 200 多个经典银幕形象，即便是很小的角色，他都会全力以赴。

为了演好角色，他常常潜心在生活中学习各种技能，他从不给别人添麻烦，没有助理，不用替身，受伤后打上麻药也要完成角色，"我不用人扶，哪跌倒哪爬起来。"

在作品中，他经历了新中国的建立，见证了新时代的开启。牛犇劝告年轻人，爱电影的鲜花和掌声，也要为电影付出。

【穆言灵】

颁奖词：柳杉根深，鼓岭绵绵。跨越三代的情缘，岁月化不开，大洋隔不断。同行一条路，共饮一口井，蕴含友谊的土地，割舍不下的乡情。超越制度、文化和语言，承载友爱、情谊、和平。

事迹：

谁能不思念一起长大的玩伴？谁又不思念童年的一草一木？割舍不下的乡情，总让人魂牵梦绕，鼓岭柳杉和欧美式老房子，见证了绵延三代的故事。

穆言灵和她的丈夫都是热爱中国文化的美国人，他们创立了"鼓岭之友"，并奔走于美国的东西海岸间，寻找那些尘封在鼓岭柳杉和欧美式老房子里的人物，让美好的记忆重新鲜活起来，续写着中美两国民间浓厚情谊往来的佳话。

【张连钢】

颁奖词：这一块好钢，用到了刀刃上。把买不来的做出来，还要做到最快，最强，最智能，天降大任于己，何惜筋骨体肤，唯心志所向，百折不回。中国式现代化之路，就是这样走出来的！

事迹：

世界上最先进的自动化码头是怎样炼成的？找到这个答案，港口专家张连钢走了 10 年。2013 年，青岛港决定筹建全自动化码头，处在肺癌术后康复期的张连钢毅然挑起重担。那时候，国外垄断自动化码头技术，不信邪的张连钢带领团队迅速展开科研攻关，用三四年时间就完成了国外常规八到十年建设任务。张连钢也从智慧码头的"门外人"，成为智慧码头的"推门人"。2017 年 5 月，青岛港自动化码头一期投产，创下世界自动化码头开港作业效率最高纪录。后来，张连钢团队多次打破自己创造的世界纪录，并荣获"时代楷模"称号。

【萧凯恩】

颁奖词：假如给她三天光明。第一天，她要好好看父母，第二天她会登上山顶，眺望维港，从日落到日出。第三天，她要走更远，去看望她歌唱过的英雄和大好河山。

事迹：

萧凯恩是一个 90 后，出生三个月因眼癌摘除眼球。5 岁的时候，她问爸爸："看不见是不是就没有用？"如今 20 多年过去了，她已经找到了答案："天生我材必有用！"她是首位考入香港中文大学音乐系和英国皇家音乐学院的视障人士，20 岁时她已赢得超 70 个音乐比赛奖项。

多年来，即使身体残疾，她依旧经常参加义演筹集善款，甚至不怕艰苦去贫困山区当义工。而她的梦想，是开一些可以包容不同学生的音乐学校，为祖国不同的孩子作贡献。

即使生活在黑暗，也要为世界带去光明，她看不见这个世界，却始终笑对人生。

【空军航空兵某团飞行二大队】

颁奖词：大鹏保持向上的姿态，时代赋予最大的托举。从前的孤勇者，如今是国之重器。苦练精飞，逐浪驱敌。南海、西太、绕岛，离弦之箭，射向深蓝。

事迹：

从抗美援朝一战成名，到新时代上高原、跨远洋，不同的任务，相同的使命。

十八大以来，飞行二大队深刻领悟统帅号令，结合使命任务，对接实战要求，锻造出制衡强敌的过硬本领，战巡南海、前出西太、绕岛巡航，快速成长为我军一支重要的空中战略性进攻力量，先后被党中央、国务院、中央军委联合表彰，被所在战区评为备战打仗先进典型，被空军授予集体一等功。

在飞行二大队，队员们不断地刷新自己的航迹和里程，解锁着未曾到达的区域和距离。

从单打独斗，到成体系作战，中国空军越飞越高，越飞越强！

（二）感动中国 2022 年度人物

【钱七虎】

颁奖词：什么才是安全，不是深藏地下，构筑掩体，是有人默默把胸膛挡在前面。什么才是成就，不是移山跨海，轰天钻地，是奋斗一甲子，铸盾六十年，是了却家国天下事，一头白发终不悔。

事迹：

长期从事防护工程及地下工程的教学与科研工作，创建了中国防护工程学科，建成了国家重点学科、重点实验室和创新研究群体。在国内倡导并率先开展了深部非线性岩石力学基础理论，以及深部防护工程抗核武器钻地爆炸毁伤效应的研究，填补了深地下工程抗核武器钻地爆炸效应的防护计算理论的空白。2019 年获得"全国敬业奉献模范"；2019 年，入选"中国海归 70 年 70 人"榜单；2022 年，获颁"八一勋章"。解决了孔口防护等多项难点的计算与设计问题，率先将运筹学和系统工程方法运用于防护工程领域。

【邓小岚】

颁奖词：你把自己留给一座小小山村，你把山村的孩子们送上最绚丽的舞台。你在这里出生，也在这里离开。山花烂漫，杨柳依依，为什么孩子的歌声如此动人？因为你对这片土地爱得深沉。

事迹：

在 2022 年北京冬奥会开幕式中，44 位来自太行山深处的孩子用天籁之音演唱了希腊语奥林匹克会歌《奥林匹克颂》，这群在鸟巢体育场内唱响世界的孩子们背后，是默默耕耘十余载、无私奉献的音乐教育志愿者老人邓小岚。十几年来，每年数十次往返于北京和地处太行山深处的马兰村，为改善当地孩子的读书环境，让山里的孩子感受音乐的美好而尽自己的一份爱心努力。"没有歌声的童年，是很寂寞的。"2004 年，邓小岚来到河北马兰村义务支教，教授音乐，募集乐器，组建合唱团。十几年间，一批批孩子走出大山，站上更大的舞台，而邓老师温暖的目光始终未曾改变。如今，邓老师又"回到"了马兰，守望着她牵挂一生的地方。

【杨宁】

颁奖词：连就连，连上书记结对子。莫看女娃年纪小，敢卖婚房种新田。连要牢，担子虽重娃敢挑，苗乡今年多喜事，紫了糯米撑荷包。牢又牢，党和乡亲我作桥，后有党员千千万，不怕弯多山又高。

事迹：

不怕弯多山高，只盼家乡更好。广西江门村党总支书记杨宁，曾是名大学生村官。一次走访，她看到乡亲三人分吃一碗粉，下决心要当"脱贫领头人"。经历三次失败后，她自掏腰包，免费提供稻谷肥料，发动村民种紫黑香糯，终于大获丰收。"留在城里，还是回到小山村，这是一次艰难的抉择，我彻夜难眠。大苗山养育了我，或许我可以为改变家乡的贫困面貌出一份力呢？"2010 年 7 月，大学毕业的杨宁在收到南宁市一家农资公司录用通知的同时，也了解到家乡正在选聘大学生村官。几经思考，杨宁下决心回村里当一名大学生村官。十多年后，从穷乡僻壤的深山苗寨，到如今瓜果飘香的美丽乡村……看着家乡的巨变，杨宁觉得一切辛苦付出都是值得的。"我无悔当初回乡的选择，农村广阔天地真的大有可为。"杨宁说，希望能有更多的年轻人到农村来，有人才才有更美好的未来。

【沈忠芳】

颁奖词：从无到有，从近到远，从长缨在手，到红旗如画。这一代人，从没有在乎过自己的得与失，这一代人，一辈子都在磨砺国家的剑与盾。今天，后辈们终于能听到你们的传奇，隐秘而伟大，平静而神圣。

事迹：

沈忠芳，我国第三代防空武器系统总指挥。他曾目睹日军轰炸家园，于是报考飞机设计专业，渴望保卫祖国；毕业后，他投身导弹研制，从此隐姓埋名 60 余载。他说："人生最大的幸福，莫过于为人民的幸福奋斗。"1993 年 1 月任 B610 总指挥，1996 年 10 月任 B611 总指挥。他长期从事飞行器系统设计研究工作，先后完成车载红缨五号超低空防空武器系统试验样车、第三代防空武器系统、B6 系列武器系统等研发、指挥工作，为国防事业发展作出了重要贡献。

【徐淙祥】

颁奖词：饿过，所以懂得温饱，拼过，才更执着收获。种了一辈子庄稼，现在赶上了好年景。禾苗在汗水中抽穗，稻麦在农机下归仓，珍惜陇亩颗粒，心怀天下仓廪。你是泥土上的黄牛，夕烟下的英雄。

事迹：

徐淙祥，全国劳动模范、全国十佳农民、全国种粮标兵、全国科技兴村带头人。中央文明办发布 12 月"中国好人榜"，徐淙祥被评为"敬业奉献好人"。2022 年 9 月 14 日，"大国农匠"全国农民技能大赛（种植能手）在山东省乐陵市落幕。安徽的徐淙祥获得第一名。2022年 12 月，被评为 2022 年度安徽"十大新闻人物"。2023 年 1 月，获得"2022 三农人物年度致敬种粮人"荣誉称号。1972 年，高中毕业的徐淙祥回到家乡。"为了种好粮，俺能不要命"，进行高产试验时，他从早到晚蹲在田里，用放大镜观察小麦长势和虫情，用笔记本记录风速雨量……就这样，他的农田平均亩产 1 000 斤，还将 50 多年的种地经验分享给村民。

【"银发知播"群体】

颁奖词：春蚕不老，夕阳正红。没有墙壁的教室，不设门槛的大学。白发人创造的流量，汇聚成真正的能量。知播，知播，传播知识与文化，始终是你们执着的方向。

事迹：

天文、物理、文学、美学，没有墙壁的教室，不设门槛的大学……这群爷爷奶奶在网课直播间里，欢脱幽默地传授硬核知识。他们是老师、院士，将毕生所学通过网络授以青年，用日复一日的耐心播下知识的种子。

【徐梦桃】

颁奖词：烧烤炉温暖的童年，伤病困扰的青春，近在咫尺的金牌，最终披上肩膀的国旗。全场最高难度，这是创纪录的翻转，更是人生的翻转。桃之夭夭，灼灼其华，梦之芒芒，切切其真。

事迹：

打破魔咒创造历史，奋力一跃改写人生。徐梦桃，中国自由式滑雪空中技巧女队队员。北京冬奥会上，31 岁老将徐梦桃带着钢钉出场，凭借完美一跳夺冠，成就了个人职业生涯的全满贯。此前，伤病困扰的她曾萌生退意，但"狠心"的父亲告诉她"不差这一步"，一定要坚持下去。最终，她以女子决赛最高分 108.61 分夺冠！2013 年，徐梦桃获得挪威世锦赛自由式滑雪空中技巧赛冠军；次年获得 2014 年索契冬奥会自由式滑雪空中技巧赛亚军，这也是她个人冬奥会历史上的第一枚奥运奖牌。截至 2022 年 10 月，徐梦桃共获得世界杯奖牌 57 枚（其中金牌 34 枚），拥有世界第一的难度动作，总积分排名世界第一；是世锦赛奖牌最多运动员（5 枚金牌）、女子最高得分纪录保持者。2022 年 2 月 20 日，徐梦桃当选北京冬奥会闭幕式中国代表团旗手 11 月，获得"2022 博鳌青年领袖·青年梦想者"荣誉称号。

【陈清泉】

颁奖词：汽车曾经改变世界，而你要改变汽车。中国制造，今天车辙遍布世界，你是先行者，你是领航员。在新能源的赛道上，驰骋了四十多年，如今，你和祖国，正在超车。

事迹：

情系祖国，心怀桑梓。陈清泉，电动汽车、电力驱动和智慧能源学专家。中国香港第一位中国工程院院士。1982 年，在香港任教的他预判出电动汽车的发展前景，以此为研究方向，希望帮助祖国抓住机遇。他创造性地把汽车、电机、控制等技术融合到一起，形成一门全新学科。幼时经历动荡的他，渴望为祖国贡献力量，"是光荣的"！

【陆鸿】

颁奖词：有人一生迟疑，从不行动；而你从不抱怨，只想扼住命运的喉咙。能吃苦，肯奋斗，有担当，似一叶扁舟，在急湍中逆流而上，如一株小树，在万木前迎来春光。在阴霾中，你的笑容给我们带来力量。

事迹：

江苏小伙陆鸿，苏州市缘跃纸制品有限公司负责人。他因幼时的一场高烧留下了严重后遗症。从小到大，从学习到工作，他付出了比常人更多的心血和精力。当他职高毕业后，当初的定向工作单位却因为他的残疾将他拒之门外。他四处找工作，却屡屡碰壁。面对困境，他没有消沉，而是下决心自主创业找出路。经历了无数次摸爬滚打，陆鸿从卖开水、修自行车起步，到开照相馆，逐步发展到摄影、相册加工、纸质影集生产。一共才30多位员工的加工厂吸纳了21位残疾人就业。自强不息，厚德载物，陆鸿为21个残疾人家庭撑起了一片蓝天。他没有因幼时因病导致脑瘫埋怨过、消沉过，不愿成为家人累赘的他，从摆摊、开店到学影视后期，练就一手绝活。2017年，他带领残疾人做自媒体、开网店。如今，他的工厂已成为远近闻名的残疾人扶贫创业基地。为"永不服输"的他点赞！

【林占熺】

颁奖词：咬定青山大地，立根黄沙破岩。传递幸福，不以闽宁为限，传播文明，不以山海为远。时不我待，所以只争朝夕；心系乡土，所以敢为天下先，你不是田间的野草，你是新时代滋养的大树。

事迹：

大学教授林占熺，是《山海情》中凌一农教授的原型人物。为解决"种植食用菌就必须砍树"的世界级难题，他无数次试验，发明出以草代木培养食药用菌的方法；为科研，他的亲弟弟倒在了菌草栽培的一线，林占熺也在常年奔波中差点遭遇意外……如今，"菌草"已走出国门，为全世界脱贫致富提供了方案。他是福建农林大学菌草科学与技术研究院执行院长、博士生导师，国家菌草工程技术研究中心首席科学家，菌草生态产业省部共建协同创新中心主任，菌草综合开发利用技术国家地方联合工程研究中心主任，菌草技术发明人。2006年获联合国国际生态生命安全科学院院士称号。林占熺长期从事菌草科学的研究、菌草技术推广、扶贫、援外和国际合作等工作。

（三）其他年度感动中国十大人物

【于敏】

干惊天动地事，做隐姓埋名人

我国著名核物理专家，"两弹一星功勋奖章"获得者，荣获国家最高科学技术奖等崇高荣誉，他填补了我国原子核理论的空白。

1961年，他毅然决然地投入氢弹理论探索的任务中，从此开始了一段隐姓埋名28年的岁月。无数个日夜，他殚精竭虑，攻坚克难，实现了氢弹原理的突破，为氢弹的成功试验研制奠定了坚实的基础。

1967年6月17日，随着罗布泊上空的一声巨响，我国第一颗氢弹爆炸成功，震惊了整个世界，从第一颗原子弹爆炸到第一颗氢弹试验成功，我国只用了短短的2年零8个月的时间，凝聚的却是于敏等一代人的心血和无私付出。

淡泊以明志，宁静以致远，他为国家的核事业默默奉献一生，用热血铸就了一座振兴民族精神的丰碑，更为我国核科学技术和国防事业发展作出巨大贡献。

【申纪兰】

当代表就要代表人民利益，就要给人民办事

申纪兰，山西省平顺县西沟村一位普通又不普通的农民，她是第一届到第十三届的全国人大代表。倡导并推动"男女同工同酬"写入《中华人民共和国宪法》，让妇女享有公平同等权利。从走进西沟村，到改变西沟村；从艰苦奋斗的开始，到始终不渝的现在。她带领群众建起"农光互补"的现代化香菇大棚，为妇女提供就业岗位，从 20 世纪 50 年代开始艰苦奋斗、植树造林，种下了两万五千亩树，改变了西沟村的生态环境。

她始终拥护党的领导，为人民服务。用忠诚坚定的决心勇往直前，初心不变，奋斗不止。

去世前，申纪兰嘱咐了两件事：第一件事，一切丧事要从简；第二件事，共和国勋章经费作为党费全部上交党组织。

【孙家栋】

造一辈子中国星，科技报国

孙家栋是我国人造卫星技术和深空探测技术的开创者之一，担任月球探测一期工程总设计师。

1967 年，孙家栋开始从事卫星研究工作，他的本专业学的不是这个，但他坚持克服困难，为我国突破卫星基本技术、卫星返回技术、地球静止轨道卫星发射和定点技术、导航卫星组网技术和深空探测基本技术作出卓越贡献。

他先后荣获"两弹一星功勋奖章"、国家最高科学技术奖、国家科学技术进步奖特等奖和"全国优秀共产党员""改革先锋"等称号。

【李延年】

一个老兵的赤诚之心

为了新中国，李延年先后参加解放战争、湘西剿匪、抗美援朝战争、对越自卫反击战等战役战斗 20 多次。

他荣立特等功一次，被志愿军总部授予"一级英雄"称号，荣获解放奖章和胜利功勋荣誉章。

他说："今天祖国的建设这么好，我们要教育后一代，要记住牺牲流血的战士们。是共产党员，一生的任务。"

【张富清】

坚守初心，不改本色

1948 年，24 岁的张富清成为西北野战军的一名战士。在枪林弹雨中，他冲锋在前，浴血疆场，视死如归。他在入党的时候宣誓：为了人民，为了国家，不惜一切。1955 年，张富清转业退伍，他主动要求到湖北最偏远的来凤县工作。60 多年来，张富清深藏功名，一辈子坚守初心，不改本色，他用朴实纯粹、淡泊名利书写了精彩人生。

这是生命铸就的勋章，也是国家授予英雄的最高荣誉。

【袁隆平】

我有一个禾下乘凉梦

他曾经做过这样一个梦：水稻比高粱还高，籽粒比花生还大，他就那样坐在稻穗下乘凉。

1964 年，袁隆平开始研究杂交水稻。从书本到田野，从梦境到现实。

1973 年，杂交水稻成功问世，让粮食亩产量开始了质的飞跃。

2000 年，亩产 700 公斤；

2004 年，亩产 800 公斤；

2014 年，亩产 1 000 公斤；

今天，杂交水稻在全国累计推广面积超过 90 亿亩，增产稻谷 8.5 亿吨，每年因种植杂交水稻而增产的粮食可多养活约 8 000 万人口。

历经半个世纪水稻研究，袁隆平将梦的种子撒向了更远的地方。

如果全世界有一半稻田种上了我们的杂交水稻，每年可以增产稻谷 1 亿 6 000 万吨，可以多养活 5 亿人口。

一位老者，一颗赤子的心，一个童真的梦，这是稻田里的中国梦，也是历史长河里的世界梦！

【黄旭华】

潜心重器，终身报国

隐姓埋名三十载，铸大国重器，写军史传奇，他就是我国第一代核潜艇总设计师黄旭华。

1958 年，他受命于核潜艇研制工作，从零起步，依靠最简单的计算工具，突破核潜艇设计的七项技术难关。

1970 年，他研制出第一艘核潜艇，时效之快，举世罕见。

1988 年，我国首次开展核潜艇深潜试航，62 岁的总设计师黄旭华不顾安危，亲历极限深潜。

黄旭华的一生，是为国家核潜艇事业默默奉献的一生。他用自己的智慧和勇气，铸就了国之重器，为中国核潜艇事业做出了不可磨灭的贡献。

【屠呦呦】

青蒿济世 科学报国

她致力于中医药研究实践 60 余年，发现青蒿素，解决全球抗疟难题，为中医药科技创新和人类健康事业做出巨大贡献。

20 世纪 60 年代，疟疾再度成为威胁世界的传染病，39 岁的屠呦呦继此前 500 多名科研人员的研究后，再次寻找治疗疟疾的中国方案。

2 年多时间，2 000 多个方药、200 多个中药提取物的研究后，她从东晋医书《肘后备急方》获得灵感，经过 191 次提取实验，100% 抑制疟原虫的青蒿素终于被她和团队找到！

几十年来，她发现的青蒿素拯救了全球几百万人的生命。

她曾经是默默无闻的医药科技工作者，她也是为全人类健康服务的伟大科学家！

她说："青蒿素是中医药献给世界的礼物。"

附录 A
中国古代文学发展简史

中国文学源远流长，上下纵横近 5 000 年，作家灿若星辰，作品汗牛充栋。中国文学源远流长，早在远古时代，虽然文字还没有产生，但在人民中间已经流传着神话传说和民间歌谣等口头文学。保留在古代典籍中的文献资料表明，《夸父逐日》《女娲补天》《大禹治水》等神话故事，闪耀着中华民族文明智慧的光辉。《弹歌》："断竹，续竹，飞土，逐肉。"歌唱原始打猎的英武；《涂山氏女之歌》："候人兮猗。"记录了中国原始歌唱中第一首情歌。

甲骨文字的发现，使中国古典散文的源头可以追溯到甲骨卜辞。

殷商时期的《尚书》篇章，结构和表现手法相当成熟，理所当然成为中国古典散文之祖。

西周

西周时期，我国第一部诗歌总集——《诗经》的出现，是古代文学史上头一件大事。《诗经》收集了西周初至春秋中叶，五百多年间的三百零五篇诗。它按音乐标准分为"风""雅""颂"三部分。"风"是周王朝京都之外的地方乐歌，"雅"是周王朝直接统治地区的乐歌，"颂"则是宗庙祭祀时的乐舞曲。《诗经》的思想内容反映的社会生活非常广泛。有的诗篇揭露了统治者的腐朽，喊出反剥削，反压迫的呼声，如《硕鼠》《伐檀》；有的诗篇表达了对徭役兵役的憎恨，如《伯兮》《君子于役》；有的诗篇歌颂了男女之间真挚的爱情和对美好婚姻生活的向往，如《静女》《蒹葭》；有的则表现了妇女婚姻的不幸，如《氓》。总之，当时社会生活的各个方面，以及劳动人民的思想感情，都在《诗经》中得到了真切的反映，具有鲜明的时代感和人民性。在艺术上，《诗经》音调流畅，语言朴素，常用赋、比、兴的手法来表情达意。赋的手法是直陈其事，比即打比方，兴是感物起兴，先咏它物来引发情意。后世把《诗经》奉为学习的最高典范。

春秋战国

春秋战国时期，列国纷争，游说之士蜂起。在百家争鸣的政治文化环境中，产生了一批政治家和思想家，写作了大量以说理透辟、逻辑严密、言辞锋利、善用比喻为特点的论说散文，又称诸子散文。诸子散文各具特色：《论语》雍容和顺富有哲理性、《孟子》雄畅犀利富有鼓动性、《墨子》朴实谨严富有逻辑性、《荀子》淳厚富赡富有学术性、《韩非子》峻峭透辟富有政治性、《老子》玄妙精警富有思辨性、《庄子》汪洋谲怪富有浪漫性。在诸子散文中，文学性最强当数《庄子》《孟子》《荀子》《韩非子》。与诸子散文辉映一时的，是以记言记事为主的历史散文。《左传》《国语》和《战国策》，或以年为序，或以国为别，多出于各国史官之手。其中许多优秀篇章，情节曲折，人物生动，剪裁得体，有很高的艺术性，如《左传》中的《鞌之战》《郑伯克段于鄢》，或叙述激烈的战争进程，或表现统治集团内部的争斗，在叙事写人方面均很出色。《战国策》中的人物形象更有个性光彩，描写技巧愈加高明，是历史散文中文学价值最高的一部。

战国后期

战国后期，在南方的楚国，以屈原为代表的楚国诗人，在学习楚民歌基础上，创造了具有楚文化独特光采的新体诗——楚辞。楚辞体诗句式以六言、七言为主，长短参差，灵活多变，多用语气词"兮"字。诗歌充满着神奇瑰丽的想象，洋溢着楚地特有的文化浪漫。伟大的爱国主义诗人屈原，运用这种诗歌形式，创作了古代文学史上第一抒情长诗《离骚》，优美动人的《九歌》十一篇，言志述怀诗《九章》九篇，以及《天问》等，共25篇楚辞作品。屈原的后继者有宋玉、唐勒、景差等人。《离骚》作为楚辞艺术的巅峰之作和代表，在文学史上与《诗经》并称"风骚"，垂范于后世。

秦代

秦代实行文化专制政策，焚书坑儒，二世而亡，几乎无文学可言。除留存下来少数歌颂秦皇功德的刻石文字外，李斯《谏逐客书》是这一时期少有的优秀散文篇章。

两汉

两汉崇文，大一统的鼎盛帝国，要求用文学来展现歌舞升平。于是一种以铺写帝王和都市生活为主的文学样式——赋便应运而生。赋是两汉最流行的文体，是一代文学的标志。其体式源于荀子的《赋篇》，并吸收了楚辞的某些形式要素而形成。汉初贾谊、淮南小山的赋，尚未脱楚辞形迹，被称为骚体赋；枚乘的《七发》奠定了汉代大赋的形式格局；至汉武帝时代，献赋诵赋风气大盛，产生了一大批赋家。司马相如的《子虚赋》《上林赋》，极写帝王苑囿之盛、田猎之乐，稍后的扬雄，有《甘泉》《羽猎》诸赋。这些赋写得铺张扬厉；多以歌功颂德为宗旨。到了东汉，班固的《东都赋》《西都赋》，张衡的《东京赋》《西京赋》均是散体大赋中的煌煌巨作。随着社会矛盾的日益激化，帝国强势不再，一些有识之士开始用辞赋来抒情志、来刺时世。张衡的《归田赋》、赵壹的《刺世疾邪赋》、蔡邕的《述行赋》等是这方面的名作。他们的创作突破了大赋原有的体制，对以后魏晋时期的抒情小赋和唐宋时期的散文赋产生了积极的影响。

两汉文学中最有价值的是乐府诗中的民歌。乐府本是国家音乐管理机构，具有采编民歌民谣，配乐演唱的职能。后人将乐府机构配乐演唱的歌称为汉乐府民歌。汉乐府民歌和《诗经》是一脉相承的，《诗经》是"饥者歌其食，劳者歌其事"；汉乐府以"感于哀乐，缘事而发"的现实主义精神，深刻反映了两汉社会生活的各个方面，表现当时劳动人民的生活愿望和要求。这些民歌有的控诉了统治者穷兵黩武的政策，如《战城南》《十五从军征》；有的揭露了封建礼教、封建家长制的罪恶，表达对真挚爱情的向往，如《孔雀东南飞》《上邪》《有所思》；有的对社会下层人民的不幸表示了深切的同情，如《东门行》《妇病行》《孤儿行》。《诗经》以抒情为主，汉乐府民歌长于叙事铺陈，标志着古代叙事诗的完全成熟。《孔雀东南飞》是中国古代汉民族第一叙事长诗。

汉代文人诗歌一直无所成就。到东汉，文人在乐府民歌影响下试作五言诗，班固的《咏史》诗，写得质木无文，极少诗味，但是是现存最早的文人五言诗。东汉末年产生的《古诗十九首》是文人五言诗成熟的标志。《古诗十九首》是东汉末年无名氏文人创作的一组抒情短诗。它并非成于一人一时，抒发了处于动乱时代下层文人的伤感，有一定的社会意义。与汉乐府民歌长于叙事不同，《古诗十九首》的主要艺术特色是长于抒情。它于委婉含蓄、自然质朴中显出精练工切的艺术特色，前人有"五言之冠冕"的赞誉。

两汉散文创作的成就很高。汉初贾谊和晁错的政论散文，思想敏锐、直言时弊、文采飞扬。后期至东汉的散文虽有骈偶化发展的倾向，但能够保存汉初关注现实，指摘时弊的文风。而两汉散文成就最高的，是司马迁的《史记》。《史记》开创了纪传体这种以人物为中心的史书编写体例。它敢于批判、敢于歌颂的不虚美、不隐恶的实录精神为人们所称道。从文学的角度看，司马迁以饱满的情感和丰富的历史知识，塑造了一大批出身不同、性格各异的人物形象，使它成为我国传记文学的典范。如《项羽本纪》中的项羽，《李将军列传》中的飞将军李广，《廉颇蔺相如列传》中的蔺相如等。《史记》刻画人物的高超技巧，变化多样的谋篇布局和语言的非凡表现力，都对后世叙事散文起到了示范作用。鲁迅用"史家之绝唱，无韵之离骚"热情地评价《史记》杰出的史学和文学成就。可以和《史记》相提并论的是班固的《汉书》。《汉书》记事详赡，写得也颇为精彩，有自己的特色，但班固恪守儒家思想准则，文风显得拘泥和保守，成就稍逊于《史记》。

魏晋南北朝

魏晋南北朝时期，文学日益摆脱经学的影响，而获得独立的发展，开始进入文学的自觉时代。诗歌、散文、辞赋、骈文、小说等文学样式，都取得了显著的成就。

诗歌的地位仍然是最重要的。汉末魏初，在"世积乱离，风衰俗怨"的社会背景下，文人诗歌创作进入了"五言腾踊"的大发展时期。这一时期以曹操，曹丕、曹植父子为核心，加上孔融、王粲、刘桢、陈琳等所谓"建安七子"组成的邺下文人集团，创造了"建安文学"的辉煌。建安文人的作品，具有"慷慨任气"这种共同的时代风格，其中曹操的诗歌，沉雄悲凉，反映了动乱的社会现实，表露了诗人渴望建功立业，统一天下的雄心壮志，如《蒿里行》《短歌行》《步出夏门行》等，都是较为成功的篇章。曹植的文学成就最高，人称"建安之杰"。他的诗歌"骨气奇高，词采华茂"，《白马篇》《赠白马王彪》分别是他前期和后期诗歌的代表作。他的散文和辞赋也表现出很高的思想性和艺术性，著名的《洛神赋》美不胜收。"七子"中最有成就的作家是王粲，他的《七哀诗》《登楼赋》等篇章，是建安文学中具有现实主义精神的杰作。

魏晋之交，随着世风的变易，诗歌创作呈现出与建安时代不同的风貌。阮籍、嵇康的作品，或沉郁艰深，或风调峻切，他们继承了建安文学的优秀传统，进一步推动了五言古诗的发展。西晋太康时期诗歌繁荣，诗人有"三张二陆两潘一左"之称，但多数作品流于华彩繁缛，唯左思的诗歌骨力遒劲，承传建安文学的精神。其《咏史》诗开启了咏史和咏怀结合的新路子。东晋在玄学的影响下，"理过其辞，淡乎寡味"的玄言诗泛滥一时，能够超越流俗的大诗人便是陶渊明。陶渊明的时代，"真风告逝，大伪斯兴"，他因贫而出仕，目睹官场黑暗，不愿同流合污，决心辞官归隐，保持自我的人格精神。他的田园诗描绘自然风光的美丽，歌颂田园生活的平和，也表现了亲身参加农业生产劳动的喜悦和辛劳。创造了情、景、理交相融合，平淡和醇美统一的艺术境界。《归园田居》《饮酒》是他的田园诗的代表作。陶诗的风格以自然冲淡为主流，但《读山海经》《咏荆轲》等也显示了诗人"金刚怒目"的一面。可以看出诗人内心并不静穆，他没有忘怀世事。陶诗对后世影响很大，尤其是唐代的山水田园诗派受其直接影响。陶渊明的文学成就是多方面的，他的散文、辞赋，数量虽不多，却非常出色，著名的有《桃花源记》《归去来兮辞》《感士不遇赋》等。

南北朝时期，许多文人专力于文学创作，主要运用的文学样式是诗歌和骈文。在谢灵运手上，山水诗大放光芒，其后谢朓的山水诗写得清新圆熟，二人世称"大小谢"。诗人鲍照出身寒微，擅长用七言古诗体来抒发愤世嫉俗的情怀，他隔句押韵的七言歌行为七言诗的发展作出了贡献。北方文苑稍嫌荒寂，但散文方面也不乏名篇，如北魏郦道元的《水经注》、杨衒之的《洛阳伽蓝记》，北齐颜之推的《颜氏家训》。最有成就的是由南入北的作家庾信。他的诗赋集南北文学之大成，将南方精美圆熟的艺术技巧和北方刚健爽朗的精神融合，成为唐代诗风的先声。这一时期骈文统治着整个文坛，鲍照的《登大雷岸与妹书》《芜城赋》、庾信的《哀江南赋》都是非常优秀的作品。总的来说，南朝作家们对形式声律的追求，为唐代文学尤其是唐代近体诗的定型和成熟，作了充分的准备。

此外，南北朝乐府民歌也足以与汉乐府诗前后辉映。南朝的吴歌、西曲明丽柔婉，北朝少数民族歌曲则多刚健亢爽，风格各异，但都情意真切。

从我国古代小说体裁的形成和发展来说，魏晋南北朝是一个重要阶段，出现了志怪小说和轶事小说。其中晋干宝的《搜神记》和南朝刘宋时刘义庆的《世说新语》最值得重视。《世说新语》记载了自汉至晋不少上层士族人物的轶事言谈，写人气韵生动，记言简约精妙，实开后世笔记小说之先声。

由于文学意识的渐趋自觉，这一时期出现了探讨文学观念、分析创作过程、批评作家作品的文学论著，如曹丕的《典论·论文》、陆机的《文赋》、刘勰的《文心雕龙》、钟嵘的《诗品》。后两部在我国文学理论发展史上堪称划时代的巨著。

唐代

唐朝国力空前强盛，国家从长期分裂复归于统一，封建经济和文化获得了充分发展的良好条件，再加上朝廷在各方面采取了较为开放的政策，中外文化交流频繁，尤其是确立了以诗赋取士的科举制度，打破了魏晋以来门阀对仕途的垄断，使大批有才华的寒门子弟脱颖而出，最终创造了唐代文学的空前繁荣。有唐一代作家作品数量之多，成就之高，影响之大，都是前所未有的。

唐代诗歌堪称一代文学标志，是中国古典诗歌的顶峰。唐代是诗歌史上的黄金时代，初、盛、中、晚各期都名家辈出，大家纷呈。诗歌创作几乎遍及社会各个阶层的男女老少，《全唐诗》收录的诗人就有两千余家，诗作近五万首，而实际远不止此数。

初唐时期，宫廷诗歌承齐梁余风，流行靡丽软艳的"上官体"诗。王勃、杨炯、卢照邻、骆宾王及稍后的陈子昂，上承汉魏风骨，力扫齐梁宫体诗颓风，使唐诗开始由宫廷走向社会，由艳情转向现实，由靡靡之音变为清新健康的歌唱。同时期的宋之问和沈佺期在诗歌的形式上也做了大胆的探索，他们共同为唐诗的发展铺平了道路。

唐玄宗开元、天宝年间，史称盛唐，这一时期出现了两大诗歌流派和我国诗歌史上的"双子星座"。以王维、孟浩然、储光羲等人为代表的山水田园诗派，上承陶渊明、谢灵运而别开生面。王维诗歌"诗中有画，画中有诗"。收在《辋川集》中的五言绝句，如《鹿柴》《辛夷坞》等，善于将绘景状物与阐发禅趣相结合，意境幽美，艺术精妙。以高适、岑参、王昌龄等人为代表的边塞诗人，诗风刚健、韵味深长，唱出盛唐强音。高适的《燕歌行》和岑参的《白雪歌送武判官归京》等七言歌行体诗，描绘雄奇的边塞风光和艰苦的军旅生活，或悲壮浑厚，或奇逸峭拔，都是唐代边塞诗的佳篇。李白与杜甫是古今诗坛的"双子星座"。李白诗歌豪放飘逸，史称"诗仙"。如《将进酒》《行路难》《蜀道难》，无不显示了诗人独特的情感色调和艺术个性。杜甫诗歌号称"诗史"，风格沉郁顿挫。他用诗歌创作抒发了忧国忧民之心，像《三吏》《三别》这样的诗歌，实录了唐王朝由盛转衰过程中一系列重大的事件，最负盛名。那些优美的写景述怀诗，也不忘忧国忧民，如《登高》就是这方面的代表作。

安史之乱以后，进入中唐时期。经过短期的衰退之后，诗歌创作又形成了一个新的高潮。刘长卿、韦应物的山水诗，是对王维、孟浩然一派的继续；卢纶、李益的边塞诗，是高适、岑参一派的余绪。以白居易、元稹为首的现实主义诗人，倡导了一场新乐府运动，提出"文章合为时而著，歌诗合为事而作"，"惟歌生民病，愿得天子知"的创作主张，并以巨大的热情投入了新乐府诗的创作实践。他们的新乐府诗，往往选择具有典型意义的社会现象，加以集中概括，对朝廷一系列错误政策和由此造成的社会弊端进行讽谕批评，主题明确，题材集中，有鲜明的形象性和强烈的战斗性，诸如《卖炭翁》《杜陵叟》等篇章，千百年来传诵不绝。白居易的诗歌创作成就是多方面的，《长恨歌》和《琵琶行》，也堪称古代叙事诗中的杰作。这一时期，和元（稹）白（居易）诗派齐名而诗风殊趣的是韩（愈）孟（郊）诗派。韩孟诗派以才学为本，以议论见长，作诗力避平俗而求生硬奇险，开了后世宋诗的风气。此外各具艺术个性的著名诗人还有柳宗元、刘禹锡、贾岛和李贺。李贺以其浓丽浪漫的诗风独树一帜，并启迪了晚唐的李商隐。

到了晚唐，随着李唐王朝走向没落，诗歌气格染上了浓厚的衰亡感伤色彩。最有成就的诗人是杜牧和李商隐，世称"小李杜"。杜牧长于写七绝，可与盛唐"七绝圣手"王昌龄并肩。他的咏史怀古诗，风格俊爽高绝。写景也自然清丽，如《山行》让人百读不厌。李商隐的七律沉博绝丽，以爱情诗独擅胜场。他的《无题》诗，工于比兴，用典甚多，往往意蕴深永，耐人寻味，部分作品也未免有晦涩难解之病。

散文是唐代文苑的又一重大收获。《全唐文》收作者三千多人，作品（包括骈散两体）一万八千四百余篇，可以反映当时的创作盛况。六朝时期骈文的畸形繁荣，成为散文发展的严重阻碍。批判六朝以还的形式主义文风，恢复先秦两汉散文的优秀传统，是时代和文学本身发展向作家提出的要求。初唐陈子昂、萧颖士、独孤及等人，较早出来提倡尚简古、切实用的散文，但成就不大。到了中唐，韩愈、柳宗元以复兴儒学为旗帜，领导了一场其实质是文学革新的古文运动。在"文以载道"的创作思想指导下，他们要求文章写作务去陈言，要文通字顺，要有充实的思想内容，要努力反映社会现实问题，要感情真切，抒发不平之鸣。韩愈、柳宗元在众多散文作家中，犹如并峙的双峰，他们不仅是唐代古文运动的领袖，而且不愧为继司马迁之后两位最优秀的散文家。韩愈的说理散文如《原毁》《师说》《答李翊书》等，议论透辟，气势纵横，有很强的逻辑力量；记叙散文如《张中丞传后叙》，刻画人物仿效司马迁《史记》笔法，将饱满的爱憎感情倾注毫端，在善于取材和精于细节描写方面，显示出精湛的艺术造诣。柳宗元的记人叙事文章多寄寓作家进步的政治主张，如《捕蛇者说》《种树郭橐驼传》诸篇。而其山水游记最为后世称美，他于贬谪永州后所写的"永州八记"，如《始得西山宴游记》《小石潭记》，运用写景寓情手法，在表现山水之美中渗透了作者的人格之美，成为后世游记文学的典范之作。晚唐的古文偏于师承韩愈散文奇险艰涩的一面，成就不高。

而值得一提的是以罗隐、皮日休、陆龟蒙等所写的批判现实的小品文，鲁迅曾赞之为"一塌糊涂的泥塘里的光彩和锋芒"。

唐人的传奇是我国古典小说的成熟之作。《莺莺传》《李娃传》无不写得人物形象鲜明，故事情节曲折，语言华艳生动。

宋代

词是在唐代随燕乐而兴起的新诗体。它起源于民间，敦煌曲子词是现存最早的民间词。中唐以后，文人才士倚声填词才渐成风气，《菩萨蛮》《忆秦娥》挂名为李白所作，但缺少确凿的证据。温庭筠、韦庄都是晚唐曲子词创作的佼佼者。五代时，西蜀和南唐成为词的创作中心，中国第一部文人词总集《花间集》问世于西蜀。而词人中成就最高的是南唐后主李煜。他早期作品多写宫廷享乐生活，国破被俘以后，以词抒写家国身世之恨，感慨遥深，形象真切，语言朴素自然又珠圆玉润，《虞美人》《浪淘沙》等均是小令中的妙品。

词发展到宋代，进入了鼎盛时期，成为一代文学的主要标志。据《全宋词》所载，作品有二万余首，词人一千四百余位。唐诗、宋词，堪称中国文学的双璧。北宋初期，朝廷提倡享乐，君臣晏安，词风继承花间一派的婉约绮靡。晏殊的词风雍容闲雅，有富贵气。晏殊之子晏几道，由于其个人遭遇的不幸，词风有异于晏殊，较多低回感伤的色彩。范仲淹镇守边塞，生活经历不同，他的词中开始出现了境界开阔、格调苍凉之作，给宋初词坛注入了一股新鲜感。

词到柳永手上，有了第一次革新。柳永从都市中下层人民生活中汲取创作素材，以写男女离别相思和个人流落江湖的羁旅之愁见长。他大量创作篇幅较长、结构复杂、音调更为繁复的慢词。他的词多用铺叙白描之法，层次分明，语言通俗，从内容到形式都富于平民色彩，在当时市民中传唱极盛。《八声甘州》《雨霖铃》等词借景寓情，俗而能雅，是他的精心之作，尤传诵于后世。苏轼作为词的革新家，不满于柳永词沉吟于风花雪月之中，肆力打破诗词界限，把艺术的笔触伸向了广阔的现实生活和个人极其丰富的内心世界，扩大了词的题材，提升了词的意境，丰富了词的表现手法，使词成为独立的抒情诗体，这就是所谓"以诗为词"。苏轼的词达到了"无意不可入，无事不可言"的境界。他用词来写景、抒情、怀古、感旧、记游，甚至说理谈禅，风格多样。《江城子》《水龙吟》词笔细腻，风情婉转，《念奴娇》《水调歌头》高歌入云，逸怀浩气，都有很高的艺术成就，给宋词带来了新气象，启迪了南宋豪放词派的诞生。这时的秦观、赵令畤、贺铸、黄庭坚等人也各有自己的成就，他们共同创造了北宋词坛多种风格相互竞争的繁荣局面。

集北宋婉约词之大成的是周邦彦。周邦彦基本承袭了柳永词的余风，其词仍表现男女恋情和羁愁行役等传统内容，但由于他妙解音律，有很高的艺术修养，在使词艺趋于精美化方面功不可没。读他的词，可以感受到他章法结构变化的多样性、表现技巧的丰富性、音律语言的谐畅精工。南宋的格律派词人，无不在艺术上受到他的熏染。

在南北宋之交，还出现了我国古代最优秀的女词人李清照。她的词意境深厚，感情婉曲，造语清新，尤其是南渡以后的作品如《声声慢》等，将国破家亡的悲愤与身世漂泊的伤痛融合一气，缠绵抑郁，感人心魄，其审美价值大大超过了早期主要抒写闺情的篇什。

宋室南渡以后，宋词跨入了一个新的发展时期。感时伤乱，抒发爱国情怀，成为词的一大主题。南宋初词人大多亲历靖康之变，故其词作突破了北宋末年的平庸浮靡，表现了鲜明的时代特征。著名的词人有张元干、张孝祥、陈与义，向子谌、朱敦儒等，他们上承苏轼一

大学语文

脉，下启辛派词风，是两者之间的重要过渡。南宋最伟大的爱国主义词人当推辛弃疾。辛弃疾生当南宋衰世，有出将入相之才，满怀抗金报国的凌云之志，但受朝廷妥协苟安政策的羁绊，壮志难酬，郁愤深积，只得将一腔爱国情怀寄之于词，使宋词的思想境界和精神面貌达到了光辉的高度。他继承东坡词的豪放风格而加以发展，尤其是他驾驭语言的功力极深，能将经史子集之语熔铸入词而一如己出，前人称其"以文为词"。辛词又深于寄托，融传统的婉约和豪放于一体，人称他的词作是"色笑如花，肝肠如火"，把词的艺术提高到一个新的境界。名篇如《破阵子》打破传统的章法结构；《永遇乐》壮怀激烈，豪气逼人；而《摸鱼儿》缠绵哀怨之中有"裂帛之声"；《清平乐》清新活泼，极具特色。同时的陈亮、刘过等，风格似辛却有点剑拔弩张。后世属于辛派词人的还有刘克庄、刘辰翁。

南宋词人姜夔继承周邦彦，走上了尚风雅、主格律的创作道路。他的词作以记游、咏物、怀人为主要内容，意境清空，格调骚雅，音律严整，在艺术上冠绝一时。史达祖、高观国等人是他的羽翼。在词风偏于疏宕的南宋，吴文英词却倾向于密丽的风格，人称"七宝楼台"，可谓一枝独秀。由宋入元的重要词家还有张炎、周密、王沂孙等，随着南宋王朝的覆灭，他们哀怨衰飒的词作成了宋词的尾声余韵。

宋诗总的成就不如唐诗，但在思想内容和艺术表现方面也有自己的特色。宋初诗人杨亿、钱惟演等，学晚唐李商隐，但多讲究声律辞藻，注意华丽典雅，缺少社会内容，号西昆体。王禹偁起而与之抗衡，作品面对现实，走平易流畅的一途。继之而起的梅尧臣、苏舜钦，都针对西昆体流弊而有所革新。欧阳修作为宋代诗文革新运动的领袖人物，奖掖后进，倡导平易流畅、注重气骨、长于思理的诗风，形成宋诗的自身特点。北宋诗坛上影响最大的两位诗人是苏轼和黄庭坚。苏轼诗说理抒情，自由奔放，更进一步发展了宋诗好议论、散文化的倾向。由于他丰富的生活阅历和深厚的艺术修养，故能避免许多诗人所犯的浅率无味或生硬晦涩的弊病。他的作品代表了北宋诗歌革新运动的最高成就。黄庭坚和他的江西诗派的诗歌最具宋诗的特色。属于江西诗派的诗人有陈师道、陈与义、韩驹等。陆游、杨万里和范成大，他们都出于江西诗派，最终却分别自成一家。陆游是宋代最伟大的爱国诗人，他留下来的诗共九千三百余首，他的诗篇最感人的是表现了他老而不衰，死而不渝地抗敌复国的爱国壮志。在《关山月》一诗中，我们可以深切感受到诗人忧心如焚的情怀。杨万里的诗清新活泼，范成大的诗善写田园风光，颇有生活情趣。他们在创立独特的诗歌风格上都各自作出了努力。南宋后期还出现了"永嘉四灵"和江湖诗派，但作品现实感不强，诗格比较浮弱。到宋末，文天祥、汪元量等人的爱国诗篇，浩气磅礴，为这期诗坛增添了最后一抹光彩。

散文在唐代古文运动以后渐呈颓势，这种情况到宋初仍未改观。柳开、石介、尹洙等人提倡恢复韩柳古文传统，但成绩不大。至宋仁宗庆历年间，在政治革新潮流的鼓荡下，诗文革新运动也随之兴起，在欧阳修等人的努力下，宋初浮华的文风得以革除，宋代散文取得了足与唐文媲美的杰出成就。欧阳修极力提倡平实朴素的文风，反对险怪奇涩之文，并在自己的散文创作实践中身体力行，形成一种富于情韵、平易畅达的艺术风格。他的散文不论写景状物，还是叙事怀人，都有较强的艺术感染力量，如《醉翁亭记》《泷冈阡表》等；即使是纯粹说理的政论性散文，如《五代史伶官传序》，也是一唱三叹，情见乎辞，颇有特色。在欧阳修的提携指引下，王安石、曾巩、苏洵、苏轼、苏辙，都是一时俊彦。王安石的政论散文观点鲜明，言辞犀利，如著名的《答司马谏议书》，充分表现了一个政治改革家坚定的立场和杰出的辩才。三苏中的苏轼，其散文多种体裁俱备，自由挥洒，如行云流水，姿态横生，代表了诗文革新运动的最高成就。《文与可画筼筜谷偃竹记》在卓越的文艺见解的表述中体现出作者幽默洒脱的个性，既是文论名篇，又是散文力作。他的《前赤壁赋》，《后亦壁赋》，兼有辞赋的体格和散文的气韵，形象性与哲理性紧密结合，水乳交融，是宋代文赋的代表作。欧阳修、苏洵、苏轼、苏辙、王安石、曾巩加上唐代的韩愈、柳宗元，被后世尊崇为"唐宋八大家"，他们的作品一直是后人学习古代散文的楷模。此外，由于两宋理学盛行，在重道轻文观念指导下，理学家写了很多谈性说理的简古散文，还有多用民间口语的语录体作品，代表作家有周敦颐、程颢、程颐、朱熹等。

宋代的通俗文学也得到了发展。在唐代讲唱文学的基础上演化产生了话本，成为后世演义小说和白话小说的滥觞。《碾玉观音》《错斩崔宁》是宋话本中的名篇。宋代的南戏是产生在永嘉一带的地方戏曲，与北方的杂剧并称成熟的中国戏剧。金代的诸宫调也值得重视，如董解元的《西厢记诸宫调》，在结构安排、叙事手段和人物心理刻画方面达到较高的艺术水平，成为元代王实甫写作《西厢记》杂剧的基础；此外，金代第一大作家元好问，经历坎坷，蒿目时艰，写作了不少感慨悲歌的诗词，有苏轼雄爽峻拔之风，其成就足与两宋优秀作家相当。

元代

元代文学以戏曲著称，元杂剧以它高度的社会历史价值、独特的艺术风格和形式体制，开辟了我国戏曲文学的黄金时代。书会才人出身的关汉卿，是元杂剧的奠基人和前期剧坛领袖。他的剧作，不论是公案剧、爱情剧还是历史剧，如《窦娥冤》《救风尘》《单刀会》等，都善于将现实主义精神和理想主义色彩融成一体，当行本色，雅俗共赏，是元杂剧中的第一流作品。王实甫的《西厢记》，通过崔莺莺和张君瑞的爱情纠葛，精心表现了人物之间的性格冲突和复杂内心活动，唱出了"愿普天下有情人终成眷属"，追求美好爱情生活的理想，是元杂剧中一颗璀璨夺目的艺术明珠。重要的杂剧作家还有康进之、白朴、马致远、郑光祖等。著名的杂剧还有《李逵负荆》《赵氏孤儿》《梧桐雨》《汉宫秋》《倩女离魂》等，本本都是情节曲折、人物生动，有的至今还在戏曲舞台上。元末杂剧衰微，南戏又复盛行，出现了像高明《琵琶记》这样的杰作。南戏的兴盛为明清传奇奠定了基础。

元代还出现了一种配合当时流行曲调清唱的抒情诗体，就是散曲。一般所说的元曲，是杂剧与散曲的合称。散曲有小令和套数两种：小令是单支曲子，又叫"叶儿"；套数由两支以上属同一宫调的曲子依次联缀而成。散曲作品具有浓厚的市民通俗文学色彩，给诗坛注入了一股清新的空气。散曲的内容十分广泛，讥时、叹世、隐逸、闺怨，无不涉及，而最多的是歌唱山林隐逸和描写男女风情之作。少数作品接触到当时重大的社会问题，反映人民的疾苦。元代前期的散曲作家以关汉卿和马致远为代表，关汉卿的《南吕·一枝花》套曲质朴自然，诙谐泼辣；马致远的《天净沙·秋思》情景交融，堪称"秋思之祖"。元代后期散曲的代表作家是张可久和乔吉，他们一改前期散曲的本色，而趋于雅正典丽，与词很难区别。张养浩的《山坡羊·潼关怀古》结句精警，风格也与张、乔散曲迥异，在元曲中不可多得。元代其他重要的散曲作家还有白朴、睢景臣、贯云石、徐再思、刘时中等。

与杂剧、散曲的成就相比，元代正统诗文相对衰落，没有出现特别杰出的作家和作品。

明代

城市经济高度发展，资本主义萌芽已经出现，市民势力不断增长，适应市民文化娱乐需要的小说、戏曲等通俗文学特别昌盛，而正统诗文则不免相形见绌。

一种由宋元讲史话本发展而来的长篇章回小说在明代出现了。现在所见的章回小说的开山之作，是明初罗贯中的《三国志通俗演义》。这部作品在民间流传的三国故事基础上整理加工而成。它宏大的结构、曲折的情节，展现了东汉末年和整个三国时期各封建统治集团之间的军事、政治、外交斗争，是一幅生动的历史画卷。书中"拥刘反曹"的基本倾向，反映了作者的封建正统观念。几个主要人物如诸葛亮、刘备、关羽、张飞、曹操等，写得比较出色，但总的来说性格描写不同程度有点定型化。明代另一部长篇巨著是施耐庵的《水浒传》，小说艺术地表现了北宋末年以宋江等三十六人为首的一场波澜壮阔的农民起义，并突出了"官逼民反"的进步主题。不少人物写得个性鲜明、活泼生动。全书以招安的悲剧结局收尾，艺术上后半部不及前半部那样有光彩。

明中叶以后，长篇小说创作进入高潮。讲史小说、神魔小说、世情小说、公案小说，各有佳作问世，流传至今的尚有五六十部之多。其中，吴承恩所写的神魔小说《西游记》，通过唐僧师徒四人去西天取经的艰难历程，特别是通过寓人于神、人神合一的孙悟空形象，表现了广大人民群众对美好理想的不懈追求和战胜自然、克服困难的大无畏精神，具有鲜明的浪漫主义艺术特征。兰陵笑笑生写的《金瓶梅》，直接取材于明代社会生活，对当时官场市侩某些世态人情的深刻表现，在古代小说中有开创性的意义，但其中有些色情描写，与刻画性格、揭露社会病态均无甚关系，没有审美价值。

明代短篇小说的主要形式是拟话本。这是一种文人模仿民间话本而创作的案头文学。著名的拟话本结集，有冯梦龙的《喻世明言》《警世通言》和《醒世恒言》，以及凌濛初的《初刻拍案惊奇》《二刻拍案惊奇》，合称"三言两拍"。拟话本作者的艺术笔触，涉及明代社会生活的各个方面，着重对市民阶层中的商人、手工业者和妓女的生活及心态进行了描绘。最精彩的篇章，有《杜十娘怒沉百宝箱》《卖油郎独占花魁》等。但拟话本作品中也流露了因果报应、宣扬色情等错误思想和不健康情趣。

在戏曲领域，明传奇取代了杂剧的主导地位，尤其在明后期，传奇创作出现了新的高潮，产生了杰出的剧作家汤显祖。汤显祖所写的爱情剧《牡丹亭》，是我国戏曲史上的浪漫主义杰作。作品通过杜丽娘和柳梦梅生离死合的爱情波折，表现了古代青年妇女争取自由幸福的曲折过程，揭示了反封建礼教的主题，体现了个性解放的时代精神。该剧细腻的性格描写、瑰奇的艺术境界、优美动人的文辞，显示出汤显祖卓越的艺术才能。这一时期其他重要的传奇作品，有李开先的《宝剑记》、梁辰鱼的《浣纱记》和相传为王世贞作的《鸣凤记》等。由于传奇创作的繁荣，剧作家内部还发生了主音律的吴江派（代表人物沈璟）与主才情的临川派（代表人物汤显祖）之争。明代杂剧也有一些较优秀的作品，如康海的《中山狼》和徐渭的《四声猿》

诗文领域里，明初刘基、宋濂、高启的作品较有社会现实内容。而后以杨士奇、杨荣、杨溥三个辅弼大臣为首的"台阁体"诗派继起，统治文坛几十年之久。针对"台阁体"那种歌功颂德、空廓浮泛的萎靡文风，以李梦阳、何景明为首的"前七子"，以及以李攀龙、王世贞为首的"后七子"，以复古相号召，提出"文必秦汉，诗必盛唐"的主张，但其末流陷于刻意模拟，了无生气。"后七子"中的宗臣，虽然声名并不显赫，散文却较多新意，其《报刘一丈书》传诵至今。有鉴于"前后七子"狭隘复古倾向的流弊，王慎中、唐顺之、茅坤、归有光等自觉提倡学习唐宋古文，人称他们为"唐宋派"。"唐宋派"中文学成就最高的是归有光。他的散文善写日常生活琐事，即事抒情，淡而有味，浅中有深，《先妣事略》《寒花葬志》《项脊轩志》《沧浪亭记》等名篇都具备这样的特色。真正起来反对拟古主义的，是以三袁（袁宗道、袁宏道、袁中道）兄弟为代表的"公安派"。"公安派"的"独抒性灵，不拘格套"的主张，来自李贽的"童心"说，给拟古倾向以猛烈的冲击，他们的散文以抒情小品、游记、尺牍著称。但其末流显得浮浅油滑。继而有钟惺、谭元春为首的"竟陵派"出来纠弊。他们的主张与"公安派"相仿，但艺术崇尚"幽深孤峭"，别具一格，趣味比较偏狭。经过"公安""竟陵"两派作者的不同探索，晚明小品文特盛，直到明末张岱的出现。其小品文《陶庵梦忆》《西湖梦寻》成为明代散文中颇见光彩的一部分。明末民族矛盾和阶级矛盾日益尖锐的时代气氛中，出现了复社、几社提倡复古的爱国诗文，张溥、陈子龙是其杰出代表。自明中叶以后，诗文运动先后出现了不少文学流派，概括起来一直是拟古主义与反拟古主义的力量相互消长，直至明亡。

清代

清代是中国最后一个封建王朝，在文学史上中国古代文学以道光二十年（1840）鸦片战争为下限，以后便是近代文学阶段。在这一时期，清王朝为巩固统治，平息民族矛盾和阶级矛盾，对知识分子施行高压与笼络两手并用的政策。一方面大兴文字狱，实行严酷的思想控制，另一方面又用科举制度来网罗为清廷效劳的文士。因此清代是中国古代文学全面复兴但又无法超越前代的时代。小说、戏曲继明代之后又取得了巨大的成就，诗、词、散文、骈文领域作家众多，流派林立，成就斐然。

清代文学成就最大的当是小说，曹雪芹的《红楼梦》是中国古代小说艺术的顶峰。《红楼梦》以贾、史、王、薛四大家族由盛而衰的过程为背景，以贾宝玉、林黛玉的爱情悲剧为中心，通过对日常生活琐事和人物内心活动的精微深刻的描写，成为表现封建社会、封建家庭各种生活和各种人物的百科全书。作者以强大的语言艺术表现才能，塑造了贾宝玉、林黛玉、薛宝钗、王熙凤等一大批令人百读不厌的典型形象。另一部长篇巨著吴敬梓的《儒林外史》，以褶子式的独特结构，显示了社会和儒林的种种病态，是我国文学史上少有的讽刺杰作，对晚清谴责小说有极大影响。清后期李汝珍的《镜花缘》，反映了作者在妇女问题上的民主性见解，但思想价值和艺术成就都显得逊色。就文言短篇小说而言，最优秀的是清初蒲松龄所作的《聊斋志异》。这部短篇小说集六朝志怪小说和唐宋传奇小说艺术成果于一体，用众多的花妖狐魅故事，曲折地反映现实，抨击时弊，歌唱爱情；情节变幻离奇，引人入胜，即使是写非现实世界的人物，也极富人情味。《婴宁》《罗刹海市》《崂山道士》等都是其中警策动人的篇章。纪昀的《阅微草堂笔记》、袁枚的《新齐谐》等，也是聊可一观的笔记小说。

清代戏曲，在清初有吴伟业的《秣陵春》和李玉的《清忠谱》。杰作当推洪昇的《长生殿》和孔尚任的《桃花扇》。《长生殿》一剧，对唐明皇、杨贵妃的爱情悲剧这一流传日久的传统题材进行了改造，注入了更为丰富的社会生活内容，情节动人，富于抒情气氛。《桃花扇》以侯方域、李香君的离合之情为主线，写南明王朝兴亡的历史，做到了艺术真实与历史真实的较好统一。清代传奇在出现了"南洪北孔"的创作高潮之后，便日趋衰微了。随后地方戏曲逐渐兴盛起来，成为近代京剧和其他地方剧种产生发展的基础。

清代的诗、词、散文、骈文，虽然总的成就未能超越前代，但是名家迭出，流派众多，也不可轻视。

明末清初的诗坛上，遗民诗人黄宗羲、顾炎武、王夫之等不满清廷的民族压迫和专制统治，所作往往悲壮沉郁，感慨深远。钱谦益、吴伟业也是清初有特色的诗人。王士禛提倡"神韵"，成为当时诗坛领袖。清中叶以后，一般文人屈服于朝廷的政治压力，纷纷钻入故纸堆，形成盛极一时的考据学风，影响到诗坛。虽然各种诗说、诗派蜂起，但均远离现实斗争，学古、尊古、重视形式和以学问为诗之风大炽，如沈德潜之"格调说"、翁方纲之"肌理说"，大旨不外乎此。唯郑燮之反映民情之作、之袁枚直抒性情之作和黄景仁之独写哀怨之作，能不被时风所染，较有特色。

词至清代又呈"中兴"气象。词家辈出，词作繁富，探讨创作之风特盛。清初词坛，陈维崧效法苏、辛之豪放，开"阳羡词派"。朱彝尊推崇姜、张之清空，开"浙西词派"。纳兰性德善作小令，长于白描，其词逼近南唐李煜，在清初自成一家。清中叶以后，以张惠言、周济为代表的"常州词派"起而纠浙派之偏，论词主比兴寄托，重视词的社会作用，其影响直达近代。

散文方面，清初重要作家有魏禧、侯方域、汪琬等，被称为"国初三大家"。侯方域所作人物传记《马伶传》，写伶人刻苦学艺的故事，一石双鸟，耐人寻味。清中叶出现了著名的散文流派——"桐城派"，其代表人物有方苞、刘大櫆、姚鼐，讲究古文"义法"，以"清真雅正"风格为宗，其影响直至"五四"时期。另一个散文流派"阳湖派"，以恽敬、张惠言为代表，实是"桐城派"的一个支流。

清代骈文也呈复兴之势，足以和散文抗衡，较有成就的作家有陈维崧、袁枚、洪亮吉、汪中等。

在创作繁荣的前提下，清代的文学理论研究也相应得到发展。从宋元开始出现的诗话、词话，在这一时期又产生了许多具有全面性、系统性和多样性特点的著作。小说理论和戏曲理论也成绩卓著。清代曲论就理论贡献而言，当首推李渔的《闲情偶寄》。李渔在明人徐渭《南词叙录》、王骥德《曲律》等论著的基础上，结合舞台演出实践，全面而系统地总结了戏曲的结构、词采、音律、宾白、科诨、格局等编剧理论和戏曲表演理论，把中国古典戏曲理论推进到一个新的水平。清代文学理论成果是我国古典文学领域中一份具有民族特色的遗产，值得我们重视和发掘。

鸦片战争以后，中国的文学也发生了重要的变化。这是一个向新文学过渡，被称为"近代文学"的阶段。在这一阶段，一方面，反帝爱国和民主主义成为文学的基本主题，显现出强烈的政治性、战斗性；另一方面，维护封建统治、抗拒新思潮的正统文学，虽然日渐陷于窘境，但仍在不断挣扎。

在诗文领域，杰出的启蒙思想家龚自珍是首开文学新风气的人物。他的诗富于政治敏感，独辟蹊径，代表作《己亥杂诗》为论者所重。同时的魏源、林则徐、张维屏等也写出了许多富于时代色彩和历史意义的作品。戊戌变法前后，改良主义运动代表人物梁启超提出"诗界革命""文界革命"，并推誉黄遵宪"我手写我口"的新派诗为"诗界革命"的一面旗帜。梁启超自己的散文，导源于龚自珍，打破了一切传统古文的格局，务为平易畅达，风靡一时，号为"新文体"。《少年中国说》《论毅力》等说理文章，气势磅礴，铺张淋漓，颇有魅力。辛亥革命时期，南社诗人柳亚子、陈去病、高旭、苏曼殊等人的作品洋溢着充沛的爱国主义和民主主义精神。秋瑾是当时杰出的女诗人，她的诗作激昂慷慨，富有巾帼英雄的气概。为了宣传革命思想，邹容、陈天华等相继写作了通俗化古文和白话文。以守旧复古为特征的传统诗文，仍活跃于一时。诗歌方面，先后有"宋诗运动"和"同光体"诗派；古文则产生了梅曾亮、曾国藩、黎庶昌等名家，号称"桐城派"中兴。词则有常州派的推衍发展。这些诗文流派大致只是在形式技巧上或模拟，或翻新，始终没有找到新的出路。

近代小说，在初期占主导地位的仍是格调不高、平庸落后的狭邪小说和侠义公案小说。后经梁启超"小说界革命"的鼓吹倡导，谴责小说盛行。李宝嘉的《官场现形记》、吴沃尧的

《二十年目睹之怪现状》、曾朴的《孽海花》和刘鹗的《老残游记》，被称为清末四大谴责小说。这些作品突出暴露了封建官场的黑暗腐朽，广泛宣传了社会改良。在内容和题材上，有明显的开拓，有的还吸收了西方小说的技法。但艺术成就一般不高。辛亥革命后，还出现了"鸳鸯蝴蝶派"小说和"黑幕小说"，思想和艺术价值都较低下。除创作外，林纾等人还用古文翻译了不少外国小说，在当时有广泛的影响。

　　近代戏曲的成就，主要反映在一大批地方戏曲趋于定型成熟，京剧则成为影响甚广的全国性剧种。梁启超发起戏曲改良运动，试图以杂剧、传奇的形式鼓吹政治改良，但成就不大。在外国文化的影响下，话剧开始在我国兴起，辛亥革命前后出现的春柳社、进化团等话剧团体，在宣传革命方面发挥了较大的作用。

附录 B
中国现当代文学简史

表 B-1

社团名称		时间	地点	主要成员	刊物	特点
文学研究会		1921.1	北京	周作人、郑振铎、沈雁冰、王统照、许地山、朱希祖	《小说月报》《文学旬刊》《诗》《戏剧》	俄国和欧洲现实主义、自然主义
创造社	前期	1921.6	东京	郭沫若、张资平、郁达夫、成仿吾、穆木天、田汉	《创造》《创造周报》《创造月刊》《洪水》	启蒙、浪漫主义
	后期	1925.5				革命文学
新月社	前期	1923	北京	胡适、徐志摩、陈源、闻一多、朱湘、饶孟凯	《晨报副刊》《诗镌》	自由主义、新格律诗
	后期	1928	上海		《新月》	
语丝社		1924	北京 上海	周作人、钱玄同、林语堂、刘半农、孙伏园、冯文炳	《语丝》	针砭时弊的杂感小品、"语丝体"
莽原社		1925	北京	高长虹	《莽原》	"乡土小说"、译介苏俄文学
未名社		1925	北京	鲁迅、台静农	《未名》	
浅草社		1922	上海	林如稷、陈炜谟、陈翔鹤、冯至	《浅草》《文艺旬刊》	强调艺术的广性
沉钟社		1926	上海	杨晦、陈翔鹤、陈炜谟、冯至	《沉钟》	介绍外国文学
湖畔诗社		1922	杭州	应修人、潘漠华、冯雪峰、汪静之	诗集《湖畔》	爱情诗

表 B-2

流派	代表作家及作品	形成原因	主张及特点	意义评价
"问题小说"	罗家伦《是爱情还是苦痛》、俞平伯《花匠》、叶圣陶《这也是一个人?》、冰心《斯人独憔悴》、王统照《沉思》《微笑》、庐隐《灵魂可以卖么?》	①"五四"思想启蒙;②欧洲、俄国表现社会人生的作品的影响;③作家忧患意识和社会责任感	题材广泛,提出人们所关心的人生或社会问题	

续表

流派	代表作家及作品	形成原因	主张及特点	意义评价
乡土小说	鲁迅《故乡》、王鲁彦《柚子》、彭家煌《怂恿》、台静农《地之子》、许钦文《故乡》、蹇先艾《朝雾》、许杰《惨雾》、废名《竹林的故事》	现实主义		①拓宽了新文学的反封建题材,与社会联系更为紧密,对现代小说确立有较大贡献;②总体艺术质量尚属稚拙阶段
人生派写实小说	叶圣陶《潘先生在难中》、乡土小说作家群			建立了现代市镇和乡土文学的基本叙述模式
"自叙传"抒情小说	郁达夫《沉沦》《春风沉醉的晚上》《迟桂花》		①强烈的主观抒情;②大胆的自我暴露;③结构散文化;④注重写景;⑤文笔优美,清新隽永	
主观型叙述小说	许地山《命命鸟》《缀网劳蛛》《玉官》《春桃》、庐隐《灵魂可以卖么》《海滨故人》、冯文炳《竹林的故事》	①抒情的对象对表现形式的要求;②作家气质		
早期白话诗	胡适《鸽子》、沈尹默《三弦》《月夜》、俞平伯《冬夜》、康白情《草儿》、周作人《小河》、刘半农《相隔一层纸》		①明白平实,偏于说理;②散文化倾向;③基本不用韵,不顾平仄;④欧化语言	①突破;②语言平实、感情不足、想象不够,散文化倾向缺乏韵律感和节奏感
湖畔诗	汪静之《伊底眼》、应修人《妹妹你是水》		①爱情诗;②天真开朗的自我抒情主人公形象	真正意义上"五四"产儿,时代精神与世人个性的统一
小诗	冰心《繁星》《春水》、宗白华《流云小诗》		即兴式短诗,寄寓人生哲思或美的情思	自由诗体句法和章法趋简约化,在新诗发展史上具有过渡意义
新格律诗	闻一多《口供》《发现》、徐志摩《雪花的快乐》		①"理性节制情感"的美学原则;②"和谐""均齐"为最重要的审美特征;③音乐美、绘画美、建筑美	纠正了早期诗歌创作过于散漫自由的局面,使新诗趋于精炼与集中

表 B-3

重要文章、小说	作者	流派	时间	主要内容观点	意义评价
《文学改良刍议》	胡适		1917.1	从文学进化论角度,认为中国文学要适应现代社会须废文言倡白话,提出文学改良应从"八事"着手,初步阐明新文学的要求与推行白话语体文的立场	此文的发表适逢其时,虽然比较温和持重,但是文学革命发难之作,有突出贡献
《文学革命论》	陈独秀		1917.2	提出"三大主义"作为"文学革命"的征战目标,主张以"革命文学"作为革新政治、改造社会之途	表明更坚定的文学革命立场
《人的文学》	周作人		1918.12	提出以人道主义为文学之本,试图将19世纪欧洲文学发展中起过重大作用的人道主义直接移用于中国新文学	使文学革命内容更加具体化

重要文章小说	作者	流派	时间	主要内容观点	意义评价
《狂人日记》	鲁迅		1918.1	具有反叛、象征意味的"狂人"在宗法专制主义意识形态及其"吃人"的精神统治下,"暴露家族制度和礼教的弊害",对封建制度和礼教进行彻底揭露和批判	中国现代文学史上第一篇用现代体式创作的白话短篇小说,成为中国现代小说的大开端,开辟了我国文学(小说)发展的新时代
《阿Q正传》			1921—1922	尽管阿Q处于社会的最底层,在与赵大爷、假洋鬼子,以至王胡、小D的冲突中永远都是失败者,但他却对自己的失败命运与奴隶地位采取了辩护和粉饰态度,在自我幻觉中变现实真实的失败为精神上的虚幻的胜利。探讨中国社会变革的可能性,表现下层民众的悲惨命运及他们愚昧落后、麻木冷漠的精神状态,表达对启蒙主义的怀疑与反思	是最早介绍到世界去的中国现代小说,是中国现代文学自立于世界文学之林的伟大代表。阿Q的"精神胜利法"是中华民族觉醒与振兴的最严重的思想阻力之一,《阿Q正传》是对辛亥革命经验教训的总结和对改造国民性问题的关注
《在酒楼上》			1924.2	表现知识分子无家可归的漂泊感,隐藏作者内心的绝望与苍凉。针对革命时期,转向知识者自己,灵魂的自我拷问与清算,对中国现代知识分子个体文化人格及其现实生存方式的批判	收于小说集《彷徨》。《呐喊》与《彷徨》是中国现代小说的开端与成熟的标志
《孤独者》			1925		
《两个家庭》	冰心	"问题小说"	1919	用对照的写法否定封建家庭培养的女子,而肯定受资产阶级教育成人的贤良女性,提出当时的家庭、教育乃至社会人生的普遍问题	冰心的第一篇小说
《斯人独憔悴》				提出了青年走出家庭参加社会运动,受到父亲禁锢的父与子冲突的主题	正式开创了"问题小说"的风气
《隔膜》	叶圣陶	人生派写实小说	1922	封建宗法制度下人与人之间关系的"隔膜",精神隔绝却又相互敷衍的痛苦	
《潘先生在难中》			1925	具有小市民性格典型的潘先生带着全家躲避战乱,因担心教育局局长斥他临危失职而丢掉饭碗又立即返回乡镇。不料战事还未直接威胁到这个乡镇就结束了,潘先生竟然受别人的推举,写字幅为凯旋的军阀歌功颂德	采取冷静批判的立场,揭示了小市民的精神病态,标志叶圣陶风格逐渐成熟的前期代表性作品之一。于暴露色彩中内蕴的讽刺喜剧手法渐趋成熟
《沉沦》	郁达夫	"自叙传"抒情小说	1921	通过人物的日记披露内心的痛苦和企求。日本留学生以青年人特有的热情渴望和追求真挚的友谊和纯洁的爱情,但受到"弱国子民"身份的拖累,在异国他乡倍感孤独和空虚,成为"忧郁症"患者。他不甘沉沦,担忧不可自拔地沉沦。小说强烈地表达了一代青年要求自由解放、渴望祖国富强的心声	小说集的出版,掀起了"自叙传"抒情小说的创作潮流。小说抒情为主、情节为次,偏重自我暴露,大胆袒露灵魂深处的隐秘,表现人生的苦闷和灵肉冲突,塑造了"零余者"的形象,流露出一种感伤美与病态美

续表

重要文章小说	作者	流派	时间	主要内容观点	意义评价
《迟桂花》	郁达夫		1932	抒写女主人公天真健全的美的人格，纯洁无邪的美的情感，与清新自由的美的自然环境，构成和谐的美的意境。完满地传达了"人性返归自然"、心灵净化的主旨，完成了从感伤美向宁静美的转换	郁达夫后期抒情小说的高峰，展示了宁静、和谐、优美的抒情格调
《命命鸟》	许地山	主观性叙述小说	1921	敏明在一次离奇的佛教式冥想中看到那些自称"命命鸟"者，大彻大悟，厌弃红尘，并以虔诚的祷告感化加陵，与其携手走进绿绮湖	揭露封建家庭扼杀青年爱情的罪恶；将人世的"爱"寄托在宗教理想上

表 B-4

重要诗集、散文	作者	时间	代表篇目	特点	意义评价
《野草》	鲁迅	1924—1926	《死火》《过客》《希望》《死后》《雪》《影的告别》	"独语体"：奇幻的场景，荒诞的情节；不可确定的模糊意象；瑰丽冷艳的色彩；诗化、小说化、戏剧化	集中体现了鲁迅的一种悲壮的"反抗绝望"的人生哲学，是时代苦闷与人生苦闷的结晶，具有超越时代和个人生活的普遍意义
《朝花夕拾》		1928	《阿长与<山海经>》《藤野先生》《范爱农》《二十四孝图》	"闲话风"：寓浓情于平淡，感情真挚浓郁；生动风趣；浓郁的江南风俗画	"闲话"语言主张的成功实践，最大限度地保留了生活语言的丰富性、生动性、复杂性，更好地"沟通心灵"，形成独特艺术风格
《尝试集》	胡适	1920	《关不住了》《一颗星儿》"威权"	半文半白、半新半旧；表现出散文化倾向；明白平实、偏于说理	我国第一部新诗集。艺术水平不高，但对新诗具有开创之功，在诗体大解放、诗的白话、音韵节奏方面做了大胆尝试
《女神》	郭沫若	1921	《凤凰涅槃》《天狗》《炉中煤》《匪徒颂》《立在地球边上放号》	浪漫主义：狂飙突进的时代精神；激情昂扬的自我形象；张扬粗犷的抒情方式；瑰丽飞腾的艺术想象；泛神论思想	中国现代新诗的奠基作。一方面把"五四"新诗运动的"诗体解放"推向极致；另一方面使诗的抒情本质与诗的个性化得到充分重视与发挥
《繁星》	冰心	1923	《繁星》	"小诗体"：寄寓人生哲思或美的情思	自由诗体的句法和章法趋于简约化，在新诗发展史上具有过渡意义
《春水》			《春水》		
《红烛》	闻一多	1923	《孤雁》《太阳吟》《忆菊》	唯美主义：重主观，重感觉，富于幻想；爱国思乡；自由体	
《死水》		1928	《发现》《一句话》《祈祷》	新格律体，色彩美、绘画美、音乐美	闻一多的成熟之作
《志摩的诗》	徐志摩	1925	《雪花的快乐》《为要寻找一颗明星》	热烈追求"爱""自由"与"美"；飞动飘逸的艺术风格	追求美的内容与美的形式的统一，以其美的艺术珍品提高着读者的审美力

一、重要群体流派

（一）中国左翼作家联盟

1. 概述

1930 年成立于上海，并不是一个纯文学流派，是文学与政治兼有的社团。由此产生的革命现实主义小说，从幼嫩到相对成熟，形成很大的影响。

2. 影响

（1）左联的成立推进了革命文学运动的迅猛发展。

（2）在白色恐怖的艰难环境下粉碎了国民党的文化"围剿"，促进了马克思主义文艺理论的翻译介绍和文艺大众化运动的开展。

（3）创作了不少优秀的革命文学作品，成为国民党统治区一面鲜艳的战斗红旗，对中国革命和新文学做出了重大贡献。

3. 特色

张天翼犀利明快的讽刺，艾芜、萧红的浪漫抒情精神对现实主义的多方渗透，都显示了当时的小说观念和体式的多样进步。

4. 代表

（1）准备期：蒋光慈《冲出云围的月亮》《咆哮了的土地》。

（2）"左联"五烈士：李求实《湖南善后问题》《争自由》、柔石《二月》《为奴隶的母亲》、胡也频《到莫斯科去》《光明在我们的面前》、冯铿《破坏和建设》《妇女运动的我见》，殷夫《孩儿塔》《血字》。

（3）革命女作家：丁玲《梦珂》《莎菲女士的日记》。

（4）讽刺小说家：张天翼《华威先生》《包氏父子》。

（5）后期：叶紫《丰收》，艾芜《人生哲学的一课》《山峡中》。

（6）东北作家群：萧红《生死场》、萧军《八月的乡村》、端木蕻良《兹鸟鹭湖的忧郁》、骆宾基《边陲线上》。

（二）京派文学

1. 概述

20 世纪 30 年代以北京为中心的小说流派，它的基础是文学研究会未曾南下的分子。其成员当时在京津两地进行文学活动，作品较多地在京津刊物上发表。林徽因、朱光潜组织的 2 个京派文学沙龙，把北大、清华、燕京几个大学的作者松散地组合起来，具有"学院派"的眼光。几代京派文人活跃于《现代评论》《水星》《骆驼草》《大公报·文艺副刊》《文艺杂志》这些报刊上。

2. 代表

沈从文《边城》、废名《莫须有先生传》、芦焚《果园城记》、林徽因《你是人间四月天》、萧乾《篱干集》、朱光潜《朱光潜选集》。

3. 主张

（1）关注人生。

（2）与政治斗争保持距离。

（3）反对文学的商业化、世俗化。

4. 特点

（1）创作题材是乡村中国。

（2）统一的审美感情是诚实、从容、宽厚的，追求人文理想，和谐生命。

（3）多数是现实主义手法，也发展了抒情小说和讽刺小说，使小说散文化、诗化。

5. 贡献

为现代小说提供了比较成熟的抒情体和讽刺体样式。

（三）海派文学

1. 概述

海派文学是与京派文学相对立的一种文学流派，主要活跃在 20 世纪 30 年代的上海，代表了当时商业文化和消费文化的产物。其代表作家和作品在文学史上占有重要地位。

2. 代表

张资平《最后的幸福》、叶灵凤《女娲氏之遗孽》。

3. 特点

（1）是新文学的世俗化和商业化。小说注重可读性，迎合大众口味，是一种"轻文学"。

（2）大量描写都市。展示半殖民地大都市上海的生活百态，着重对病态生活的描写。

（3）首次提出"都市男女"这一海派常写常新的主题。

（4）重视小说形式的创新，为"新感觉派"的登场做准备。

（四）孤岛文学

1937 年 11 月上海沦陷后，有一部分留在上海租界这一类似"孤岛"的特殊环境中的作家，仍然坚持创作，并利用各种艺术形式配合抗日救亡活动，史称"孤岛文学"。"孤岛文学"中戏剧运动最活跃，包括由"上海戏剧界救亡协会"组织的"上海剧艺社"在内的各种专业和业余的剧团，最多时达 120 个之多。这些剧团常组织联合演出，除配合抗日的剧目外，也上演较有艺术水平的翻译剧和历史剧。这时出现了一些比较优秀的剧作，如于伶的《夜上海》《长夜行》，阿英的《碧血花》，李健吾的《草莽》及他改编的一些外国剧作，都代表了"孤岛文学"时期戏剧创作艺术的水准。1941 年 12 月太平洋战争爆发，上海孤岛文学的时代结束，转入了沦陷区文学。

（五）七月派

1. 概述

七月诗派是在艾青的影响下，以理论家兼诗人胡风为中心，以《七月》及以后的《希望》《诗垦地》《诗创作》《泥土》《呼吸》等杂志为基本阵地而形成的青年诗人群。他们以提倡革命现实主义与自由诗体为主要旗帜，在抗日战争和解放战争时期国民党统治区的诗歌创作中产生了巨大影响。

2. 代表

绿原《给天真的乐观主义者们》、鲁藜《延安散歌》、阿垅《纤夫》、冀汸《跃动的夜》、曾卓《铁栏与火》、牛汉《鄂尔多斯草原》。

3. 特点

（1）继承了 20 世纪 30 年代中国诗歌会的革命现实主义传统。

（2）主张正视现实，强调发挥主观战斗精神；反对客观主义，"突入"生活发现，注入客观主义的主观精神、个性。

（3）表现坚韧强劲的民族生命力与乐观主义的民族自信力。

（4）抗日解放战争胜利后，讽刺诗与政治抒情诗成为主流。

（六）"中国新诗"派（九叶派）

1. 概述

"中国新诗"派的主力是在 20 世纪 40 年代后期创办了《诗创造》和《中国新诗》杂志并以之为阵地从事诗歌创作的一批青年诗人，他们的诗风倾向于西方现代主义。1981 年江苏人民出版社出版了其中的九个代表人物的合集《九叶集》，故该派也称"九叶派"。又因其主要阵地是《中国新诗》杂志，故又称"中国新诗"派。

2. 代表

穆旦《被围者》、辛笛《手掌集》、陈敬容《盈盈集》、杜运燮《追物价的人》、杭约赫《复活的土地》、郑敏《诗集》、唐祈《时间与旗》、唐湜《骚动的城》、袁可嘉《论新诗现代化》。

3. 特点

（1）提倡"新诗现代化"。

（2）强调现实、象征、玄学的综合传统，追求意象与思想的凝合，把传统的主观抒情变为戏剧性的客观化处理。

（3）反叛性与异质性并存。

（七）政治抒情诗

1. 渊源

早期革命诗歌，如蒋光慈、殷夫的诗歌创作。

2．特点

（1）题材：选取国内外重大的政治事件和历史场景，表达他们的体验、感受和歌颂、赞美之情，是联系着一个阶级或阶层，站在一个政治群体的立场上说话的。

（2）诗思政论有余而哲理不足，诗兴激扬过甚而缺乏调节，诗风偏于直泄而不够婉转曲折。

3．代表

郭小川《致青年公民》《甘蔗林——青纱帐》《林区三唱》、贺敬之《放声歌唱》。

4．贡献

（1）郭小川和贺敬之在艺术上的主要贡献是共同完成了"楼梯式"的"政治抒情诗"的"中国化"（民族化）。

（2）郭小川创造了一种被人称为"新辞赋体"的"政治抒情诗"体。

（八）朦胧诗

作为一个约定俗成的青年诗人群体诗歌创作的共名，其所指的对象是十分复杂的。其中既包括早期知青诗人如食指、芒克、多多、北岛等人的创作，也包括受其影响而在 20 世纪 70 年代后期至 80 年代活跃的舒婷、顾城、杨炼、江河，以及梁小斌、王小妮等人的作品。最具代表性的诗人为北岛、舒婷、顾城、杨炼、江河五人。

（九）白洋淀诗群

白洋淀诗群是一个以河北白洋淀为聚集地，以北京知青为主体的相对独立的知青诗歌群。聚集在这一群落的诗人既包括在白洋淀插队的知青，如芒克、多多等，同时也包括一些在北京、山西等地，与他们关系密切，交流诗艺与看法的知识青年，如食指、江河、严力等。

二、重要事件思潮

（一）延安讲话

1．概述

1942 年毛泽东发表了《在延安文艺座谈会上的讲话》，用马克思列宁主义的思想观点，系统总结了现代中国的新文学尤其是作为主流的革命文学运动的经验和教训，提出了一系列具有创造性的见解和看法，为中国新文学尤其是主流的革命文学的进一步发展奠定了理论基础，指出了前进方向。

2．内容

（1）提出文艺"首先是为工农兵服务的"。
（2）阐释文艺与政治的关系，"文学服务于政治"。
（3）文艺源于生活且高于生活。

3. 意义

（1）解决了战争环境中党领导文艺运动的指导思想、基本政策，起到统一思想的作用。

（2）不仅是毛泽东个人的理论发现，也是中共领导中国革命文艺运动历史经验的总结，是二战以来马克思主义文论中最有体系色彩且影响最大的论作之一。

4. 影响

以该讲话为代表的毛泽东的文艺思想，在中华人民共和国成立以后，成了当代文学的理论纲领和指导方针。在20世纪40年代后期的解放战争期间创作的大批优秀的革命文艺作品，在中华人民共和国成立以后产生了重要的影响，为当代文学赢得了巨大声誉，更是当代文学的直接源头。

（二）第一次全国"文代会"

1. 概述

第一次全国"文代会"全名为中华全国文学艺术工作者代表大会，于1949年7月召开于北平。这是一次全国文艺工作者大会，是大团结的大会，也继往开来、总结和动员的大会。毛泽东到会讲话，郭沫若做了报告总结。

2. 内容

（1）大会通过了中华全国文学艺术联合会章程，成立了全国文学艺术界联合会，选举郭沫若为主席。

（2）大会把毛泽东的文艺思想作为新文艺的基本方针，号召文艺工作者，为建设新中国的人民文艺而奋斗。

3. 意义

（1）大会标志着中国现代文学阶段的终结，也是中国当代文学的开端。

（2）成立的全国性文艺组织标志着当代文学高度组织化的文艺体制的确立。

（三）"双百"方针

1. 内容

在文艺上百花齐放，在学术上百家争鸣。

2. 提出

毛泽东于1956年5月在最高国务会议第7次会议上正式提出。

3. 影响

（1）鼓舞"五四"老作家的创作，从而在一定程度上弥补了自第一次全国"文代会"以来，在"五四"新文学传统和战争文化规范下的解放区文学传统间无形中形成的隔阂。

（2）反对教条主义，提倡文学写人性，恢复人道主义传统。

（3）出现了一批揭示社会主义社会内部矛盾的创作，这标志着社会主义文学开始成熟。

（四）社会主义现实主义

1. 概述

20 世纪 30 年代，被苏联文学界奉为理论圭臬的社会主义现实主义的创作方法传入中国，其包含"要求艺术家从现实的革命发展中真实地、历史地和具体地去描写现实"和"艺术描写的真实性和历史具体性必须与用社会主义精神从思想上改造和教育劳动人民的任务结合起来"的内容。中华人民共和国建立初期，文艺界开始普遍深入地学习社会主义现实主义的创作方法，当代文学也以之为理论圭臬。

2. 作用

（1）这一创作方法在引导作家学习马克思主义、毛泽东思想，转变立场、观点和思想方法，树立科学的世界观和革命的人生观方面收到很大成效，改善了作家队伍的结构，提高了创作主体的素质。

（2）丰富了现实主义宝库，有助于文学基本原理的构建。

3. 偏颇

（1）过分强调世界观对创作方法的决定作用，造成思想和艺术二元分裂的倾斜局面。

（2）其他创作方法受排斥，限制当代文学的艺术视野，影响当代文学对世界各国艺术经验的借鉴吸收。

附录 C
经典篇目合集

氓
【朝代】先秦

氓之蚩蚩，抱布贸丝。匪来贸丝，来即我谋。送子涉淇，至于顿丘。匪我愆期，子无良媒。将子无怒，秋以为期。

乘彼垝垣，以望复关。不见复关，泣涕涟涟。既见复关，载笑载言。尔卜尔筮，体无咎言。以尔车来，以我贿迁。

桑之未落，其叶沃若。于嗟鸠兮，无食桑葚！于嗟女兮，无与士耽！士之耽兮，犹可说也。女之耽兮，不可说也。

桑之落矣，其黄而陨。自我徂尔，三岁食贫。淇水汤汤，渐车帷裳。女也不爽，士贰其行。士也罔极，二三其德。

三岁为妇，靡室劳矣；夙兴夜寐，靡有朝矣。言既遂矣，至于暴矣。兄弟不知，咥其笑矣。静言思之，躬自悼矣。

及尔偕老，老使我怨。淇则有岸，隰则有泮。总角之宴，言笑晏晏。信誓旦旦，不思其反。反是不思，亦已焉哉！

论语五则
【作者】孔子及弟子　【朝代】先秦

孔子曰："君子有三畏，畏天命，畏大人，畏圣人之言。小人不知天命而不畏也，狎大人，侮圣人之言。"

——《论语·季氏》

季路问事鬼神，子曰："未能事人，焉能事鬼。"

——《论语·先进》

司马牛忧曰："人皆有兄弟，我独亡！"子夏曰："商闻之矣，死生有命，富贵在天。君子敬而无失，与人恭而有礼。四海之内，皆兄弟也。君子何患乎无兄弟也？"

——《论语·颜渊》

樊迟请学稼。子曰："吾不如老农。"请学为圃。曰："吾不如老圃。"樊迟出。子曰："小人哉，樊须也！上好礼，则民莫敢不敬；上好义，则民莫敢不服；上好信，则民莫敢不用情。夫如是，则四方之民襁负其子而至矣，焉用稼？"

——《论语·子路》

子贡曰："贫而无谄，富而无骄，何如？"子曰："可也。未若贫而乐，富而好礼者也。"子贡曰："诗云'如切如磋，如琢如磨。'其斯之谓与？"子曰："赐也，始可与言诗已矣！告诸往而知来者。"

——《论语·学而》

季氏将伐颛臾

【作者】孔子及弟子　【朝代】先秦

季氏将伐颛臾。冉有、季路见于孔子曰："季氏将有事于颛臾。"

孔子曰："求！无乃尔是过与？夫颛臾，昔者先王以为东蒙主，且在邦域之中矣，是社稷之臣也。何以伐为？"

冉有曰："夫子欲之，吾二臣者皆不欲也。"

孔子曰："求！周任有言曰：'陈力就列，不能者止。'危而不持，颠而不扶，则将焉用彼相矣？且尔言过矣。虎兕出于柙，龟玉毁于椟中，是谁之过与？"

冉有曰："今夫颛臾，固而近于费。今不取，后世必为子孙忧。"

孔子曰："求！君子疾夫舍曰欲之而必为之辞。丘也闻有国有家者，不患寡而患不均，不患贫而患不安。盖均无贫，和无寡，安无倾。夫如是，故远人不服，则修文德以来之。既来之，则安之。今由与求也，相夫子，远人不服而不能来也；邦分崩离析而不能守也；而谋动干戈于邦内。吾恐季孙之忧，不在颛臾，而在萧墙之内也。"

齐桓晋文之事（节选）

【作者】孟子及弟子　【朝代】先秦

曰："无恒产而有恒心者，惟士为能。若民，则无恒产，因无恒心。苟无恒心，放辟邪侈，无不为已。及陷于罪，然后从而刑之，是罔民也。焉有仁人在位，罔民而可为也！是故明君制民之产，必使仰足以事父母，俯足以畜妻子，乐岁终身饱，凶年免于死亡；然后驱而之善，故民之从之也轻。今也制民之产，仰不足以事父母，俯不足以畜妻子，乐岁终身苦，凶年不免于死亡；此惟救死而恐不赡，奚暇治礼义哉！王欲行之，则盍反其本矣！五亩之宅，树之以桑，五十者可以衣帛矣；鸡豚狗彘之畜，无失其时，七十者可以食肉矣；百亩之田，勿夺其时，八口之家，可以无饥矣；谨庠序之教，申之以孝悌之义，颁白者不负戴于道路矣。老者衣帛食肉，黎民不饥不寒，然而不王者，未之有也。"

逍遥游·北冥有鱼

【作者】庄周　【朝代】先秦

北冥有鱼，其名为鲲。鲲之大，不知其几千里也；化而为鸟，其名为鹏。鹏之背，不知其几千里也；怒而飞，其翼若垂天之云。是鸟也，海运则将徙于南冥。南冥者，天池也。《齐谐》者，志怪者也。《谐》之言曰："鹏之徙于南冥也，水击三千里，抟扶摇而上者九万里，去以六月息者也。"野马也，尘埃也，生物之以息相吹也。天之苍苍，其正色邪？其远而无所至极邪？其视下也，亦若是则已矣。且夫水之积也不厚，则其负大舟也无力。覆杯水于坳堂之上，则芥为之舟，置杯焉则胶，水浅而舟大也。风之积也不厚，则其负大翼也无力。故九万里，则风斯在下矣，而后乃今培风；背负青天，而莫之夭阏者，而后乃今将图南。

蜩与学鸠笑之曰："我决起而飞，抢榆枋而止，时则不至，而控于地而已矣，奚以之九万里而南为？"适莽苍者，三餐而反，腹犹果然；适百里者，宿舂粮；适千里者，三月聚粮。之二虫又何知！

小知不及大知，小年不及大年。奚以知其然也？朝菌不知晦朔，蟪蛄不知春秋，此小年也。楚之南有冥灵者，以五百岁为春，五百岁为秋；上古有大椿者，以八千岁为春，八千岁为秋，此大年也。而彭祖乃今以久特闻，众人匹之，不亦悲乎！

汤之问棘也是已。穷发之北，有冥海者，天池也。有鱼焉，其广数千里，未有知其修者，其名为鲲。有鸟焉，其名为鹏，背若泰山，翼若垂天之云，抟扶摇羊角而上者九万里，绝云气，负青天，然后图南，且适南冥也。斥鴳笑之曰："彼且奚适也？我腾跃而上，不过数仞而下，翱翔蓬蒿之间，此亦飞之至也。而彼且奚适也？"此小大之辩也。

故夫知效一官，行比一乡，德合一君，而征一国者，其自视也，亦若此矣。而宋荣子犹然笑之。且举世誉之而不加劝，举世非之而不加沮，定乎内外之分，辩乎荣辱之境，斯已矣。彼其于世，未数数然也。虽然，犹有未树也。夫列子御风而行，泠然善也，旬有五日而后反。彼于致福者，未数数然也。此虽免乎行，犹有所待者也。若夫乘天地之正，而御六气之辩，以游无穷者，彼且恶乎待哉？故曰：至人无己，神人无功，圣人无名。

涉　江

【作者】屈原　【朝代】先秦

余幼好此奇服兮，年既老而不衰。
带长铗之陆离兮，冠切云之崔嵬，被明月兮佩宝璐。
世混浊而莫余知兮，吾方高驰而不顾。
驾青虬兮骖白螭，吾与重华游兮瑶之圃。
登昆仑兮食玉英，与天地兮同寿，与日月兮同光。
哀南夷之莫吾知兮，旦余济乎江湘。
乘鄂渚而反顾兮，欸秋冬之绪风。
步余马兮山皋，邸余车兮方林。
乘舲船余上沅兮，齐吴榜以击汰。
船容与而不进兮，淹回水而疑滞。
朝发枉渚兮，夕宿辰阳。
苟余心其端直兮，虽僻远之何伤。
入溆浦余僘佪兮，迷不知吾所如。
深林杳以冥冥兮，乃猿狖之所居。
山峻高以蔽日兮，下幽晦以多雨。
霰雪纷其无垠兮，云霏霏而承宇。
哀吾生之无乐兮，幽独处乎山中。
吾不能变心而从俗兮，固将愁苦而终穷。

接舆髡首兮，桑扈臝行。
忠不必用兮，贤不必以。
伍子逢殃兮，比干菹醢。
与前世而皆然兮，吾又何怨乎今之人！
余将董道而不豫兮，固将重昏而终身！
乱曰：鸾鸟凤皇，日以远兮。
燕雀乌鹊，巢堂坛兮。
露申辛夷，死林薄兮。
腥臊并御，芳不得薄兮。
阴阳易位，时不当兮。
怀信侘傺，忽乎吾将行兮！

行行重行行

【作者】佚名　【朝代】汉

行行重行行，与君生别离。
相去万余里，各在天一涯。
道路阻且长，会面安可知。
胡马依北风，越鸟巢南枝。
相去日已远，衣带日已缓。
浮云蔽白日，游子不顾反。
思君令人老，岁月忽已晚。
弃捐勿复道，努力加餐饭。

蒿里行

【作者】曹操　【朝代】汉

关东有义士，兴兵讨群凶。
初期会盟津，乃心在咸阳。
军合力不齐，踌躇而雁行。
势利使人争，嗣还自相戕。
淮南弟称号，刻玺于北方。
铠甲生虮虱，万姓以死亡。
白骨露于野，千里无鸡鸣。
生民百遗一，念之断人肠。

杂诗　其二

【作者】陶渊明　【朝代】魏晋南北朝

白日沦西河，素月出东岭。
遥遥万里辉，荡荡空中景。
风来入房户，夜中枕席冷。
气变悟时易，不眠知夕永。

欲言无予和，挥杯劝孤影。
日月掷人去，有志不获骋。
念此怀悲凄，终晓不能静。

观　猎

【作者】王维　【朝代】唐

风劲角弓鸣，将军猎渭城。
草枯鹰眼疾，雪尽马蹄轻。
忽过新丰市，还归细柳营。
回看射雕处，千里暮云平。

宣州谢朓楼饯别校书叔云

【作者】李白　【朝代】唐

弃我去者，昨日之日不可留；
乱我心者，今日之日多烦忧。
长风万里送秋雁，对此可以酣高楼。
蓬莱文章建安骨，中间小谢又清发。
俱怀逸兴壮思飞，欲上青天览明月。
抽刀断水水更流，举杯消愁愁更愁。
人生在世不称意，明朝散发弄扁舟。

闻官军收河南河北

【作者】杜甫　【朝代】唐

剑外忽传收蓟北，初闻涕泪满衣裳。
却看妻子愁何在，漫卷诗书喜欲狂。
白日放歌须纵酒，青春作伴好还乡。
即从巴峡穿巫峡，便下襄阳向洛阳。

长恨歌

【作者】白居易　【朝代】唐

汉皇重色思倾国，御宇多年求不得。
杨家有女初长成，养在深闺人未识。
天生丽质难自弃，一朝选在君王侧。
回眸一笑百媚生，六宫粉黛无颜色。
春寒赐浴华清池，温泉水滑洗凝脂。
侍儿扶起娇无力，始是新承恩泽时。
云鬓花颜金步摇，芙蓉帐暖度春宵。
春宵苦短日高起，从此君王不早朝。
承欢侍宴无闲暇，春从春游夜专夜。

后宫佳丽三千人，三千宠爱在一身。

金屋妆成娇侍夜，玉楼宴罢醉和春。

姊妹弟兄皆列土，可怜光彩生门户。

遂令天下父母心，不重生男重生女。

骊宫高处入青云，仙乐风飘处处闻。

缓歌慢舞凝丝竹，尽日君王看不足。

渔阳鼙鼓动地来，惊破霓裳羽衣曲。

九重城阙烟尘生，千乘万骑西南行。

翠华摇摇行复止，西出都门百余里。

六军不发无奈何，宛转蛾眉马前死。

花钿委地无人收，翠翘金雀玉搔头。

君王掩面救不得，回看血泪相和流。

黄埃散漫风萧索，云栈萦纡登剑阁。

峨嵋山下少人行，旌旗无光日色薄。

蜀江水碧蜀山青，圣主朝朝暮暮情。

行宫见月伤心色，夜雨闻铃肠断声。

天旋地转回龙驭，到此踌躇不能去。

马嵬坡下泥土中，不见玉颜空死处。

君臣相顾尽沾衣，东望都门信马归。

归来池苑皆依旧，太液芙蓉未央柳。

芙蓉如面柳如眉，对此如何不泪垂？

春风桃李花开夜，秋雨梧桐叶落时。

西宫南苑多秋草，落叶满阶红不扫。

梨园弟子白发新，椒房阿监青娥老。

夕殿萤飞思悄然，孤灯挑尽未成眠。

迟迟钟鼓初长夜，耿耿星河欲曙天。

鸳鸯瓦冷霜华重，翡翠衾寒谁与共？

悠悠生死别经年，魂魄不曾来入梦。

临邛道士鸿都客，能以精诚致魂魄。

为感君王辗转思，遂教方士殷勤觅。

排空驭气奔如电，升天入地求之遍。

上穷碧落下黄泉，两处茫茫皆不见。

忽闻海上有仙山，山在虚无缥缈间。

楼阁玲珑五云起，其中绰约多仙子。

中有一人字太真，雪肤花貌参差是。

金阙西厢叩玉扃，转教小玉报双成。

闻道汉家天子使，九华帐里梦魂惊。

揽衣推枕起徘徊，珠箔银屏迤逦开。

云鬓半偏新睡觉，花冠不整下堂来。

风吹仙袂飘飘举，犹似霓裳羽衣舞。

玉容寂寞泪阑干，梨花一枝春带雨。

含情凝睇谢君王，一别音容两渺茫。

昭阳殿里恩爱绝，蓬莱宫中日月长。

回头下望人寰处，不见长安见尘雾。

惟将旧物表深情，钿合金钗寄将去。

钗留一股合一扇，钗擘黄金合分钿。

但令心似金钿坚，天上人间会相见。

临别殷勤重寄词，词中有誓两心知。

七月七日长生殿，夜半无人私语时。

在天愿作比翼鸟，在地愿为连理枝。

天长地久有时尽，此恨绵绵无绝期。

送孟东野序（节选）
【作者】韩愈　【朝代】唐

大凡物不得其平则鸣：草木之无声，风挠之鸣。水之无声，风荡之鸣。其跃也，或激之；其趋也，或梗之；其沸也，或炙之。金石之无声，或击之鸣。人之于言也亦然，有不得已者而后言。其歌也有思，其哭也有怀，凡出乎口而为声者，其皆有弗平者乎！

乐也者，郁于中而泄于外者也，择其善鸣者而假之鸣。金、石、丝、竹、匏、土、革、木八者，物之善鸣者也。维天之于时也亦然，择其善鸣者而假之鸣。是故以鸟鸣春，以雷鸣夏，以虫鸣秋，以风鸣冬。四时之相推敚，其必有不得其平者乎？

始得西山宴游记
【作者】柳宗元　【朝代】唐

自余为僇人，居是州，恒惴栗。其隟也，则施施而行，漫漫而游。日与其徒上高山，入深林，穷回溪，幽泉怪石，无远不到。到则披草而坐，倾壶而醉。醉则更相枕以卧，卧而梦。意有所极，梦亦同趣。觉而起，起而归；以为凡是州之山水有异态者，皆我有也，而未始知西山之怪特。

今年九月二十八日，因坐法华西亭，望西山，始指异之。遂命仆人过湘江，缘染溪，斫榛莽，焚茅茷，穷山之高而止。攀援而登，箕踞而遨，则凡数州之土壤，皆在衽席之下。其高下之势，岈然洼然，若垤若穴，尺寸千里，攒蹙累积，莫得遁隐。萦青缭白，外与天际，四望如一。然后知是山之特立，不与培塿为类。悠悠乎与颢气俱，而莫得其涯；洋洋乎与造物者游，而不知其所穷。引觞满酌，颓然就醉，不知日之入。苍然暮色，自远而至，至无所见，而犹不欲归。心凝形释，与万化冥合。然后知吾向之未始游，游于是乎始。故为之文以志。是岁，元和四年也。

八声甘州·对潇潇暮雨洒江天

【作者】柳永　【朝代】宋

对潇潇暮雨洒江天，一番洗清秋。渐霜风凄紧，关河冷落，残照当楼。是处红衰翠减，苒苒物华休。惟有长江水，无语东流。

不忍登高临远，望故乡渺邈，归思难收。叹年来踪迹，何事苦淹留？想佳人、妆楼颙望，误几回、天际识归舟。争知我，倚栏杆处，正恁凝愁！

二十四诗品（节选）

【作者】司空图　【朝代】唐

典雅

玉壶买春，赏雨茆屋。
坐中佳士，左右修竹。
白云初晴，幽鸟相逐。
眠琴绿阴，上有飞瀑。
落花无言，人淡如菊。
书之岁华，其曰可读。

洗炼

犹矿出金，如铅出银。
超心炼冶，绝爱缁磷。
空潭泻春，古镜照神。
体素储洁，乘月返真。
载瞻星辰，载歌幽人。
流水今日，明月前身。

含蓄

不著一字，尽得风流。
语不涉难，已不堪忧。
是有真宰，与之沉浮。
如渌满酒，花时返秋。
悠悠空尘，忽忽海沤。
浅深聚散，万取一收。

豪放

观花匪禁，吞吐大荒。
由道反气，处得以狂。
天风浪浪，海山苍苍。

真力弥满，万象在旁。
前招三辰，后引凤凰。
晓策六鳌，濯足扶桑。

定风波·莫听穿林打叶声
【作者】苏轼　【朝代】宋

三月七日，沙湖道中遇雨。雨具先去，同行皆狼狈，余独不觉。已而遂晴，故作此词。
莫听穿林打叶声，何妨吟啸且徐行。竹杖芒鞋轻胜马，谁怕？一蓑烟雨任平生。
料峭春风吹酒醒，微冷，山头斜照却相迎。回首向来萧瑟处，归去，也无风雨也无晴。

永遇乐·落日熔金
【作者】李清照　【朝代】宋

落日熔金，暮云合璧，人在何处。染柳烟浓，吹梅笛怨，春意知几许。元宵佳节，融和天气，次第岂无风雨。来相召、香车宝马，谢他酒朋诗侣。
中州盛日，闺门多暇，记得偏重三五。铺翠冠儿，撚金雪柳，簇带争济楚。如今憔悴，风鬟霜鬓，怕见夜间出去。不如向、帘儿底下，听人笑语。

卜算子·咏梅
【作者】陆游　【朝代】宋

驿外断桥边，寂寞开无主。已是黄昏独自愁，更着风和雨。
无意苦争春，一任群芳妒。零落成泥碾作尘，只有香如故。

摸鱼儿·更能消几番风雨
【作者】辛弃疾　【朝代】宋

淳熙己亥，自湖北漕移湖南，同官王正之置酒小山亭，为赋。
更能消、几番风雨？匆匆春又归去。惜春长怕花开早，何况落红无数。春且住。见说道，天涯芳草无归路。怨春不语。算只有殷勤，画檐蛛网，尽日惹飞絮。
长门事，准拟佳期又误。蛾眉曾有人妒。千金纵买相如赋，脉脉此情谁诉？君莫舞。君不见，玉环飞燕皆尘土！闲愁最苦。休去倚危栏；斜阳正在，烟柳断肠处。

正气歌
【作者】文天祥　【朝代】宋

余囚北庭，坐一土室。室广八尺，深可四寻。单扉低小，白间短窄，污下而幽暗。当此夏日，诸气萃然：雨潦四集，浮动床几，时则为水气；涂泥半朝，蒸沤历澜，时则为土气；乍晴暴热，风道四塞，时则为日气；檐阴薪爨，助长炎虐，时则为火气；仓腐寄顿，陈陈逼人，时则为米气；骈肩杂遝，腥臊汗垢，时则为人气；或圊溷、或毁尸、或腐鼠，恶气杂出，时则为秽气。叠是数气，当侵沴，鲜不为厉。而予以羸弱，俯仰其间，于兹二年矣，幸而无恙，是殆有养致然尔。然亦安知所养何哉？孟子曰："吾善养吾浩然之气。"彼气有七，吾气有一，以一敌七，吾何患焉！况浩然者，乃天地之正气也，作正气歌一首。
天地有正气，杂然赋流形。下则为河岳，上则为日星。于人曰浩然，沛乎塞苍冥。

皇路当清夷，含和吐明庭。时穷节乃见，一一垂丹青。在齐太史简，在晋董狐笔。
在秦张良椎，在汉苏武节。为严将军头，为嵇侍中血。为张睢阳齿，为颜常山舌。
或为辽东帽，清操厉冰雪。或为出师表，鬼神泣壮烈。或为渡江楫，慷慨吞胡羯。
或为击贼笏，逆竖头破裂。是气所磅礴，凛烈万古存。当其贯日月，生死安足论。
地维赖以立，天柱赖以尊。三纲实系命，道义为之根。嗟予遘阳九，隶也实不力。
楚囚缨其冠，传车送穷北。鼎镬甘如饴，求之不可得。阴房阗鬼火，春院闭天黑。
牛骥同一皂，鸡栖凤凰食。一朝蒙雾露，分作沟中瘠。如此再寒暑，百沴自辟易。
嗟哉沮洳场，为我安乐国。岂有他缪巧，阴阳不能贼。顾此耿耿在，仰视浮云白。
悠悠我心悲，苍天曷有极。哲人日已远，典刑在夙昔。风檐展书读，古道照颜色。

牡丹亭·游园

【作者】汤显祖　【朝代】明

［皂罗袍］
原来姹紫嫣红开遍，
似这般都付与断井颓垣。
良辰美景奈何天
赏心乐事谁家院？
朝飞暮卷，云霞翠轩
雨丝风片，烟波画船。
锦屏人忒看得这韶光贱！

［好姐姐］
遍青山啼红了杜鹃，
荼蘼外烟丝醉软，
牡丹虽好，他春归怎占的先？
闲凝眄，生生燕语明如剪，
呖呖莺声溜的圆。

木兰花·拟古决绝词柬友

【作者】纳兰性德　【朝代】清

人生若只如初见，何事秋风悲画扇。
等闲变却故人心，却道故人心易变。
骊山语罢清宵半，泪雨霖铃终不怨。
何如薄幸锦衣郎，比翼连枝当日愿。

少年中国说

【作者】梁启超

故今日之责任，不在他人，而全在我少年。少年智则国智，少年富则国富，少年强则国强，少年独立则国独立，少年自由则国自由，少年进步则国进步，少年胜于欧洲则国胜于欧洲，少年雄于地球则国雄于地球。

红日初升，其道大光。河出伏流，一泻汪洋。潜龙腾渊，鳞爪飞扬。乳虎啸谷，百兽震惶。鹰隼试翼，风尘翕张。奇花初胎，矞矞皇皇。干将发硎，有作其芒。天戴其苍，地履其黄。纵有千古，横有八荒。前途似海，来日方长。美哉，我少年中国，与天不老！壮哉，我中国少年，与国无疆！

自　　嘲
【作者】鲁迅

运交华盖欲何求，未敢翻身已碰头。
破帽遮颜过闹市，漏船载酒泛中流。
横眉冷对千夫指，俯首甘为孺子牛。
躲进小楼成一统，管他冬夏与春秋。

七律·人民解放军占领南京
【作者】毛泽东

钟山风雨起苍黄，百万雄师过大江。
虎踞龙盘今胜昔，天翻地覆慨而慷。
宜将剩勇追穷寇，不可沽名学霸王。
天若有情天亦老，人间正道是沧桑。

再别康桥
【作者】徐志摩

轻轻的我走了，
正如我轻轻的来；
我轻轻的招手，
作别西天的云彩。

那河畔的金柳，
是夕阳中的新娘；
波光里的艳影，
在我的心头荡漾。

软泥上的青荇，
油油的在水底招摇；
在康河的柔波里，
我甘心做一条水草！

那榆荫下的一潭，
不是清泉，是天上虹；
揉碎在浮藻间，
沉淀着彩虹似的梦。

寻梦？撑一支长篙，
向青草更青处漫溯；
满载一船星辉，
在星辉斑斓里放歌。

但我不能放歌，
悄悄是别离的笙箫；
夏虫也为我沉默，
沉默是今晚的康桥！

悄悄的我走了，
正如我悄悄的来；
我挥一挥衣袖，
不带走一片云彩。

乡愁

【作者】余光中

小时候，
乡愁是一枚小小的邮票，
我在这头，
母亲在那头。

长大后，
乡愁是一张窄窄的船票，
我在这头，
新娘在那头。

后来啊，
乡愁是一方矮矮的坟墓，
我在外头，
母亲在里头。

而现在，
乡愁是一湾浅浅的海峡，
我在这头，
大陆在那头。

致橡树

【作者】舒婷

我如果爱你——
绝不像攀援的凌霄花，
借你的高枝炫耀自己；
我如果爱你——
绝不学痴情的鸟儿，
为绿荫重复单调的歌曲；
也不止像泉源，
常年送来清凉的慰藉；
也不止像险峰，
增加你的高度，衬托你的威仪。
甚至日光，
甚至春雨。

不，这些都还不够！
我必须是你近旁的一株木棉，
作为树的形象和你站在一起。
根，紧握在地下；
叶，相触在云里。
每一阵风过，
我们都互相致意，
但没有人，
听懂我们的言语。
你有你的铜枝铁干，
像刀，像剑，也像戟；
我有我红硕的花朵，
像沉重的叹息，
又像英勇的火炬。

我们分担寒潮、风雷、霹雳；
我们共享雾霭、流岚、虹霓。
仿佛永远分离，
却又终身相依。
这才是伟大的爱情，
坚贞就在这里：
爱——
不仅爱你伟岸的身躯，
也爱你坚持的位置，
足下的土地。